기독교문서선교회(Christian Literature Center: 약칭 CLC)는 1941년 영국 콜체스터에서 켄 아담스에 의해 시작되었으며 국제 본부는 미국 필라델피아에 있습니다. 국제 CLC는 59개 나라에서 180개의 본부를 두고, 약 650여 명의 선교사들이 이동도서차량 40대를 이용하여 문서 보급에 힘쓰고 있으며 이메일 주문을 통해 130여 국으로 책을 공급하고 있습니다. 한국 CLC는 청교도적 복음주의 신학과 신앙서적을 출판하는 문서선교기관으로서, 한 영혼이라도 구원되길 소망하면서 주님이 오시는 그날까지 최선을 다할 것입니다.

주 예수를 믿는 이유조차 잊은 시대

To this generation who have lost the real reason for Lord Jesus
Written by Young Ha Oh
All rights reserved.
Korean Edition Copyright © 2024 by Christian Literature Center, Seoul, Korea.

주 예수를 믿는 이유조차 잊은 시대

2024년 5월 10일 초판 발행

지은이 | 오영하

편   집 | 이신영
디 자 인 | 서민정, 이보래
펴 낸 곳 | (사)기독교문서선교회
등   록 | 제16-25호(1980.1.18.)
주   소 | 서울특별시 동대문구 천호대로71길 39
전   화 | 02-586-8761~3(본사) 031-942-8761(영업부)
팩   스 | 02-523-0131(본사) 031-942-8763(영업부)
이 메 일 | clckor@gmail.com
홈페이지 | www.clcbook.com
송금계좌 | 기업은행 073-000308-04-020 (사)기독교문서선교회
일련번호 | 2024-42

ISBN 978-89-341-2675-1(03230)

이 한국어판 출판권은 (사)기독교문서선교회가 소유합니다.
신저작권법에 의하여 한국 내에서 보호를 받는 저작물이므로 무단 전재와 무단 복제를 금합니다.

주 예수를
믿는 이유조차
잊은 시대

오영하 지음

To this generation
who have lost the real reason
for Lord Jesus

CLC

목차

서문
5

제1부
타락한 시대와 변질한 신앙
56

제2부
하나님의 계획과 뜻
168

제3부
권고와 격려
434

서문
✝

이 시대를 살아가는 우리는 원수를 사랑하고, 우리를 핍박하는 자를 위해 기도하라는 말씀은 귓등으로도 듣지 않는다. 음욕의 마음을 품은 채 이성을 쳐다보는 것만으로도 이미 간음을 한 것이나 마찬가지라는 말씀에도 그 누구도 회개하려 하지 않는다. 돈을 사랑하고 부자가 되고 싶어 하는 마음이 죄악의 뿌리라는 말씀과 욕심만으로도 우상 숭배라는 말씀에도 코웃음치며 지나쳐 버린다.

저 길가에 굶주리고 헐벗은 자가 내 이웃이고, 그들을 내 몸같이 여기라는 말씀은 누군가의 가슴에 티끌만 한 찔림조차 주지 못하는 힘없고 권위 없는 글자가 되어 간다.

그리스도인이라 자처하는 수많은 자가 교회 예배에 참석해 예수가 나의 생명보다 소중하다는 찬양을 열심히 따라 부르지만, 정작 그분이 남기신 말씀에 관해서는 관심이 없는 것처럼 보인다.

> 너희는 나를 불러 주여 주여 하면서도 어찌하여 내가 말하는 것을 행하지 아니하느냐(눅 6:46).

왕의 말씀이 내 삶에 있건 없건 상관도 없고, 죄책감조차 없는 자들이 교회에 넘쳐나고, 얼굴에 철판을 깐 그들은 부끄러움을 잊은 채 그분을 나의 주님, 나의 왕이라고 부른다.

예수님께서는 이 땅에 오셔서 선한 마음, 불쌍히 여기는 긍휼, 희생적인 사랑을 몸소 보이시며, 우리 또한 다른 이를 불쌍히 여기고, 나에게 해를 가한 자를 용서하고, 원수마저 사랑하라고 말씀하셨다.

> 너희가 사람의 잘못을 용서하면 너희 하늘 아버지께서도 너희 잘못을 용서하시려니와 너희가 사람의 잘못을 용서하지 아니하면 <u>너희 아버지께서도 너희 잘못을 용서하지 아니하시리라</u>(마 6:14-15).

그러나 그분의 백성이라 자처하는 자들은 왕의 말씀에 대한 무게감을 못 느낀다. 오히려 그들의 삶은 미움 많고 욕심과 이기심이 넘치며, 자기의 이익을 위해서라면 거짓과 간사함을 서슴지 않는다. 그리고 그런 그리스도인들 덕분에 이제 교회는 개독교라는 별명을 얻게 되었고, 누군가는 이렇게까지 이야기하곤 한다.

"우리 직장에 교회 다니는 그 사람의 모습을 보면, 교회 나갈 생각이 사라진다."

> 기록된 바와 같이 하나님의 이름이 너희 때문에 이방인 중에서 모독을 받는도다(롬 2:24).

예수님께서는 우리에게 해를 끼치는 자마저 사랑하고 그들을 위해 기도하라 명하시고, 굶주리고 헐벗으며 곤경에 처한 사람들을 나의 이웃으로 여기며, 그들을 내 몸처럼 소중히 여기는 선한 마음으로 어두운 세상에 하나님의 빛을 드러내라고 명령하시지만, 흘려듣는 자들이 대다수이고 자기 소원이나 인생 계획 성취에 급급한 자들이 교회에 가득하다.

> 이같이 너희 빛이 사람 앞에 비치게 하여 그들로 너희 착한 행실을 보고 하늘에 계신 너희 아버지께 영광을 돌리게 하라(마 5:16).

> 그러므로 사람이 선을 행할 줄 알고도 행하지 아니하면 죄니라(약 4:17).

교회에 모이는 목적 자체가 변질됐다. 부족하고 연약할지언정 주님의 선하심을 사랑하고, 그 선하신 말씀을 따르려는 열정을 가진 자들의 모임이 성경이 가르치는 교회이지만, 사람들은 교회를 동호회나 사교모임처럼 인간관계를 즐기러 오는 곳, 혹은 내 소원, 내 문제, 내 목적을 성취시켜줄 존재가 있는 곳으로 여긴다.

주님을 섬긴다는 기본 개념이 무너지고, 주님의 '주' 되심을 망각한 자들로 인해 교회 안에는 그리스도를 믿지 않는 자들이나 저지를 법한 악행이 비일비재하다. 성도 간에 거짓말은 넘쳐나고, 미움과 따돌림, 파벌과 다툼, 욕심과 이기심, 뒷담화와 비난으로 다른 이의 잘못을 드러내고 속닥거리기도 한다. 심지어 입에 담기 어려운, 세상 범죄자들과 다름없는 범죄마저 일어나고 있다. 서로 겸손하고, 서로 용서하며, 서로 사랑으로 섬기며 살아가라 명령하신 예수 그리스도를 주님으로 따르는 자들의 모임이라고는 생각하기 힘들다.

> 그러나 나는 너희에게 말한다. 자기 형제나 자매에게 성내는 사람은, 누구나 심판을 받는다. 자기 형제나 자매에게 얼간이라고 말하는 사람은, 누구나 공의회에 불려갈 것이요, 또 바보라고 말하는 사람은 지옥불 속에 던져질 것이다(마 5:22, 새번역).

> 우리는 형제를 사랑함으로 사망에서 옮겨 생명으로 들어간 줄을 알거니와 사랑하지 아니하는 자는 사망에 머물러 있느니라 그 형제를 미워하는 자마다 살인하는 자니 살인하는 자마다 영생이 그 속에 거하지 아니하는 것을 너희가 아는 바라(요일 3:14-15).

이제 교회는 직분을 돈으로 사고파는 강도의 소굴이 되었고, 직분을 가진 자는 그 직분으로 권력을 휘두르며 섬김과 떠받들어지길 원할 뿐만 아니라 자신을 제대로 섬기지 않는 성도를 훈계하고 나무라며 자신의 권위를 높이려 한다.

낮은 자가 되어 섬기라고 명하신 주님, 스스로 섬김을 받기보다 모든 이를 섬기러 오신 주님을 따르는 집단이 맞기는 할까?

> 예수께서 제자들을 불러다가 이르시되 이방인의 집권자들이 그들을 임의로 주관하고 그 고관들이 그들에게 권세를 부리는 줄을 너희가 알거니와 너희 중에는 그렇지 않아야 하나니 너희 중에 누구든지 크고자 하는 자는 너희를 섬기는 자가 되고 너희 중에 누구든지 으뜸이 되고자 하는 자는 너희의 종이 되어야 하리라 인자가 온 것은 섬김을 받으려 함이 아니라 도리어 섬기려 하고 자기 목숨을 많은 사람의 대속물로 주려 함이니라(마 20:25-28).

가장 최악인 것은, 이제는 양심의 감각조차 사라졌다는 것이다. 이제 더는 그분을 따르지 못하는 우리 모습에 대한 슬픔조차 느끼지 못한다는 것이다. 주님의 사랑의 마음을 아름다워하고 그분의 겸손을 사모함으로 따르고 싶지만, 자꾸 악한 것만 흘러나오는 내 마음, 내 육신 때문에 애통하며 기도하는 자들, 그분을 향한 회개의 눈물을 흘리는 자들이 사라져 간다는 사실이, 지금 이 시대의 가장 큰 문제 중 하나일 것이다.

> 사람이 회개하지 아니하면 그가 그의 칼을 가심이여 그의 활을 이미 당기어 예비하셨도다(시 7:12).

> 대답하여 이르시되 너희는 이 갈릴리 사람들이 이같이 해 받으므로 다른 모든 갈릴리 사람보다 죄가 더 있는 줄 아느냐 너희에게 이르노니 아니라 너희도 만일 회개하지 아니하면 다 이와 같이 망하리라 또 실로암에서 망대가 무너져 치어 죽은 열여덟 사람이 예루살렘에 거한 다른 모든 사람보다 죄가 더 있는 줄 아느냐 너희에게 이르노니 아니라 너희도 만일 회개하지 아니하면 다 이와 같이 망하리라(눅 13:2-5).

> 하나님께서 구하시는 제사는 상한 심령이라 하나님이여 상하고 통회하는 마음을 주께서 멸시하지 아니하시리이다(시 51:17).

성도의 삶에 문제가 있고, 이를 위해 기도하는 것 자체가 잘못이라는 게 아니다. 다만 가장 기본적인 그리스도인으로서의 존재 목적도 생각하지 않은 채, 그저 자기가 원하는 것만을 신의 능력을 통해 얻어 내려는 것이 문제라는 것이다.

> 또 어떤 이는 가시 떨기에 뿌려진 자니 이들은 말씀을 듣기는 하되 세상의 염려와 재물의 유혹과 기타 욕심이 들어와 말씀을 막아 결실하지 못하게 되는 자요(막 4:18-19).

교회는 점점 더 본질을 잊으며 세상과의 구별이 희미해지고 있다. 입으로는 그분을 사랑한다고 말하면서도 그분의 말씀을 지키지 않는 자들이 대다수고, 그분의 계명을 하찮게 여기는 것도 부족해 순종하면 행위주의라는 미친 소리까지 하고 있다. 그들은 아무 맛도 내지 못하는 쓸모없는 소금이 되어가며 멸망을 자초하지만, 그래도 상관없다며 듣기 싫은 말씀은 흘려들을 뿐이다.

> 우리가 그의 계명을 지키면 이로써 우리가 저를 아는 줄로 알 것이요 저를 아노라 하고 그의 계명을 지키지 아니하는 자는 거짓말 하는 자요 진리가 그 속에 있지 아니하되(요일 2:3-4).

> 너희는 세상의 소금이니 소금이 만일 그 맛을 잃으면 무엇으로 짜게 하리요 후에는 아무 쓸데 없어 다만 밖에 버리워 사람에게 밟힐 뿐이니라(마 5:13).

그냥 똑같이 산다.
세상과 똑같이 산다.
하나도 다르지 않다.

어떻게 섬기는 존재가 있는 자와 없는 자가 똑같을 수 있는가!
어떻게 왕의 통치 아래 있는 자와 무법자가 같을 수 있는가!
어떻게 가르침 있는 자와 없는 자가 같을 수 있는가!

친히 그분 손에 못 박는 자들을 위해 기도하는 본을 보이시고, 우리에게 원수마저 사랑하라 명하신 분의 말씀은 바닥에 짓밟고 살아간다.

"내 삶과는 상관없다. 주인, 뭔 놈의 주인이냐. 내가 왜 종이냐. 난 왕이다. 내 마음대로 살 것이다. 미움이 살인이라는 가르침 따위는 저리 치워라. 저기 보기만 해도 짜증 나는 놈, 나를 괴롭히는 놈이 있는데 그놈을 사랑하고 헐벗은 이웃의 몸을 내 몸처럼 여기라는 것이 정신 나간 소리이다.

나를 건드리고 나에게 손해를 끼치면 증오할 것이다. 내 돈은 명품에 쓸 거다. 내 것이다. 건드리지 마라. 내 돈 모아서 내 외제차사고, 내 돈 모아서 내 좋은 집 살거다. 내 재물을 거지에게 나누고 하늘에 보화를 쌓으라는 것은 정신이 나간 것이다. 지금 당장 쓸 것도 부족하다. 내 삶을 즐기기에도 부족하단 말이다.

율법주의 같은 소리 하지 마라. 행위주의 같은 소리 하지 마라. 나한테 명령하지 마라. 나한테 지시하지 마라. 나는 내 마음대로 살 것이다."

> 예수께서 대답하여 이르시되 사람이 나를 사랑하면 내 말을 지키리니 내 아버지께서 그를 사랑하실 것이요 우리가 그에게 가서 거처를 그와 함께 하리라(요 14:23).

> 무릇 내게 붙어 있어 열매를 맺지 아니하는 가지는 아버지께서 그것을 제거해 버리시고 무릇 열매를 맺는 가지는 더 열매를 맺게 하려 하여 그것을 깨끗하게 하시느니라(요 15:2).

행위주의?
율법주의?
이게 말이 되는가?
왕의 법도 아래서 사는 게 행위주의인가?
주인의 명령을 따르며 사는 종이 율법주의인가?
아니, 제자가 스승의 가르침을 따르는 게 자기 공로를 주장하는 일인가?
자녀가 아비의 훈계를 따르는 것이 내 의로움을 주장하는 일이란 말인가?
이게 도대체 무슨 소리란 말인가?
더구나 우리 왕은 지구에 존재할 수 없는 자비와 사랑을 품으신 분인데 예수님께서 우리에게 한 번의 실수도 용납지 않으실 거라 겁박하셨나?
단 한 번의 실패도 용서치 않으니 티끌만 한 잘못도 없는 완벽한 순종을 명하셨나?

하루에 490번을 잘못하는 사람도 품어 주신다 말씀하시는 선한 분인데, 그렇게 자비가 많은 왕이니까 호구처럼 여겨도 되는가!
그따위 호구 같은 주인에게는 충성 따위 바칠 필요 없는 것인가!
그분이 긍휼히 많다는 이유로, 그분께서 오래 참아주신다는 이유로, 그분의 자비는 멸시받아도 마땅한 것인가!

> 혹 네가 하나님의 인자하심이 너를 인도하여 회개하게 하심을 알지 못하여 그의 인자하심과 용납하심과 길이 참으심이 풍성함을 멸시하느냐(롬 2:4).

우리가 이같이 큰 구원을 등한히 여기면 어찌 그 보응을 피하리요 이 구원은 처음에 주로 말씀하신 바요 들은 자들이 우리에게 확증한 바니(히 2:3).

그분의 자비가 그토록 하찮단 말인가!
만왕의 왕, 만물의 창조주, 모든 것 위에 홀로 높으신 지존자, 정녕 무엇하러 그분을 주님이라 부르는가!
진심으로 충성하고 싶다는 열망을 가져본 적이나 있는가. 그분의 선한 마음을 따르지 못함으로 인해 애통해하며 회개해 본적이나 있는가!
오, 정녕 진심으로 그분을 주님으로 여기며 사랑해본 적이 있단 말인가!

나를 사랑하지 아니하는 자는 내 말을 지키지 아니하나니 너희가 듣는 말은 내 말이 아니요 나를 보내신 아버지의 말씀이니라(요 14:24).

"아니, 하나님 믿는다는 분이 그렇게 말해도 되나요?
교회를 다니신다는 분이 그런 행동을 해도 되나요?
하나님 사랑한다는 분이 그렇게 살아도 되는 건가요?
성경에는 예수님을 사랑한다는 사람들이 그렇게 산다고 쓰여 있는 건가요?"

만약 누군가 당신의 삶을 보고 묻는다면 이렇게 대답하라.
"아! 네, 저는 하나님이 존재한다고 믿기는 하지만, 그분이 만물을 지으신 창조주이고 왕이라고 생각은 하지만, 저는 그분의 법을 따르며 살지는 않습니다. 잘 알지도 못하고, 좀 몰라도 상관없습니다. 왜냐하면, 제가 입으로는 그분이 내 왕이고, 내 주인이라 고백하고 있기는 있지만, 실제 내 삶의 주인은 나이고, 내 인생의 왕은 바로 나 자신이기 때문입니다.

제가 그분을 주님이라 부르는 이유는, 그분의 종이 되어 말씀을 따르려는 게 아니라, 내가 원하는 것을 주실 수 있는 전능한 분이라고 하기에 믿는 것입니다. 내 소원을 이뤄주는 신이 하나님이지 나에게 명령하고 부담주는 신은 율법주의랍니다. 저에게 그분을 위한 수고, 인내, 절제, 희생 같은 단어는 너무 부담스럽고, 그분의 말씀은 너무 훌륭하고 도덕적이긴 하지만 저는 그렇게 살고 싶지 않습니다."

> 또 눈은 눈으로, 이는 이로 갚으라 하였다는 것을 너희가 들었으나 나는 너희에게 이르노니 악한 자를 대적하지 말라 누구든지 네 오른편 뺨을 치거든 왼편도 돌려 대며 또 너를 고발하여 속옷을 가지고자 하는 자에게 겉옷까지도 가지게 하며(..)또 네 이웃을 사랑하고 네 원수를 미워하라 하였다는 것을 너희가 들었으나 나는 너희에게 이르노니 너희 원수를 사랑하며 너희를 박해하는 자를 위하여 기도하라 이같이 한즉 하늘에 계신 너희 아버지의 아들이 되리니 너희가 너희를 사랑하는 자를 사랑하면 무슨 상이 있으리요 세리도 이같이 아니하느냐(마 5:38-46).

"아니, 어떻게 원수를 사랑하란 말입니까?

직장에서 나를 곤란하게 만들고 괴롭히는 저 사람을 어떻게 사랑할 수 있겠습니까?

오른뺨을 맞으면 왼뺨도 내어 주라니, 어림도 없는 소리!

한 대를 맞았으면 두 배는 갚아줘야 통쾌한 게 세상의 이치 아니겠습니까?

나를 괴롭힌 저 친구에게 몇 배는 더 당하게 해야 분이 풀릴 것 같습니다. 저는 예수를 주님이라고 부르긴 하지만, 제 뜻대로 살아갈 겁니다. 제 안의 미움이건 탐심이건 음란이건, 제 속에 일어나는 본능을 존중할 것이고, 제가 바라는 대로, 원하는 대로, 최대한 저를 만족시키며 살면 성공한 인생입니다. 이 땅에서 돈 많이 벌고, 맛있는 것 많이 먹고, 실컷 즐기고, 평안히 죽으면 성공입니다.

성경에 적힌 인간을 향한 하나님의 계획이나 뜻, 그분의 슬픔과 아픔, 그분께서 핏값 주고 사신 바 된 자로서의 삶 같은 건 부담이고 짐입니다. 그런 골치 아프고 어려운 말씀들은 광신도나 예수쟁이 같은 다른 사람에게나 주십시오. 저에게는 용기와 평화, 축복과 위로의 말씀만 주십시오.

무거운 말씀은 흘려들을 것입니다. 그래도 괜찮습니다. 저는 어차피 이미 구원을 얻었으니까요. 믿었으면 구원을 얻는 것이니까, 주님이라 부르는 분의 뜻을 행하려 노력한 적은 없지만 그래도 괜찮아요. 저는 분명히 믿었고, 그분을 주님이라고 불렀으니까 무조건 천국 갈 겁니다."

> 나더러 주여 주여 하는 자마다 다 천국에 들어갈 것이 아니요 다만 하늘에 계신 내 아버지의 뜻대로 행하는 자라야 들어가리라 그 날에 많은 사람이 나더러 이르되 주여 주여 우리가 주의 이름으로 선지자 노릇 하며 주의 이름으로 귀신을 쫓아 내며 주의 이름으로 많은 권능을 행하지 아니하였나이까 하리니 그 때에 내가 그들에게 밝히 말하되 내가 너희를 도무지 알지 못하니 불법을 행하는 자들아 내게서 떠나가라 하리라(마 7:21-23).

"저런 말씀은 있는 그대로 받아들이면 안 돼요. 아니, 예수님 이름으로 예언도 하고, 예수님 이름으로 귀신도 쫓아내고, 예수님 이름으로 기적을 행한 사람까지 지옥에 간다고요?

아니에요. 그럴 리 없어요. 저런 불편한 말씀은 더 깊은 영적 해석을 해야 해요. 저런 걸로 겁주는 게 이단이에요!

하나님의 뜻을 행하는 자들이 천국을 간다고요. 그런 건 성경에 적혀 있어도 이단이에요. 행위주의. 율법주의. 그딴 이단 같은 말씀은 성경에 적혀 있어도 무시할 거예요, 믿음으로 구원 받아요. 믿었으니 됐어요.

나에게 다른 무엇인가를 요구할 생각 마세요!

저는 다른 말씀이 어떤 경고를 하든지 제 구원의 확신을 놓지 않을 거예요.

마음껏 불순종하면서 살아도 천국 가게 해 주는 이 좋은 주문을 절대 놓지 않을 거예요!

내 믿음을 흔들면 이단입니다. 나한테 겁주면 이단입니다. 성경에는 수많은 말씀이 적혀 있지만 못 본 척하렵니다. 마음을 부담스럽게 하는 말씀들이 엄청 많지만 못 본 척하렵니다.

자기를 부인하고 매일 자기 십자가를 지라고요?
그분과 함께 부활했으니 그분의 고난에도 동참하라고요?
내가 그리스도의 군사라고요?
믿음의 선한 싸움을 싸워나가야 한다고요?
인내하고 절제하여 끝까지 이기는 자가 되라고요?
피 흘리기까지 죄와 싸우고, 행함이 없는 믿음은 죽은 믿음이라고요?
그분을 위한 핍박과 고난이 하늘에서 우리의 상급이라고요?
썩어 없어질 이 땅의 것들을 소망하지 말고, 영원한 하늘을 소망하라고요?

아이고, 머리 아픕니다. 이 부담스러운 말씀을 다 들으면 누가 하나님을 믿겠습니까. 누가, 이 어려운 길을 좋다고 간다는 말입니까. 아이고, 나는 못 합니다. 나는 그저 쉽고 편하게 살렵니다."

> 좁은 문으로 들어가라 멸망으로 인도하는 문은 크고 그 길이 넓어 그리로 들어가는 자가 많고 생명으로 인도하는 문은 좁고 길이 협착하여 찾는 자가 적음이라(마 7:13-14).

"저는 그렇게 부담스러운 말씀은 흘려들을 것이고요. 복 받고 위로되는 말씀, 용기 주고 기쁨 주는 말씀만 알고 있으면 됩니다. 믿으면 믿는 대로 주신다고 했고요. 구하는 대로 얻을 것이라고도 했고요. 그분께서 힘을 주실 테니까 걱정하지 말라고 하셨고, 내 인생 다 도와주신대요. 저는 힘들게 신앙 생활하고 싶지 않습니다. 좁고 협착한 길은 불편하고 힘들단 말입니다. 믿었으니까 구원 받는대요. 천국은 그렇게 믿음으로 가는 거래요.

이거 참 멋지지 않나요?

그러니까 나는 실컷 돈을 사랑하면서 살 것이고요. 필요하면 실컷 거짓말도 할 거고요. 나한테 피해 끼치면 죽도록 미워할 거고요. 실컷 복수하면서 살 거고요. 실컷 음란한 짓도 하면서 살 거고요. 실컷 술 마시고 놀면서 살 거예요. 그래도 나는 구원 받았어요.

우리 교회 다니는 사람들 대부분이 저랑 비슷하게 살거든요. 다들 돈 달라고 교회 오고, 욕심내면서 살고, 싫은 사람은 미워하면서 살거든요. 사실 그들에 비하면 제가 더 깨끗할지도 몰라요. 아무튼, 그러니까 저도, 그들도, 모두 구원 받았어요. 우리는 하나님을 믿으니까요."

> 네가 하나님은 한 분이신 줄을 믿느냐 잘하는도다 귀신들도 믿고 떠느니라 아아 허탄한 사람아 행함이 없는 믿음이 헛것인 줄을 알고자 하느냐(약 2:19-20).

> 보라 너희가 무익한 거짓말을 의존하는도다 너희가 도둑질하며 살인하며 간음하며 거짓 맹세하며 바알에게 분향하며 너희가 알지 못하는 다른 신들을 따르면서 내 이름으로 일컬음을 받는 이 집에 들어와서 내 앞에 서서 말하기를 우리가 구원을 얻었나이다 하느냐 이는 이 모든 가증한 일을 행하려 함이로다(렘 7:8-10).

"아니, 무슨 소리 하시는 거예요?

제가 돈을 좋아하는 편이고 조그마한 욕심 때문에 간혹 부정직한 수익을 모른 척하고, 편법으로 약간의 이득을 취한 것도 인정하지만, 그렇다고 도둑질까지 한 적은 없어요. 이 정도 작은 거짓말은 누구나 하는 거라고요."

> 속이는 저울은 여호와께서 미워하시나 공평한 추는 그가 기뻐하시느니라(잠 11:1).

> 여호와는 의로우사 의로운 일을 좋아하시나니 정직한 자는 그의 얼굴을 뵈오리로다(시 11:7).

> 그러므로 땅에 있는 지체를 죽이라 곧 음란과 부정과 사욕과 악한 정욕과 탐심이니 탐심은 우상 숭배니라(골 3:5).

"제가 간혹 다른 사람을 미워하고, 분노에 휩싸여 살기 어린 눈과 마음으로 폭언과 저주를 쏟아낸 적이 있기는 하지만 살인까지 한 적은 없어요!"

> 그 형제를 미워하는 자마다 살인하는 자니 살인하는 자마다 영생이 그 속에 거하지 아니하는 것을 너희가 아는 바라(요일 3:15).

"제가 간혹 상상해서는 안 되는 이성을 향해 음란한 생각을 하고, 야한 동영상도 보고, 몰래 부끄러운 짓을 할 때도 있지만 간음까지 한 적은 없어요!"

> 나는 너희에게 이르노니 음욕을 품고 여자를 보는 자마다 마음에 이미 간음하였느니라(마 5:28).

음행과 온갖 더러운 것과 탐욕은 너희 중에서 그 이름조차도 부르지 말라 이는 성도에게 마땅한 바니라(엡 5:3).

"제가 간혹 정직하지 못하고, 제 이익이나 체면을 위해 거짓말을 한 적이 있긴 하지만, 보통 사람들 다 하는 일상적인 정도일 뿐이에요."

거짓말하는 자들을 멸망시키시리이다 여호와께서는 피 흘리기를 즐기는 자와 속이는 자를 싫어하시나이다(시 5:6).

거짓을 행하는 자는 내 집 안에 거주하지 못하며 거짓말하는 자는 내 목전에 서지 못하리로다(시 101:7).

"아니, 사람이 어떻게 그렇게 깨끗하게 살아요? 어떻게 그렇게 정직하게, 순결하게, 선하게 산다는 말입니까? 그런 건 인간이 할 수 없는 거예요. 그건 예수님만 하는 거예요. 인간은 죄인이니까, 죄와 더불어 살 수밖에 없는 거예요. 괜찮아요. 혹시, 죄 지으면 안 되고, 의를 행해야 한다고 가르치는 자들 있으면 조심해야 해요. 그런 사람들은 행위주의자고 이단이에요. 우리는 죄인이니까 죄와 살 수밖에 없어요."

깨어 의를 행하고 죄를 짓지 말라 하나님을 알지 못하는 자가 있기로 내가 너희를 부끄럽게 하기 위하여 말하노라(고전 15:34).

자녀들아 아무도 너희를 미혹하지 못하게 하라 의를 행하는 자는 그의 의로우심과 같이 의롭고 죄를 짓는 자는 마귀에게 속하나니 마귀는 처음부터 범죄함이라 (요일 3:7-8).

"그렇게 순결하고 선한 마음으로 살라고 강요한다면 그것은 율법주의, 행위주의입니다. 그러니 순종할 필요 없습니다. 왕은 왕이지만 거역해도 되는 왕입니다. 제 삶의 주인은 저입니다. 만약 이렇게 불순종한다고 해서 지옥에 간다고 말씀하신다면, 이 세상에 구원 받을 사람 아무도 없을 겁니다. 천국에 들어가고 싶어도 들어가지 못하는 사람이 너무나 많을 것입니다."

> 어떤 사람이 여짜오되 주여 구원을 받는 자가 적으니이까 그들에게 이르시되 좁은 문으로 들어가기를 힘쓰라 내가 너희에게 이르노니 들어가기를 구하여도 못하는 자가 많으리라(눅 13:23-24).

"참 극단적이시군요. 저 말씀은 그런 식으로 해석하면 안 돼요. 뭔가 다른 뜻이 있을 거예요. 저는 성경의 무서운 말씀들은 그대로 받아들이지 않을 거고요. 아니면 다른 사람들한테만 해당한다고 여길래요. 저는 축복과 위로, 용기를 주는 말씀만 알래요.

하나님 믿는 게 그렇게 빡빡하면 누가 그분을 믿을 수 있겠어요?

예수님을 따르는 게 그렇게 어려우면 도대체 누가 그분을 따를 수 있겠어요?

아마 많은 사람이 신앙을 갖으려다가 포기해 버릴 겁니다. 건물을 지어 보려고 공사를 시작하려다가 기초만 놓고 포기해 버릴 겁니다. 믿음의 전쟁을 한번 해보려다가 적군에게 항복을 선언하고 화친을 맺을 것입니다. 정말 자기 모든 것을 포기할 각오를 하지 않는다면, 아무도 예수님을 따르지 못할 겁니다."

> 무릇 내게 오는 자가 자기 부모와 처자와 형제와 자매와 더욱이 자기 목숨까지 미워하지 아니하면 능히 내 제자가 되지 못하고 누구든지 자기 십자가를 지고 나를 따르

지 않는 자도 능히 내 제자가 되지 못하리라 너희 중의 누가 망대를 세우고자 할진대 자기의 가진 것이 준공하기까지에 족할는지 먼저 앉아 그 비용을 계산하지 아니하겠느냐 그렇게 아니하여 그 기초만 쌓고 능히 이루지 못하면 보는 자가 다 비웃어 이르되 이 사람이 공사를 시작하고 능히 이루지 못하였다 하리라 또 어떤 임금이 다른 임금과 싸우러 갈 때에 먼저 앉아 일만 명으로써 저 이만 명을 거느리고 오는 자를 대적할 수 있을까 헤아리지 아니하겠느냐 만일 못할 터이면 그가 아직 멀리 있을 때에 사신을 보내어 화친을 청할지니라 이와 같이 너희 중의 누구든지 자기의 모든 소유를 버리지 아니하면 능히 내 제자가 되지 못하리라(눅 14:26-33).

"아니에요. 저 말씀도 분명 다른 무슨 깊은 뜻이 있을 거예요. 더 좋은 영적 해석이 필요해요. 저렇게 큰 각오가 필요하다면, 도대체 누가 예수님을 믿겠어요. 누가 그분을 따르겠어요. 미안하지만 저는 예수님만 사랑해서 모든 것을 포기할 수는 없어요.

이 세상에 제가 원하는 것이 얼마나 많은데 그것을 다 포기하라니요?

주님, 저는 제가 원하는 것을 얻으려 교회 다니는 거지 포기하러 다닌 게 아니란 말이에요. 그러니 그런 무서운 소리 하지 마시고, 제 인생이나 도와주세요. 자꾸 당신을 위해 살라고 하지 말고, 당신이 날 위해 사세요. 일단은 돈부터 잘 벌게 도와주세요.

먹고는 살아야 하지 않겠습니까?

살면서 배 채우는 것보다 중요한 게 어딨습니까?

모임에서 인정받아야 하고, 동호회에서도 인정받아야 하고, 더 높은 지위, 더 높은 존경을 받으며 이 땅에서 영광을 차지해야 하지 않겠습니까?

더 좋은 차도 사야하고, 집도 사야하고, 멋진 배우자와 결혼도 해야 하고, 세상에 즐기고 놀아야 할 것은 또 얼마나 많은데. 세상에 할 일이 너무 많지 않습니까?

제 삶을 좀 보세요. 제가 당신을 위해 살 시간이 도대체 어디 있습니까?"

> 내가 여러분에게 여러 번 말하였고, 지금도 눈물을 흘리면서 말하지만, 그리스도의 십자가의 원수로 살아가는 사람이 많이 있습니다. 그들의 마지막은 멸망입니다. 그들은 배를 자기네의 하나님으로 삼고, 자기네의 수치를 영광으로 삼고, 땅의 것만을 생각합니다. 그러나 우리의 시민권은 하늘에 있습니다. 그곳으로부터 우리는 구주로 오실 주 예수 그리스도를 기다리고 있습니다(빌 3:18-20, 새번역).

> 여러분은 땅에 있는 것들을 생각하지 말고, 위에 있는 것들을 생각하십시오. 여러분은 이미 죽었고, 여러분의 생명은 그리스도와 함께 하나님 안에 감추어져 있습니다. 여러분의 생명이신 그리스도께서 나타나실 때에, 여러분도 그분과 함께 영광에 싸여 나타날 것입니다(골 3:1-4, 새번역).

"아, 정말 너무하시네요. 제가 죽긴 뭘 죽어요. 이렇게 멀쩡히 살아있는데 아, 제발 좀 그런 뜬구름 같은 말씀 좀 치우세요. 현실을 보란 말입니다.
일단 먹고 사는 문제부터 해결돼야 뭐든 할 거 아닙니까?
일단 취업 문제, 사업 문제, 건강 문제, 인간관계부터 해결돼야 뭐든 할 거 아닙니까?
정녕 현실이 보이지 않으신단 말입니까?"

> 그러므로 염려하여 이르기를 무엇을 먹을까 무엇을 마실까 무엇을 입을까 하지 말라 이는 다 이방인들이 구하는 것이라 너희 하늘 아버지께서 이 모든 것이 너희에게 있어야 할 줄을 아시느니라 그런즉 너희는 먼저 그의 나라와 그의 의를 구하라 그리하면 이 모든 것을 너희에게 더하시리라(마 6:30-33).

"그렇게 쉽게 말씀하지 마세요. 당신은 하늘에서 편히 계시겠지만, 저는 치열한 현실을 살고 있습니다.

어떻게 저런 말씀 하나 툭 던져주시고 염려하지 말라 말씀하십니까?

눈앞에 혹독한 현실들이 날 힘들게 하는데, 이 세상이 이리도 할 게 많고 복잡한데, 어떻게 저런 글자 몇 자 남겨 놓으시고 그걸 믿으라 강요하시는 겁니까?"

> 우리가 주목하는 것은 보이는 것이 아니요 보이지 않는 것이니 보이는 것은 잠깐이요 보이지 않는 것은 영원함이라(고후 4:18).

> 가시 떨기에 뿌려졌다는 것은 말씀을 들으나 세상의 염려와 재물의 유혹에 말씀이 막혀 결실하지 못하는 자요(마 13:22).

"당신은 정말 비현실주의군요!

정말 그런 사람이 있으리라 생각하십니까?

보이지 않는 당신을 믿고, 당신이 남기신 겨우 그 몇 글자 믿고, 자기 인생 전부를 거는 사람이 있으리라 생각하시는 겁니까?

이렇게 화려하고 멋진 세상의 영광이 내 눈앞에 있는데, 보이지도 않는 하늘의 영광을 소망한다고요?

정녕 그런 자가 존재할 수 있다고 믿으신다고요?

보이지도 않는 당신의 나라와 찬란한 왕국, 그 영광에 눈이 멀어 자기 인생 전부를 팔아버리는 바보 같은 자들이 정녕 있을 거라 믿으신단 말입니까?"

> 천국은 마치 밭에 감추인 보화와 같으니 사람이 이를 발견한 후 숨겨 두고 기뻐하여 돌아가서 자기의 소유를 다 팔아 그 밭을 샀느니라 또 천국은 마치 좋은 진주를 구

하는 장사와 같으니 극히 값진 진주 하나를 만나매 가서 자기의 소유를 다 팔아 그 진주를 샀느니라(마 13:44-46).

"아, 제발 적당히 좀 하십시오, 적당히. 당신을 아예 안 사랑하겠다는 게 아니잖아요. 제 일 다 하고 나면 남는 시간은 좀 드리겠습니다. 주말에는 꼭, 꼭 교회에도 갈 거고요. 성경도 읽고 기도도 하겠습니다.
하루에 성경 3장 읽으면 충분하십니까?
부족하면 5장이라도 읽겠습니다.
하루에 기도 10분이면 되겠습니까?
아니, 부족하면 30분까지도 한번 해보겠습니다. 그러니까, 저 좀 도와주세요. 나 그거 할 테니까 나를 위해서 좀 살아주십시오.

전능자시여!
당신의 나라를 구할 테니 나를 위해서 당신의 능력 좀 발휘하십시오!
나는 돈이 필요하단 말입니다!
돈을 주시오. 더 많이, 더 많이 주시오!
더 좋은 직장을 주시오. 더 높은 지위를 주시오!
내 소원이 안 보이십니까!
나를 치료하시오. 나를 더 건강하게 하시오!
나를 평안하게 살게 하시오!
나를 더 풍요롭게 만들어 주시오.
나를 더 행복하게 만들어 주시오!
내가 당신을 하나님의 아들이라 믿고, 주님이라 고백할 테니 당신은 나의 소원을 이루시오!
나한테 당신의 무거운 말씀들 요구하지 말고, 그저 날 사랑하시오!
더욱 사랑하시오!

내가 당신을 적당히 사랑하더라도 참으시오!
어서 나를 채우시오. 가득, 가득 채우시오!
당신이 날 사랑한다고 하지 않으셨습니까!"

> 아비나 어미를 나보다 더 사랑하는 자는 내게 합당치 아니하고 아들이나 딸을 나보다 더 사랑하는 자도 내게 합당치 아니하고 또 자기 십자가를 지고 나를 좇지 않는 자도 내게 합당치 아니하니라 자기 목숨을 얻는 자는 잃을 것이요 나를 위하여 자기 목숨을 잃는 자는 얻으리라 (마 10:37-39).

> 이 세상이나 세상에 있는 것들을 사랑하지 말라 누구든지 세상을 사랑하면 아버지의 사랑이 그 안에 있지 아니하니 이는 세상에 있는 모든 것이 육신의 정욕과 안목의 정욕과 이생의 자랑이니 다 아버지께로부터 온 것이 아니요 세상으로부터 온 것이라 이 세상도, 그 정욕도 지나가되 오직 하나님의 뜻을 행하는 자는 영원히 거하느니라 (요일 2:15-17).

"아니, 어떻게 세상을 사는 사람이 세상을 사랑하지 않을 수 있습니까! 어떻게 돈을 사랑하지 않을 수 있습니까. 어떻게 사람이 명예를 사랑하지 않을 수 있습니까!

세상에 누가 욕심이 없습니까!

세상에 누가 대접받고 싶지 않습니까!

누가 자신을 낮추고 다른 사람을 높이겠습니까. 누가 해코지한 사람을 용서하겠습니까. 누가 핍박하는 자를 위해 기도하겠습니까. 누가 원수를 사랑하겠냐는 말입니다.

세상에 누가 여자를 보고 음욕을 품지 않겠습니까. 누가 쾌락을 사랑하지 않겠습니까!

도대체 누가 내 몸도 아닌 이웃을 내 몸과 같이 소중하고 귀하게 여기며 살겠냐는 말입니다.

도대체 누가 날마다 자기를 부인하고 피 흘리기까지 죄와 싸운다는 말입니까!

도대체 누가!

당신의 이 어려운 말씀을 따라 살 것으로 생각하는 것입니까!"

> 너희가 나를 사랑하면 나의 계명을 지키리라 나의 계명을 지키는 자라야 나를 사랑하는 자니 나를 사랑하는 자는 내 아버지께 사랑을 받을 것이요 나도 그를 사랑하여 그에게 나를 나타내리라(요 14:15, 21).

> 내가 아버지의 계명을 지켜 그의 사랑 안에 거하는 것 같이 너희도 내 계명을 지키면 내 사랑 안에 거하리라(요 15:10).

> 내가 주의 법을 어찌 그리 사랑하는지요 내가 그것을 종일 작은 소리로 읊조리나이다(시 119:97).

"아, 정말 말이 안 통하는 양반이시네. 됐습니다. 저는 그냥 다른 교회에 가겠습니다. 이렇게 사람 힘들게 하는 교회는 다니고 싶지 않습니다. 세상에 제가 좋아하는 교회가 얼마나 많은데요. 제가 헌금만 준다고 하면 어서 오라고 반겨줄 교회가 많고 많습니다. 거기 가면, 지금처럼 책망받지 않아서 좋습니다. 인간은 연약하니까 어쩔 수 없다며 위로해 줘서 정말 좋습니다. 그 좋으신 목사님들 덕분에 예전에는 가끔 느껴졌던 양심의 가책도 어느새 없어졌습니다.

바로 그렇게 나를 행복하게 만들어 주는 목사야말로, 진짜 당신의 선지자 아니겠습니까?"

내가 예루살렘 선지자들 가운데도 가증한 일을 보았나니 그들은 간음을 행하며 거짓을 말하며 악을 행하는 자의 손을 강하게 하여 사람으로 그 악에서 돌이킴이 없게 하였은즉 그들은 다 내 앞에서 소돔과 다름이 없고 그 주민은 고모라와 다름이 없느니라(렘 23:14).

"진짜 대단하시네요. 이제 됐으니 그만하십시오. 도저히 더는 못 듣겠습니다. 안 그래도 세상 사는 게 스트레스인데, 얼마나 더 저를 힘들게 하려 이러십니까. 그만합시다. 저는 그냥 제가 알던 말씀만 계속 알 것이고, 제가 좋아하는 말씀을 알려주는 교회에 갈 겁니다. 거기서 더 행복하고, 더 평안하게 살게 해 주는 선생님의 가르침을 받을 것입니다.
걱정하지 마십시오!
세상에는 제가 좋아하는 교회가 넘치고 넘칩니다."

때가 이르리니 사람들이 건전한 교리를 견디지 못하고, 그들 자신의 정욕에 따라 가려운 귀를 즐겁게 해줄 선생들을 많이 두리라 또한 그들이 그들의 귀를 진리에서 돌이켜 꾸며 낸 이야기로 돌리리라 그러나 너는 모든 일에 정신을 차리고, 고난을 견디며, 전도자의 일을 하고 네 직무를 완수하라(딤후 4:3-5).

"혼자 마음껏 떠드십시오. 저는 제 갈 길 가렵니다. 수고하십시오!"

"주여, 저 사람을 어찌해야 합니까. 저대로 두면 저 영혼이 멸망에 빠지지 않겠나이까?"

그냥 두라 그들은 맹인이 되어 맹인을 인도하는 자로다 만일 맹인이 맹인을 인도하면 둘이 다 구덩이에 빠지리라 하시니라(마 15:14).

"주여! 어찌 그리 말씀하십니까?

저에게 당신의 슬픔이 느껴지는데. 저 잃어버린 영혼으로 인해 당신의 심장이 갈기갈기 찢기는 아픔이 제게 전해지는데. 어찌 그리 말씀하신단 말입니까?

주여! 제가 가보겠나이다. 제가 가서 다시 말씀을 전해보겠나이다. 부디, 저를 보내소서."

> 내가 또 주의 목소리를 들으니 주께서 이르시되 내가 누구를 보내며 누가 우리를 위하여 갈꼬 하시니 그 때에 내가 이르되 내가 여기 있나이다 나를 보내소서 하였더니 여호와께서 이르시되 가서 이 백성에게 이르기를 너희가 듣기는 들어도 깨닫지 못할 것이요 보기는 보아도 알지 못하리라 하여 이 백성의 마음을 둔하게 하며 그들의 귀가 막히고 그들의 눈이 감기게 하라 염려하건대 그들이 눈으로 보고 귀로 듣고 마음으로 깨닫고 다시 돌아와 고침을 받을까 하노라 하시기로(사 6:8-10).

"주여! 어찌하여 저들이 성경을 보고도, 말씀을 듣고도 깨닫지 못하는 것입니까?

어찌 저리 귀가 막히고 눈이 감기는 것입니까?

도대체 무엇이 잘못된 것입니까?"

> 이는 그들이 진리의 사랑을 받지 아니하여 구원함을 받지 못함이라 이러므로 하나님이 미혹의 역사를 그들에게 보내사 거짓 것을 믿게 하심은 진리를 믿지 않고 불의를 좋아하는 모든 자들로 하여금 심판을 받게 하려 하심이라(살후 2:10-12).

불의를 좋아하는 자들은 진리를 믿지 않는다. 아니 싫어한다. 의로우신 하나님께 순종하기 싫은 자들은 자신이 섬기는 하나님의 말씀이라도 듣기 싫어한다.

> 대저 이는 패역한 백성이요 거짓말 하는 자식들이요 여호와의 법을 듣기 싫어하는 자식들이라 그들이 선견자들에게 이르기를 선견하지 말라 선지자들에게 이르기를 우리에게 바른 것을 보이지 말라 우리에게 부드러운 말을 하라 거짓된 것을 보이라 너희는 바른 길을 버리며 첩경에서 돌이키라 이스라엘의 거룩하신 이를 우리 앞에서 떠나시게 하라 하는도다(사 30:9-11).

예수님의 선하신 마음과 말씀을 따르기 위한 인내와 절제가 싫은 자들, 자기 미움대로, 자기 욕심대로, 자기 정욕대로 살고 싶은 자들은 진리를 들어도 그것을 거부한다. 도리어 옳은 말을 전하는 자들을 이단이라며 박해한다.

역사는 반복된다. 구약에서 자신들을 하나님의 선택받은 민족으로 여기던 이스라엘 백성은, 각종 우상과 하나님을 겸하여 섬기면서도 스스로 하나님을 잘 섬긴다고 착각하며 살았고, 그런 이스라엘을 고치기 위해 선지자들을 보내셨지만, 그들은 언제나 핍박받으며 죽었다.

> 예레미야가 여호와께서 명령하신 말씀을 모든 백성에게 전하기를 마치매 제사장들과 선지자들과 모든 백성이 그를 붙잡고 이르되 네가 반드시 죽어야 하리라(렘 26:8).

> 그들은 순종하지 아니하고 주를 거역하며 주의 율법을 등지고 주께로 돌아오기를 권면하는 선지자들을 죽여 주를 심히 모독하였나이다(느 9:26).

이스라엘은 하나님의 사람을 미워했다. 그들이 외치는 소리를 듣고 싶어하지 않았다. 하나님의 선하심을 따르기 위한 인내와 절제를 듣기 싫었고, 각종 욕심과 쾌락을 채워준다는 우상숭배를 멈추고 싶지 않았기에, 순결함과 거룩, 사랑과 희생이 가득 담긴 그분의 말씀 전하는 자들을 미워하며 죽이기까지 했다.

이방 백성이 아니라 스스로 하나님께 선택받았고 그분을 섬긴다고 자부하는 이스라엘 백성이, 하나님께서 보내신 이들을 미워하고 죽였다. 이유는 간단했다. 그들이 하고 싶은 것을 하지 못하게 막았기 때문이다.

> 세상이 너희를 미워하면 너희보다 먼저 나를 미워한 줄을 알라 너희가 세상에 속하였으면 세상이 자기의 것을 사랑할 것이나 너희는 세상에 속한 자가 아니요 도리어 내가 너희를 세상에서 택하였기 때문에 세상이 너희를 미워하느니라 내가 너희에게 종이 주인보다 더 크지 못하다 한 말을 기억하라 사람들이 나를 박해하였은즉 너희도 박해할 것이요(요 15:18-20).

> 사람들이 너희를 출교할 뿐 아니라 때가 이르면 무릇 너희를 죽이는 자가 생각하기를 이것이 하나님을 섬기는 일이라 하리라 그들이 이런 일을 할 것은 아버지와 나를 알지 못함이라(요 16:2-3).

예수 그리스도로 시작된 기독교 신앙에서 예수 그리스도를 알지 못하는 자들이 많아진다. 선하셨던, 사랑 많으셨던, 긍휼함이 많으셨던, 또 겸손하셨던 그분의 아름다운 성품과 또 우리에게 명하신 그 선하신 가르침들은 잊혀지고, 모든 것을 가능케 하는 그분의 전능하신 능력만 구하는 시대가 되어간다.

하지만, 이러한 신앙의 변질은 이상한 일이 아니다. 이런 일은 과거에도 있었고 앞으로도 있을 것이며, 성경은 이것이 죄인된 인간의 속성임을 알려주기 때문이다.

과거 하나님을 유일신으로 섬겼던 이스라엘은 그들을 구원할 메시아를 기다렸다. 로마의 압제에서 벗어나게 해 줄 메시아, 자신들에게 자유를 선물해 줄 구원자, 더 나은 환경으로 이끌어 줄 메시아, 더 풍족하고 안락한 삶을 살게 해 줄 구원자를 기대한 것이다.

하지만, 진짜 메시아의 관심은 다른 곳에 있었다. 그분은 먹는 것, 마시는 것, 입는 것, 더 좋은 환경, 더 풍족한 생활, 이 세상살이에 관한 것들 따위는 관심이 없으셨다. 병들고 굶주리며 곤경에 처한 사람들을 불쌍히 여겨 수많은 이적을 베푸시며 그들의 문제를 해결해 주셨지만, 그것은 긍휼함이 많으신 그분의 성품으로 인한 것이며, 그분의 신성을 증거하는 방법이었을 뿐, 오직 영생에 관한 것, 그 영생을 위해 죄의 문제를 해결하는 것이 그분의 진짜 관심사였다.

> 내 아버지의 뜻은 아들을 보고 믿는 자마다 영생을 얻는 이것이니 마지막 날에 내가 이를 다시 살리리라 하시니라(요 6:40).

> 내가 진실로 진실로 너희에게 이르노니 내 말을 듣고 또 나 보내신 이를 믿는 자는 영생을 얻었고 심판에 이르지 아니하나니 사망에서 생명으로 옮겼느니라(요 5:24).

> 하나님이 세상을 이처럼 사랑하사 독생자를 주셨으니 이는 그를 믿는 자마다 멸망하지 않고 영생을 얻게 하려 하심이라(요 3:16).

그 사실을 안 이스라엘 백성은 예수님에게서 돌아섰다. 이스라엘의 왕이 되어 그들을 로마의 속국에서 해방하는 것에는 관심 없는 예수님, 줄지 않는 빵을 평생 보급해 주며 배불리 먹는 것에는 관심 없는 예수님, 세상살이 문제 해결이 아닌 영생을 주러 오셨다는 그분께 실망한 이스라엘은, 자신들의 욕구를 충족시켜 주지 않는 구원자에게 실망하여 돌아섰다.

> 이에 거두니 보리떡 다섯 개로 먹고 남은 조각이 열두 바구니에 찼더라 그 사람들이 예수께서 행하신 이 표적을 보고 말하되 이는 참으로 세상에 오실 그 선지자라 하더

라 그러므로 예수께서 그들이 와서 자기를 억지로 붙들어 임금으로 삼으려는 줄 아시고 다시 혼자 산으로 떠나 가시니라 … 예수께서 대답하여 가라사대 내가 진실로 진실로 너희에게 이르노니 너희가 나를 찾는 것은 표적을 본 까닭이 아니요. 떡을 먹고 배부른 까닭이로다. 썩는 양식을 위하여 일하지 말고 영생하도록 있는 양식을 위하여 하라 살리는 것은 영이니 육은 무익하니라 내가 너희에게 이른 말이 영이요 생명이라 그 때부터 그의 제자 중에서 많은 사람이 떠나가고 다시 그와 함께 다니지 아니하더라(요 6:13-15, 26-17, 63, 66).

보리떡 다섯 개와 물고기 두 마리를 가지고 오천 명이 넘는 사람을 배불리 먹이자, 사람들은 예수님을 그들의 왕으로 삼으려 했다. 하지만 예수님께서 주시고자 하는 것은 눈에 보이지 않는 하늘의 것이었다. 그러자 눈에 보이는 이 세상의 것들을 원하던 사람들은 예수를 외면하게 된다.

'호산나, 호산나' 환호하고 기뻐 외치던 자들이, 세상살이 문제를 해결해 줄 능력과 세상 권력이 없는 분이라고 느끼자, 냉정하게 돌아서며 그분을 십자가에 내주었다.

그들에게 예수님의 선하신 마음과 아름다운 성품, 사랑과 희생으로 가득찬 아름답고 선하신 가르침과 명령은 중요하지 않았다. 그들에게 중요한 것은 지금 당장 그들의 소원을 이뤄 주고 삶의 문제를 해결해 주는 것이었다. 그리고 그들의 모습, 인간의 본성은 지금 이 시대에 그대로 반복된다.

예수님의 관심사는 영생과 죄에 관한 것이었지만, 지금 우리의 관심사는 세상에서 취직하고, 승진하고, 사업 잘되고, 더 건강하고, 더 나은 삶, 더 풍족한 삶, 더 즐거운 삶, 더 성공한 삶, 그저 세상살이에 관한 것들뿐이다. 예수님께서 바라신 것들에는 관심이 없다. 많은 이가 문제를 해결하기 위해 기도하고 부르짖지만, 문제 해결을 얻지 못한 자들은 실망하며 교회를 떠나기가 부지기수이다.

교회를 떠나지 않는 자들이 있다고 한들, 그들 역시 그저 또 다른 문제 해결을 원할 뿐이고, 머지않아 또 다른 문제 해결을 원하고, 또 다른 문제 해결을 원하며, 죽기까지 소원 해결만 관심사로 둔 채 예수님의 마음에는 관심이 없다. 삶의 문제가 심각할 땐 열정적인 교회 생활, 기도 생활하다가도 문제가 해결되거나 시들해지면 신앙 또한 시들해지며 열정은 식어간다.

이 세상을 사랑하는 신앙, 세상의 것들을 갈망하는 신앙, 세상에서의 문제 해결과 세상에서의 소원 성취를 목적을 둔 신앙은 우상 숭배일 뿐이고, 출발부터 잘못된 방향으로 시작된 신앙은 시들어 죽을 수밖에 없다.

애초에 시작부터 예수님의 가르침과 명령에는 안중에 없고, 그분께서 주시는 영광되고 찬란한 영생과 구원에는 열정도 없으면서, 내 육신의 평안과 축복, 이 세상을 갖겠다는 탐심으로 비롯된 신앙은 진리에 다다를 수 없을 뿐 아니라, 사탄의 먹잇감이 될 뿐이다.

> 한 사람이 두 주인을 섬기지 못할 것이니 혹 이를 미워하며 저를 사랑하거나 혹 이를 중히 여기며 저를 경히 여김이라 너희가 하나님과 재물을 겸하여 섬기지 못하느니라 그러므로 내가 너희에게 이르노니 목숨을 위하여 무엇을 먹을까 무엇을 마실까 몸을 위하여 무엇을 입을까 염려하지 말라 목숨이 음식보다 중하지 아니하며 몸이 의복보다 중하지 아니하냐 공중의 새를 보라 심지도 않고 거두지도 않고 창고에 모아들이지도 아니하되 너희 천부께서 기르시나니 너희는 이것들보다 귀하지 아니하냐(마 6:24-26).

무엇을 먹을까?
무엇을 마실까?
무엇을 입을까?

세상살이에 마음을 뺏긴 자에게는 하나님 말씀이 결실할 수 없다. 육신의 일에 마음을 빼앗긴 자들에게 영적 문제에 대한 갈증이 있을 수 없다. 그들의 마음은 예수님께서 말씀하신 가시밭에 뿌려진 씨앗처럼, 말씀을 듣기는 들으나 세상의 염려와 재물의 유혹으로 금세 시들어 죽을 수밖에 없는 밭과 같다.

우리는 세상에 눈이 멀어 더 좋은, 더 풍족한, 더 성공한 삶을 위해 기도하지만, 이제는 정신을 차려야 한다. 예수님은 그런 것에 관심이 없으시다. 그런 하찮은 것은, 죽음이라는 불가항력을 초월한 지존자의 영역, 영원한 생명이라는 엄청난 것을 위해 사는 자들에게 자동으로 충족되는 것이다. 오직 하나님의 나라를 구하며 사는 자들에게 하늘 아버지께서 완벽하게 충족시켜 주신다. 그러므로 예수님께 그따위 하찮은 문제는 방해 거리에 불과했다.

> 오늘 있다가 내일 아궁이에 던지우는 들풀도 하나님이 이렇게 입히시거든 하물며 너희일까 보냐 믿음이 적은 자들아 너희는 무엇을 먹을까 무엇을 마실까 하여 <u>구하지 말며 근심하지도 말라 이 모든 것은 세상 백성들이 구하는 것이라</u> 너희 아버지께서 이런 것이 너희에게 있어야 될 줄을 아시느니라 오직 너희는 그의 나라를 구하라 그리하면 이런 것을 너희에게 더하시리라(눅 12:28-31).

믿을 수 없는 말씀이다. 불가능해 보이는 말씀이다. 눈에 보이는 이 세상이 전부인 줄 아는 사람들, 눈에 보이는 돈이 자신을 먹고 살게 해준다고 믿고 사는 사람들에게 돈에 대한 염려를 내려놓고, 구하지도 말라는 예수님 말씀은 비현실적으로 보인다. 눈에 보이지 않는 하나님이 살아계시고, 그분께서 분명히 나를 보호하신다는, 이 세상의 현실을 초월한 진짜 믿음을 가진 자가 아니라면 이런 말씀은 불가능한 것으로 여기며 흘려들을 것이다.

하지만, 진실로 자기 생명을 다하여, 또 온 마음 다하여 하나님을 사랑하고 신뢰하는 자들이 존재한다면, 그들은 예수님의 이 비현실적인 말씀을 현실로 믿으며 그분의 말씀에 순종할 것이다. 그리고 진짜 그런 믿음, 세상의 재물이 아닌 오직 그분을 바라보고, 그분의 영광과 그 나라를 구하는 진짜 믿음을 가진 자들은, 안타깝지만 적은 무리일 것이다.

> 오직 너희는 그의 나라를 구하라 그리하면 이런 것을 너희에게 더하시리라 적은 무리여 무서워 말라 너희 아버지께서 그 나라를 너희에게 주시기를 기뻐하시느니(눅 12:31-32).

성경은 계속해서 말씀한다. 신앙을 시작하는 이유는 먹을 것, 입을 것을 해결하고, 더 풍족한 삶. 안락한 삶, 세상을 향한 소원과 욕심, 세상을 사는 염려와 걱정거리 따위를 위해서가 아니라고 말이다. 성경은 이 땅을 썩어 없어질 것들이라 말하고, 우리의 시선과 초점을 바꾸라 경고하시며, 세상 육신의 일 따위를 위해서가 아니라, 찬란하고 영광되며 영원히 존재하는 것, 생명과 구원을 향해, 우리의 마음과 열정, 사랑과 생명을 쏟으라고 말씀한다.

> 육신을 따르는 자는 육신의 일을, 영을 따르는 자는 영의 일을 생각하나니 육신의 생각은 사망이요 영의 생각은 생명과 평안이니라 육신의 생각은 하나님과 원수가 되나니 이는 하나님의 법에 굴복하지 아니할 뿐 아니라 할 수도 없음이라(롬 8:5-7).

> 육에 속한 사람은 하나님의 성령의 일들을 받지 아니하나니 이는 그것들이 그에게는 어리석게 보임이요, 또 그는 그것들을 알 수도 없나니 그러한 일은 영적으로 분별 되기 때문이라(고전 2:14).

> 자기의 육체를 위하여 심는 자는 육체로부터 썩어질 것을 거두고 성령을 위하여 심는 자는 성령으로부터 영생을 거두리라 (갈 6:8).

변질한 신앙의 시대가 되었고, 목적을 망각한 신앙이 극에 달했다. 기독교 역사상 이러한 일은 언제나 존재했고, 좁은 길을 가는 자들의 수는 언제나 적었지만, 풍요와 번영의 시대가 된 지금은 변질의 범위가 전 세계적으로 극에 달했고 죄책감조차 잊었다.

인자가 올 때, 믿음을 보지 못할 것이라는 예수님의 말씀과 인자가 올 때, 사람들이 먹고 마시고, 시집가고 장가가고, 사고 팔고, 온갖 세상일에 빠져 정말 중요한 것은 망각한 채 멸망을 받을 것이라 하신 예수님의 예언이 이루어져 가고 있다.

> 노아의 때에 된 것과 같이 인자의 때에도 그러하리라 노아가 방주에 들어가던 날까지 사람들이 먹고 마시고 장가들고 시집가더니 홍수가 나서 그들을 다 멸망시켰으며 또 롯의 때와 같으리니 사람들이 먹고 마시고 사고, 팔고 싶고 집을 짓더니 롯이 소돔에서 나가던 날에 하늘로부터 불과 유황이 비 오듯 하여 그들을 멸망시켰느니라 인자가 나타나는 날에도 이러하리라 (눅 17:26-30).

> 내가 너희에게 이르노니 속히 그 원한을 풀어 주시리라 그러나 인자가 올 때에 세상에서 믿음을 보겠느냐 하시니라 (눅 18:8).

이상한 세상이 되었다. 종이 주인에게 순종해야 한다고 이야기하면 행위주의, 율법주의라고 말한다. 구원은 오직 주님만이 하시는 거니까 인간의 행위는 필요 없단다. 맞는 이야기다. 본질이 부패한 인간의 모든 선행은 하나님 앞에 더러운 옷과 같을 뿐이다.

> 무릇 우리는 다 부정한 자 같아서 우리의 의는 다 더러운 옷 같으며 우리는 다 잎사귀 같이 시들므로 우리의 죄악이 바람 같이 우리를 몰아가나이다(사 64:6).

> 만물보다 거짓되고 심히 부패한 것은 마음이라 누가 능히 이를 알리요마는 나 여호와는 심장을 살피며 폐부를 시험하고 각각 그의 행위와 그의 행실대로 보응하나니(렘 17:9-10).

간사함과 교활함의 끝을 알 수 없는 인간의 마음은, 선행조차 자신을 드러내고 돋보이게 만드는 수단으로 만들고, 오른손이 한 일을 왼손도 알고, 오른발도 알고, 왼발도 알기를 바란다. 그렇게 남들의 시선을 즐기고, 자신이 영광 받는 것을 기뻐하며, 착한 사람이라 불리며, 사람들의 대접과 이익을 기대한다.

> 여호와여 영광을 우리에게 돌리지 마옵소서 우리에게 돌리지 마옵소서 오직 주는 인자하시고 진실하시므로 주의 이름에만 영광을 돌리소서(시 115:1).

> 예수께서 이르시되 네가 어찌하여 나를 선하다 일컫느냐 하나님 한 분 외에는 선한 이가 없느니라(눅 18:19).

나는 구원에 관한 인간 행위의 공로에 관해 이야기하는 게 아니다. 나는 그저 한 인간의 진심을 말하고 싶은 것이다. 진정 다른 간사함 없이, 진심으로 그분의 존재를 사랑하는지, 신랑의 사랑만으로 만족하는지, 진심으로 그분을 섬기는지, 진심으로 나의 주님으로 모시는지 아니면 뭔가 다른 것을 바라는 마음에 그분을 이용하려는 것인지를 묻고 싶은 것이다.

> 내가 두 마음 품는 자들을 미워하고 주의 법을 사랑하나이다 주는 나의 은신처요 방패시라 내가 주의 말씀을 바라나이다 너희 행악자들이여 나를 떠날지어다 나는 내

하나님의 계명들을 지키리로다(시 119:113-115).

죄인들아 손을 깨끗이 하라 두 마음을 품은 자들아, 마음을 성결하게 하라(약 4:8).

주님은 우리에게 완벽을 요구하지 않으신다. 다만 진실한 마음을 원하실 뿐이다. 그분은 우리의 연약함을 아신다. 우리가 자주 넘어지는 것을 아신다. 그분께서 우리를 만드셨을 뿐만 아니라, 친히 피조물을 옷을 입으셨기에 우리 육신의 부족함을 너무나도 잘 아신다. 그분은 준비가 되셨다. 애통함으로 회개하는 죄인들을 용서하실 준비가 되어 있으시다.

무릇 마음이 가난하고 심령에 통회하며 내 말을 듣고 떠는 자 그 사람은 내가 돌보려니와(사 66:2).

심령이 가난한 자는 복이 있나니 천국이 그들의 것임이요 애통하는 자는 복이 있나니 그들이 위로를 받을 것임이요(마 5:3-4).

하지만, 이제 자신의 악함 때문에 상한 마음으로 회개하는 자들이 사라져 간다. 애초에 주님의 말씀에 순종해야 한다는 부담을 가져본 적이 없기 때문이다. 애초에 자신을 종으로 여기려는 마음이 없기 때문이다. 입으로는 그분을 주인이라고 칭하지만 자기의 주인됨을 내려놓은 적이 없고, 내가 그분을 섬기고 따르며 순종하는 것이 중요한 게 아니라, 그분이 내 소원들을 성취시켜 주시는 것이 중요하기 때문이다.

돈을 사랑하지 말고 부자가 되기를 바라지 말라고 하셨건만, 내가 산 주식과 부동산 값을 오르게 해달라며 소리 높여 부르짖는다. 이 세상이나 세상에 있는 부귀영화를 사랑하지 말고 있는 것에 감사하라 하셨건만, 어떻게든 더 많이 갖고 더 많이 즐길 수 있게 해달라고 기도한다.

다른 이를 높여주고 낮은 자가 되어 섬기는 자가 되라고 하셨건만, 어떻게든 높은 지위를 얻고, 더욱더 떠받든 자가 되게 해달라고 기도한다. 원수를 사랑하고 나에게 피해 끼치는 자를 위해 기도하라고 하셨건만, 내 기분을 상하게 하는 사람을 어떻게든 보복해 달라고 기도한다. 신앙을 시작할 때부터 왕의 말씀에 정면으로 대항하는 기도를 드린다.

> 사람이 귀를 돌려 율법을 듣지 아니하면 그의 기도도 가증하니라(잠 28:9).

인류 역사의 마지막 때는 점점 가까워져 오고, 진실한 믿음의 소유자는 점점 희박해져 간다. 욕심과 이기심, 풍요와 안락이 세상을 뒤덮었다. 영혼의 구원에 가난한 마음 품은 자들은 점점 없어져 가고, 이 세상이나 세상에 있는 것들을 사랑하는 자들은 점점 넘쳐나며, 이제 신앙은 사사기 시대와 서기관과 바리새인의 시대를 되풀이하는 듯하다.

> 그들에게 일어난 이런 일은 본보기가 되고 또한 말세를 만난 우리를 깨우치기 위하여 기록되었느니라(고전 10:11).

하나님의 선하신 말씀과 사랑 가득한 법도는 잊히고 혹은 짓밟히며, 인간들 마음대로 하나님을 섬기면서도 자신들이 하나님을 잘 섬기고 있다고 착각한다. 마음대로 욕심내고, 마음대로 이기적으로 굴고, 마음대로 미워하고, 마음대로 음란하면서도, 교회에 출석 잘하고 헌금 잘 내고 교회 봉사 많이 하면 하나님을 섬기는 것이라고 여긴다.

> 사람의 계명으로 교훈을 삼아 가르치니 나를 헛되이 경배하는도다 하였느니라(마 15:9).

그렇게도 그분의 말씀을 거스르면서 악을 행할 것이라면 도대체 무엇 하러 교회는 다니고, 무엇 하러 헌금을 내며, 무엇 하러 열심을 낸단 말인가?

하나님께서 원하시는 것, 기뻐하시는 것이 무엇인지 깨닫지 못한 채, 그저 종교적 행위만 열심히 하면 하나님께서 기뻐하시리라 생각하는 것인가?

죄악된 인간의 본성은 언제나 같은 잘못을 되풀이하고, 성경의 잘못을 그대로 반복할 뿐이다.

> 주님께서 말씀하신다.
> "무엇 하러 나에게 이 많은 제물을 바치느냐?
> 나는 이제 숫양의 번제물과 살진 짐승의 기름기가 지겹고, 나는 이제 수송아지와 어린 양과 숫염소의 피도 싫다.
> 너희가 나의 앞에 보이러 오지만, 누가 너희에게 그것을 요구하였느냐?
> 나의 뜰만 밟을 뿐이다. 다시는 헛된 제물을 가져오지 말아라. 다 쓸모없는 것들이다. 분향하는 것도 나에게는 역겹고, 초하루와 안식일과 대회로 모이는 것도 참을 수 없으며, 거룩한 집회를 열어 놓고 못된 짓도 함께 하는 것을, 내가 더 이상 견딜 수 없다. 나는 정말로 너희의 초하루 행사와 정한 절기들이 싫다. 그것들은 오히려 나에게 짐이 될 뿐이다. 그것들을 짊어지기에는 내가 너무 지쳤다. 너희가 팔을 벌리고 기도한다고 하더라도, 나는 거들떠보지도 않겠다. 너희가 아무리 많이 기도를 한다 하여도 나는 듣지 않겠다. 너희의 손에는 피가 가득하다. 너희는 씻어라. 스스로 정결하게 하여라. 내가 보는 앞에서 너희의 악한 행실을 버려라. 악한 일을 그치고, 옳은 일을 하는 것을 배워라. 정의를 찾아라. 억압받는 사람을 도와주어라. 고아의 송사를 변호하여 주고 과부의 송사를 변론하여 주어라"(사 1:11-17, 새번역).

믿음으로 구원을 얻는다고 말하면서도 믿음의 대상이 누군지 잊은 듯하고, 입으로는 '주여! 주여!' 하면서도 주인 취급은커녕, 내 소원과 문제를 해결만을 바라며 그분을 종 취급하는 인간들만 많아지고 있다. 자신들의 마음은 중요하지만, 주님께서 귀히 여기는 것들은 거들떠보지 않는 시대.

오, 입으로만 사랑을 외치는 두 마음 품은 자들이여!
예수를 믿는다면서 예수의 말씀은 지워버린 신앙의 세대여!
예수를 목숨 다해 사랑한다고 하면서도 그분의 말씀을 가벼이 여기는 세대여!
누군가 그대를 향해 열렬한 사랑을 고백하면서도, 그대가 말하는 것은 하찮게 여긴다면, 그대는 그 사랑이 진실하다 느끼겠는가!

너희가 나를 사랑하면 나의 계명을 지키리라(요 14:15).

하나님을 사랑하는 것은 이것이니 우리가 그의 계명들을 지키는 것이라(요일 5:3).

너무나 선하고 온유하고 부드러우며 따뜻한 마음을 지니셨던 우리의 주님!
그런 주님의 아름다운 마음을 사랑하고 그분을 말씀을 사모하는 자들은 어디 있을까?
미움, 증오, 그 날카로운 마음만으로도 살인의 잔인함을 느끼시며, 악한 자를 대적하지 말고, 오른뺨을 때리면 왼뺨을 내어주라는 선하신 나의 주인, 원수마저 품어주고 사랑하며, 그를 위해 기도하라 명하시고, 그 손에 못 박는 자들을 위해 기도하시며 친히 그 사랑을 몸소 보이신 나의 주인 그분의 그 선한 발자취를 따라오라 명하신 너무나도 선하신 나의 주님.

> 이를 위하여 너희가 부르심을 입었으니 그리스도도 너희를 위하여 고난을 받으사 너희에게 본을 끼쳐 그 자취를 따라오게 하려 하셨느니라(벧전 2:21).

증오와 복수로 얼룩진 세대여!
주의 계명이 무엇이겠는가?
내 정당한 권리를 침해당하면 살기를 품고 증오의 칼날을 빼 드는 세대에 운전 중 끼어들기만 잘못해도 불같은 분노를 내뿜으며 저주를 쏟아내는 세대에, 어떻게 오른뺨을 맞으면 왼뺨을 내어주라는 선하신 이의 뒤를 따를 수 있겠는가?
돈과 재물에 대한 욕심과 이기심으로 물든 세대에 어떻게 지극히 사랑이신 주님을 섬길 수 있겠는가?
금전적인 피해를 당하면 눈이 뒤집혀 발악하는 세대에, 손해를 복구하기 위해서라면 힘이고, 법이고 수단을 가리지 않고 전쟁을 불사하는 세대에 어떻게 겉옷을 빼앗으려는 자에게 속옷까지 내어주라는 선하신 이의 뒤를 따른단 말인가?
오, 신앙이 썩어버린 가엾은 세대여, 정녕 깨닫지 못한단 말인가?
돈을 사랑하는 자의 믿음이 파선할 것이라는 하나님의 말씀을, 재물과 하나님을 겸하여 섬길 수 없을 것이라는 예수님의 말씀을, 이 세상이나 세상에 있는 것들을 사랑하는 자에게 하나님의 사랑이 없다는 말씀을, 세상살이의 염려와 재물에 대한 욕심에 사로잡힌 자에게 하나님의 말씀이 결실할 수 없을 것이라는 말씀을 정녕 깨닫지 못하겠는가?
영광되고 영광되며 또 영광스러운 우리 주님께서 베푸시는 찬란한 구원을 위해 이 악한 마음으로 가득 찬 죄인을 구원하려 존귀한 목숨을 버리신 우리 주 예수 그리스도를 따르기 위해 내가 가진 모든 것, 심지어 생명조차 포기할 각오가 필요하다는 사실을 진정 깨닫지 못하겠는가?

무릇 내게 오는 자가 자기 부모와 처자와 형제와 자매와 더욱이 자기 목숨까지 미워하지 아니하면 능히 내 제자가 되지 못하고 누구든지 자기 십자가를 지고 나를 따르지 않는 자도 능히 내 제자가 되지 못하리라 … 이와 같이 너희 중의 누구든지 자기의 모든 소유를 버리지 아니하면 능히 내 제자가 되지 못하리라(눅 14:26-33).

자기의 생명을 사랑하는 자는 잃어버릴 것이요 이 세상에서 자기의 생명을 미워하는 자는 영생하도록 보전하리라 사람이 나를 섬기려면 나를 따르라 나 있는 곳에 나를 섬기는 자도 거기 있으리니 사람이 나를 섬기면 내 아버지께서 그를 귀히 여기시리라(요 12:25-26).

악을 악으로 갚는 자들이여, 응징해야 속이 시원하다고 여기는 세대여! 한 대를 맞으면 두 배로 갚으려 증오를 불태우는 이 세대의 그리스도인들이여!

나는 너희에게 이르노니 너희 원수를 사랑하며 너희를 박해하는 자를 위하여 기도하라(마 5:44).

너희를 박해하는 자를 축복하라 축복하고 저주하지 말라 아무에게도 악을 악으로 갚지 말고 모든 사람 앞에서 선한 일을 도모하라 내 사랑하는 자들아 너희가 친히 원수를 갚지 말고 하나님의 진노하심에 맡기라 기록되었으되 원수 갚는 것이 내게 있으니 내가 갚으리라고 주께서 말씀하시니라 네 원수가 주리거든 먹이고 목마르거든 마시게 하라 그리함으로 네가 숯불을 그 머리에 쌓아 놓으리라 악에게 지지 말고 선으로 악을 이기라(롬 12:17-21).

삼가 누가 누구에게든지 악으로 악을 갚지 말게 하고 서로 대하든지 모든 사람을 대하든지 항상 선을 따르라(살전 5:15).

악을 선으로 갚으라는 하나님의 말씀을 하찮게 여기는 그리스도인들이여!

하나님의 선하심을 멸시하는 그리스도인들이여!

어찌 그따위 가치관으로 그대 스스로 하나님께 속한 자라고 말한단 말인가!

어찌 그따위 삶의 모습으로 하나님의 통치 아래 살아가는 자라고 말할 수 있단 말인가!

믿음으로 구원을 얻는다는 오만으로 왕의 말씀을 짓밟는 세대여! 그대가 믿는 것은 무엇이란 말인가!

하나님을 믿는다고 말하는 그대여, 하나님을 믿는다고 고백하면서도 어찌하여 그분의 말씀은 믿지 않는단 말인가!

어찌하여 왕에 대한 거역을 그토록 하찮게 여긴단 말인가! 정녕 그따위 믿음이 그대를 구원하라 수 있을 것이란 말인가!

> 내 형제들아 만일 사람이 믿음이 있노라 하고 행함이 없으면 무슨 유익이 있으리요 그 믿음이 능히 자기를 구원하겠느냐 이와 같이 행함이 없는 믿음은 그 자체가 죽은 것이라 영혼 없는 몸이 죽은 것 같이 행함이 없는 믿음은 죽은 것이니라(약 2:14, 17, 26).

오, 하나님을 사랑한다고 말하면서도 악을 행하기에 주저함이 없는 자들이여!

그분을 거역함에도 죄책감조차 느끼지 못하는 자들이여, 그대들이 어찌하여 하나님의 말씀을 전하고, 그분의 언약을 그 입에 둔단 말인가!

그분의 교훈을 가소롭게 여기고 그분의 말씀을 뒤로 던지며, 돈에 대한 탐심으로 기회만 되면 정직을 버리고 이득을 취하려 하며, 기회만 되면 음란에 생각과 마음과 몸을 내어주며, 입에는 악한 말과 거짓이 가득하고, 남을 비난하고 비방하면서도, 그따위 악행을 저지르면서 어찌하여 그대의

입에 하나님의 이름을 둔단 말인가!

> 악인에게는 하나님이 이르시되 네가 어찌하여 내 율례를 전하며 내 언약을 네 입에 두느냐 네가 교훈을 미워하고 내 말을 네 뒤로 던지며 도둑을 본즉 그와 연합하고 간음하는 자들과 동료가 되며 네 입을 악에게 내어 주고 네 혀로 거짓을 꾸미며 앉아서 네 형제를 공박하며 네 어머니의 아들을 비방하는도다.

그대의 그따위 불순종에도 불구하고 하나님의 오래 참으시는 자비와 사랑으로 잠잠히 그대를 기다려주셨건만, 그대는 결국 하나님의 존재마저 하찮게 여기며 그분을 인간과 같은 존재로 여기는구나!

그러나 모든 인간이 그분과 대면하는 심판의 날이 이를 테니 그때가 되면 주께서 그대를 책망하여 그대의 죄를 그대 눈앞에 낱낱이 드러내시리로다. 하나님을 두려워하는 경외의 마음을 잊어버린 그리스도인들이여, 그대들의 신앙으로 돌아봐야 할 것이다. 그렇지 않으면 심판에 때에 그대를 건질 자가 없을 것이니 말이다.

> 네가 이 일을 행하여도 내가 잠잠하였더니 네가 나를 너와 같은 줄로 생각하였도다 그러나 내가 너를 책망하여 네 죄를 네 눈 앞에 낱낱이 드러내리라 하시는도다 하나님을 잊어버린 너희여 이제 이를 생각하라 그렇지 아니하면 내가 너희를 찢으리니 건질 자 없으리라 (시 50:16-22).

어리석은 인간들이여, 흙으로 돌아갈 헛된 인생들이여, 들어라!
만물을 창조하신 분, 모든 것을 지배하시는 분, 죄인들을 심판하실 분, 모든 인간이 기필코 그분의 심판대 앞에 설 날이 올 것이다.

> 이는 우리가 다 반드시 그리스도의 심판대 앞에 나타나게 되어 각각 선악간에 그 몸으로 행한 것을 따라 받으려 함이라(고후 5:10).

너무나 거룩하신 분, 지극히도 선하신 분, 무한히도 사랑이신 분!

하나님은 사랑이시라며 그분을 호구 취급하는 인간들이여, 분명히 알아야 할 것이다. 그분이 완벽히도 거룩하다는 것, 완벽히도 선하시다는 것, 완벽히도 사랑이시라는 것, 그분이 티끌만 한 죄와도 함께 거하실 수 없다는 것 이것은 죄로 뒤덮인 인간에게 저주라는 사실을 알아야 할 것이다.

너무나도 완벽한 사랑이시기에 누군가를 저주하는 티끌만 한 증오조차도 살인죄가 될 것이고, 완전히도 거룩하신 분이시기에 인간을 쾌락의 도구로 여기는 음란은 추악한 간음죄가 될 것이며, 무한히 선하신 분이시기에 굶주리고 헐벗은 이웃을 불쌍히 여기지도, 돌보지 않았던 것은, 잔인함과 무자비의 극치로 여겨질 것이다.

> 또 왼편에 있는 자들에게 이르시되 저주를 받은 자들아 나를 떠나 마귀와 그 사자들을 위하여 예비된 영원한 불에 들어가라 내가 주릴 때에 너희가 먹을 것을 주지 아니하였고 목마를 때에 마시게 하지 아니하였고 나그네 되었을 때에 영접하지 아니하였고 헐벗었을 때에 옷 입히지 아니하였고 병들었을 때와 옥에 갇혔을 때에 돌보지 아니하였느니라 하시니 그들도 대답하여 이르되 주여 우리가 어느 때에 주께서 주리신 것이나 목마르신 것이나 나그네 되신 것이나 헐벗으신 것이나 병드신 것이나 옥에 갇히신 것을 보고 공양하지 아니하더이까 이에 임금이 대답하여 이르시되 내가 진실로 너희에게 이르노니 이 지극히 작은 자 하나에게 하지 아니한 것이 곧 내게 하지 아니한 것이니라 하시리니 그들은 영벌에, 의인들은 영생에 들어가리라 하시니라(마 25:41-46).

죄인들이여, 들어라!
그대들에게 구원자가 필요하다는 사실을 깨달으라!
지극히 거룩하신 분 앞에 그대들이 지극히도 추악한 죄인인 것을 깨달으라!
오, 믿을 수 없는 일이 일어났도다!
기이한 일이 일어났도다. 죄밖에 없는 인간들을 구원하시고자 하나님의 귀하고 귀한 독생자가 이 땅에 오셨다. 존귀하고 고결하며 지극히 높으신 우리 주 예수 그리스도가 이 땅에 오셨다.

무슨 일이란 말인가!
어찌된 일이란 말인가!
지존하신 이가 어째서 이 더러운 죄인들을 대신해 죽어 주신단 말인가!
도대체 그 이유가 무엇이란 말인가!

> 의인을 위하여 죽는 자가 쉽지 않고 선인을 위하여 용감히 죽는 자가 혹 있거니와 우리가 아직 죄인 되었을 때에 그리스도께서 우리를 위하여 죽으심으로 하나님께서 우리에 대한 자기의 사랑을 확증하셨느니라(롬 5:7-8).

> 하나님이 우리를 사랑하시는 사랑을 우리가 알고 믿었노니 하나님은 사랑이시라(요일 4:16).

티끌만 한 죄도 없으신 그분께서 우리가 받아야 할 죄의 대가, 하나님의 불타는 진노를 모두 받으시고, 대신 형벌을 받으사 십자가에 못 박혀 죽으셨다. 우리를 대신해 모든 고통을 당하신 그분은 사망 권세를 물리치고 사흘 만에 부활하셨고, 그분을 믿고 의지하는 자들에게 영생을 주시는 구원자가 되시었다.

그분을 믿어라!
그분을 영접하라!
만유의 주인이신 그분을 그대의 주인으로 영접하라!
그리고 그분을 그대의 주인으로 모셨다는 믿음의 증거를, 그대의 순종으로 증명하라!

> 그가 아들이시면서도 받으신 고난으로 순종함을 배워서 온전하게 되셨은즉 자기에게 순종하는 모든 자에게 영원한 구원의 근원이 되시고(히 5:8-9).

> 그리스도께서 이방인들을 순종케 하기 위하여 나로 말미암아 말과 일이며 표적과 기사의 능력이며 성령의 능력으로 역사하신 것 외에는 내가 감히 말하지 아니하노라(롬 15:18).

주님의 주되심, 그분의 '주인'되심을 무참히 짓밟은 채, '주여, 주여,' 부르짖는 세대여!

믿음으로 구원을 얻는다는 편한 주문을 붙잡고선 순종하는 신앙을 이단취급하는 세대여!

이미 그대들의 마음이 욕심으로 가득 찼기에, 순종하라는 하나님의 말씀을 행위주의, 율법주의 운운하며 진리를 듣기 싫어할 뿐이다.

이미 그대들의 마음이 악과 어둠으로 가득 찼고 어둠을 사랑하기에, 끓어오르는 증오를 마음껏 분출하고 싶고, 차오르는 욕심을 채우고 또 채우고 싶으며, 뱀처럼 스며드는 쾌락의 음란을 즐기고 싶고 사랑하기에, 예수 그리스도의 선하심과 자비하심, 순결하심과 거룩하심을 닮아가기 위해 자기를 부인하고, 자기 십자기를 지며 가는 좁은 길이 너무나 싫기에, 선하신 빛이 와도 그것을 거부하고 물리치며 진리를 이단이라며 핍박하는 것일 뿐이다.

> 그 정죄는 이것이니 곧 빛이 세상에 왔으되 사람들이 자기 행위가 악하므로 빛보다 어둠을 더 사랑한 것이니라 악을 행하는 자마다 빛을 미워하여 빛으로 오지 아니하나니 이는 그 행위가 드러날까 함이요 진리를 따르는 자는 빛으로 오나니 이는 그 행위가 하나님 안에서 행한 것임을 나타내려 함이라 하시니라(요 3:19-21).

예수님을 믿는다 하면서도, 예수님의 말씀을 믿지 않는 세대여!
가짜 그리스도인이 존재할 것이라는 예수님의 말씀을 무시하는 자들이여!
축복의 말씀은 두 팔 벌려 환영하면서도 거리끼는 말씀은 이단 취급하는 자들이여!

세상 모든 이에게 심판의 때가 분명히 다가올 것이고, 그날에 누구도 변명하지 못할 것은 이미 주께서 우리에게 경고 주셨기 때문이다. 그날에 많은 이가 주님의 교회를 다녔고, 주님의 말씀을 들었고, 주님과 함께 음식도 먹으며 함께 지냈다며 자신을 구원해달라 말하겠지만, 불순종에 대한 죄책감조차 갖지 않고 악을 저지르던 자들에게 말씀하실 것이다.

> 좁은 문으로 들어가기를 힘쓰라 내가 너희에게 이르노니 들어가기를 구하여도 못하는 자가 많으리라 집 주인이 일어나 문을 한 번 닫은 후에 너희가 밖에 서서 문을 두드리며 주여 열어 주소서 하면 그가 대답하여 이르되 나는 너희가 어디에서 온 자인지 알지 못하노라 하리니 그때에 너희가 말하되 우리는 주 앞에서 먹고 마셨으며 주는 또한 우리의 길거리에서 가르치셨나이다 하나 그가 너희에게 말하여 이르되 나는 너희가 어디에서 왔는지 알지 못하노라 행악하는 모든 자들아 나를 떠나 가라 하리라(눅 13:24-27).

영생이 아닌 세상에서의 내 욕심과 소원을 채우기 위해 신앙을 시작하는 세대여!

주님을 섬긴다는 것은, 예배 참석, 헌금 봉헌, 교회 활동, 종교 행사, 종교적 행위에 열심을 내는 것이 아니라, 그분의 선한 마음을 거슬러 살던 악한 마음과 죄를 회개하고 돌이키며, 내 삶으로 그분의 선하심을 따르고 그 사랑을 닮아가는 삶 그 자체이다.

오직 유일하게 선하신 분이며 선한 마음을 너무나도 사랑하시는 그분을 섬긴다는 것은, 악한 세상을 본받지 않고, 마음에 욕심과 이기심, 증오와 분노, 사탄의 형상으로 가득 찬 나를 십자가에 못 박아 하나님께 산 제물로 바치고, 선하고 온유하며 겸손하셨던 그분의 아름다운 형상을 닮아가는 삶 그 자체이다.

> 하나님이 미리 아신 자들을 또한 그 아들의 형상을 본받게 하기 위하여 미리 정하셨으니 이는 그로 많은 형제 중에서 맏아들이 되게 하려 하심이니라(롬 8:29).

> 그러므로 형제들아 내가 하나님의 모든 자비하심으로 너희를 권하노니 너희 몸을 하나님이 기뻐하시는 거룩한 산 제물로 드리라 이는 너희가 드릴 영적 예배니라 너희는 이 세대를 본받지 말고 오직 마음을 새롭게 함으로 변화를 받아 하나님의 선하시고 기뻐하시고 온전하신 뜻이 무엇인지 분별하도록 하라(롬 12:1-2).

믿음으로 구원을 얻는다며 왕에 대한 불순종의 죄책감을 잊은 세대여!

예수를 '믿는다'는 것은, 그분이 실제로 존재했음을 인정하고 믿는 것에서 끝이 아니라, 그분을 나의 '주인'으로 모시고, 나의 주인으로 섬기는 것이다. 예수라는 존재가 과거에 실존했고, 그가 하나님의 아들이라는 것을 인정함으로 끝이 아니라, 진실로 그분을 내 마음, 내 심장 안에 주인으로 모시고, 눈물이 맺힐 정도로 선하신 그분의 가르침과 명령을 따르며 살아가는 것이다.

비록 우리는 너무 악하고 욕심이 많으며 연약하고 부족하여 넘어질 때도 많지만, 부족한 죄인들의 눈물 어린 회개를 불쌍히 여기시며 그들에게 무한한 자비를 베푸시는 긍휼의 하나님!

> 여호와는 마음이 상한 자를 가까이하시고 충심으로 통회하는 자를 구원하시는도다(시 34:18).

> 하나님께서 구하시는 제사는 상한 심령이라 하나님이여 상하고 통회하는 마음을 주께서 멸시하지 아니하시리이다(시 51:17).

넘어지고, 넘어지고, 또 넘어지고, 일흔 번을 일곱 번 반복하며 490번 넘어진다고 해도 중심이 진실한 자들의 회개를 받으시고, 그들을 죄를 그리스도의 보혈로 깨끗하게 하시는 자비하신 우리의 주님!

> 대저 의인은 일곱 번 넘어질지라도 다시 일어나려니와(잠 24:16).

> 그는 넘어지나 아주 엎드러지지 아니함은 여호와께서 그의 손으로 붙드심이로다(시 37:24).

> 나의 죄악을 말갛게 씻으시며 나의 죄를 깨끗이 제하소서⋯무릇 나는 내 죄과를 아오니 내 죄가 항상 내 앞에 있나이다⋯보소서 주께서는 중심이 진실함을 원하시오니 내게 지혜를 은밀히 가르치시리이다(시 51:2, 3, 6).

넘어짐 많은 이 부패하고 가엾은 죄인이 오직, 오직, 오직, 오직, 오직 그분의 공로와 그분의 보혈로 구원 받음을 온전히 믿고, 온전히 의지하며 오늘 하루도 다시 일어나 그분께 순종하며 그 선하신 발자취를 뒤를 따르는 것이 성경이 가르치는 구원에 이르는 믿음이다.

> 내가 너희에게 분부한 모든 것을 가르쳐 지키게 하라 볼지어다 내가 세상 끝날까지 너희와 항상 함께 있으리라 하시니라 (마 28:20).

하나님을 공경하지 않는 그리스도인들이여! 우주의 지존자를 두려워하지 않는 인간들이여!

거룩하시고 지존하시며 영광 중에 거하시는 여호와 하나님은 피조물의 경배와 찬양과 섬김을 받으시기 합당한 분이시지, 피조물의 소원과 욕심을 채우기 위한 도구로 여김 받으실 분이 아니시다.

> 여호와의 이름에 합당한 영광을 돌리며 거룩한 옷을 입고 여호와께 경배할찌어다 (시 29:2).

> 오라 우리가 굽혀 경배하며 우리를 지으신 여호와 앞에 무릎을 꿇자 (시 95:6).

> 아름답고 거룩한 것으로 여호와께 경배할찌어다 온 땅이여 그 앞에서 떨찌어다 (시 96:9).

인간들 스스로 구원을 완성해 놓고 교만에 빠진 세대여!
지극히도, 지극히도 홀로 높으신 지존자를 두려워하지 않는 세대여!
오만방자하여 크고 높으시며 만유의 주인이신 절대자를 만만한 친구쯤으로 여기는 세대여!

그대들은 이미 스스로 구원을 이루었다며 구원자의 권위를 하찮게 여기기에 그분의 두려우심을 모르고, 그분을 우러러보고 공경하지 않으며, 그분 앞에 조심히 행하려는 겸손도 알지 못하지만, 진정 지존자를 가까이했던 모든 이가 그분을 두렵고 떨림으로 섬겼음을 기억해야 할 것이다.

> 그러므로 우리는 두려워할지니 그의 안식에 들어갈 약속이 남아 있을지라도 너희 중에는 혹 이르지 못할 자가 있을까 함이라(히 4:1).

> 그가 자기를 두려워하는 자들의 소원을 이루실 것이요, 그가 또 그들의 부르짖음을 들으시고 그들을 구원하시리로다.(시 145:19, 킹제임스).

> 주께서는 자기를 두려워하는 자들과 그의 자비를 바라는 자들에게서 기쁨을 취하시는도다(시 147: 11, 킹제임스).

> 마땅히 두려워할 자를 내가 너희에게 보이리니 곧 죽인 후에 또한 지옥에 던져 넣는 권세 있는 그를 두려워하라 내가 참으로 너희에게 이르노니 그를 두려워하라(눅 12:5).

> 그러므로 나의 사랑하는 자들아 너희가 나 있을 때뿐 아니라 더욱 지금 나 없을 때에도 항상 복종하여 두렵고 떨림으로 너희 구원을 이루라(빌 2:12).

> 외모로 보시지 않고 각 사람의 행위대로 심판하시는 이를 너희가 아버지라 부른즉 너희가 나그네로 있을 때를 두려움으로 지내라(벧전 1:17).

패역한 세대여!
한없이 높고 지존하신 영광중의 왕을 호구 취급하는 세대여!
하나님께서 자비와 사랑이 많으시기에 오늘 하루도 그대들의 코에 숨이 오가는 것을 허락하시며, 오래 참아주시는 사랑으로 그들의 회개를 기다리고 계시지만, 분명히 기억해야 할 것이다. 하나님의 오래 참아주심에는 끝이 있다는 것을 말이다.

> 이에 비유로 말씀하시되 한 사람이 포도원에 무화과나무를 심은 것이 있더니 와서 그 열매를 구하였으나 얻지 못한지라 포도원지기에게 이르되 내가 삼 년을 와서 이 무화과나무에서 열매를 구하되 얻지 못하니 찍어버리라 어찌 땅만 버리게 하겠느냐 대답하여 이르되 주인이여 금년에도 그대로 두소서 내가 두루 파고 거름을 주리니 이 후에 만일 열매가 열면 좋거니와 그렇지 않으면 찍어버리소서 하였다 하시니라(눅 13:6-9).

> 나는 참포도나무요 내 아버지는 농부라 무릇 내게 붙어 있어 열매를 맺지 아니하는 가지는 아버지께서 그것을 제거해 버리시고 무릇 열매를 맺는 가지는 더 열매를 맺게 하려 하여 그것을 깨끗하게 하시느니라(요 15:1-2).

만왕의 왕, 만유의 주, 만물의 창조주, 모든 것 위에 홀로 높으신 지존자!

그분께서 주님을 주님으로 공경하며 순종으로 그분의 뜻을 행하는 종들을 사랑하시리라. 그들을 귀하게 보시며 소중히 여기실 것이며, 더 이상 종이라 부르지 않고 친구로 여기실 것이다. 그리고 사랑하는 그 친구를 위해 그분의 목숨마저 아끼지 아니하시리라.

> 사람이 친구를 위하여 자기 목숨을 버리면 이보다 더 큰 사랑이 없나니 너희는 내가 명하는 대로 행하면 곧 나의 친구라(요 15:13-14).

"하나님을 믿겠습니다. 예수님을 믿겠습니다. 교회에 다니겠습니다."

이런 결심은 '돈 주십시오. 차 주십시오, 집 주십시오. 취직시켜 주십시오. 사업 잘되게 해 주십시오. 건강하게 해 주십시오. 예쁜 혹은 멋진 배우자를 주십시오. 원하는 것을 갖게 해 주십시오. 내 삶의 문제를 해결해 주십시오. 내 삶을 더 멋지고 풍족하고 행복하게 만들어 주십시오'가 아니다.

그 대신, 주님, 돈을 사랑하지 말라 하시었죠. 제가 돈을 사랑하지 않게 도와주소서. 내 이웃을 내 몸과 같이 사랑하라 하셨죠. 제가 이웃을 사랑할 수 있도록 도와주소서. 원수를 사랑하라 하셨죠. 원수를 사랑하고 그를 위해 기도하는 자가 되게 도와주소서. 더러운 생각, 음란한 마음을 버리고 순결하고 깨끗한 마음을 품으라 하셨죠. 제가 정결하고 순수한 마음으로 다른 이를 대할 수 있도록 도와주소서. 어린아이와 같이 낮은 자가 되어 섬기라고 하셨죠. 주여, 제가 겸손히 행하는 작은 자가 되게 하소서.

주님! 세상 그 무엇보다 오직 당신을 사랑하라 하셨죠. 부디 제 모든 것, 목숨마저 가져가도 좋으니, 오직 당신만을 사랑하는 자가 되게 하소서.

주여! 나의 생명이 당신의 것이나이다. 당신이 그 피로 나를 사셨나이다. 부디, 이 연약하고 부족한 죄인이 주 앞에 회개하오니, 주님의 의로운 말씀으로 나를 인도하시고, 영생으로 이끌어 주소서"라고 기도해야 한다.

> 내가 항상 주와 함께하니 주께서 내 오른손을 붙드셨나이다 주께서 교훈으로 나를 인도하시고 후에는 영광으로 나를 영접하시리니 (시 73:23-24).

> 하나님이여 나를 살피사 내 마음을 아시며 나를 시험하사 내 뜻을 아옵소서 내게 무슨 악한 행위가 있나 보시고 나를 영원한 길로 인도하소서 (시 139:23-24).

> 모든 사람에게 구원을 주시는 하나님의 은혜가 나타나 우리를 양육하시되 경건하지 않은 것과 이 세상 정욕을 다 버리고 신중함과 의로움과 경건함으로 이 세상에 살고 모든 불법에서 우리를 속량하시고 우리를 깨끗하게 하사 선한 일을 열심히 하는 자기 백성이 되게 하려 하심이라 (딛 2:11-14).

이로써 그 보배롭고 지극히 큰 약속을 우리에게 주사 이 약속으로 말미암아 너희가 정욕 때문에 세상에서 썩어질 것을 피하여 신성한 성품에 참여하는 자가 되게 하려 하셨느니라 그러므로 형제들아 더욱 힘써 너희 부르심과 택하심을 굳게 하라 너희가 이것을 행한즉 언제든지 실족하지 아니하리라 이같이 하면 우리 주 곧 구주 예수 그리스도의 영원한 나라에 들어감을 넉넉히 너희에게 주시리라(벧후 1:4-11).

너희는 말세에 나타내기로 예비하신 구원을 얻기 위하여 믿음으로 말미암아 하나님의 능력으로 보호하심을 받았느니라 믿음의 결국 곧 영혼의 구원을 받음이라(벧전 1:5, 9).

제1부
✝
타락한 시대와 변질한 신앙

　진정한 그리스도인이 사라지고 있습니다. 그리스도를 사랑하고 따르며 산다는 것에 대한 개념이 뒤틀려 버렸습니다. 정말 심각한 것은, 지금 우리 모습이 잘못되어 있다는 것 자체에 대한 이해가 없다는 것입니다. 사람들은 이렇게 말합니다.

　"예수님 믿으면 천국 가지!
　예수님이 우리 죄를 다 사해 주셨으니까 우리는 행복하지!
　이제 우리는 예수님을 믿고 살아가게 됐으니 교회도 열심히 나가고 세상도 열심히 살면서 이 믿음을 지켜나가면 돼!
　나는 성공할 수 있어!
　그분께서 나와 함께 하실 거야!
　나는 취직도 할 수 있고, 승진도 할 수 있고, 내 사업은 계속 번창할 거야!
　나는 좋은 차도 가질 것이고, 좋은 집도 가질 것이고, 좋은 배우자와 결혼도 할 거야!
　잘 해낼 수 있어!
　내게 능력 주시는 자 안에서 모든 것을 다 할 수 있어!
　나는 내가 원하는 것들을 다 이루며 살 거야!
　나는 그분을 믿어!"

인간 존재의 이유를 모르고, 알려고 하지도 않습니다. 그리고 너무나 안타까운 것은 분명한 존재 목적과 이유를 갖고 살아야 하는 그리스도인들조차 무엇을 위해 살아야 하는지 알지 못한다는 것입니다. 많은 그리스도인이 우리가 하나님의 영광을 위해 태어났다고 말하지만, 그것이 무엇인지 알지 못하고, 그다지 관심도 없으며, 그저 자기 인생이나 더 행복하고, 더 잘 사는 것이 그들의 최고 관심사입니다.

이런 말을 하는 것이 저에게도 너무나 힘들고 아프지만, 그것을 예수 그리스도를 사랑하는, 그분의 신부의 삶이라 여긴다면, 우리는 아직 그리스도를 모르는 것이고, 사랑의 의미를 모르는 것입니다. 이 땅에서 더 잘 먹고, 더 잘 사는 게 인간의 목적이고, 하나님은 그것을 도와주는 분이라 여기는 사람은 결국 하나님의 나라에 들어가지 못할 것입니다.

하나님을 믿는데 지옥에 간다니 말도 안 된다고 생각하며 이 글을 읽으려고 하지도 않을 수 있습니다. 하지만 간곡히 부탁드립니다. 조금만 제 글을 읽어 주십시오. 그리고 제가 맞는지, 틀린 지를 분별해 주십시오. 저는 지극히 모자란 자이고, 미천한 자입니다. 당신보다 전혀 잘난 것 부족한 자입니다. 부디, 저를 불쌍히 여기시고, 잠시만 주목해 주십시오.

신앙의 큰 착각 중 하나는 교회가 내 인생을 잘 되게 해 주는 곳으로 여긴다는 것입니다. 더 정확히 말하면 자기의 욕심과 탐심을 채워 주는 곳으로 여긴다는 것입니다. 과거 이방 종교의 우상 숭배는 농사짓고, 사냥하고, 가축을 기르는 삶에서, 더 잘 먹고, 더 잘살기 위한 목적이었습니다. 그래서 태양신, 비를 내려주는 신, 다산을 주는 신 등 각양각색의 우상을 만들어 이 땅에서의 풍요로운 삶을 살고자 했습니다. 세상을 더 풍요롭고, 안락하며, 즐겁게 살고자 하는 마음에서 비롯된 것이 우상이었고, 인간을,

'나'를 더 가득 채우고자 시작된 것이 그들의 우상숭배였습니다.

그들의 신앙의 목적은 세상에서 더 성공한 '나', 곧 '나'를 중심으로 '나'를 위한 '나'를 위해 우상을 만들고 '나'를 돕게 하려고 경배했습니다.

> 너희는 자기를 위하여 우상을 만들지 말지니(레 26:1).

> 너를 위하여 새긴 우상을 만들지 말고(출 20:4).

> 네가 애굽에서 인도하여 낸 네 백성이 스스로 부패하여 내가 그들에게 명령한 도를 속히 떠나 자기를 위하여 우상을 부어 만들었느니라(신 9:12).

우리도 마찬가지입니다. 많은 사람이 성경과는 반대의 길을 가고 있습니다. 교회에 나오면 '내' 사업도 잘 되게 해 주시고, '내' 취직도 잘 되게 해 주시고, '내' 승진도 잘 되게 해 주시고, 더 건강하게 해 주시고, 더 좋은 이성도 만나게 해 주시는 하나님, 인간을 더 풍요롭고 행복하며 잘 살게 해 주는 존재로 여기고 있습니다.

성경은 그리스도인이라는 존재는 주님을 위해 사는 자들이라고 정의하지만, 그런 건 예수쟁이, 광신도, 목사님들에게만 해당될 뿐이고, 자신은 그저 평신도라 말합니다.

하지만, 사랑하는 자들이여!

성경을 보십시오. 우리가 생각하는 그런 평범한 평신도는 성경에 존재하지 않습니다. 그들은 그저 성경에서 여러 차례 경고하는 자들, 곧, 입으로만 '주여! 주여!' 부르며 그분을 따르지 않는 멸망의 백성일 뿐입니다.

수많은 그리스도인이 하나님의 말씀과 반대되는 기도만 드리며 우상 숭배와 같은 짓을 하고 있습니다. 어쩌면 너무나 당연한 일이기도 합니다. 눈에 보이는 이 세상을 전부인 것으로 여길 수밖에 없는 인간에게, 이 세상을 향한 소원과 욕심이 넘쳐나는 것은 어쩌면 당연할 것입니다.

하지만, 성경은 말씀합니다. 그런 가엾은 처지에서 변화를 얻은 것이, 바로 하나님의 성령으로 다시 태어난 그리스도인이라고 말입니다.

맹인처럼 눈이 멀어 진짜를 보지 못하고, 썩어 없어질 세상의 것들을 위해 살던 자들이, 구원자의 기적으로 영원한 것에 눈을 뜨게 되고, 영광되고 영원한 것에 사로잡히게 되는 기적, 세상이 전부인 양, 세상을 바라고 원하며 살 수밖에 없는 인간에게 아직 보이지 않는 것을 바라고, 사랑하게 되는 기적이 일어난다고 합니다.

그리고 그 사랑이 너무나 엄청나서 눈에 보이는 세상을 사랑하지 않게 될 뿐만 아니라 감춘 보화를 발견한 것이 너무 기뻐서 세상의 부귀영화 따위는 하찮게 여기게 됩니다. 이것은 인간의 자연적 본성을 거스르는 놀랍고도 엄청난 기적입니다. 그리고 이런 기적이 실제로 존재한다는 것은 성경의 말씀뿐 아니라, 우리 믿음의 선배들의 삶과 고백, 그들이 만든 찬양을 통해서도 증명됩니다.

과거 예수 그리스도를 모르던 때, 세상에 대한 욕심과 부귀영화를 위해 살던 모습에서, 진짜 진리, 참으로 가치 있는 것, 영원한 것을 사랑하고 소망하는 기적, 이전에는 알지 못했던 것에 온 마음을 뺏기고, 이전과는 전혀 다른 것을 사랑하게 되며, 자신의 생명보다 예수 그리스도를 사랑하는 기적이 일어나는 것입니다.

믿을 수 있습니까?
유한한 인간이 아직 볼 수 없는 것을 믿게 되는 기적을 믿으십니까?
세상 속에 사는 인간이, 이 세상 너머 보이지 않는 곳을 실상으로 여기는 기적이 믿어지십니까?

본능적으로 자기 자신을 사랑하고, 자신을 위해 살아갈 수밖에 없는 인간이, 더는 자기를 위해 살지 않고, 다른 존재를 위해 살게 된다는 게 믿어지십니까?

약 이천 년 전, 정확히 어딘지도 모르는 이스라엘 나사렛이라는 동네에 태어난 한 남자가 신의 아들임을 믿고, 더 나아가 얼굴을 본 적도, 목소리를 들어본 적도 없는 그를 자신보다 사랑하게 된다는 사실이 정말로 믿어지십니까?

그리고 정녕, 이 믿을 수 없는 기적이 당신에게도 일어났습니까?

진심으로 사랑하는 형제자매여!

당신께 교만하게 보일까 두렵습니다. 저는 절대, 당신보다 높은 자가 아닙니다. 높아지고 싶지도 않습니다. 당신을 책망하고 싶지도 않고, 책망할 만한 사람도 아닙니다. 사랑하는 자여, 거짓 겸손으로 저를 포장하고 싶지 않습니다. 언제나 벌거벗은 듯, 그 어떤 것도 숨길 수 없는 나의 진심을 주님께서 아십니다. 저는 당신보다 훨씬 연약하고 부족한 자입니다.

부디, 저를 조금만 참아주시겠습니까?

하나님의 성경은 가르칩니다. 구원에 이르는 진짜 믿음이 있는 동시에, 멸망에 빠지게 될 가짜 믿음이 존재함을 말씀합니다. 눈에 보이는 세상을 초월하는 진짜 믿음이 있는 동시에, 눈에 보이는 것들, 재물과 쾌락을 갈망하는 가짜 믿음의 존재를 가르칩니다.

부디 눈을 열고, 성경을 봐 주십시오. 성경 거의 전체가 이 가짜 믿음을 깨고, 진짜 믿음을 전하려던 자들의 슬픈 노력을 기록하고 있습니다.

인간은 본능적으로 쉽고 편한 것을 좋아합니다. 과학은 우리가 하던 것을 더 쉽고 편하게 이용하기 위한 방향으로 발전합니다. 전보다 더 쉽게 빛을 볼 수 있고, 더 빠르게 이동할 수 있으며, 더 간편하게 보관할 수 있고, 더 따뜻하고 시원해질 수 있게 되었습니다.

이러한 인간의 본성은 성경의 진리마저 인간에게 편리한 방향으로 변질시켰습니다. 진리의 좁은 길을 더 쉽고 편안하게 걸어갈 수 있는, 넓고 편한 길로 바꾸었습니다. 왜냐하면, 좁은 문, 좁은 길, 들어가기 힘든 문, 걸어가기 힘든 길은 싫기 때문입니다.

이제는 참 쉽습니다. 예수님이 하나님의 아들이고, 우리 대신 죽어 주셨다는 것을 마음과 생각으로 믿으면 그것으로 구원을 얻는다고 말합니다. 어떤 것도 우리 구원의 확신을 깨뜨려서는 안 된다고 말합니다.

믿음으로 얻는 구원을 부정하려는 것이 아닙니다. 다만, 성경이 가르치는 구원의 믿음은 이런 하찮은 지식의 인정 정도가 아님을 말하려는 것입니다.

진실로 한 인간의 마음, 그의 깊은 중심이 변화되고, 그의 생명이 그리스도를 향한 사랑으로 가득 차게 되며, 이 세상의 어떤 부귀영화보다 오직 그분으로 만족하게 되는 변화가 있다는 것입니다.

하지만, 이 시대 그리스도인들은 그러한 성경의 말씀을 그다지 중요하게 여기지 않습니다. 성경에 적힌 하나님의 말씀보다 자신들이 만들어 놓은 쉽고 편한 신앙으로 천국행 티켓, 혹은 보험을 구매한 것처럼 그저 '나는 믿었으니 천국이겠거니' 하며 안심합니다.

성경은 그리스도인이란 구원자께서 베푸시는 그 엄청난 구원의 기쁨에 사로잡힌 자들, 영원한 생명과 하늘의 왕국을 소망하는 자들이라고 가르칩니다. 곧, 그분의 구원, 죽음 뒤에 올 영원한 나라에 대한 가난한 마음을 품은 자들이라고 말씀합니다. 하지만 이 세대는 구원의 기쁨이 무엇인지 모릅니다. 진정 세상의 모든 부귀영화를 다 준다고 해도 바꿀 수 없는 구원의 감격을 모릅니다.

왜냐하면, 구원이 너무나 싸구려가 되었기 때문입니다.

쉽고 편한 신앙에서는 너무나도 가볍게 구원을 주워갑니다. 교회를 다니고 있다거나 혹은 마음으로 예수를 믿고 있으니 자동으로 천국이라 생각합니다. 구원 받았다는 환희로 온 세상을 다 얻은 듯 소리치며 기뻐 뛸 일이 없습니다. 이렇게 쉽고 간편하게 얻을 수 있는 구원으로 기뻐한다면 그게 더 이상할 것입니다. 더군다나 이 기쁨으로 세상의 부귀영화를 하찮게 여긴다니 더더욱 말이 안 되는 일입니다.

이제는 잊혔습니다. 과거 진정 그분의 구원을 심장으로 느낀 자들의 감격과 환희가 무엇인지, 그들이 만든 찬양의 가사가 어떤 감동으로 불렸는지 잊혔습니다. 성경은 끝없이 구원자의 구원을 찬양하지만, 이 악한 죄인들을 지옥불구덩이에서 구원하신, 그분의 구원을 찬양하고, 그분의 구원을 기뻐하며, 그분의 구원에 감격한 자들의 편지이지만, 지금 이 세대의 신앙의 관심사는 구원이 아니라, 바로 '나'입니다.

과거 '나'를 위해 우상을 만들고 숭배하던 자들과 똑같은 마음이 되었고, 성경에 기록된 하나님이 아닌, 세상을 더 얻게 해 줄 우상을 만들고는 그것에 여호와 하나님이라는 이름을 붙여 부릅니다.

> 아론이 그들의 손에서 금 고리를 받아 부어서 조각칼로 새겨 송아지 형상을 만드니 그들이 말하되 이스라엘아 이는 너희를 애굽 땅에서 인도하여 낸 너희의 신이로다 하는지라(출 32:4).

하나님께서 품으신 뜻이 무엇인지, 그분의 계획이 무엇인지, 그분의 자녀된 자로서의 증거가 무엇인지, 정녕 우리가 무엇을 위해 살아야 하는지, 도대체 나의 주인이라고 모신 분의 생각과 마음 따위는 아무 상관도 없이 그저 구원을 얻었다 외칩니다. 바울은 말합니다.

> 나는 내 몸을 쳐서 굴복시킵니다. 그것은 내가, 남에게 복음을 전하고 나서 도리어 나 스스로는 버림을 받는, 가련한 신세가 되지 않으려는 것입니다(고전 9:27, 새번역).

바울은 남에게 복음을 전하고, 도리어 자신은 버림받지 않을까 염려합니다. 그는 지금의 우리처럼 교만하지 않았습니다. 하나님의 구원이라는 것의 엄청난 가치를 알았고, 인간이라는 존재의 연약함 또한 알았습니다. 언제든 그분의 은혜와 자비가 끊긴다면 버림받게 될 티끌 같은 존재임을 알았습니다.

> 너희는 믿음 안에 있는가 너희 자신을 시험하고 너희 자신을 확증하라 예수 그리스도께서 너희 안에 계신 줄을 너희가 스스로 알지 못하느냐 그렇지 않으면 너희는 버림 받은 자니라(고후 13:5).

바울은 그리스도를 믿는 자들을 향해 구원의 확신을 주기는커녕, 그분 안에 있는지 스스로를 돌아보고 시험하며 확증하라고 경고합니다. 교만과 자만은 필연적으로 불순종과 패역함으로 이어질 수밖에 없고, 그러한 잘못으로 심판을 받은 것이 바로 구약의 이스라엘 역사였기 때문입니다.

> 그러므로, 사랑하는 여러분, 여러분이 언제나 순종한 것처럼, 내가 함께 있을 때뿐만 아니라, 지금과 같이 내가 없을 때에도 더욱더 순종하여서, 두렵고 떨리는 마음으로 자기의 구원을 이루어 나가십시오(빌 2:12, 새번역).

바울은 끊임없이 우리 자신을 경계하며 전능자의 구원 앞에 겸손한 마음을 갖게 합니다. 또, 이 귀하고 값진 구원을 값없이 받은 자들답게 더욱 감사하고, 우리 왕 되신 주님께 더욱 순종하며 두렵고 떨리는 마음으로 아직 온전히 이루지 못한 구원을 끝까지 이루어 가자고 요청합니다.

> 나는 이것을 이미 얻은 것도 아니며, 이미 목표점에 다다른 것도 아닙니다. 그리스도 예수께서 나를 사로잡으셨으므로, 나는 그것을 붙들려고 좇아가고 있습니다. 형제자매 여러분, 나는 아직 그것을 붙들었다고 생각하지 않습니다. 내가 하는 일은 오직 한 가지입니다. 뒤에 있는 것은 잊어버리고, 앞에 있는 것을 향하여 몸을 내밀면서, 그리스도 예수 안에서, 하나님께서 위로부터 부르신 그 부르심의 상을 받으려고, 목표점을 바라보고 달려가고 있습니다(빌 3:12-14, 새번역).

가장 위대한 사도로 불리는 바울조차 살아가는 동안 목표를 온전히 이루지 못함을 고백하고, 자신은 포기하지 않을 테니 우리 또한 끝까지 이 달리기를 함께하자 이야기합니다.

신약성경 3분의 2를 기록한 위대한 사도 바울조차도 그분의 자비하신 구원 앞에 겸손한 마음을 갖추고, 왕 되신 주님께 순종하며, 두렵고 떨림으로 끝까지 이 길을 달려갈 것이라 고백하는데 이 시대에는 많은 그리스도인은 자신의 구원을 확신하며 당당하게 살아갑니다.

둘 중 하나일 것입니다. 그들이 바울보다 훨씬 더 위대한 자들이거나, 아니면 바울이 아는 하나님과 그들이 아는 하나님이 다른 분이라는 것입니다.

> 옳도다 그들은 믿지 아니하므로 꺾이고 너는 믿으므로 섰느니라 <u>높은 마음을 품지 말고 도리어 두려워하라</u> 하나님이 원 가지들도 아끼지 아니하셨은즉 너도 아끼지 아니하시리라 그러므로 하나님의 인자하심과 준엄하심을 보라 넘어지는 자들에게는 준엄하심이 있으니 너희가 만일 하나님의 인자하심에 머물러 있으면 그 인자가 너희에게 있으리라 <u>그렇지 않으면 너도 찍히는 바 되리라</u>(롬 11:20-22).

아무리 말씀을 보여 줘도 교만으로 가득 찬 신앙은 지존자의 말씀 앞에서도 두려움을 모릅니다. 하나님을 알고자 하는 열정을 잃어버린 이 세대는 하나님께서 이스라엘을 아끼지 않고 꺾으셨듯이, 높은 마음으로 하나님을 두려워하지 않는 우리 또한 아끼지 아니하실 것이라는 말씀을 그저 한 귀로 듣고 한 귀로 흘려버립니다. 축복과 위로의 말씀은 좋다고 외우면서도 거리끼는 말씀은 쉽게 지나칩니다.

사랑하는 자들이여!
"이 말씀만 뚝 떼어다가 그렇게 해석하면 안돼"라고 주장할 작정이라면, 제발, 당신 스스로 이 앞과 뒤의 말씀들을 살펴주시고, 성경을 공부해 주십시오. 입으로는 하나님을 사랑한다고 고백하면서도, 그분을 아는 일에는 눈곱만큼도 열심 없는 거짓 고백을 멈추고, 부디 당신이 사랑한다고 여기는 존재의 피눈물 나는 편지를 읽어 주소서.

믿음은 당신이 바라는 좋은 차, 좋은 집의 실상이라고 주문을 외우는 그대여, 그대가 외우는 그 말씀의 앞뒤를 살펴보십시오. 그 말씀은 이 땅에 대한 탐심으로 돈이나 재물 같은 헛된 것들을 소망하지 말고, 아직 보이지 않는 하늘나라를 실상으로 여기며 주님을 위해 살라는 사도의 애타는 호소입니다.

당신에게 불편한 말씀은 '그렇게 해석하면 안 돼'라고 주장하면서도, 축복과 위로, 용기를 주는 말씀은 그 부분만 뚝 떼어 자신의 것이라 주장하며, 하나님의 말씀을 지니의 요술 램프처럼 여기는 것이 지금의 우리가 아니란 말입니까?

사랑하는 형제자매들이여!
제 진심을 어찌 전해야 할지 모르겠습니다. 당신이 진리를 알기 원하고, 진심으로 구원 받기를 소망합니다. 그리스도를 믿는 신앙이라는 것이 뒤틀려 버렸고, 예수님과 사도들이 가르친 적 없는 신앙이 이 세상을 덮으며, 성경이 말씀하고 있는 그리스도인의 존재와는 전혀 반대의 방향으로 가고 있습니다. 되려, 진리를 깨닫지 못하고 멸망으로 향하는 게 현재 대다수의 그리스도인입니다.

부디, 저를 교만하게 여기지 말아주소서. 당신을 살릴 수만 있다면 이 목숨 100번이라도 바쳐도 아깝지 않습니다. 아니, 그렇게 될 수만 있다면 얼마나 기쁠지 모르겠습니다. 사랑하는 자들이여, 부디 지루한 저의 글을 조금만 참아주십시오. 하나님을 믿지 않는 자들에게 천국과 지옥에 관해 이야기하면 이렇게 대답합니다.

"영생?
천국?
지옥?
죽은 다음이 뭔 상관이야. 나는 오늘이 지옥이야!
지금 내가 얼마나 할 일이 많은 줄 알아?
돈도 더 많이 벌어야 하고, 좋은 물건도 더 가져야 하고, 놀아야 할 것도 너무 많은데, 또 그러려면 더 성공해야 하는데. 죽은 다음은 얼어 죽을 바쁘니까 저리 가!"

안타까운 것은 그리스도를 믿는다는 사람들조차 그들과 별반 다르지 않다는 것입니다.

"걱정하지 마. 나는 죽으면 어차피 천국이야. 교회도 다녔고, 예수님도 믿었으니까 말이야! 어차피 나는 천국이니까 굳이 그분을 위해 살 필요 없어. 나는 날 위해 살아야 해. 더 많이 가져야 하고, 더 많이 놀아야 하고, 더 성공한 내가 되어야 해.
내가 소망하고 계획한 것들을 성취할 거고, 더 멋진 삶을 살 거야!
나는 할 수 있어!

하나님은 나를 도와주시는 분이니까, 하나님은 내 계획은 이루시는 분이니까, 그분을 위해 살라는 둥, 무겁고 어려운 거는 나한테 요구하지마. 내 할 일이 산더미야. 그런 부담스러운 삶은 성직자들이나 예수쟁이들이나 살라고 해.

나는 바쁘니까, 저리 가!"

세상의 거짓 복음이 완성한 구원 덕분에 하나님을 알려는 열정이 없습니다. 완성된 구원 덕분에 그분을 대충 사랑해도 상관없습니다. 완성된 구원 덕분에 그분이 나의 전부가 되지 않아도 괜찮습니다. 완성된 구원 덕분에 '왕'이라는 존재에 대한 두려움을 모릅니다.

두렵지 않은 왕의 가르침은 '알면 좋고 모르면 말고', '지키면 좋고 아니면 말고'입니다. 두렵지 않은 왕의 법도 따위는 알아야 한다는 열정도 없을 뿐 아니라, 두렵지 않은 왕께 불순종하는 것 또한 그다지 대수롭지 않은 일입니다. 그분을 아는 지식이 없으므로 인해, 무엇이 죄이고 무엇이 불순종인지도 모릅니다. 무엇이 잘못된 것인지, 아니 우리가 잘못된 상태에 있다는 소리조차 이해하지 못합니다.

사랑하는 나의 형제자매들이여!
지금 우리의 이 상태 완전히 그대로가 멸망 받은 구약 백성의 모습이었다는 것을 모르시겠습니까?

구약 백성의 모습이, 지금 이 시대 우리의 본보기라는 바울의 말씀(고전 10:11)과 구약 선지자들의 외침이, 그들과 똑같은 방법으로 멸망을 향해 가는 우리를 향함을 깨닫지 못하시겠습니까?

내 백성이 나를 알지 못하여 망한다. 네가 제사장이라고 하면서 내가 가르쳐 준 것을 버리니, 나도 너를 버려서 네가 다시는 나의 성직을 맡지 못하도록 하겠다. 네

> 하나님의 율법을 네가 마음에 두지 않으니, 나도 네 아들딸들을 마음에 두지 않겠다(호 4:6, 새번역).

성경이 그 내용 전체를 통해 우리에게 전하고자 하는 것이 이것입니다. 하나님의 백성 중에는 가짜가 있고, 진짜가 있다는 것입니다. 진짜 하나님의 백성은 충성된 삶을 살아갈 것이지만, 가짜 백성은 입으로는 주님이라 고백하면서 그의 계명, 가르침, 뜻과 마음에는 관심 없는 불순종의 백성이라는 것입니다. 그리고 그 가짜 백성의 마지막은 하나님의 심판이라는 것이 성경의 가르침입니다.

사랑하는 자들이여!
하나님을 믿는다고 고백하는 자 중에 가짜가 있다는 사실이 싫으실 수 있을 것입니다. 하지만 성경의 내용 대부분이 이 가짜들의 변질된 믿음을 바로 잡으려는 노력입니다.

성경은 '믿지 않는 자들아! 하나님을 믿어라!'라는 내용의 책이 아니라, '믿는 자들아, 부디, 눈을 뜨고 바른 믿음을 가져라!'라고 외친 기록의 책입니다.
구약의 내용이 무엇인지 생각해 보셨습니까?
구약은 스스로를 하나님께 선택받은 특별한 백성이라고 여기던 민족이 그들의 왕께 순종치 않고 우상숭배와 죄 가운데 머물면서도 그것을 깨닫지 못한 채, 구원을 확신하는 어리석은 백성들에 대한 질책이었고 끝까지 돌이키지 않은 그들의 대한 심판입니다.
신약의 사복음서가 무엇을 말하는지 생각해 보셨습니까?
예수님께서는 여호와 하나님을 믿지 않는 자들이 아닌, 하나님께 제사와 예배를 드리는 유대인들을 향해 독사의 자식들이라 엄포를 놓으셨고,

오직 선하신 분의 뜻을 모르고 그분의 선한 열매를 나타내지 못하며, 형식적인 종교 생활만 유지하는 것이 잘못된 신앙이라 말씀하시며 회개에 합당한 열매를 맺으라 요구하시는 내용입니다.

사도들의 편지 내용을 생각해 보셨습니까?

교회에 나오면서도 교만과 욕심, 증오를 버리지 못하고, 그분을 닮지 못하며 그의 선하신 빛을 나타내지 않는 자들에게 그런 가짜 믿음을 버리고, 변화가 있는 진실한 믿음을 전하려는 사도들의 노력이었습니다.

성경 전체가 잘못된 신앙에 대한 호소이고, 그들에게 회개하고 돌이키라고 말씀하고 있습니다.

지금 이 시대 거의 전부가 하나님에 대해 눈이 가려진 것을 의아해 할 필요가 없습니다. 하나님께서는 성경 전체를 통해 잘못된 신앙이 대다수를 이루었고, 바른 믿음이 언제나 소수였다는 것을 알려주시며 한 영혼이라도 돌이키려 노력하십니다.

> 어떤 사람이 여짜오되 주여 구원을 받는 자가 적으니이까 그들에게 이르시되 좁은 문으로 들어가기를 힘쓰라 내가 너희에게 이르노니 들어가기를 구하여도 못하는 자가 많으리라(눅 13:23-24).

> 또 의인이 겨우 구원을 받으면 경건하지 아니한 자와 죄인은 어디에 서리요 그러므로 하나님의 뜻대로 고난을 받는 자들은 또한 선을 행하는 가운데에 그 영혼을 미쁘신 창조주께 의탁할지어다(벧전 4:18-19).

가짜 백성의 특징이 있습니다. 하나님을 향한 열정이 없고, 그분의 마음을 알려고 노력하지 않는다는 것입니다. 왜냐하면, 그들은 입으로는 그분을 사랑한다 고백하지만, 실제로는 욕심을 좇기 때문입니다.

세상에서의 자신의 소원과 욕심을 사랑하기에 그분에 대한 깊은 열정이 없습니다. 그분에 대해 잘 모르기 때문에 그분을 두려워할 줄도 모르고, 두렵지 않은 신의 계명은 너무나 하찮으며, 불순종에 그다지 큰 거리낌이 없습니다. 그분을 자기의 왕, 주님, 아버지, 신랑이라고 부르지만, 말 그대로 입으로만 하는 고백일 뿐 주님이라는 단어의 의미도 모르는 듯합니다.

> 너희는 나를 불러 주여 주여 하면서도 어찌하여 나의 말하는 것을 행치 아니하느냐 (눅 6:46).

> 백성이 모이는 것 같이 네게 나오며 내 백성처럼 네 앞에 앉아서 네 말을 들으나 그대로 행치 아니하니 이는 그 입으로는 사랑을 나타내어도 마음은 이욕을 좇음이라 (겔 33:31).

> 주께서 가라사대 이 백성이 입으로는 나를 가까이하며 입술로는 나를 존경하나 그 마음은 내게서 멀리 떠났나니 그들이 나를 경외함은 사람의 계명으로 가르침을 받았을 뿐이라(사 29:13, 개역한글).

그들의 가장 중요한 관심사는 자기 자신입니다. 자신의 인생이 행복해지고, 더 부유해지고, 더 건강해지고, 남들보다 더 멋진 인생을 사는 것. 더 좋은 것을 더 많이 갖고, 높은 자리에 올라가며, 이 세상의 자랑이 되는 것. 그들이 신을 믿는 이유는 더 멋지고 행복한 자신의 인생을 위한 것입니다.

"교회 잘나가고, 기도도 열심히 하고, 성경도 열심히 읽으면 복 주시겠지."

성경을 읽고 기도하는 것조차도 자기의 소원을 들어달라는 수단으로 사용하려 하고, 그의 나라와 의를 구하면 모든 것을 더해주신다는 말씀 또한 욕심을 이루기 위한 도구로 이용하려 합니다. 교회 활동이나 종교적 행위를 열심히 하면 더 많은 축복을 주실 것으로 생각하고, 자기가 구하는 것이 진정 그분의 나라인지, 자기 욕심인지조차 깨닫지 못합니다.

그들은 예수님을 인격체로 취급하지 않고, 자판기로 여길 뿐입니다. 그저 '내' 마음만 중요합니다. 내 소원, 내 마음, 내 감정만 중요하지, 사랑한다고 고백하는 분의 마음에 어떤 아픔이 맺혀 있는지 관심이 없습니다. 교회에 가서는 그분을 자기의 생명보다 사랑한다는 찬양을 따라 부르고, 기도할 때는 열심히 울면서 그분을 사랑한다며 눈물을 흘리지만, 교회 밖으로 나와서는 그분께서 역겹게 여기시는 일들을 저지릅니다.

그분께서 증오하시는 것들을 아무렇지 않게 여기고, 그것들에 열정을 불태우며, 심지어 그분께서 무엇을 미워하시고, 증오하시는지 개념조차 없습니다. 말씀 그대로 그들의 입은 그분을 사랑한다고 고백하지만, 그들은 사랑이라는 단어의 뜻을 잘 모르는 듯한 모습입니다.

> 그들이 두 마음을 품었으니 이제 벌을 받을 것이라 하나님이 그 제단을 쳐서 깨뜨리시며 그 주상을 허시리라(호 10:2).

> 두 마음을 품은 자들아 마음을 성결하게 하라 슬퍼하며 애통하며 울지어다 너희 웃음을 애통으로, 너희 즐거움을 근심으로 바꿀지어다(약 4:8-9).

가짜 백성의 가짜 믿음과 가짜 사랑!

성경의 모든 역사에서 보여주듯 그들은 자신의 구원을 확신하며, 평안하다, 안전하다, 외치며 태평하게 살아갑니다. 불타는 사랑으로 그분의 가르침을 사모하며 순종하려는 열정을 모르고, 뜨거운 사랑과 그리움 속에서 그분의 다시 오심을 기다린다는 마음을 느끼지 못합니다.

가슴 저린 애절함으로 그리스도를 그리워하고, 사랑하는 신랑에게 눈이 고정되어, 오직 그분을 위해 살아가는 자들은 그저 광신도, 예수쟁이라 여깁니다. 그들은 그리스도를 향해 불타지 않습니다. 더 나아가 그 불타지 않는 자신의 미지근함을 위험하다 여기지도 않습니다.

> 내가 네 행위를 아노니 네가 차지도 아니하고 뜨겁지도 아니하도다 네가 차든지 뜨겁든지 하기를 원하노라 네가 이같이 미지근하여 뜨겁지도 아니하고 차지도 아니하니 내 입에서 너를 토하여 버리리라 (계 3:15-16).

절대자이신 하나님의 엄중한 경고는 그들에게 그저 잉크에 새겨진 글자에 불과합니다. 하나님을 두려워하고 공경하는 마음, '경외함'이란 찾아볼 수 없는 세상입니다. 그들의 가짜 믿음과 미지근한 마음은 하늘을 소망하기보다는 땅의 일들에 소망하게 만들고, 그들에게 그리스도는 지식이고 학문일 뿐이며, 그들의 마음과 삶에 별다른 변화가 없습니다. 성경에 적힌 글자들과 그들의 삶은 완전히 구분되어 그저 자기들의 인생을 살아갑니다.

하나님으로부터 내려온 진짜 믿음과 진짜 사랑!
이 믿음과 사랑은 한 인간의 삶을 송두리째 바꾸어 버리는 말도 안 되는 기적이 일어납니다.
자기를 위해 살 수밖에 없는 인간이 어떻게 본적도 없는 과거의 인물을 사랑하고 그를 위해 살게 되는지, 세상 속에서 살아가는 인간이 어떻게 세상에 관한 욕심을 벗어버리고, 보이지 않는 하늘나라를 소망하며 살게 되는지, 이기적일 수밖에 없는 인간이 어떻게 다른 이를 위해 자기 것을 포기하고 희생하며 기뻐하는지, 정말 신기하고도 기적 같은 일이 벌어지고, 그 사건은 한번 태어났던 인간이 완전히 다른 사람으로 다시 태어난 것 같은 신비한 변화입니다.

그리스도를 모르던 때의 모습, 자기 자신의 인생을 사랑하고 세상의 것들에 목매어 살며, 인생을 더욱 풍족하게 즐기기만 원했던 과거 우상 숭배자들의 모습에서 세상의 돈과 명예, 권력, 세상의 그 어떤 부귀영화보다 하나님의 구원을 기뻐하는, 완전히 다른 사람으로 새롭게 태어납니다.

> 예수를 너희가 보지 못하였으나 사랑하는도다 이제도 보지 못하나 믿고 말할 수 없는 영광스러운 즐거움으로 기뻐하니 믿음의 결국 곧 영혼의 구원을 받음이라(벧전 1:8-9).

본 적도 없는 사람을 자기 자신보다 사랑하고 그리워하는 자들, 아직 눈으로 볼 수 없는 나라를 실상으로 느끼고 기뻐하는 자들, 기적같이 신기한 사랑을 품은 자들로 변하게 되는 것이 진짜 믿음이라고 성경은 말씀합니다.

안타까운 사실이지만, 성경 역사 거의 전체에서 이런 진실한 자들은 소수였습니다. 대홍수 때, 온 세상이 심판 받은 그때, 구원 받은 자들은 고작 노아의 가족 8명이 전부였고, 소돔과 고모라에서 구원 받은 자는 고작 롯의 가족이 전부였으며, 광야를 떠돌던 이스라엘 백성 중 가나안 땅에 들어간 자는 여호수아와 갈렙, 고작 두 명뿐이었으며, 이스라엘이 바벨론으로부터 멸망 당하던 그때, 살아남은 자는 거룩한 남은 자들, 소수뿐이었습니다. 그리고 이러한 원리는 신약시대라고 해서 달라지지 않을 것이라는 게 예수님의 가르침입니다.

> 노아의 때에 된 것과 같이 인자의 때에도 그러하리라. 노아가 방주에 들어가던 날까지 사람들이 먹고 마시고 장가 들고 시집 가더니 홍수가 나서 그들을 다 멸망시켰으며 또 롯의 때와 같으리니 사람들이 먹고 마시고 사고 팔고 심고 집을 짓더니 롯이 소돔에서 나가던 날에 하늘로부터 불과 유황이 비오듯 하여 그들을 멸망시켰느니라

인자가 나타나는 날에도 이러하리라(눅 17:26-30).

또 이사야가 이스라엘에 관하여 외치되 이스라엘 자손들의 수가 비록 바다의 모래 같을지라도 남은 자만 구원을 받으리니(롬 9:27).

죄로 태어난 인간의 본성으로 인해, 진실한 자들은 언제나 소수였을 뿐 아니라, 거짓 백성들을 돌이키고 깨우려 책망하던 자들은 되려 핍박받았습니다. 이것이 성경이 증거하는 인류 역사의 흐름이고, 이 흐름은 지금도 동일합니다.

너희 조상들이 선지자들 중의 누구를 박해하지 아니하였느냐 의인이 오시리라 예고한 자들을 그들이 죽였고 이제 너희는 그 의인을 잡아 준 자요 살인한 자가 되나니 (행 7:52).

스스로에게 물어보십시오.

당신이 사랑한다고 여기는 분에 대해 무엇을 알고 있습니까?
하나님의 크고 첫째 되는 계명이 무엇인지 알고 계십니까?
그에 이어진 둘째 계명은 아십니까?
예수님께서 주신 새 계명이 무엇인지 알고 있습니까?
예수님께서는 율법을 폐하러 오신 것이 아니라 완성하러 오셨다는 사실을 알고 계십니까?
모든 율법을 완성하는 것이 무엇인지 본 적이나 있습니까?
아니면, 알고는 있어도 왕의 법도를 지키는 것은 선택사항입니까?
왕의 명령을 지키는 것은 율법주의니 필요 없다고 말씀하실 것입니까?
성경의 하나님께서도 당신처럼 말씀하고 계신다고 생각하십니까?

예수를 주님이라고 부르면서 그분의 종으로 살아가고 있기는 합니까?
주님 되신 분의 가르침이 당신의 마음속에 있기는 합니까?
아니, 주님이라는 단어의 뜻조차 모르는 것은 아닙니까?
하나님께서 또 예수님께서 절망하며 말씀하신, 입으로만 주여! 주여! 부르는 헛된 고백의 주인공이 정녕 당신은 아닙니까?
진정으로 그리스도를 사랑하는 것이 맞기는 한 것입니까?
이 답답한 마음을 무어라 말씀드려야 우리의 상태를 돌아보시겠습니까?
'사랑'이라는 단어의 진정한 의미를 알고 계십니까?
'사랑'이라는 단어의 위대한 효과를 아십니까?

그 위대한 단어의 효과로 인해 만물의 창조자가 피조물과 같이 되셨습니다. 사랑으로 자기 자신을 십자가의 고통으로 내모셨습니다. 온 우주의 근원이자 영광중의 영광 되신 분이, 자신을 헌신짝처럼 버리게 만든 것은 진짜 '사랑' 때문이었습니다.

제발, 당신 마음에 조금의 찔림이라도 있기를 간절히, 간절히 기도합니다. 그 찔림으로 주님을 찾아야 한다는 마음을 품기를, 피 흘리는 마음으로 기도합니다. 만약 당신이 진실로 그리스도를 사랑하는 자이고, 연기 같이 지나갈 이 땅의 삶보다 영원한 생명과 나라를 소망하는 사람이라면 제발, 앞으로 이어질 글을 인내로 읽어주시길 간곡히 부탁드립니다.

할 수 있거든이 무슨 말이냐 믿는 자에게는 능치 못할 일이 없느니라(막 9:23).

내게 능력 주시는 자 안에서 내가 모든 것을 할 수 있느니라(빌 4:13).

나는 포도나무요 너희는 가지니 저가 내 안에, 내가 저 안에 있으면 이 사람은 과실을 많이 맺나니(요 15:5).

무엇이든지 기도하고 구하는 것은 받은 줄로 믿으라 그리하면 너희에게 그대로 되리라(막 11:24).

두려워 말며 놀라지 말라 네가 어디로 가든지 네 하나님 여호와가 너와 함께 하느니라(수 1:9).

그가 너를 보호하리라 그를 사랑하라 그가 너를 지키리라(잠 4:6).

강하고 담대하라 여호와를 바라는 너희들아(시 31:24).

어느새 하나님 중심이 아닌 인간 중심의 신앙으로 변질했고, 하나님의 말씀을 자기 인생의 요술램프나 도깨비방망이처럼 사용합니다. 하지만 성경은 인간의 풍족하고 안락한 인생을 위해 존재하는 것이 아닙니다. 하나님의 말씀은, 인간의 탐심과 탐욕을 채우기 위한 도구가 아닙니다.

당신이, 당신에 의한, 당신을 위한 인생을 사는 가운데, 취직시험에 능력을 주시겠다는 것이 아니라, 면접관 앞에서 담대함을 주시겠다는 것이 아니라, 사업의 번창이나 승진이나 더 좋은 대인관계 따위를 향해 있는 것이 아니라, 하나님의 뜻과 마음을 위해 살아가는 자들을 향하고 있습니다.

하나님의 소원과 그분 가슴에 흐르는 눈물과는 상관 없이 사는 자들이, 이 땅에서 잘 먹고 잘살기 위한 도구나, 어려울 때 하나님을 이용하고자 수단이 아니라 진심으로 그분을 사랑하고, 그분을 위해 살며, 그분의 뜻을 이 땅에 이루고자 하는 진실한 그의 신부들을 향하고 있다는 것입니다.

주님은 인간의 전지전능한 도우미가 아닙니다. 하나님께서 인간을 위해 존재하는 것이 아니라, 인간이 하나님을 위해 존재하는 것입니다.

> 그런즉 너희가 먹든지 마시든지 무엇을 하든지 다 하나님의 영광을 위하여 하라(고전 10:31).

성경의 모든 말씀이 그리스도를 위해 존재하고, 그의 영광을 위해 기록되어 졌으며, 또, 그분을 사랑하고, 오직 그리스도로 살아가는 진실한 신부들에게 축복과 위로, 용기와 힘을 주기 위해 기록되어 있습니다.

많은 사람이 그리스도가 아닌 자기중심으로 성경을 보고, 오만하고 패역한 태도로 우주의 왕 되신 하나님 말씀의 권위를 땅에 떨어뜨렸습니다. 하나님을 믿지 않는 자들이 아닌, 그분을 주님이라 고백하는 자들로부터 무시 당하십니다.

야고보는 경고합니다. 그리스도를 사랑한다고 고백하면서도 세상을 향한 계획과 욕심, 자기 인생에 빠진 자들에게 외칩니다.

> 들으라 너희 중에 말하기를 오늘이나 내일이나 우리가 어떤 도시에 가서 거기서 일 년을 머물며 장사하여 이익을 보리라 하는 자들아 내일 일을 너희가 알지 못하는도다 너희 생명이 무엇이냐 너희는 잠깐 보이다가 없어지는 안개니라 너희가 도리어 말하기를 주의 뜻이면 우리가 살기도 하고 이것이나 저것을 하리라 할 것이거늘(약 4:13-15).

이는 사도들에게 상식 밖의 일이자 불가능한 일이었습니다. 고결하고 고귀하며 전능하며 지존하신 존재의 피 흐르는 희생을 느낀 자가 자기 자신을 위해 산다는 것은 불가능한 일이었습니다.

> 그가 모든 사람을 대신하여 죽으심은 살아 있는 자들로 하여금 다시는 그들 자신을 위하여 살지 않고 오직 그들을 대신하여 죽었다가 다시 살아나신 이를 위하여 살게 하려 함이라(고후 5:15).

시대가 지나고 마지막 때가 점점 가까울수록 사탄의 계략은 극에 달하고 있습니다. 예수님께서는 주님이 오시는 마지막 때 믿음을 보지 못할 것이라고 하셨고(눅 18:8), 부자가 천국에 가기보다 낙타가 바늘구멍으로 들어가는 것이 쉽다고 하셨습니다(마 19:24). 그러나 지금 이 시대는 일부 소외계층을 제외한 거의 대부분의 사람이 당시의 부자보다 훨씬 더 신나고, 즐겁고 유쾌하며 마법같이 재미있는 세상을 살고 있습니다.

거리로 나가보면 우리의 눈과 귀, 마음을 뺏는 것들이 넘쳐납니다. 일일이 열거하자면 책 몇 권을 만들어도 모자랄 정도의 놀거리, 즐길거리, 먹거리가 넘쳐 납니다. 갖가지 취미와 여가 활동을 할 수 있습니다. 이렇게 즐겁고 신나는 세상에서, 그리스도인들조차 조금 더 경제적 여유를 갖고, 세상의 재미있는 모든 것들을 즐기는 삶이야말로 성공한 삶으로 여기며 살고 있습니다. 낙타가 바늘귀로 들어가는 것이 부자가 천국에 들어가기보다 쉽다고 말씀하신, 예수님 당시의 부자들도 이렇게까지 재미있게 살지는 못했을 것입니다.

즐거움 자체가 나쁘다는 것이 아닙니다. 문제는 그리스도인들이 즐거움에 미쳐 그것을 인생의 목적이라 여기게 돼버렸다는 것입니다. 쾌락을 느끼는 것 자체가 인생의 목적이 되어, 그리스도께서 원하셨던 것을 알지 못할 뿐 아니라, 알려고조차 하지 않는다는 것입니다. 즐거움과 쾌락, 욕심에 눈이 멀어, 무엇에 열정을 쏟아야 하는지, 무엇을 목적으로 두고 살아야 하는지에 대한 그리스도의 마음을 잃어버린 것입니다.

> 그들의 마지막은 멸망입니다. 그들은 배를 자기네의 하나님으로 삼고, 자기네의 수치를 영광으로 삼고, 땅의 것만을 생각합니다. 그러나 우리의 시민권은 하늘에 있습니다. 그곳으로부터 우리는 구주로 오실 주 예수 그리스도를 기다리고 있습니다(빌 3:19-20, 새번역).

> 일락을 좋아하는 이는 살았으나 죽었느니라(딤전 5:6).

이 말씀대로 하루의 즐거움을 좋아하는 자들은 그 즐거움과 쾌락에 눈이 멀었고, 살아 있으나 실상은 죽은 자들로 가득한 세상이 되었습니다. 그저 이 땅에서의 일에만 온 마음이 빼앗겨 십자가의 원수로 행하고 있습니다.

마지막 때에 하나님을 섬긴다는 자들이 돈을 사랑하고, 하나님보다 쾌락을 더 사랑할 것이라는 말씀(딤후3:4) 완전히 그대로인 세상입니다. 이 세상에서 즐겁고 행복한 인생을 살아가는 것이 그들의 우상이 되었고, 예수 그리스도의 신앙 본질 자체를 알지 못하는 시대가 되었습니다.

> 이는 세상에 있는 모든 것이 육신의 정욕과 안목의 정욕과 이생의 자랑이니 다 아버지께로부터 온 것이 아니요 세상으로부터 온 것이라 이 세상도, 그 정욕도 지나가되 오직 하나님의 뜻을 행하는 자는 영원히 거하느니라(요일 2:15-17).

> 육신을 좇는 자는 육신의 일을, 영을 좇는 자는 영의 일을 생각하나니 육신의 생각은 사망이요 영의 생각은 생명과 평안이니라 육신의 생각은 하나님과 원수가 되나니 이는 하나님의 법에 굴복치 아니할뿐 아니라 할 수도 없음이라(롬 8:5-7).

> 육에 속한 사람은 하나님의 성령의 일들을 받지 아니하나니 이는 그것들이 그에게는 어리석게 보임이요, 또 그는 그것들을 알 수도 없나니 그러한 일은 영적으로 분별되기 때문이라(고전 2:14).

> 자기 육체를 위하여 심는 자는 육체로부터 썩어진 것을 거두고 성령을 위하여 심는 자는 성령으로부터 영생을 거두리라(갈 6:8).

세상에 사랑하는 것이 너무도 많은 자들이여!

기독교인이 되는 것, 예수 그리스도를 발자취를 따르는 것은, 이 세상에서 나의 무엇인가를 더 쟁취하겠다는 마음이 아니라, 내가 가진 모든 것, 세상에 내가 바라는 모든 포기하게 되더라도 그분께서 베푸시는 구원을 쟁취하겠다는 각오이자 생명을 건 결단입니다.

가엾은 자들이여!

이 길은 그분의 구원을 향한 가난한 마음 없는 자들이 따를 수 있는 길이 아닙니다. 세상을 향한 욕심에 사로잡힌 자는 나의 죄인됨이 어떠한 것인지 아직 깨닫지 못한 자일 뿐이고, 그들은 장차 다가올 영원한 형벌에서의 구원의 필요성을 느껴본 적 없는 자이며, 그렇기에 진정한 회개와 돌이킴이 무엇인지도 모르는 자들입니다.

그리고 어쩔 수 없습니다. 자신의 죄인됨을 깨닫지 못하는 자들, 곧 구원의 필요성을 알지 못하는 자들의 신앙은 이 세상에 있는 것들에 대한 욕심으로 향할 수밖에 없습니다.

> 한 사람이 두 주인을 섬기지 못할 것이니 혹 이를 미워하고 저를 사랑하거나 혹 이를 중히 여기고 저를 경히 여김이라 너희가 하나님과 재물을 겸하여 섬기지 못하느니라(마 6:24).

> 우리가 먹을 것과 입을 것이 있은즉 족한 줄로 알 것이니라 부하려 하는 자들은 시험과 올무와 여러 가지 어리석고 해로운 욕심에 떨어지나니 곧 사람으로 파멸과 멸망에 빠지게 하는 것이라(딤전 6:8-9).

많은 그리스도인이 자기 마음에 안 드는 말씀은 건너뛰는 시대가 되었지만, 홀로 높고 지존하신 분의 말씀은 피조물이 그리 쉽게 넘겨 버릴 수 있는 것이 아닙니다.

복 받고 위로되는 말씀이 당신 것이라면, 무겁고 버거운 말씀 또한 당신 것입니다. 그런 부담스러운 말씀은 나를 피해 특별한 누군가에게만 적용된다고 생각할 것이라면, 축복과 위로의 말씀 또한 그런 다른 누군가에게만 임한다고 여겨야 할 것입니다.

"믿음으로 의롭다고 하심을 얻는다는 말씀"(갈 2:16)이 당신에게 해당한다면, "행함이 없는 믿음은 죽은 믿음이라는 말씀"(약 2:14, 17) 또한 해당하여야 할 것입니다.

"그리스도의 보혈로 우리 죄가 씻겨 구원을 얻었다는 말씀"(엡 1:7)이 당신에게 적용된다면, "그 피로 구원 받은 자가 죄지을 수 없을 것이라는 말씀"(롬 6:15-19)과 "피 흘리기까지 죄와 싸우라는 말씀"(히 12:4) 또한 적용되어야 할 것입니다.

"주의 이름을 부르는 자들이 구원을 얻을 것이라는 말씀"(행 2:21)을 믿을 것이라면, "'주여! 주여! 라고 부르는 모든 자가 하늘나라에 들어갈 것이 아니라는 말씀"(마 7:21) 또한 믿어야 할 것입니다.

"우리가 그분 안에 거하면 많은 과실을 맺을 수 있다는 말씀"(요 15:5)이 믿어진다면, "좋은 열매 맺지 못하는 나무는 찍어 불에 던져질 것이라는 말씀"(마 3:10) 또한 믿으십시오.

"내게 능력 주시는 자 안에서 모든 것을 할 수 있다는 말씀"(빌 4:13)이 당신 것이라면, "나를 사랑하는 자는 내 계명을 지킬 것이라는 말씀"(요 14:21) 또한 당신 것이어야 합니다.

"그분을 통해 강해지고 담대함을 얻는다는 말씀"(수 1:9)이 당신 것이라면, "그분을 위한 고난과 핍박 또한 받아야 한다는 말씀"(마 5:11) 또한 당신 것이어야 할 것입니다.

로마서 8장 1절에, 그리스도인들이 더는 정죄 받지 않는다는 말씀을 보고 기뻐하십니까?

좀 더 읽어보십시오. 그렇게 정죄 받지 않는 자들은 하나님의 자녀들로서 더는 육신의 일을 좇지 않고 영의 일을 좇아 율법의 요구를 이룬다고 말씀합니다.

갈라디아서 2장의 율법의 행위가 아닌 오직 믿음으로 의롭다고 여김을 받는다는 말씀을 보고 우리의 안전을 확신하십니까?

갈라디아서 1장부터 6장까지를 읽어보십시오. 바울이 왜 그런 말을 했고, 그 뒤에 어떻게 이야기하고 있는지 직접 보십시오. 제가 아무리 이렇게 이야기해도 하나님을 알고자 하는 마음이 없는 당신을 위해, 입으로는 하나님을 사랑한다고 고백하면서도 사랑하는 이의 마음 따위는 관심도 없고 궁금해하지 않는 당신을 위해, 혹은 읽어도 종교적 의무감이나 소원성취 수단으로 내용 따윈 상관없이 텅 빈 마음으로 글자만 읽어가는 당신을 위해 대신 요약해 드리겠습니다.

바울은 율법 준수가 구원을 얻는 길이라고 주장하는 자들에 대항하여 말하고 있습니다. 최초 이스라엘을 택하신 여호와 하나님이 그리스도를 통해 이방인들에게도 전파되었고, 그 결과 유대인들과 이방인들이 한 교회에 한데 섞이기 시작했습니다. 원래 유대인들은 하나님께서는 오직 그들 유대인만 택하셨다는 선민사상이 강했고, 그런 보수적 유대인들이 새로 믿게 된 이방인들에게 말했습니다.

> 이제 너희 이방인들도 하나님을 믿게 되었으니 과거 여호와께서 우리 유대인들에게 주신 제사법, 절기, 할례 같은 율법 의식을 너희도 지켜야 한다. 유대인의 가장 필수요소인 할례를 받아라. 그래야 너희도 유대인으로 인정받을 수 있고, 하나님의 백성으로 구원 받는다. 이방인들아, 할례를 받아라! 하나님의 율법을 준수하라!

그러자 바울이 말합니다.

> 아니다. 그렇지 않다. 이방인들이 구원 받는 것은 유대인의 율법 준수가 아니다. 그들이 구원 받는 것은 오직! 오직! 오직! 예수 그리스도가 하나님의 아들이심을 믿는 믿음으로 가능한 것이다. 그렇기에 더는 할례 같은 형식적인 의례를 그들에게 할 필요가 없다. 이제 우리에게 중요한 것은 그런 형식적이고 외형적인 겉모양이 아니라, 우리의 마음, 중심이다. 겉모양의 의식이 우리를 깨끗하게 하는 것이 아니라, 우리의 마음이 깨끗해져야 한다. 육체의 할례가 할례가 아니라, 마음의 할례가 진짜 할례란 말이다. 그리스도께서 우리에게 목숨으로 가르치고자 하셨던 그것! 내 주변의 이웃을 소중히 여기고 아껴주는 사랑을 배우고, 그분의 선한 마음을 닮아가야 한다. 어찌하여 깨닫지 못하느냐! 우리는 그리스도로 말미암아 율법에 자유를 얻었단 말이다.

뒤이어 말합니다.

> 너희는 이제 율법으로부터 자유를 얻었으니 자유인으로 살아라. 단, 그 자유를 남용해서는 안 된다. 너희가 유대인의 율법을 벗어났다고 해서 너희들 마음대로 살아도 된다는 뜻이 아니다. 너희에게 주어진 자유를, 육체의 욕망을 만족시키는 구실로 삼지 말아라. 육체 일은, '음란한 짓, 방탕한 생활, 우상 숭배, 점치는 것, 미워하는 마음, 다른 이와 다투는 것, 시기하는 것, 화내는 것, 편 가르고 싸우는 것, 질투하는 것, 술 취하는 것, 먹고 마시며 노는 것만 좋아하는 것'들이고, 그런 자들은 하나님의 나라를 받지 못할 것이다. 이제 너희는 그리스도의 사람들이니 그리스도의 영! 곧, 성령을 좇는 자가 되어라. 그리하면 육체의 욕망을 좇지 않을 것이다.

그리고 계속해서 말합니다.

> 우리 육체의 정욕과 욕망은, 그리스도와 함께 못 박혔으니, 더는 육체를 좇지 않고 성령의 인도하심을 따라 살 것이다. 성령의 열매를 맺어라! 성령의 열매는, '사랑과 기쁨, 다른 사람들과 화평한 것, 인내할 줄 아는 것, 친절하게 대하는 것, 착한 마음, 믿음직하고 착실한 성품, 온화하고 부드러운 언행, 자기를 절제할 줄 아는 것'이다. 너희가 진짜 믿음 안에 있다면 절대로 이런 열매를 막을 수 없을 것이다. 진정 진실한 믿음을 가졌다면 저런 열매들은 나타날 수밖에 없을 것이다. 정녕 너희가 성령 안에 있다면 이런 열매를 금지할 방법조차 없을 것이다. 만일 너희 형제 중에 죄에 빠진 자가 있으면 온유한 심정으로 그를 돌이키고, 너희 스스로도 유혹에 빠지지 않도록 두려워하라.

부디 듣고 싶은 말씀, 귀에 달콤한 말씀만 보지 말고, 진리를 직시하십시오.

바울이 벗어나라고 했던 율법의 행위는, 지금 이 시대 행위주의 이론처럼 죄지어도 괜찮다는 말씀이 아닐뿐 아니라, 단순히 그분을 인정한다는 믿음의 정도를 말하는 것도 아닙니다. 바울은 이제 그리스도의 보혈로 말미암아 구원 받았고, 율법에서 해방되었으니 더는 형식적인 겉모양의 의식에 얽매이지 말고, 우리 존재 중심의 변화를 받으라 말씀합니다.

이제 더는 할례나 제사 같은 행위나 의식이 아닌 오직 그리스도의 은혜로 구원을 얻었으니 성령으로 말미암아 그분의 선한 열매들을 맺어야 한다고 소리치고 있습니다.

성경 어디에도 예수님을 믿었으니 그것으로 구원은 이미 완성되었고, 죄는 지을 수밖에 없으니 괜찮다는 말씀은 없습니다. 오히려 그분의 은혜로 더는 육체를 좇지 않고, 성령의 인도하심을 받아 죄와 멀어지는 존재가 된다고 이야기합니다.

제 말이 거짓말 같다면 당신이 직접 갈라디아서를 읽어보십시오. 인간에게 유리한 대로 뒤틀어버린 해석 없이, 그저 일반 사람의 이성 수준으로, 아주 평범하게 있는 그대로 하나님의 말씀을 읽어보십시오. 하나님께서는 이미 모든 것을 우리에게 알려주셨지만, 단지 우리에게 하나님을 알고자 하는 열정이 없을 뿐입니다.

"그래 맞아. 당신 말대로 나는 하나님에 대한 열정이 부족할지 몰라. 하나님에 대한 사랑이 목숨을 다하는 수준은 아닐 수도 있어. 하지만, 괜찮아. 나는 그분을 조금 덜 사랑해도, 그분께서는 나를 목숨 다해서 사랑하시니까. 그래서 그 목숨을 고통의 십자가에서 나에게 주셨으니까. 그러니까 나는 구원 받았어.

나는 그것을 믿음으로 구원을 얻었어!
'의심'이라는 사탄의 유혹으로 내 구원의 확신을 약화할 생각하지 마!
내 구원의 확신을 흔드는 다른 모든 말씀에 내 귀를 닫을 테니까!
나는 믿어!
나는 믿어!
나는 구원 받았어!"

요즘 이 시대가 하나님을 믿는다는 것, 예수 그리스도를 따른다는 것을 얼마나 쉽고 간편한 일이라고 생각하는지 모르겠지만, 성경에 기록된 하나님, 그리스도를 따른다는 것은 당신의 생각만큼 만만한 일이 아닙니다.

그저 교회 출석하고, 헌금하고, 봉사하고 하나님 믿고 있으니 됐지 않았느냐는 생각이라면, 당신은 그리스도의 신부가 될 수 없고, 그분께서 그렇게 여기지도 않으실 것입니다.

당신에게 안타까운 소식일 수도 있으나, 만약 예수가 당신의 전부가 되지 않고서는, 예수를 위해 목숨을 버릴 각오를 품지 않고서는(마 16:25), 자기의 목숨까지도 미워할 정도로 예수를 사랑하지 않고서는(눅 14:26), 예수를 따를 수 없을 것입니다.

지금 제가 말한 신앙이 너무 극단적이라고 비난할 작정이라면, 저를 비난하지 말고 예수를 비난하십시오.

> 무릇 내게 오는 자가 자기 부모와 처자와 형제와 자매와 및 자기 목숨까지 미워하지 아니하면 능히 나의 제자가 되지 못하고 누구든지 자기 십자가를 지고 나를 좇지 않는 자도 능히 나의 제자가 되지 못하리라 너희 중에 누가 망대를 세우고자 할찐대 자기의 가진 것이 준공하기까지에 족할는지 먼저 앉아 그 비용을 예산하지 아니하겠느냐 그렇게 아니하여 그 기초만 쌓고 능히 이루지 못하면 보는 자가 다 비웃어 가로되 이 사람이 역사를 시작하고 능히 이루지 못하였다 하리라 또 어느 임금이 다른 임금과 싸우러 갈 때에 먼저 앉아 일만으로서 저 이만을 가지고 오는 자를 대적할 수 있을까 헤아리지 아니하겠느냐 만일 못할터이면 저가 아직 멀리 있을 동안에 사신을 보내어 화친을 청할찌니라 이와 같이 너희 중에 누구든지 자기의 모든 소유를 버리지 아니하면 능히 내 제자가 되지 못하리라(눅 14:26-33).

예수님께서 말씀하십니다.

"네가 나를 위해서 너의 모든 것을 버릴 각오를 하지 못한다면, 너는 나를 따를 수 없을 것이다. 나를 따르기 위해 생명을 건 각오를 하지 않는다면, 너는 중간에 낙오할 것이다. 공사를 시작은 했으나 기초만 쌓다가 포기해 버릴 것이고, 내 편에 서서 나의 원수와 전쟁을 시작하려던 너는, 결국 그들에게 화친을 청하고 내 원수의 편이 될 것이다. 네가 진정으로 너의 가진 모든 것, 네가 사랑하는 모든 사람, 심지어 너의 목숨보다도 나를 더 사랑할 각오를 하지 못한다면, 너는 이 길을 끝까지 가지 못할 것이다.

부디, 나를 믿고, 나와 함께 이 길을 갈 수 있겠니?"

> 내가 너희를 고아와 같이 버려두지 아니하고 너희에게로 오리라 조금 있으면 세상은 다시 나를 보지 못할 것이로되 너희는 나를 보리니 이는 내가 살아 있고 너희도 살아 있겠음이라 그 날에는 내가 아버지 안에, 너희가 내 안에, 내가 너희 안에 있는 것을 너희가 알리라(요 14:18-20).

신구약 시대에도 그렇고, 지금도 마찬가지로 눈이 먼 자들은 한결같이 말합니다.

"괜찮다. 걱정하지 마라. 하나님이 너를 사랑하신다. 너는 평안할 것이다. 안전할 것이다. 축복을 받을 것이다."

그러나 진짜 하나님의 사람들 또한 한결같이 외칩니다.

"돌이켜라. 이대로라면 우리는 하나님의 진노를 받을 것이다. 진실한 회개를 하여라! 아무 변화 없는 가짜 회개 말고 합당한 열매를 맺게 되는 참 회개와 진실한 사랑을 가져라!"

상반되는 두 외침이 두꺼운 성경의 거의 전체의 내용이라고 해도 과언이 아닐 것입니다. 하나님께서는 성경을 통해 과거나 지금이나 똑같은 싸움이 계속되고 있다는 것과 진리로 깨어나는 자들은 언제나 몇 안 되는 소수였다는 것을 알려주고 계십니다.

부디, 눈을 뜨십시오. 세상의 모든 교회 목사, 교사가 진리를 전하는 자들은 아닙니다. 성경은 우리 안의 성령님을 통해 다른 스승 없이도 그분을 배울 수 있을 것이라 말씀해 주셨고, 오히려 거짓 선지자들과 눈먼 교사들이 과거 이스라엘 백성 대부분을 멸망으로 몰아갔던 것과 앞으로도 같은 일이 반복될 것이라는 말씀을 주시며 우리에게 경계하라 말씀하십니다.

> 여호와께서 내게 이르시되 선지자들이 내 이름으로 거짓 예언을 하도다 나는 그들을 보내지 아니하였고 그들에게 명령하거나 이르지 아니하였거늘 그들이 거짓 계시와 점술과 헛된 것과 자기 마음의 거짓으로 너희에게 예언하는도다(렘 14:14).

> 거짓 선지자들을 삼가라 양의 옷을 입고 너희에게 나아오나 속에는 노략질하는 이리라(마 7:15).

성경이 전달하려는 핵심 내용 중 하나는 가짜와 진짜입니다. '믿는 자'와 '믿지 않는 자'의 구분보다, 믿는 자 중 진짜와 가짜를 말씀합니다.

주님은 '두 마음을 품은 자', '거짓 선지자와 거룩한 남은 자', '알곡과 쭉정이', '양과 염소', '좋은 나무와 나쁜 나무' 등 여러 가지 표현으로 진짜와 가짜를 구분하시며 그들의 존재를 알려주십니다.

사람들은 하나님을 섬기는 일에 대해 오해합니다. 그저 주일날 예배나 참석하고, 찬송을 따라 부르며, 설교 말씀을 듣고 나오는 종교 행위를 하면 하나님을 섬기고 있다고 여깁니다. 하지만, 이는 예수님을 못 박았던 서기관과 바리새인들의 오해가 반복되고 있을 뿐입니다.

기독교는 세상 종교와는 다릅니다. 세상의 종교는 특정한 날, 특정 시간, 일정한 종교 행사에 참석하고, 공동체에서 활동하면 그 종교에 소속된 자라고 여기지만, 기독교는 다릅니다.

정해진 날에 예배를 참석하고, 찬양을 드리고, 설교 말씀을 듣고 나오는 자들이 아니라, 온 마음을 다하고 목숨을 다하여 그분을 사랑하며, 선하신 그분의 사랑 가득한 법도와 명령을 가슴에 새기고 자들, 실제로 살아가는 삶의 모든 순간 그의 아름다운 말씀을 기억하며 순종하고, 그자의 삶 전체로 그분을 따르고 섬기는 자가 진정 그분의 자녀라고 성경은 말씀합니다.

> 그러나 그날 후에 내가 이스라엘 집과 맺을 언약은 이러하니 곧 내가 나의 법을 그들의 속에 두며 그들의 마음에 기록하여 나는 그들의 하나님이 되고 그들은 내 백성이 될 것이라 여호와의 말씀이니라(렘 31:33).

> 그들은 내 백성이 되겠고 나는 그들의 하나님이 될 것이며 내가 그들에게 한마음과 한 길을 주어 자기들과 자기 후손의 복을 위하여 항상 나를 경외하게 하고 내가 그들에게 복을 주기 위하여 그들을 떠나지 아니하리라 하는 영원한 언약을 그들에게 세우고 나를 경외함을 그들의 마음에 두어 나를 떠나지 않게 하고(렘 32:38-40).

'경외하다'라는 말의 뜻을 아십니까?

'공경하면서 두려워하다'입니다. 하나님께서는 약속하셨습니다. 진실한 그분의 자녀 안에 그분을 두려워하는 마음을 주시어, 그분을 뜻을 거스르는 죄를 지을 때면 마음의 거리낌을 갖게 하실 것을 약속하셨습니다. 모든 인간이 맞이하게 될 심판의 날, 재판장 되시는 분의 위엄과 경외함이 그 가슴에 새겨져, 그분의 길을 떠나지 못 하게 하리라는 약속을 주셨습니다.

> 우리는 주의 두려우심을 알므로 사람들을 권면하거니와 우리가 하나님 앞에 알리어졌으니 또 너희의 양심에도 알리어지기를 바라노라(고후 5:11).

> 외모로 보시지 않고 각 사람의 행위대로 심판하시는 이를 너희가 아버지라 부른즉 너희가 나그네로 있을 때를 두려움으로 지내라(벧전 1:17).

> 모든 사람은 결혼을 귀히 여기고 침소를 더럽히지 않게 하라 음행하는 자들과 간음하는 자들을 하나님이 심판하시리라(히 13:4).

진실한 하나님의 자녀 안에는 하나님을 향한 두려움이 존재합니다. 그 두려움은 단순한 공포가 아닙니다. 그것은 높으신 이를 향한 거룩한 두려움입니다.

>죄악은 자비와 진리로 정결케 되나니, 사람들이 주를 두려워함으로 악에서 떠나게 되느니라(잠 16:6, 킹제임스).

그분을 향한 두려움은 거룩인 동시에 사랑입니다. 자녀를 옳은 길로 인도하려는 아버지의 사랑이고, 그 자녀를 구원하시려는 아버지의 간절함입니다. 거룩하신 분을 공경하고 두려워함으로 인해 죄를 떠나게 하려는 아버지의 마음입니다.

그리고 만약 진정으로 하나님을 사랑하고 경외한다면, 그는 자기의 욕심대로 기도하지 않을 것입니다. 진실로 하나님을 사랑하는 사람은, 자기의 뜻을 굽히고 그분의 뜻을 위할 것입니다. 그것이 사랑의 힘이기 때문입니다. 내가 원하는 것을 포기하더라도 사랑하는 이를 기쁘게 해 주고 싶은 것이, 사랑의 힘이기 때문입니다.

>예수께서 대답하여 이르시되 사람이 나를 사랑하면 내 말을 지키리니 내 아버지께서 그를 사랑하실 것이요 우리가 그에게 가서 거처를 그와 함께 하리라 나를 사랑하지 아니하는 자는 내 말을 지키지 아니하나니 너희가 듣는 말은 내 말이 아니요 나를 보내신 아버지의 말씀이니라(요 14:23-24).

진실로 진실로, 뜨거운 사랑을 품었기에 그분 말씀이 너무나 소중하고, 중요합니다. 그들은 자신의 욕심보다 하나님의 말씀이 중요합니다. 자기 안에 피어나는 마음과 하나님의 말씀이 반대된다면, 자기의 뜻을 굽히고 그분의 말씀대로 이루어지게 해달라 기도합니다. 하나님의 말씀을 공경하지 않는 자들은 이 세상의 돈이나 재물, 지위를 달라고 기도하지만, 진실로 그분을 사랑하고 그 높으심을 우러러보는 자들은 반대로 기도합니다.

하나님의 말씀대로, 모든 악의 뿌리라고 하신 돈을 사랑하는 자기 모습에 슬퍼할 것이고, 이 세상이나 세상 있는 것들을 사랑치 않게 해달하고 기도할 것이며 주님 말씀대로 가진 것에 만족하고 감사할 수 있는 사람이 되게 해달라 기도할 것입니다.

나를 힘들게 만드는 미운 사람이 나타날 때, 그리스도보다 자기가 중요한 자들은 그 원수를 쫓아내고 그에게 합당한 벌을 내려달라 기도하겠지만, 자기 자신보다 그리스도를 사랑하는 자들은 그분의 뜻을 위해 기도합니다. 증오와 복수를 원하는 악한 마음에 애통하고 이 죄인을 용서해달라고 기도하며 원수마저 사랑했던 그분의 선한 마음을 품게 해달라 기도합니다.

> 내가 죄악 중에서 출생하였음이여 어머니가 죄 중에서 나를 잉태하였나이다 주의 얼굴을 내 죄에서 돌이키시고 내 모든 죄악을 지워 주소서 하나님이여 내 속에 정한 마음을 창조하시고 내 안에 정직한 영을 새롭게 하소서(시 51:5, 9-10).

> 나로 하여금 주의 계명들의 길로 행하게 하소서 내가 이를 즐거워함이니이다(시 119:35).

완전히 예수님의 말씀 그대로입니다. 정말로 예수님을 사랑하는 사람들에게는 그분의 마음이 귀중합니다. 그분의 선하신 말씀을 따르고 그분의 행복한 미소를 소망합니다. 왜냐하면, 그들이 진실로 예수 그리스도를 사랑하기 때문입니다. 하지만, 예수님보다 자기 자신을 사랑하는 자들, 신의 전능함을 이용하고 싶은 자들은, 자기를 위해 목숨을 버리신 분께서 무슨 말씀을 남기셨건 중요하지 않습니다. 그분의 말씀과 마음을 짓밟더라도 자기를 위한 기도할 것입니다. 아니, 애초에 그분께서 무슨 말씀을 남기셨는지 관심이나 있으면 다행일 것입니다.

예수님을 인격체가 아닌 마음 없는 로봇 자판기로 생각하는 자들이 넘쳐납니다. 그들은 그렇게까지 하나님을 사랑할 필요가 없습니다. 그들은 하나님을 공경하고 경외하는 두려움을 품을 필요가 없습니다. 모든 사도가 죽는 날까지 그분의 자비를 바라며 겸손함으로 살아갔고, 두려움과 존경의 마음으로 순종하라 권고하지만, 우리는 하나님을 두려워할 필요가 없습니다. 그분을 경외하며 그분의 말씀에 순종할 필요가 없습니다.

무조건 용서해 주시고, 무조건 죄를 씻어주시며, 넘치는 은혜만 뿜어주시는 호구 같은 분이신 덕분에, 우리는 그분을 두려워할 필요가 없습니다.

> 악인의 죄가 그의 마음속으로 이르기를 그의 눈에는 하나님을 두려워하는 빛이 없다 하니(시 36:1).

> 만군의 여호와 그를 너희가 거룩하다 하고 그를 너희가 두려워하며 무서워할 자로 삼으라(사 8:13).

> 어리석고 지각이 없으며 눈이 있어도 보지 못하며 귀가 있어도 듣지 못하는 백성이여 이를 들을지어다 여호와의 말씀이니라 너희가 나를 두려워하지 아니하느냐 내 앞에서 떨지 아니하겠느냐(렘 5:21-22).

> 그런즉 사랑하는 자들아 이 약속을 가진 우리가 하나님을 두려워하는 가운데서 거룩함을 온전히 이루어 육과 영의 온갖 더러운 것에서 자신을 깨끗케 하자(고후 7:1).

구약부터 신약까지 성경의 모든 저자가 하나님을 두려워하며 순종하라 외치지만, 그들보다 대단한 우리는 두려움 없는 담대함으로 당당히 불순종하며 살아갑니다.

애초에 원하는 대상 자체가 다릅니다. 마음에 품은 소망 자체가 다릅니다. 그들의 소원은 자기 욕망과 욕심, 쾌락을 채우며 사는 삶이 아니라, 내 사랑하는 분의 말씀이 자신에게 이루어지는 것입니다. 진짜 사랑을 품은 진짜 신부들은, 사랑하는 신랑의 말씀을 사모하며 가슴에 품고, 죽기까지 순종하며 자신의 사랑이 진실임을 증명합니다.

> 여호와여 주의 율례들의 도를 내게 가르치소서 내가 끝까지 지키리이다 나로 하여금 깨닫게 하여 주소서 내가 주의 법을 준행하며 전심으로 지키리이다 내가 주의 율법을 항상 지키리이다 영원히 지키리이다(시 119:33, 34, 44).

> 예수께서 대답하여 이르시되 사람이 나를 사랑하면 내 말을 지키리니 내 아버지께서 그를 사랑하실 것이요 우리가 그에게 가서 거처를 그와 함께 하리라(요 14:23).

> 누구든지 그의 말씀을 지키는 자는 하나님의 사랑이 참으로 그 속에서 온전하게 되었나니 이로써 우리가 그의 안에 있는 줄을 아노라(요일 2:5).

그들은 좁은 길을 걷습니다. 자기 감정을 십자가에 못 박는 고통을 겪습니다. 하지만 괜찮습니다. 아니, 오히려 기쁩니다. 그분을 위한 고난이 있다는 것 자체를 기뻐합니다. 그들은 그분을 따르기 위해 자기를 부인하지만, 그분의 멍에는 쉽고 가볍습니다. 왜냐하면, 그들이 진심으로 그분을 사랑하고 그분의 말씀을 사모하기 때문입니다.

> 하나님을 사랑하는 것은 이것이니 우리가 그의 계명들을 지키는 것이라 그의 계명들은 무거운 것이 아니로다(요일 5:3).

> 너희가 나를 사랑하면 나의 계명을 지키리라(요 14:15).

지금 이 시대, 그리스도인이라 말하는 자들의 모습은 참으로 신기합니다. 정말 90프로 이상 아니, 99프로의 그리스도인의 모습이 성경이 말씀하는 가짜임에도 불구하고 그것을 모릅니다. 그들은 얘기합니다.
"어떻게 다 그렇게 열정적으로 하나님을 믿어. 그런 사람들은 정해져 있어. 그런 특별한 사람들은 목사, 전도사, 선교사하면 되고, 나는 그냥 평신도 하면 돼."

불쌍한 자들이여, 애절한 사랑이 무엇인지 깨닫지 못하는 자들이여, 다시 말씀드리지만, 하나님께 타오르지 않는 평신도란 성경에 존재하지 않습니다.

지존자께서 흘리신 피의 능력은 그토록 하찮지 않습니다. 진실로 그 희생의 사랑이 심장을 관통한 사람은 더 이상 과거와 동일하게 살아갈 수 없습니다. 하지만 지금 세대의 그리스도인들은 그분의 희생을 지식으로 알 뿐 감정으로 느끼지 못합니다. 왜냐하면, 그들이 구하고 원하는 것은 구원이 아니라 세상의 있는 것들이기 때문입니다.

가짜 사랑이기에 하나님을 알려는 열정이 없고, 하나님을 모르는 무지로 인해 자신들이 지옥에 갈 가짜라는 것을 모릅니다. 애초에 그들에게 '사랑'이라는 위대한 단어를 사용하는 것 차제가 잘못된 일이고, 그들은 호감이나 호기심 정도, 혹은 자기 인생에 도움을 주는 존재를 원하고 있을 뿐입니다.

대다수 그리스도인이 멸망할 것이라는 사실을 이상하다 여기지 마십시오. 다시 말씀드리지만, 바로 이것이 성경 전체를 통해 우리에게 전해 주시는 하나님의 경고입니다. 거룩한 남은 자들은 언제나 소수였고, 그들만이 진실한 사랑으로 왕께 충성했으며, 그분의 거룩함과 의로움을 좇으며 하나님 앞에 자신을 지켜갔습니다.

사랑하는 자들이여!
부디, 저를 교만히 여기지 마시고, 제가 하는 말을 끝까지 들어주실 수 있겠습니까?
세상과 싸우려는 제가 이단인지, 아니면 이 세상이 이단이 되었는지. 부디, 저를 보잘것없는 자로 여기시고 저를 판단해 주시겠습니까?

당신이 지적이 옳다면 내 기꺼이 당신께 무릎 꿇겠습니다.
저는 결코 당신보다 높아지거나, 똑똑한 자로 여김받는 것을 원치 않습니다. 절대 당신보다 높은 자가 되어 당신 위에 서고 싶지 않습니다. 진정 당신을 내 위에 높이고, 나보다 큰 자가 되어 내가 섬길 분이 되기를 소망하는지, 그 아무도 속일 수 없는, 크고 두려우신 만유의 주께서 지금 저의 고백을 듣고 계십니다. 사랑하는 형제자매들이여, 부디, 나의 진심을 믿어주십시오.
성경은 진짜 하나님의 백성들과 쭉정이들은 다르게 살아간다고 말씀합니다. 진실한 사랑 안에 열정이 일어날 수밖에 없음을 느끼고, 신랑께서 사랑하셨던 선한 마음, 그리스도께서 품으셨던 순결한 마음, 곧 다른 이를 소중히 여기고 불쌍히 여기는 아름다운 사랑의 마음을 소망하게 됩니다.
진짜 믿음, 진짜 사랑을 가진 자는 그가 가진 진짜 사랑 때문에 그리스도의 선하신 마음을 사랑하지 않을 수 없고 실제 삶 가운데 그 빛이 드러나며 주님께서 기뻐하시는 아름다운 열매가 맺어질 것입니다.

빛은 감추어지지 않는다는 말씀과 소금은 다른 맛을 낼 수밖에 없다는 말씀, 좋은 나무가 좋은 열매를 맺고 나쁜 나무가 나쁜 열매를 맺는다는 말씀과 나쁜 나무가 찍혀 불에 던져질 것이라는 말씀 또한 그대로 이루어집니다.

> 거짓 선지자들을 삼가라 양의 옷을 입고 너희에게 나아오나 속에는 노략질하는 이리라 그들의 열매로 그들을 알지니 가시나무에서 포도를, 또는 엉겅퀴에서 무화과를 따겠느냐 이와 같이 좋은 나무마다 아름다운 열매를 맺고 못된 나무가 나쁜 열매를 맺나니 좋은 나무가 나쁜 열매를 맺을 수 없고 못된 나무가 아름다운 열매를 맺을 수 없느니라 아름다운 열매를 맺지 아니하는 나무마다 찍혀 불에 던져지느니라 이러므로 그들의 열매로 그들을 알리라 (마 7:15-20).

마음껏 죄짓고 싶어 하는 가짜 그리스도인들은 죄의 열매, 나쁜 열매를 스스로 괜찮다고 말하며 안도합니다. 인간은 모두 연약하기에 어쩔 수 없다며, 원래 다 죄짓고 사는 거라며 위로하고, 오히려, 온 마음 다해 그리스도를 사랑하기에 그분께 순종하려 노력하는 자들을 비난하고 조롱합니다.

> 낮에와 같이 단정히 행하고 방탕하거나 술 취하지 말며 음란하거나 호색하지 말며 다투거나 시기하지 말고 (롬 13:13).

> <u>술 취하지 말라 이는 방탕한 것이니 오직 성령으로 충만함을 받으라</u> (엡 5:18).

하나님을 사랑하고 그분의 계명을 사랑하기에, 술을 멀리하고 방탕하지 않은 자에게 굳이 그렇게까지 할 필요 없다고 말하며 요즘 시대가 어떤 시대인데 술 한잔 안 먹냐며, 그런 구닥다리 말씀을 따르냐며 조롱합니다.

네 혀를 악에서 금하며 네 입술을 거짓말에서 금할지어다(시 34:13).

거짓을 행하는 자는 내 집 안에 거주하지 못하며 거짓말하는 자는 내 목전에 서지 못하리로다(시 101:7).

그러므로 내가 범사에 모든 주의 법도들을 바르게 여기고 모든 거짓 행위를 미워하나이다(시 119:128).

공의, 정의, 정직을 사랑하시는 그분을 따르기 위해 사소한 거짓이라도 미워하고 관례처럼 이어지는 비리나 부당한 이익을 부끄럽게 여기며, 그분 앞에 정직히 행하려는 자들에게 고지식하고 꽉 막힌 사람이라 비난합니다.

음란한 행동뿐 아니라 마음까지도 순결하게 지키라는 말씀을 따르기 위해, 그 눈으로도 죄짓지 않고(욥 31:1), 마음으로조차 음욕을 품지 않으며(마 5:28), 주님 앞에 순결함과 거룩함을 지키는 자들을 금욕주의자라고 핍박합니다.

당신의 생각에는 예수님의 가르침은 어떠하든 상관없이, 어떠한 이성이든 성적 자극을 주기만 한다면 누구든 상관없이 눈으로 즐기고 마음으로 범하는 그 짓이 떳떳한 일입니까?

당신이 진정으로 사랑하고 소중히 여기는 사람들에게 '내가 방금 지나가는 저 여자를 보고 음욕을 품었다.

내가 음란한 동영상을 보면서 음행하고 쾌락을 가졌다'라고 당당하게 말할 수 있습니까?

스스로 돌이켜 보십시오.

당신의 아내이건, 자녀이건, 부모이건, 당신이 진정으로 소중히 여기고 사랑하는 사람에게 당신 행동이 부끄럽지 않을 수 있습니까?

하나님께서 주신 양심의 소리가 들리지 않으십니까?

죄악이 죄악인지조차 알 수 없을 정도로 타락해 버린 이 세상은, 선하고 아름다우며 순결하고 정결한 하나님의 말씀과 전혀 반대되는 세상의 이론을 가져와 그런 더러운 행동을 '인간으로서 당연하다. 그것이 건강한 것이다'라며 미친 소리를 하고 있습니다.

선한 양심을 저버리고, 하나님께 정면으로 거역하며 자신을 지혜롭다 여기고 있습니다.

> 악을 선하다 하며 선을 악하다 하며 흑암으로 광명을 삼으며 광명으로 흑암을 삼으며 쓴 것으로 단 것을 삼으며 단 것으로 쓴 것을 삼는 자들은 화 있을진저(사 5:20).

> 믿음과 착한 양심을 가지라 어떤 이들이 이 양심을 버렸고 그 믿음에 관하여는 파선하였느니라(딤전 1:19).

> 우리가 모든 일에 선하게 행하려 하므로 우리에게 선한 양심이 있는 줄을 확신하노니(히 13:18).

> 선한 양심을 가지라 이는 그리스도 안에 있는 너희의 선행을 욕하는 자들로 그 비방하는 일에 부끄러움을 당하게 하려 함이라(벧전 3:16).

그리스도를 사랑함으로 그분의 가르침을 사모하는 자들이 율법주의입니까?

선하신 왕께 순종하고 그의 선한 길로 가는 자들이 행위주의입니까?

그분의 순결하심이 아름다워 다른 이에게 음욕을 품지 않는 자들이 금욕주의입니까?

나의 왕을 존중하는 것이 정녕 잘못된 일이란 말입니까!

피조물이 나를 지으신 창조주의 말씀을 공경하는 것이 정녕 어리석은 일이란 말입니까!

만약 이것이 당신이 생각하는 율법주의라면, 당신은 비금욕주의자, 비율법주의자가 되어서 마음껏 불법을 하십시오. 저는 당신이 생각하는 금욕주의자가 되어 내 주 앞에 제 마음을 순결하게 지킬 것입니다. 당신이 생각하는 율법주의자가 되어 내 왕의 계명을 지킬 것이고, 당신이 생각하는 행위 주의자가 되어 내 주께서 품으셨던 선을 행할 것입니다.

> 너희는 나의 법도를 좇으며 나의 규례를 지켜 그대로 행하라 나는 너희의 하나님 여호와니라(레 18:4).

> 너희는 내 규례를 지켜 행하라 나는 너희를 거룩게 하는 여호와니라(레 20:8).

> 네 하나님 여호와의 명령을 지켜 그 도를 행하며 그를 경외할지니라(신 8:6).

> 계명을 지키는 자는 자기의 영혼을 지키거니와 그 행실을 삼가지 아니하는 자는 죽으리라(잠 19:16).

> 이 말씀 하실 때 무리 중에서 한 여자가 음성을 높여 가로되 당신을 밴 태와 당신을 먹인 젖이 복이 있도소이다 하니 예수께서 가라사대 오히려 하나님의 말씀을 듣고 지키는 자가 복이 있느니라 하시니라(눅 11:28).

> 그러므로 사람이 선을 행할 줄 알고도 행하지 아니하면 죄니라(약 4:17).

> 성도들의 인내가 여기 있나니 저희는 하나님의 계명과 예수 믿음을 지키는 자니라 (계 14:12).

그분의 계명을 지키기 위해, 피 흘리기까지 죄와 싸우는 자들에게 율법주의라 말하는 자들이여!
성경 내용에는 관심도 없고, 보아도 자신과는 상관없다고 여기는 자들이여!
왕께 드리는 순종을 선택사항이라 여기며 상급을 포기하고 죄를 택하겠다고 하는 자들이여!

당신들은 인내와 절제가 싫고 쾌락을 느끼고 싶은 욕망 때문에 어떻게든 하나님의 말씀을 뒤틀고 싶겠지만 그분의 말씀은 분명합니다.

> 음행이나 온갖 더러운 행위나 탐욕은 그 이름조차도 여러분의 입에 담지 마십시오. 그렇게 하는 것이 성도에게 합당합니다. 여러분은 이것을 확실히 알아두시오. 음행하는 자나 행실이 더러운 자나 탐욕을 부리는 자는 우상 숭배자여서, 그리스도와 하나님의 나라를 상속받을 몫이 없습니다(엡 5:3, 5, 새번역).

당신은 저기 지나가는 여자에게 음욕을 품고 화면에 나오는 저 여자에게도 음욕을 품으십시오. 그것도 모자란다면 훨씬 더 쾌락을 줄 더러운 영상을 즐기기 위해 방문을 걸고 숨으십시오. 그것도 모자라면 거리로 나가 창녀의 몸을 사 즐기십시오.
참으로 떳떳하고 당당한 비 율법주의, 비 금욕주의로 사십시오. 당신의 부모가, 당신의 자녀가, 당신의 아내가, 참으로 자랑스러워서 할 것입니다. 마지막 날 그분과 대면하는 순간, 하나님께서 참으로 당신을 자랑스러워하실 것입니다.

나는 너희에게 이르노니 음욕을 품고 여자를 보는 자마다 마음에 이미 간음하였느니라(마 5:28).

청년이 무엇으로 그의 행실을 깨끗하게 하리이까 주의 말씀만 지킬 따름이니이다 내가 전심으로 주를 찾았사오니 주의 계명에서 떠나지 말게 하소서 내가 주께 범죄하지 아니하려 하여 주의 말씀을 내 마음에 두었나이다(시 119:9-11).

저는 부끄러운 금욕주의로 살겠습니다. 주님의 말씀대로 제 몸과 눈뿐만이 아니라 마음과 생각까지 지키는 부끄러운 금욕주의로 살 것입니다.

그리고 언젠가 제 왕께서 제게 아내를 허락해 주실 때, 그때 제 모든 사랑을 쏟아 줄 것입니다. 아마 비 금욕주의로 아무 곳에나 정욕을 풀어대며 사는 당신보다 주님께서 허락하신 아내 외에 모든 것으로부터 몸과 마음을 지킨 제가 훨씬 더 아내를 아끼고 사랑할 수 있을 것이고 내 아내로부터 행복할 수 있을 것입니다.

더러움을 깨닫지 못하는 세대여!
죄를 멈추지 못하는 세대여!
그대들이 순종을 거부하며 진리를 핍박하는 이유는, 그대들이 어둠을 빛보다 사랑하고 그것을 멈추고 싶지 않기 때문이 아니란 말입니까?

그 정죄는 이것이니 곧 빛이 세상에 왔으되 사람들이 자기 행위가 악하므로 빛보다 어둠을 더 사랑한 것이니라 악을 행하는 자마다 빛을 미워하여 빛으로 오지 아니하나니 이는 그 행위가 드러날까 함이요 진리를 따르는 자는 빛으로 오나니 이는 그 행위가 하나님 안에서 행한 것임을 나타내려 함이라 하시니라(요일 3:19-21).

가엾은 세상이여!

아내의 마음에 깊은 상처와 아픔, 슬픔과 눈물을 흘리게 하는 짓을 하면서도 죄책감조차 느끼지 못하는 자들이여!

그대들이 눈과 생각으로 다른 여자의 몸을 즐기며 성욕의 대상으로 삼기에 이 시대에 부부의 사랑이 절망으로 빠져드는 것입니다.

음란한 세대여!

불쌍한 세대여!

당신들같이 더러운 삶을 살 바에는 차라리 과학의 발전이 없던 시절이 나을 것입니다. 태어나서 아내 말고 다른 이성의 몸을 볼 기회도 없는 전기조차 없던 시절이 백배, 천배 나을 것입니다.

성욕에 미친 자들이여, 그대들이 손가락 하나로 온 세상 여자들을 음욕의 대상으로 삼고, 더 예쁘고 더 날씬 여자들을 갖지 못해 안달 나 살기에 아내에게 매력을 느끼지 못하고 당신 외에는 사랑받을 곳 없는 아내들이 가엾은 삶을 살아가게 되는 것입니다.

> 남편은 그 아내에 대한 의무를 다하고 아내도 그 남편에게 그렇게 할지라 아내는 자기 몸을 주장하지 못하고 오직 그 남편이 하며 남편도 그와 같이 자기 몸을 주장하지 못하고 오직 그 아내가 하나니 (고전 7:3-4).

더러운 쾌락을 원하고 사랑하는 자들이여, 당신들은 계속해서 더러워지십시오. 당신들의 더러움은 절대로 채워지지 않을 것이고, 주님께서 다시 오실 그날, 당신이 행한 대로 갚아 주실 것입니다.

> 불의를 행하는 자는 그대로 불의를 행하고 더러운 자는 그대로 더럽고 의로운 자는 그대로 의를 행하고 거룩한 자는 그대로 거룩하게 하라 보라 내가 속히 오리니 내가 줄 상이 내게 있어 각 사람에게 그가 행한 대로 갚아 주리라 (계 22:11-12).

죄짓고 싶은 자들이여, 그대들은 그대들의 욕구와 욕망을 사랑해 인내와 절제를 원하지 않겠지만 성경은 처음부터 끝까지 무절제와 음란함, 방탕함으로 경건하지 않은 자들이 지옥에 갈 것이라 경고하고 있습니다.

> 불의한 사람들은 하나님 나라를 상속받지 못하리라는 것을 알지 못합니까? 착각하지 마십시오. 음행을 하는 사람들이나, 우상을 숭배하는 사람들이나, 간음을 하는 사람들이나, 여성 노릇을 하는 사람들이나, 동성애를 하는 사람들이나, 도둑질하는 사람들이나, 탐욕을 부리는 사람들이나, 술 취하는 사람들이나, 남을 중상하는 사람들이나, 남의 것을 약탈하는 사람들은, 하나님 나라를 상속받지 못할 것입니다(고전 6:9-10, 새번역).

> 육체의 행실은 환히 드러난 것들입니다. 곧 음행과 더러움과 방탕과 우상 숭배와 마술과 원수맺음과 다툼과 시기와 분냄과 분쟁과 분열과 파당과 질투와 술취함과 흥청망청 먹고 마시는 놀음과, 그와 같은 것들입니다. 내가 전에도 여러분에게 경고하였지만, 이제 또다시 경고합니다. 이런 짓을 하는 사람들은 하나님의 나라를 상속받지 못할 것입니다(갈 5:18-21, 새번역).

세상은 진리를 싫어하고 그것은 당연합니다.

자기 본능을 절제하기 싫고, 죄의 쾌락을 즐기고 싶은데 그것을 하지 말라는 성경을 어찌 좋아하겠습니까?
누가 죄의 욕구를 부인하고 그분의 선하고 순결한 말씀을 따르겠습니까?
누가 육체로 비롯되는 죄의 욕망을 십자가에 못 박고, 좁지만 선하고, 협착하지만 순결한 그리스도의 길을 걸어가겠습니까?

그분의 성령이 임하여 진실로 자기 자신보다 그리스도를 사랑하는 자 말고는, 아무도 그의 선한 길을 가려 하지 않을 것입니다.

> 내가 사랑하는 주의 계명들을 스스로 즐거워하며 또 내가 사랑하는 주의 계명들을 향하여 내 손을 들고 주의 율례들을 작은 소리로 읊조리리이다 내가 주의 법을 어찌 그리 사랑하는지요 내가 그것을 종일 작은 소리로 읊조리나이다 내가 주의 말씀을 지키려고 발을 금하여 모든 악한 길로 가지 아니하였사오며 주께서 나를 가르치셨으므로 내가 주의 규례들에서 떠나지 아니하였나이다 주의 말씀의 맛이 내게 어찌 그리 단지요 내 입에 꿀보다 더 다니이다 그러므로 내가 주의 계명들을 금 곧 순금보다 더 사랑하나이다 주의 말씀이 심히 순수하므로 주의 종이 이를 사랑하나이다 여호와여 내가 주의 구원을 사모하였사오며 주의 율법을 즐거워하나이다(시 119).

당신은 어떻게 하시겠습니까?

마지막 날, 주님 앞에 섰을 때, 그분께 무어라 말할 것입니까?

그분 말씀을 저버리고 산 우리가, 그분의 심판대 앞에 섰을 때 무어라 변명하시겠습니까?

'세상 사람들이 그랬으니 나도 그랬습니다'라고 하시겠습니까?

세상의 사상과 가치관, 교육과 문화가 변했으니 말씀도 변했을 것이라 하실 겁니까?

세상 사람들 모두 성경은 구식이라 말하며 말씀을 무시하고, 세상의 가르침과 가치관을 따라가며, 그분 명령에 대한 의무감을 버린다고 하더라도, 저는 끝까지 주님을 따르고 오직 그분만을 믿을 것입니다.

> 성도들의 인내가 여기 있나니 그들은 하나님의 계명과 예수에 대한 믿음을 지키는 자니라(계 14:12).

주님께서 정하신 선과 악이 내 선악의 기준이 되고, 주님께서 정하신 옳고 그름이 나의 선택의 기준이 되며, 주님께서 말씀하신 선하신 명령들은 가슴에 새기고, 내 생각과 마음을 순결히 지키며 주님의 말씀을 따라 살 것입니다.

세상이 저를 손가락질하고, 시대에 뒤떨어진 미련한 사람이라고 조롱하며, 고지식하고 유별나며 유난스럽다고 비웃는다고 해도 저는 끝까지 내 주님의 말씀을 지키고 행하며 그분을 향한 저의 사랑을 증명할 것입니다.

> 무릇 그리스도 예수 안에서 경건하게 살고자 하는 자는 핍박을 받으리라(딤후 3:12).

> 너희가 음란과 정욕과 술취함과 방탕과 향락과 무법한 우상 숭배를 하여 이방인의 뜻을 따라 행한 것은 지나간 때로 족하도다 이러므로 너희가 그들과 함께 그런 극한 방탕에 달음질하지 아니하는 것을 그들이 이상히 여겨 비방하나(벧전 4:3-4).

오, 불쌍한 세대여!
환락의 세대여!
죄의 수단이 차고 넘치고 넘쳐, 쾌락과 음란의 홍수 속에 사는 불쌍한 세대여!

당신들이 얼마나 인내와 절제, 순결함을 싫어하는지 내 너무나 알고 있습니다. 저야말로 음란과 방탕의 극한에 살며 그 쾌락을 인생의 낙으로 여기던 자였기 때문입니다.

아직 깨어나지 못한 자들이여!
다시 태어나지 못한 자들이여!
인간이 하나님의 말씀과 성령으로 거듭나지 않고는 천국을 보지 못할 것입니다. 어미의 태에서부터 죄로 태어난 인간이 하나님으로부터 다시 한번 태어나는 거듭남을 겪지 않고는 절대 천국을 보지 못할 것입니다.

> 예수께서 대답하여 이르시되 진실로 진실로 네게 이르노니 사람이 거듭나지 아니하면 하나님의 나라를 볼 수 없느니라(요 3:3).

슬픈 세대여!
이 세상이 하나님의 진리를 뒤틀어버렸다는 사실을 어찌 깨닫지 못합니까?
죄로 태어난 인간이 언제나 그래왔고, 지금도 같은 일을 하고 있다는 사실을 모르시겠습니까?
성경 전체가 바로 이것을 깨우치기 위해 기록돼 있다는 사실을 어찌하여 보지 못합니까?

가엾은 세대여!
눈이 가려진 세대여!
귀가 막혀버린 세대여!
눈과 귀가 있음에도 보지도, 듣지도 못하는 것은 이미 우리가 불의를 좋아하여 순종하기를 원치 않기 때문 아니란 말입니까?
하나님께서 그렇게 불의를 사랑하는 자들을 멸하시기 위해 거짓을 믿게 하는 미혹의 영을 허락하셨기 때문 아니겠습니까?

> 또 온갖 불의한 속임수로 멸망을 받을 자들을 속일 것입니다. 그것은, 멸망을 받을 자들이 자기를 구원하여 줄 진리에 대한 사랑을 받아들이지 않기 때문입니다. 그러므로 하나님께서는 미혹하게 하는 힘을 그들에게 보내셔서, 그들로 하여금 거짓을 믿게 하십니다. 그것은, 진리를 믿지 않고 불의를 기뻐한 모든 사람들에게 심판을 내리시려는 것입니다(살후 2:10-12, 새번역).

성경은 계속해서 우리에게 말씀합니다. '순종하라, 죄와 싸우라'라고 말씀합니다. 또한, 진정한 회개는 죄인들을 돌이킬 것이고, 그 죄에서 떠날 것이라고 말씀하며, 우리 안의 변화가 일어날 것을 가르치십니다.

> 그 은혜는 우리를 교육하여, 경건하지 않음과 속된 정욕을 버리고, 지금 이 세상에서 신중하고 의롭고 경건하게 살게 합니다(딛 2:12, 새번역).

> 그러므로 우리는 그리스도교의 초보적 교리를 제쳐놓고서, 성숙한 경지로 나아갑시다. 죽은 행실에서 벗어나는 회개와 하나님에 대한 믿음과(히 6:1, 새번역).

과거 예수를 모르던 때의 말과 행동들을 부끄럽게 여기고, 그분의 거룩한 속성을 따라 사는 자들로 변화될 것이라 가르칩니다. 그리스도를 영접한 자가 더는 죄의 종노릇 하지 않고, 그리스도의 종이 되어 죄에서 해방을 얻는다고 말씀합니다.

진정으로 주의 성령을 받은 자는, 그 육체를 불의에 내주는 것이 아니라 거룩함에 바쳐서, 좋은 열매 맺는 자들로 변화된다는 것이 성경의 가르침입니다.

> 우리의 옛사람이 그리스도와 함께 십자가에 달려 죽은 것은, 죄의 몸을 멸하여서, 우리가 다시는 죄의 노예가 되지 않게 하려는 것임을 우리는 압니다. 이와 같이 여러분도, 죄에 대해서는 죽은 사람이요, 하나님을 위해서는 그리스도 예수 안에서 살고 있는 사람이라는 것을 알아야 합니다. 그러므로 여러분은 죄가 여러분의 죽을 몸을 지배하지 못하게 해서, 여러분이 몸의 정욕에 굴복하는 일이 없도록 하십시오. 그러므로 여러분은 여러분의 지체를 죄에 내맡겨서 불의의 연장이 되게 하지 마십시오. 오히려 여러분은 죽은 사람들 가운데서 살아난 사람답게, 여러분을 하나님께 바치고, 여러분의 지체를 의의 연장으로 하나님께 바치십시오. 여러분은 율법 아래

있지 않고, 은혜 아래 있으므로, 죄가 여러분을 다스릴 수 없을 것입니다. 그러면 어떻게 해야 하겠습니까? 우리가 율법 아래 있지 않고, 은혜 아래에 있다고 해서, 마음 놓고 죄를 짓자는 말입니까? 그럴 수 없습니다. 여러분이 아무에게나 자기를 종으로 내맡겨서 복종하게 하면, 여러분은, 여러분이 복종하는 그 사람의 종이 되는 것임을 알지 못합니까? 여러분은 죄의 종이 되어 죽음에 이르거나, 아니면 순종의 종이 되어 의에 이르거나, 하는 것입니다. 그러나 하나님께 감사하는 것은, 여러분이 전에는 죄의 종이었으나, 이제 여러분은 전해 받은 교훈의 본에 마음으로부터 순종함으로써, 죄에서 해방을 받아서 의의 종이 된 것입니다. 여러분의 이해력이 미약하므로, 내가 사람의 방식으로 말하겠습니다. 여러분이 전에는 자기 지체를 더러움과 불법의 종으로 내맡겨서 불법에 빠져 있었지만, 이제는 여러분의 지체를 의의 종으로 바쳐서 거룩함에 이르도록 하십시오. 여러분이 죄의 종일 때에는 의에 얽매이지 않았습니다. 여러분은 그 때에 무슨 열매를 거두었습니까? 이제 와서 여러분이 그러한 생활을 부끄러워 하지만 그러한 생활의 마지막은 죽음입니다. 이제 여러분은 죄에서 해방을 받고, 하나님의 종이 되어서, 거룩함에 이르는 삶의 열매를 맺고 있습니다. 그 마지막은 영원한 생명입니다. 죄의 삯은 죽음이요, 하나님의 선물은 우리 주 예수 그리스도 안에서 누리는 영원한 생명입니다(롬 6:6-23, 새번역).

그 피로 죄 사함을 얻었다는 말씀은 믿으면서 죄의 지배를 벗어나 거룩함에 이르게 된다는 말씀은 어찌하여 믿지 않으십니까?

그것은 당신이 불의를 좋아하여 거룩함에 이르고 싶어 하지 않기 때문이 아닙니까?

그저 본능대로 살고 싶고, 의로움을 위한 인내와 절제를 싫어하며, 더러움의 쾌락과 정욕을 즐기고픈 마음에, 끝까지 진리를 듣지 않으려는 것이 아닙니까?

이 백성들의 마음이 완악하여져서 그 귀는 듣기에 둔하고 눈은 감았으니 이는 눈으로 보고 귀로 듣고 마음으로 깨달아 돌이켜 내게 고침을 받을까 두려워함이라 하였느니라(마 13:15).

귀가 있어도 듣지 못하고, 눈이 있어도 보지 못하는 이유는, 하나님께서 미혹의 역사를 보내셨기 때문이고, 미혹의 역사를 보내신 이유는, 이미 불의를 좋아하여 죄 버리기를 원치 않기 때문입니다.

진리를 믿지 않고 불의를 좋아하는 모든 자들로 하여금 심판을 받게 하려 하심이라(살후 2:12).

오, 나의 사랑하는 형제자매들이여!
부디 저를 불쌍히 여기시고, 그분 말씀 앞에서 우리의 모습을 돌아봐 주시겠습니까?
부디 높아진 마음을 하나님 앞에 낮추고 가려진 눈을 떠주시겠습니까?
당신보다 하나도 나은 게 없는, 아니 당신보다 훨씬 더 모자라고 불쌍한 자의 청을 들어주시겠습니까?

부디, 하나님의 말씀 앞에 완고한 마음을 거두어주십시오.

성경에 일렀으되 오늘 너희가 그의 음성을 듣거든 격노하시게 하던 것 같이 너희 마음을 완고하게 하지 말라 하였으니 듣고 격노하시게 하던 자가 누구냐 모세를 따라 애굽에서 나온 모든 사람이 아니냐 또 하나님이 사십 년 동안 누구에게 노하셨느냐 그들의 시체가 광야에 엎드러진 범죄한 자들에게가 아니냐 또 하나님이 누구에게 맹세하사 그의 안식에 들어오지 못하리라 하셨느냐 곧 순종하지 아니하던 자들에게가 아니냐(히 3:15-18).

하나님의 말씀을 듣고도 그분을 격노케 한 자들이 누구입니까?

모세를 따라 출애굽하여 하나님을 구원자로 믿고 경배한 자들이 아닙니까?

하나님이 또 누구에게 진노하셨습니까?

바로 하나님과 결혼 언약을 맺고, 그의 계명을 받았음에도 범죄한 자들이 아닙니까?

또 하나님이 안식에 들어오지 못하리라 맹세하신 자들이 누구입니까?

택함을 받았음에도 불구하고 순종치 아니하던 그분의 백성들이 아니었습니까?

사랑하는 나의 형제들이여!

간곡히 부탁하오니, 완고한 마음을 내려놓아 주십시오. 그분 말씀에 굴복되지 않는 우리의 교만으로 인해 하나님의 은혜가 막혀버렸습니다.

구약이 무엇을 위해 기록되었습니까?

우리의 모습을 보기 위해서가 아닙니까?

우리가 선 줄로 여기는 생각을 버리고 겸손하게, 그분의 자비를 구해야 하지 않겠습니까?

> 그들에게 일어난 이런 일은 본보기가 되고 또한 말세를 만난 우리를 깨우치기 위하여 기록되었느니라 그런즉 선 줄로 생각하는 자는 넘어질까 조심하라(고전 10:11-12).

이 글로 많은 이가 깨닫지 못할 것을 압니다. 왜냐하면, 그들은 이미 교만한 마음으로 인해 눈과 귀가 막혔기 때문입니다. 지금 저의 이 말 자체를 교만하다고 여기며, 이 편지를 버릴 것입니다. 하지만, 분명히 누군가는 아주 적은 수의 남은 자들이겠지만, 분명히 누군가는 하나님께서 이미 택하고 예정하신 겸손한 영혼이 있을 것을 믿습니다.

이 편지로 온 천하 만물보다 귀하게 여기신 단 하나의 영혼이라도 깨어날 수 있다면 제 모든 생애를 그 한 영혼에 바칠 것입니다.

> 사람의 마음의 교만은 멸망의 선봉이요 겸손은 존귀의 길잡이니라(잠 18:12).

> 사람이 교만하면 낮아지게 되겠고 마음이 겸손하면 영예를 얻으리라(잠 29:23).

> 그러나 더욱 큰 은혜를 주시나니 그러므로 일렀으되 하나님이 교만한 자를 물리치시고 겸손한 자에게 은혜를 주신다 하였느니라(약 4:6).

기독교는 신기한 집단이 되었습니다. 그리스도를 사랑하고 그의 가르침을 따른다고 모인 자들의 집단에서 그리스도의 설교는 땅에 떨어지고 인간들이 만든 설교는 사랑받습니다.

> 만일 네 손이 너를 범죄하게 하거든 찍어버리라 장애인으로 영생에 들어가는 것이 두 손을 가지고 지옥 곧 꺼지지 않는 불에 들어가는 것보다 나으니라 만일 네 발이 너를 범죄하게 하거든 찍어버리라 다리 저는 자로 영생에 들어가는 것이 두 발을 가지고 지옥에 던져지는 것보다 나으니라 만일 네 눈이 너를 범죄하게 하거든 빼버리라 한 눈으로 하나님의 나라에 들어가는 것이 두 눈을 가지고 지옥에 던져지는 것보다 나으니라 거기에서는 구더기도 죽지 않고 불도 꺼지지 아니하느니라(막 9:43-48).

예수님께서는 우리 몸의 일부를 잘라내라 말씀하실 정도로 극도로 죄를 미워하셨지만, 우리 인간들은 자신들의 연약함을 핑계로 서로의 죄를 위로해 주고 안아줍니다.

"죄인으로 태어난 우리는 어쩔 수 없다. 죄를 떠나는 것은 예수님만 가능한 것이다. 그런 건 시도조차 하지 마라. 그것은 신성모독이다. 바로 이것이 인간이다."

참으로 그럴듯한 말로 스스로의 죄를 포장하고 위안 삼으며 그것을 사랑이라 말합니다. 하나님의 집에서, 하나님께서 극도로 미워하시는 죄악을, 그리스도를 끔찍한 고통의 십자가에서 죽게 했던 죄악을, 우리끼리 괜찮다고 위로하며 하나님의 마음과는 전혀 상관없는 짓거리를 하고 있습니다.

교회에 가르치는 자리에 있는 자들은 성도들의 죄를 질책하고 떠나게 만드는 것이 아니라, 그들의 모습을 위로해 주고 안전하다고 이야기하며 거짓 평화를 전하고 있습니다.

그런데 이제 내가 예루살렘의 예언자들에게서 끔찍한 일들을 보았다. 그들은 간음하고 거짓말을 한다. 악행을 저지르는 자들을 도와서, 어느 사람도 죄악에서 떠날 수 없게 한다(렘 23:14, 새번역).

예언자들은 네게 보여 준다고 하면서 거짓되고 헛된 환상을 보고, 네 죄를 분명히 밝혀 주지 않아서 너를 사로잡혀 가게 하였으며, 거짓되고 허황된 예언만을 네게 하였다(렘 2:14, 새번역).

전에 이스라엘 백성 가운데 거짓 예언자들이 일어난 것과 같이, 여러분 가운데도 거짓 교사들이 나타날 것입니다. 그들은 파멸로 몰고 갈 이단을 몰래 끌어들일 것입니다. 그래서 그들은 자기들을 값 주고 사신 주님을 부인하고, 자기들이 받을 파멸을 재촉할 것입니다. 많은 사람이 그들을 본받아서 방탕하게 될 것이니, 그들 때문에 진리의 길이 비방을 받게 될 것입니다(벧후 2:1-2, 새번역).

많은 자가 주님의 '주' 되심을 망각하고 있습니다. '주', 우리의 주인, 우리의 주권자, 우리의 주님 되신 분의 권위를 약화하고 주인을 거역함에 죄책감조차 느끼지 못합니다. 삶의 행위로 주님의 '주' 되심을 부인하고 방탕함과 죄에 몸을 내어주며 믿지 않는 자들에게까지 진리의 길이 비방 받게 되었습니다.

> 저희가 하나님을 시인하나 행위로는 부인하니 가증한 자요 복종치 아니하는 자요. 모든 선한 일을 버리는 자니라(딛 1:16).

이 세상 거의 대부분 신앙이 썩었다는 말 자체가 이단 같을지 모르지만, 모든 것이 하나님의 말씀 그대로 일 뿐입니다. 구약 백성들의 과오는 우리의 본이 될 것이고, 그들을 보며 우리의 잘못을 깨우치라 하셨지만 지금 우리 모습은 심판받은 그들이 하는 짓과 완전히 똑같아질 뿐입니다.

하나님께서는 구약부터 신약, 처음부터 끝까지 죄에서 떠날 것을 강력히 요구하셨지만, 구약부터 신약, 지금의 우리까지, 인간들은 그러한 말씀은 싫어합니다. 심지어는 하나님 앞에 죄가 무엇인지조차도 모르는 그리스도인들이 수두룩합니다. 날 때부터 죄인으로 태어난 우리는 자기 자신을 사랑하는 것, 곧 죄의 본성을 사랑하는 마음으로 인해 순종의 길이 매우 불편합니다.

> 입에서 나오는 것들은 마음에서 나오나니 이것이야말로 사람을 더럽게 하느니라 마음에서 나오는 것은 악한 생각과 살인과 간음과 음란과 도둑질과 거짓 증언과 비방이니(마 15:18-19).

우리를 더럽히는 것은 다름 아닌 우리의 마음이고 그 본성을 따르기는 너무나 쉽고 편한 길이며 이 모든 것은 예수님의 말씀 그대로일 뿐입니다.

죄인들은 좁은 길이 불편할 수밖에 없고 세상은 진리를 싫어할 수밖에 없는 것입니다.

어느 누가 미움과 분노를 내려놓고 자기에게 해 끼친 자마저 사랑하려 노력하겠습니까?
어느 누가 저기 지나가는 수레 끄는 가엾은 노인을 위해 자기 것을 내어 주겠습니까?
어느 누가 탐심과 죄의 쾌락을 절제하고 하나님의 순결함을 사모하며 따르려 하겠습니까?
도대체 누가 자기 자신을 부인하며, 자기 십자기를 지는 그 불편한 길을 따르겠습니까?

> 좁은 문으로 들어가라 멸망으로 인도하는 문은 크고 그 길이 넓어 그리로 들어가는 자가 많고 생명으로 인도하는 문은 좁고 길이 협착하여 찾는 자가 적음이라(마 7:13-14).

그리스도를 따르는 길은 좁고 협착한 길이고, 그 길은 찾는 자의 수가 적은 길입니다. 대다수 그리스도인이 좁은 길의 의미를 이해하지 못할 뿐 아니라, 싫어하기까지 합니다.

그들은 어떻게든 힘든 길을 없애 줄 편한 이론이 필요하고, 그것을 믿고 싶어합니다. 그들은 그들 스스로가 좁은 길에 있다고 생각하거나 혹은, 넓은 길에 있다고 하더라도 사랑의 하나님께서 어떻게든 자신을 구원해 주실 것이라는 터무니없는 기대하며 삽니다. 그들은 '멸망'이라는 단어의 뜻을 모르거나, 혹은 하나님의 말씀을 무시하거나, 둘 중 하나일 것입니다.

넓은 길의 그리스도인들은 말할 것입니다.

"나는 괜찮아. 교회를 다니는 많은 사람이 다 이렇게 살고 있잖아. 하나님을 사랑한다고 고백하는 수많은 사람 또한 나와 같지 않은가. 내 옆에 앉은 김 집사도, 뒤에 앉은 박 장로도, 앞에 앉은 최 권사도, 심지어 우리 교회 목사님마저도 사람들은 누구나 다 욕심을 갖고 사는 거니까, 누구나 다 돈을 좋아하니까, 누구나 다 성욕이 있는 거니까, 누구나 다 이기적이니까, 누구나 다 거짓말하는 거니까, 누구나 다 미워하고 사는 거니까. 누구나 다 죄짓고 사는 거니까. 그래도 괜찮아. 인간은 어쩔 수 없으니까. 그래도 우리는 구원 받았어.
걱정하지 마! 괜찮아."

죄인들이여!
그대들은 죄를 떠나라는 말씀이 불편하여 보고도 못 본 척하고 싶겠지만, 하나님의 말씀은 언제나 분명합니다.

> 예수께서 대답하시되 진실로 진실로 너희에게 이르노니 죄를 범하는 자마다 죄의 종이라 종은 영원히 집에 거하지 못하되 아들은 영원히 거하나니(요 8:34-35).

> 너희 자신을 종으로 내주어 누구에게 순종하든지 그 순종함을 받는 자의 종이 되는 줄을 너희가 알지 못하느냐 혹은 죄의 종으로 사망에 이르고 혹은 순종의 종으로 의에 이르느니라(롬 6:16).

> 그리스도께서 이미 육체의 고난을 받으셨으니 너희도 같은 마음으로 갑옷을 삼으라 이는 육체의 고난을 받은 자는 죄를 그쳤음이니(벧전 4:1).

> 하나님께로부터 난 자마다 죄를 짓지 아니하나니 이는 하나님의 씨가 그의 속에 거함이요 그도 범죄하지 못하는 것은 하나님께로부터 났음이라(요일 3:9).

하나님께서는 성경을 통해 이미 모든 것을 예고하고 경고하셨습니다. 사람들이 하나님보다 자기 자신을 사랑하는 날이 올 것이고, 그리스도의 바른 가르침보다 귀를 즐겁게 해 주는 거짓 가르침을 좋아할 것이며, 그들은 자기네 욕심에 따라, 듣기 편한 가르침을 전하는 자들을 스승으로 둘 것이라 하셨습니다.

> 때가 이르면, 사람들이 건전한 교훈을 받으려 하지 않고, 귀를 즐겁게 하는 말을 들으려고 자기네 욕심에 맞추어 스승을 모아들일 것입니다(딤후 4:3, 새번역).

> 네가 이것을 알라 말세에 고통하는 때가 이르리니 사람들은 자기를 사랑하며 돈을 사랑하며 자긍하며 교만하며 훼방하며 부모를 거역하며 감사치 아니하며 거룩하지 아니하며(딤후 3:1-2).

세상의 거짓 선지자들은 하나님의 말씀을 가르치지 않습니다. 가르친다고 하여도 듣기 좋은 말만 골라 거짓된 교리로 사람들을 유혹합니다.

그들의 목적은 진리를 전하여 영혼을 살리는 것이 아니라, 성도 숫자를 늘리고 교회의 건물을 확장하기 위함입니다. 듣는 자나, 전하는 자나, 목적은 매한가지, 그저 세상에서 잘되는 것입니다. 그것이 성공한 인생이고, 성공한 신앙이며 부흥이라고 생각합니다.

예수님 말씀 그대로, 가르치는 자나 듣는 자 모두가 맹인이 되어 모두가 구덩이를 향합니다.

> 그냥 두라 그들은 맹인이 되어 맹인을 인도하는 자로다 만일 맹인이 맹인을 인도하면 둘이 다 구덩이에 빠지리라 하시니(마 15:14).

그들은 듣기 좋고, 편한 말씀, 복 준다는 말씀들만 골라 거짓 평화와 위로를 전합니다.

구약 때 온 이스라엘에 넘쳐났던 '평안하다. 안전하다' 외치는 거짓 선지자들은, 지금 이 시대에도 똑같이 넘쳐나고 있습니다. 또한, 거짓 선지자들을 찾아 모여드는 이들은 애초에, 하나님의 나라보다 이 세상을 원하는 사람들이기에, 예수 그리스도보다 자기 자신을 사랑하는 사람들이기에, 이 세상을 더 잘살게 해 주는 우상을 찾고 있는 자들이기에, 그들은 그들이 좋아하는 스승을 찾아 모여든 것뿐입니다.

놀랄 필요 없습니다. 하나님께서는 이미 모든 것을 기록하셔서 이 세상이 어떻게 돌아갔는지, 또 어떻게 될 것인지를 성경을 통해 알려 주셨습니다.

거짓 선지자들은 온 우주의 주인으로서 영광과 찬양, 존귀만을 받으셔야 할 분을 세상에서 잘 먹고 잘살게 해 주는 도구로 여기게 만들며 사람들을 유혹합니다. 거짓 선지자들은 자신들이 하나님을 경외한다고 착각하지만, 그들은 하나님을 공경하지도, 두려워하지도 않습니다.

만약 그들이 진정으로 하나님을 두려워했다면, 그분의 경고를 보고 그냥 흘려넘기지 않았을 것이고, 그 광대하신 분을 인간을 돕는 도구로 여기지 않았을 것입니다.

> 아들은 아버지를 공경하고 종은 제 주인을 두려워하는 법인데, 내가 너희 아버지라고 해서 너희가 나를 공경하기라도 하였느냐? 내가 너희 주인이라고 해서 너희가 나를 두려워하기라도 하였느냐? 나 만군의 주가 말한다. 제사장들아, 너희가 바로 내 이름을 멸시하는 자들이다. 그러나 너희는, '우리가 언제 주님의 이름을 멸시하였습니까?' 하고 되묻는다(말 1:6, 새번역).

그들은 그리스도 피의 진정한 능력을 모릅니다. 우리를 깨끗하게 하여 죽은 행실에서 떠나게 하는 그 피의 능력을 가르치지 않습니다.

자신들이 그 능력을 경험해 보지 못하였으니, 자신들이 죽은 행실을 버리지 못했으니, 자신들이 죄에서 벗어나지 못했으니, 그것을 당연하다 여기고, '인간은 연약하기에 어쩔 수 없다'라며 자신뿐 아니라 듣는 이들까지 구덩이로 몰고 갑니다.

> 너희가 알거니와 너희 조상이 물려 준 헛된 행실에서 대속함을 받은 것은 은이나 금 같이 없어질 것으로 된 것이 아니요 오직 흠 없고 점 없는 어린 양 같은 그리스도의 보배로운 피로 된 것이니라(벧전 1:18-19).

> 친히 나무에 달려 그 몸으로 우리 죄를 담당하셨으니 이는 우리로 죄에 대하여 죽고 의에 대하여 살게 하려 하심이라(벧전 2:24).

> 염소나 황소의 피와 암송아지의 재를 더러워진 사람들에게 뿌려도, 그 육체가 깨끗하여져서, 그들이 거룩하게 되거든, 하물며 영원한 성령을 힘입어 자기 몸을 흠 없는 제물로 삼아 하나님께 바치신 그리스도의 피야말로, 더욱더 우리들의 양심을 깨끗하게 해서, 우리로 하여금 죽은 행실을 떠나서 살아 계신 하나님을 섬기게 하지 않겠습니까?(히 9:13-14, 새번역).

> 주를 향하여 이 소망을 가진 자마다 그의 깨끗하심과 같이 자기를 깨끗하게 하느니라 죄를 짓는 자마다 불법을 행하나니 죄는 불법이라(요일 3:3-4).

가르치지 말아야 할 자들이 그리스도를 가르치고 있으며 이에 따라 가르치는 자들, 듣는 이들 모두가 구덩이를 향해 가고 있습니다. 그들로 인해 그리스도의 고귀한 피는 아무 능력 없는 싸구려 피가 되어 버렸고, 싸구려 피, 싸구려 사랑은 결국 아무 능력도 없는 죽어버린 복음으로 변질하며, 이 땅에 개독교라는 단어를 탄생시켰습니다.

죽어버린 복음은 성령을 통해 거듭나 새사람으로 변화되는, 더는 육신을 따르지 않고 성령을 따라 사는 자로 다시 태어나는, 그리스도의 선하심과 순결하심을 따라 살며, 그분을 닮아가게 되는 사랑스러운 그분의 신부를 만들어 내는 것이 아니라, 믿지 않는 자들보다 더 악하고 음란하게 살아가는 개독교인들을 만들어 냅니다. 개독교 안에서는 믿는 자나 그렇지 못한 자나 구별됨 없이 욕심 많고 이기적이며, 음란하고 방탕하며, 절제함 없고 뒤에서 남의 흉보고 비난하며 교만합니다.

그들로 인해 교회 안에 그리스도의 선하심과 사랑은 없고, 다툼과 분열, 비방과 험담, 경쟁과 시기심, 미움과 증오, 무절제와 음란이 가득합니다.

> 너희는 아직도 육신에 속한 자로다 너희 가운데 시기와 분쟁이 있으니 어찌 육신에 속하여 사람을 따라 행함이 아니리요 (고전 3:3).

> 그러나 성령의 열매는 사랑과 기쁨과 화평과 인내와 친절과 선함과 신실과 온유와 절제입니다. 이런 것들을 막을 법이 없습니다. 그리스도 예수께 속한 사람은 정욕과 욕망과 함께 자기의 육체를 십자가에 못박았습니다. 우리가 성령으로 삶을 얻었으니, 우리는 성령이 인도해 주심을 따라 살아갑시다 (갈 5:22-25, 새번역).

> 우리는 형제를 사랑함으로 사망에서 옮겨 생명으로 들어간 줄을 알거니와 사랑하지 아니하는 자는 사망에 머물러 있느니라 (요일 3:14).

아무도 절망하지 않습니다. 주님께서 싫어하시는 악한 마음이 교회 안에 가득함에 대해 아무런 애통함이 없고, 애절하게 울며 회개하는 자가 없습니다. 모두 자기들의 감정과 마음이 중요할 뿐 그리스도의 슬픔은 생각하지 않습니다.

도대체 그들이 진정 하나님을 왕이라 여기는지, 주님을 주인으로 여기는지, 그리스도를 진정 사랑하는 신랑으로 여기는지 의심스럽습니다. 그분 말씀이 이루어지지 않는 것에 대한 슬픔도 없고, 이를 지적해 주는 사람도 없어져 갑니다. 언젠가부터 사탄의 사람과 그리스도인의 차이가 없어진 세상이고, 그것을 당연하게 받아들이는 신앙이 되었습니다.

> 그들이 딸 내 백성의 상처를 가볍게 여기면서 말하기를 평강하다, 평강하다 하나 평강이 없도다 그들이 가증한 일을 행할 때에 부끄러워하였느냐 아니라 조금도 부끄러워 하지 않을 뿐 아니라 얼굴도 붉어지지 아니하였느니라 그러므로 그들이 엎드러질 자와 함께 엎드러질 것이라 내가 그들을 벌할 때에 그들이 거꾸러지리라 여호와의 말씀이니라(렘 8:11-12).

다시 말씀드리지만, 구약은 지금 우리 신앙의 본보기이고, 역사는 반복되고 있습니다. 지금 이 시대 거짓 선지자들은 과거 구약시대 거짓 선지자들과 같은 일을 할 뿐입니다. 자기 자신과 듣는 이들에게 거짓된 구원의 확신을 심어주고, 우리가 하나님 두려워함을 모르게 만들고 있습니다.

우리 삶의 모습이 어떠하든 교회만 다니고 있으면, 주님을 믿고 있기만 하면 구원이라는 안일한 마음을 갖게 하며 가짜 평강을 말하지만, 하나님의 진노는 쌓여만 갑니다.

> 하나님은 의로우신 재판장이심이여 매일 분노하시는 하나님이시로다 사람이 회개하지 아니하면 그가 그의 칼을 가심이여 그의 활을 이미 당기어 예비하셨도다(시 7:11-12).

이는 우리가 다 반드시 그리스도의 심판대 앞에 나타나게 되어 각각 선악간에 그 몸으로 행한 것을 따라 받으려 함이라(고후 5:10).

"교회 열심히 나오고 헌금 열심히 하면, 세상에서 잘 먹고 잘살 것이고 죽으면 천국 갈 거야. 네 삶을 열심히 살고, 세상을 사랑하며, 그러면서 주님도 함께 사랑하면 되는 거야.

하나님은 절대 사랑이니까. 그냥 무조건, 끝까지 절대적으로 너를 사랑하고 축복하실 거야. 네 감정, 네 마음을 소중히 사랑해 주실 거야. 절대로 너를 버리지 않고 지키실 거야. 굳이 그분 말씀대로 살려고 노력할 필요 없어. 적당히 해도 괜찮아. 우리 모두 연약하잖아. 너의 모든 인생, 너의 모든 생명까지 걸 필요 없어. 그런 건 너무 힘들잖아. 그래도 걱정마.

그냥 너의 구원의 믿음을 지켜!

인간은 연약해서 죄지을 수밖에 없는 존재야. 성경은 애통한 마음이 복이라고 하지만, 상관없잖아. 우리는 그저 기뻐하자. 즐거워하자. 마음껏 놀고 즐기며 신나게 살자.

그분은 나를 돕는 자이시니까!

뭘 해도 너는 믿음으로 구원 받았으니까!"

너희가 죄와 싸우되 아직 피흘리기까지는 대항하지 아니하고(히 12:4).

죄를 짓는 자마다 불법을 행하나니 죄는 불법이라 그가 우리 죄를 없애려고 나타나신 것을 너희가 아나니 그에게는 죄가 없느니라 그 안에 거하는 자마다 범죄하지 아니하나니 범죄하는 자마다 그를 보지도 못하였고 그를 알지도 못하였느니라 자녀들아 아무도 너희를 미혹하지 못하게 하라 의를 행하는 자는 그의 의로우심과 같이 의롭고 죄를 짓는 자는 마귀에게 속하나니 마귀는 처음부터 범죄함이라 하나님의 아들이 나타나신 것은 마귀의 일을 멸하려 하심이라(요일 3:4-8).

> 하나님께로부터 난 자는 다 범죄하지 아니하는 줄을 우리가 아노라 하나님께로부터 나신 자가 그를 지키시매 악한 자가 그를 만지지도 못하느니라(요일 5:18).

타락한 신앙의 이 세대에 하나님의 말씀은 그저 글자일 뿐이고, 온 우주의 왕이신 분을 두려워하지 않는 시대입니다. 내 인생의 주인은 바로 '나'입니다. 이 세상 그 무엇보다 나의 감정, 나의 마음, 나의 소원, 나의 계획, 나의 인생이 소중합니다. 아무도 다그치지 않습니다. 아무도 외치지 않습니다.

오직 그분을 내 목숨보다 사랑하고, 목숨마저 미워할 정도로 사랑하라 절규하지 않습니다. 이 시대가 죽어가고 있다고, 우리가 죽어가고 있다고 외치지 않습니다.

> 하나님께서 각 사람에게 그 행한 대로 보응하시되 참고 선을 행하여 영광과 존귀와 썩지 아니함을 구하는 자에게는 영생으로 하시고 오직 당을 지어 진리를 따르지 아니하고 불의를 따르는 자에게는 진노와 분노로 하시리라(롬 2:6-8).

> 누구든지 헛된 말로 너희를 속이지 못하게 하라 이로 말미암아 하나님의 진노가 불순종의 아들들에게 임하나니(엡 5:6).

> 그러므로 우리가 저 안식에 들어가기를 힘쓸지니 이는 누구든지 저 순종하지 아니하는 본에 빠지지 않게 하려 함이라(히 4:11).

도대체 누가 우리의 불순종이 괜찮다고 말하는 것입니까?
도대체 왜 아무도 우리의 불순종을 책망하지 않는 것입니까?
왜 그분의 진노를 두려워하지 않는 것입니까?
도대체 누가 그리스도를 향한 열정 없음을 위로합니까!

도대체 누가 하나님을 향한 갈망 없음이 안전하다고 이야기합니까!
도대체 누가 그분을 향해 불타오르지 않음을 안전하다고 이야기하고 있습니까!
도대체 누가 당신의 생명을 다하지 않는 사랑이 괜찮다 가르치는 것입니까!

성경을 근거로 할 때, 하나님께서는 절대 그리 말씀해 주시지 않을 것입니다. 성경 어디에도 그런 미지근한 사랑으로 천국에 들어올 것이라고 말씀하지 않으셨습니다.

> 아버지나 어머니를 나보다 더 사랑하는 자는 내게 합당하지 아니하고 아들이나 딸을 나보다 더 사랑하는 자도 내게 합당하지 아니하며 또 자기 십자가를 지고 나를 따르지 않는 자도 내게 합당하지 아니하니라 자기 목숨을 얻는 자는 잃을 것이요 나를 위하여 자기 목숨을 잃는 자는 얻으리라(마 10:37-39).

> 자기의 생명을 사랑하는 자는 잃어버릴 것이요 이 세상에서 자기의 생명을 미워하는 자는 영생하도록 보전하리라(요 12:25).

성경은 계속해서 말씀합니다.

"하나님의 구원은 싸구려가 아니다. 그렇게 하찮은 것이 아니다!
너의 모든 것을 걸어라!
너의 모든 것을 포기할 각오를 하여라!
천국을 침노하라!
밭에서 감추어진 보화를 발견하고 기뻐하며 너의 모든 것을 팔아라!
값진 진주 발견하고 네가 가진 모든 것을 다 팔아 그 진주를 사라!

너의 인생의 전부를 걸고 하나님의 나라를 구하라!"

세례 요한의 때부터 지금까지 천국은 침 노를 당하나니 침노하는 자는 빼앗느니라(마 11:12).

천국은 마치 밭에 감춘 보화와 같으니 사람이 이를 발견한 후 숨겨 두고 기뻐하며 돌아가서 자기의 소유를 다 팔아 그 밭을 사느니라 또 천국은 마치 좋은 진주를 구하는 장사와 같으니 극히 값진 진주 하나를 발견하매 가서 자기의 소유를 다 팔아 그 진주를 사느니라(마 13:44-46).

우리가 이같이 큰 구원을 등한히 여기면 어찌 그 보응을 피하리요(히 2:3).

저는 주님의 말씀인 성경을 근거로 거짓 위로와 평안함을 거절하겠습니다. 내 마음의 상태가 하나님의 말씀과 다르다면, 재를 뒤집어쓰고 금식하며 울부짖을 것이고, 그분 바짓가랑이를 붙잡고 죽도록 살려달라 부르짖을 것입니다.

죄에서 해방된다는 말씀이 내게 이루어지지 않는다면!

그분의 아름다운 열매가 내게서 나오지 않는다면!

내 마음이 높아져 하나님을 두려워하지 않고, 그분의 구원을 귀하게 여기지 않는다면, 내 살을 찢어내는 심정으로 그분께 도와달라, 목이 터져라, 부르짖을 것입니다.

너희는 옷을 찢지 말고 마음을 찢고 너희 하나님 여호와께로 돌아올지어다 그는 은혜로우시며 자비로우시며 노하기를 더디하시며 인애가 크시사 뜻을 돌이켜 재앙을 내리지 아니하시나니(욜 2:13).

누가 당신의 더러움을 괜찮다 위로하는 것입니까?
누가 당신의 추악함이 그분 앞에 허용될 것이라고 속이는 것입니까?
하나님께서는 절대로!
우리에게 그렇게 말씀하지 않으셨습니다.

> 내가 거룩하니 너희도 거룩할지어다(레 11:45).

> 너는 이스라엘 자손의 온 회중에게 고하여 이르라 너희는 거룩하라 나 여호와 너희 하나님이 거룩함이니라(레 19:2).

> 하나님의 뜻은 이것이니 너희의 거룩함이라 하나님이 우리를 부르심은 부정케하심이 아니요 거룩케 하심이니(살전 4:3, 7).

> 오직 너희를 부르신 거룩한 자처럼 너희도 모든 행실에 거룩한 자가 되라(벧전 1:15).

> 너희가 어떠한 사람이 되어야 마땅하뇨 거룩한 행실과 경건함으로 하나님의 날이 임하기를 바라보고 간절히 사모하라(벧후 3:11-12).

하나님께서는 당신에게 거룩했으면 좋겠다고 부탁하지 않으십니다.
거룩한 행실을 가져줄 수 있겠냐고 묻지 않으십니다.

"내가 거룩하니 너희도 거룩하라!"
그분은 지존자이시고 명령하시는 분입니다.
"너희를 부르신 거룩한 분을 따라 너희도 모든 행실에 거룩한 자가 되어라!"

당신이 그분의 명령을 얼마나 하찮게 여기는지 알 수 없으나, 온 우주의 절대자께서는 분명하고 강하게 명령하고 계십니다.

> 그리하여 온 이스라엘이 구원을 받으리라 기록된 바 구원자가 시온에서 오사 야곱에게서 경건하지 않은 것을 돌이키시겠고 내가 그들의 죄를 없이 할 때에 그들에게 이루어질 내 언약이 이것이라 함과 같으니라(롬 11:26-27).

> 그러므로 예수도 자기 피로써 백성을 거룩하게 하려고 성문 밖에서 고난을 받으셨느니라(히 13:12).

구원자께서 하시는 일이 우리를 경건케 하시는 일이고, 그리스도의 그 끔찍한 고통의 피는 우리를 거룩하게 만들어 주십니다.

그분의 숭고한 희생을 하찮게 여기며, 은혜로 받은 성령을 욕되게 하는 자들이여!

어찌하여 온 우주의 왕이신 분의 말씀을 그리도 하찮게 여기시는 것입니까?

> 하물며 하나님의 아들을 짓밟고 자기를 거룩하게 한 언약의 피를 부정한 것으로 여기고 은혜의 성령을 욕되게 하는 자가 당연히 받을 형벌은 얼마나 더 무겁겠느냐 너희는 생각하라(히 10:29).

왕께 드려지는 순종을 하찮게 여기는 자들이여!

하나님을 공경할 줄 모르는 자들이여!

그리스도를 믿는 것이 이 땅의 부와 평안을 주는 것이라 여기는 우상 숭배자들이여!

그분의 명령이나 가르침 따위는 안중에도 없는 자들이여!

그분을 위한 인내와 경건, 절제와 거룩 같은 것은 생각지도 않는 자들이여!

본능과 정욕이 원하는 대로 살고, 불순종의 죄에 대한 애통한 마음조차 없는 자들이여!

당신들이 교회에 나와 올려드리는 예배와 찬양은 하나님 앞에 역겹기만 할 뿐입니다.

> 주님께서 말씀하신다. "무엇하러 나에게 이 많은 제물을 바치느냐? 나는 이제 숫양의 번제물과 살진 짐승의 기름기가 지겹고, 나는 이제 수송아지와 어린 양과 숫염소의 피도 싫다. 너희가 나의 앞에 보이러 오지만, 누가 너희에게 그것을 요구하였느냐? 나의 뜰만 밟을 뿐이다. 다시는 헛된 제물을 가져 오지 말아라. 다 쓸모 없는 것들이다. 분향하는 것도 나에게는 역겹고, 초하루와 안식일과 대회로 모이는 것도 참을 수 없으며, 거룩한 집회를 열어 놓고 못된 짓도 함께 하는 것을, 내가 더 이상 견딜 수 없다. 나는 정말로 너희의 초하루 행사와 정한 절기들이 싫다. 그것들은 오히려 나에게 짐이 될 뿐이다. 그것들을 짊어지기에는 내가 너무 지쳤다. 너희가 팔을 벌리고 기도한다고 하더라도, 나는 거들떠보지도 않겠다. 너희가 아무리 많이 기도한다고 하여도 나는 듣지 않겠다. 너희의 손에는 피가 가득하다(사 1:11-15, 새번역).

어떤 이들은 말할 것입니다. 하나님은 사랑이시기에 절대 미워하실 수 없다며 자신을 위로할 것입니다. 이상히 여기지 마십시오. 바로 저런 자들을 조심하라 기록된 책이 성경이고, 그들은 그저 성경의 거짓 선지자들과 똑같은 외침을 하고 있을 뿐입니다.

세상은 말합니다. '하나님은 사랑이시다. 너의 모든 것, 심지어 죄까지 사랑하실 것이다.'

착각하지 마십시오. 하나님께서는 사랑이시기에 죄를 미워하고 분노하십니다. 하나님은 다른 이를 소중히 여기는 사랑 그 자체이시기, 다른 이의 마음을 아프게 하고 상처 주는 죄를 미워할 수밖에 없고, 사랑이 크시기에 미움 또한 크실 수밖에 없습니다.

> 오만한 자들이 주의 목전에 서지 못하리다 주는 모든 행악자를 미워하시며(시 5:5).

> 여호와는 의인을 감찰하시고 악인과 폭력을 좋아하는 자를 마음에 미워하시도다(시 11:5).

> 악인의 제사는 여호와께서 미워하셔도 정직한 자의 기도는 그가 기뻐하시느니라(잠 15:8).

> 마음에 서로 해하기를 도모하지 말며 거짓 맹세를 좋아하지 말라 이 모든 일은 내가 미워하는 것이니라 여호와의 말이니라(슥 8:17).

> 주께서 의를 사랑하시고 불법을 미워하셨으니 그러므로 하나님 곧 주의 하나님이 즐거움의 기름을 주께 부어 주를 동류들보다 뛰어나게 하셨도다 하였고(히 1:9).

주께서 미워하시는 악인이, 하나님의 존재를 거부하고, 예수 그리스도를 믿지 않는 교회 밖의 사람들뿐이라고 생각하지 마십시오. 그분을 믿는다고 고백하면서도, 그분에 대하여 많은 지식을 가진 사람이라고 할지라도, 선하고 순결한 그분의 말씀에 순종치 않고 그 명령을 가볍게 여기며, 그분의 모든 말씀과 법도를 짓밟는 모든 자는 하나님 앞의 악인입니다.

하나님께서는 선을 사랑하시는 만큼 악을 미워하실 것이고, 미워하는 마음이 큰 만큼 진노 또한 클 것입니다.

하나님께서 악인들에게 말씀하십니다.

너희는 어찌하여 감히 내 법도를 전파하며, 내 언약의 말을 감히 너의 입에서 읊조리느냐? 너희는 내 교훈을 역겨워하고, 나의 말을 귓전으로 흘리고 말았다. 도둑을 만나면 곧 그와 친구가 되고, 간음하는 자를 만나면 곧 그와 한 패거리가 되었다. 입으로 악을 꾸며내고, 혀로는 거짓을 지어내었다. 동기간의 허물을 들추어내어 말하고 한 어머니에게서 태어난 동기들을 비방하였다. 이 모든 일을 너희가 저질렀어도 내가 잠잠했더니, 너희는 틀림없이, '내가' 너희와 같은 줄로 잘못 생각하는구나. 이제 나는 너희를 호되게 꾸짖고, 너희의 눈앞에 너희의 죄상을 낱낱이 밝혀 보이겠다. 하나님을 잊은 자들아, 이 모든 것을 깨달아라. 그렇지 않으면, 내가 너희를 찢을 때에 구하여 줄 자가 없을까 두렵구나(시 50:16-22, 새번역).

여호와를 사랑하는 너희여 악을 미워하라 그가 그의 성도의 영혼을 보전하사 악인의 손에서 건지시느니라(시 97:10).

여호와는 질투하시며 보복하시는 하나님이시니라 여호와는 보복하시며 진노하시되 자기를 거스르는 자에게 여호와는 보복하시며 자기를 대적하는 자에게 진노를 품으시며(사 1:2).

정신 차리십시오, 죄를 사랑하는 세상은 당신을 위로하며 안아 줄 것입니다. 당신의 불순종이 괜찮다고 말하는 자들에게 속지 마십시오. 그들의 속임수로 인해 하나님의 진노가 불순종의 자녀들에게 임할 것입니다.

누구든지 헛된 말로 너희를 속이지 못하게 하라 이로 말미암아 하나님의 진노가 불순종의 아들들에게 임하나니(엡 5:6).

성경은 그리스도인들이 죄를 이기는 승리의 삶을 살 것이라고 가르치지만, 그들은 터무니없는 소리를 지껄이며, 그리스도를 통해 겨우 죄에서 빠져나온 사람들을 다시 죄로 인도하려 합니다. 그들은 우리에게 죄짓는 자유를 약속하지만, 스스로가 타락의 종이자 멸망의 자식인 것을 모를 뿐입니다.

> 이들은 헛된 자랑의 말을 해 미혹 가운데 행하는 사람들에게서 겨우 빠져나온 사람들을 육체의 정욕, 곧 음란으로 유혹합니다. 이들은 그들에게 자유를 준다고 약속하지만 정작 자기들은 멸망의 종들입니다. 누구든지 패배한 사람은 승리한 사람의 종입니다(벧후 2:18-19, 우리말성경).

하나님의 진노는 믿지 않는 자들이 아니라, 입으로는 주님이라고 고백하면서도, 그분의 말씀과 가르침을 짓밟고 사는, 타락한 그분의 백성들에게서부터 시작될 것입니다.

믿지 않는 자들로부터 하나님의 이름이 모욕되게 만든, 그분의 백성부터 심판하실 것입니다.

> 보라 내가 내 이름으로 일컬음을 받는 성에서부터 재앙 내리기를 시작하였은즉 너희가 어찌 능히 형벌을 면할 수 있느냐 면치 못하리니 이는 내가 칼을 불러 세상의 모든 거민을 칠 것임이라 하셨다 하라 만군의 여호와의 말이니라(렘 25:29).

> "노인과 젊은이와 처녀와 어린 아이와 부녀들을 다 죽여 없애라. 그러나 이마에 표가 있는 사람에게는 손을 대지 말아라. 너희는 이제 내 성소에서부터 시작하여라." 그러자 그들은 성전 앞에 서 있던 장로들부터 죽이기 시작하였다(겔 9:6, 새번역).

하나님의 집에서부터 심판을 시작할 때가 되었기 때문입니다. 심판이 우리에게서 먼저 시작되면, 하나님의 복음에 순종하지 않는 자들의 마지막이 어떠하겠습니까? "의인도 겨우 구원을 받으면, 경건하지 않은 자와 죄인은 어떻게 되겠습니까?" 그러므로 하나님의 뜻을 따라 고난을 받는 사람은, 선한 일을 하면서 자기의 영혼을 신실하신 조물주께 맡기십시오(벧전 4:17-19, 새번역).

사랑하는 자들이여, 성경의 모든 말씀이 우리를 향하고 있다는 것을 왜 보지 않으십니까?

성경 내용은 아무 의미 없는 역사 공부가 아님을, 우리를 향한 경고임을 어찌 깨닫지 못하십니까?

부디, 조심하십시오. 죄 버리기를 원치 않는 악한 자들이 우리들 가운데 섞여 있습니다. 선하신 말씀을 따르기 위해 자기를 부인하기 싫은 자들이 우리의 행실마저 더럽히려 합니다. 제발, 깨어나 선한 마음을 사랑하고, 죄짓는 것을 멈추십시오. 우리가 하나님을 몰랐던 것을 깨닫고, 부끄럽게 여기며 회개해야 합니다.

> 속지 말라 악한 동무들은 선한 행실을 더럽히나니 깨어 의를 행하고 죄를 짓지 말라 하나님을 알지 못하는 자가 있기로 내가 너희를 부끄럽게 하기 위하여 말하노라(고전 15:33-34).

변질한 신앙의 시대는 전도할 때부터 진리를 거스르게 만듭니다. 신앙을 시작하는 순간부터 하나님께 반기를 들게 가르칩니다. 이 세상은 잠깐이고, 이 땅의 부귀영화는 헛것이라 가르쳐야 할 자들이, 돈을 사랑치 말고 하나님의 구원을 향해 가난한 마음을 가지라 가르쳐야 할 자들이 이 세상이나 세상에 있는 것들을 더 풍족하게 만들어 주는 기도 주문을 가르칩니다.

타락한 시대의 신앙은 세상 모두가 반겨줄 만한 내용입니다. 믿지 않는 자들은 부활과 영생, 창조주 하나님 자체를 거부할 뿐이지 진리의 내용 자체를 두려워하지는 않습니다. 하지만 바울이 전한 그리스도의 도는 달랐습니다.

> 수일 후에 벨릭스가 그 아내 유대 여자 드루실라와 함께 와서 바울을 불러 그리스도 예수 믿는 도를 듣거늘 바울이 의와 절제와 장차 오는 심판을 강론하니 벨릭스가 두려워하여 대답하되 지금은 가라 내가 틈이 있으면 너를 부르리라 하고(행 24:24-25).

만약 바울이 전한 복음이 지금과 같았다면, 벨릭스는 복음을 듣고 두려워하지 않았을 것입니다.

죄의 본능대로 살고 싶은 자들에게, 그리스도의 의로우심과 그 의로움을 위한 인내와 절제, 그에 따른 창조주의 심판은 듣기 싫은 것일 수밖에 없습니다.

바울이 전한 그리스도의 '도'는 좁은 길이었고, 이 길은 모든 사람이 반길 만한 내용이 아니었습니다.

전능자이신 하나님께서는 인류 역사의 흐름을 꿰뚫고 계시고, 그분의 지혜를 전해 주시며 올바른 가르침이 무엇인지 성경에 기록해 주셨습니다.

죄의 본성을 가진 인류는 항상 같은 일을 해오고 있고, 과거 구약의 거짓 선지자들은 지금 이 시대에도 그대로 넘쳐나 모든 사람에게 칭찬받을 만한 쉬운 복음을 전합니다.

> 모든 사람이 너희를 칭찬하면 화가 있도다 그들의 조상들이 거짓 선지자들에게 이와 같이 하였느니라(눅 6:26).

어느새 예수님께서 전해 주신, 바울이 전해준 그리스도의 길은 사라졌고, 세상이 반겨줄 만한 넓고 편한 길의 신앙이 세상을 뒤덮었습니다. 그들은 특정 구절을 내세워 다른 모든 말씀을 파쇄해 버리며, 구원을 확신합니다. 그리고 진리를 전하려는 자들을 이단이라며 핍박하며 자신을 정당화합니다.

어처구니없지만 당연합니다. 그것이 인류의 역사였고, 지금도 그럴 수밖에 없다는 것을 하나님께서 성경을 통해 증거해 주시기 때문입니다.

> 사람들이 너희를 출교할 뿐 아니라 때가 이르면 무릇 너희를 죽이는 자가 생각하기를 이것이 하나님을 섬기는 일이라 하리라 그들이 이런 일을 할 것은 아버지와 나를 알지 못함이라(요 16:2-3).

그분 보혈의 힘으로 우리가 죄에서 해방되어 거룩한 열매를 맺을 것이라는 말씀!
우리가 변화되어 마지막 영생에 이를 것이라는 말씀!
아직 변화되지 못했다면 회개하고 간절히 그분을 구하라는 말씀!
끝까지 순종하며 우리의 간절함을 증명하고 오직 구원자를 갈망하라는 말씀!

우리의 살과 뼈를 쪼개는 날 선 검 같은 말씀은 사라지고, 달콤하고 듣기 좋은 사탄의 설교만 난무합니다.

> 그러나 이제는 너희가 죄로부터 해방되고 하나님께 종이 되어 거룩함에 이르는 열매를 맺었으니 그 마지막은 영생이라 죄의 삯은 사망이요 하나님의 은사는 그리스도 예수 우리 주 안에 있는 영생이니라(롬 6:22-23).

거룩함의 열매는 영생이고, 죄의 삯은 사망이지만 이런 말씀은 듣고 싶어하지 않습니다. 예수를 믿으면 불행 끝, 행복 시작, 마음으로 믿기만 하면 구원은 주어지는 것, 죄와 싸우며 피 흘릴 필요 없는 삶에 대해 듣기 원합니다. 자기를 쳐서 복종시키며, 날마다 죽는다고 고백하는 바울의 신앙, 자기를 부인하며 자기 십자가를 지는 예수님의 길은 듣기 불편합니다.

> 그러므로 사람이 의롭다고 하심을 얻는 것은 율법의 행위에 있지 않고 믿음으로 되는 줄 우리가 인정하노라(롬 3:28).

누군가 행위가 아닌 믿음이라는 구절을 들이대며 저를 반대할 것입니다. 사랑하는 자들이여, 부디, 제발, 성경을 공부하십시오. 바울이 전하고자 했던 의도가 무엇이었는지 진실한 마음으로 공부해보십시오. 인간에게 유리한 대로, 인간에게 편리한 대로만 하나님의 말씀을 골라보는 일은 과거에도, 현재에도 있었고, 미래에도 있을 것입니다. 그것이 어렵고 불편한 길을 싫어하는 인간의 본성이기 때문입니다.

바울의 편지를 잘못 해석하는 자들은 그때에도 존재했고 지금도 마찬가지입니다. 좁은 문, 좁은 길을 싫어하는 그들은 그들에게 유리한 대로 말씀을 볼 것이고, 마침내 파멸에 이르고 말 것입니다. 하지만 우리는 이러한 사실을 미리 알고 불의한 자들의 유혹에 휩쓸려서는 안 됩니다.

> 바울은 모든 편지에서 이런 것을 두고 말하고 있는데, 그 가운데는 알기 어려운 것이 더러 있어서, 무식하거나 믿음이 굳세지 못한 사람은, 다른 성경을 잘못 해석하듯이 그것을 잘못 해석해서, 마침내 스스로 파멸에 이르고 말 것입니다. 그러므로 사랑하는 여러분, 여러분은 이 사실을 미리 알고, 불의한 자들의 유혹에 휩쓸려서 자기의 확신을 잃는 일이 없도록 주의하십시오(벧후 3:16-17, 새번역).

바울은 유대인으로서 한평생 유대인과 싸웠습니다. 유대인들은 여호와 하나님께 받은 율법에 대한 엄청난 자부심이 있었고, 여호와께서 주신 율법을 준수하는 것이 구원의 필수요소라고 주장했습니다.

바울은 그러한 잘못된 믿음에 대해, 율법의 행위가 아닌 그리스도를 믿는 믿음으로 구원을 얻는 것이라 말하는 것입니다. 예수 그리스도가 메시아임을 거부하는 유대인들과 인정은 하지만, 예수만으로 충분하지 않고 율법까지 준수해야 한다는 주장들에 대해 오직 그리스도의 보혈이면 충분하다는 것을 설명하고 있는 것입니다.

유대인에게 율법이라는 것은 우리가 생각하는 이상의 것이었습니다. 그들에게 율법은 생명과도 같은 것이고 자랑이자 자부심이며 증거였습니다. 온 우주의 유일신은 바로 여호와 하나님이시고, 그 유일신께서 특별히 택하신 민족이 바로 이스라엘이며 이스라엘은 다른 어떤 민족과도 다른 특별한 존재라는 자부심이자 선택받은 증거가 바로 여호와께 받은 율법이었습니다.

그들은 예수가 하나님의 아들이라는 사실 믿기를 거부하였고, 믿는다고 하는 이들조차도 그 율법을 포기하지는 못했습니다. 바울은 아무리 율법을 지키려 노력한들 지킬 수도 없을 뿐만 아니라, 그리스도를 믿는 믿음 외에는 그 어떤 행위나 노력도 무의미하다는 것을 강조한 것입니다.

바울에게 우리의 순종이 필요 없다는 논지는 어디에도 없을 뿐 아니라, 되려 값없이 얻은 구원의 은혜에 감사할 줄 아는 자가 되라고 말하며, 오직 하나님께 순종하고, 그분을 경외하라 가르치고 있습니다.

> 그러므로 형제들아 우리가 빚진 자로되 육신에게 져서 육신대로 살 것이 아니니라 너희가 육신대로 살면 반드시 죽을 것이로되 영으로써 몸의 행실을 죽이면 살리니 무릇 하나님의 영으로 인도함을 받는 사람은 곧 하나님의 아들이라(롬 8:12-14).

> 그러므로 나의 사랑하는 자들아 너희가 나 있을 때뿐 아니라 더욱 지금 나 없을 때에도 항상 복종하여 두렵고 떨림으로 너희 구원을 이루라(빌 2:12).

율법이 아닌 믿음으로 구원을 얻는다는 말씀을 오해하지 마십시오. 그 말씀은 당신의 죄를 허용해 주기 위해 존재하는 말씀이 아닙니다. 예수님과 바울은 율법을 폐하신 적이 없습니다. 오히려 율법을 더욱더 온전케 하고 굳게 만든다고 말씀하십니다.

율법의 엄격한 도덕성이 없었다면, 우리는 하나님의 거룩함을 모를 것이고, 우리의 죄인됨을 깨닫지 못할 것이기 때문입니다.

> 그러므로 율법의 행위로 그의 앞에 의롭다 하심을 얻을 육체가 없나니 율법으로는 죄를 깨달음이니라(롬 3:20).

> 그런즉 우리가 무슨 말을 하리요 율법이 죄냐 그럴 수 없느니라 율법으로 말미암지 않고는 내가 죄를 알지 못하였으니 곧 율법이 탐내지 말라 하지 아니하였더라면 내가 탐심을 알지 못하였으리라(롬 7:7).

율법이 없었다면 욕심이 죄인지 몰랐을 것이고, 우리가 죄인인지조차 알 수 없습니다. 율법을 모르는 자들은 자기에게 욕심이 있다는 것을 정상으로 여기며 본질이 죄인인 우리의 모습을 깨닫지 못할 것입니다.

우리는 성경의 하나님을 창조주, 유일한 구원자로 믿기에 그분의 말씀과 달랐던 자신의 죄를 깨닫고 눈물 흘리며 회개하는 것이고, 그렇게 과거를 후회하고 죄 사함받은 자는 하나님의 선물을 받게 됩니다.

> 베드로가 이르되 너희가 회개하여 각각 예수 그리스도의 이름으로 세례를 받고 죄 사함을 받으라 그리하면 성령의 선물을 받으리니(행 2:38).

회개를 통해 하나님의 죄 사함을 얻은 자들은 성령을 선물 받을 것입니다. 그리고 그 성령님은 우리를 더욱 그리스도를 향해 불타게 할 것이고, 그분의 선하심, 그분의 말씀, 그분의 가르침을 더욱더 사랑하게 만드시며 하나님의 율법을 더욱더 굳세고 온전하게 만들 것입니다.

> 그런즉 우리가 믿음으로 말미암아 율법을 파기하느냐 그럴 수 없느니라 도리어 율법을 굳게 세우느니라(롬 3:31).

예수님께서 폐하신 율법들 이방인과 유대인 사이를 갈라놓았던 의식들 곧, 삭도나 할례, 절기나 제사 같은 겉모양의 의미 없는 법조문들뿐이었고, 그 막힌 담을 십자가로 허무시며, 유대인과 이방인은 하나가 되었습니다. 그리하여 우리는 최초에 하나님의 선택을 받은 유대인은 아니었으나, 이제는 그리스도를 믿는 믿음을 통해 아브라함의 자손으로 여김 받게 됩니다.

> 그리스도는 우리의 평화이십니다. 그리스도께서는 유대 사람과 이방 사람이 양쪽으로 갈라져 있는 것을 하나로 만드신 분이십니다. 그분은 유대 사람과 이방 사람 사이를 가르는 담을 자기 몸으로 허무셔서, 원수 된 것을 없애시고, <u>여러 가지 조문으로 된 계명의 율법을 폐하셨습니다.</u> 그분은 이 둘을 자기 안에서 하나의 새 사람으로 만들어서 평화를 이루시고, 원수 된 것을 십자가로 소멸하시고 이 둘을 한 몸으로 만드셔서, 하나님과 화해시키셨습니다. 이방 사람과 유대 사람 양쪽 모두, 그리스도를 통하여 한 성령 안에서 아버지께 나아가게 되었습니다(엡 2:13-16, 18, 새번역).

구약 시대에도 여호와 하나님을 믿는 이방인들이 있었습니다. 당시 이스라엘이라는 나라에 행하신 놀라운 기적들로 인해 이방인 중에서도 여호와 하나님을 진짜 신이라 여기며 섬기려는 자들이 있었고, 그들은 애초에 유대인이 아니었기에 유대인이 되어야 했습니다. 그들이 유대인이 되는 방법은 이스라엘에 주신 율법에 참여하는 것이었습니다. 할례를 받아 유대인의 표식을 몸에 지니고, 날과 달, 절기를 지키며 유대인들이 여호와께 받은 율법을 지키는 것이 유대인 되는 방법이었습니다.

사랑하는 자들이여!

율법에서 벗어나라는 바울의 외침은 현재 오늘날까지도 날과 달과 절기와 해를 지키는 이스라엘의 유대주의자들, 할례와 절기 같은 율법의 형식에 얽매이고 율법의 종이 되어 살아가는 자들, 율법 준수라는 인간의 행위를 통해 구원을 얻으려는 유대주의를 향하고 있단 말입니다.

> 그리스도께서 우리로 자유케 하려고 자유를 주셨으니 그러므로 굳세게 서서 다시는 종의 멍에를 메지 말라 보라 나 바울은 너희에게 말하노니 너희가 만일 할례를 받으면 그리스도께서 너희에게 아무 유익이 없으리라 내가 할례를 받는 각 사람에게 다시 증거하노니 그는 율법 전체를 행할 의무를 가진 자라 율법 안에서 의롭다 함을 얻으려 하는 너희는 그리스도에게서 끊어지고 은혜에서 떨어진 자로다 … 너희가 과 달과 절기와 해를 삼가 지키니 내가 너희를 위하여 수고한 것이 헛될까 두려워하노라(갈 5:1-11).

그리고 언젠가 유대인들은 깨닫게 될 것입니다.

오늘날까지도 예수를 받아들이지 않고, 여호와의 율법만을 의지하는 이스라엘의 유대인들!

날과 절기를 지킴으로 구원 받고, 할례를 받아야 구원 받는다고 믿는 유대인들!

예수를 십자가에 못 박고 오늘까지도 예수의 메시아 되심을 부인하는 유대인들이 성경으로 보존된 바울의 편지를 보며 눈물로 회개하는 그날이 분명히 임할 것입니다.

> 형제들아 너희가 스스로 지혜 있다 하면서 이 신비를 너희가 모르기를 내가 원하지 아니하노니 이 신비는 이방인의 충만한 수가 들어오기까지 이스라엘의 더러는 우둔하게 된 것이라 그리하여 온 이스라엘이 구원을 받으리라(롬 11:25-26).

사랑하는 자들이여!

우리는 오직 믿음으로 구원을 얻습니다. 하지만 그 믿음의 전제는, 예수가 '주님'이라는 것입니다. 많은 사람이 '주'라는 단어의 의미를 망각한 채로 믿음의 구원을 주장하고 있습니다. 우리 믿음은 전제는, 그분은 주인이고 우리는 종이라는 것입니다. 그분은 우리에 대한 전권을 가지신 분이고, 우리는 순종해야 할 종이라는 것입니다.

> 그가 아들이시면서도 받으신 고난으로 순종함을 배워서 온전하게 되셨은즉 자기에게 순종하는 모든 자에게 영원한 구원의 근원이 되시고(히 5:8-9).

이것이 사도들이 전한 우리 '주' 예수 그리스도이고, 우리의 주인은 선하십니다. 그분은 모든 이의 순종을 받기 합당하신 분이고 모든 이의 찬양받기 합당하신 분입니다. 그분은 우리에게 명령만 하시지 않으셨습니다. 그저 명령만 하셔도 충분하고도 넘치는 권위와 존귀를 가지신 분께서 몸소 본을 보이시고 우리에게 그 뒤를 따르라 말씀합니다.

> 그는 근본 하나님의 본체시나 하나님과 동등됨을 취할 것으로 여기지 아니하시고 오히려 자기를 비워 종의 형체를 가지사 사람들과 같이 되셨고 사람의 모양으로 나타나사 자기를 낮추시고 죽기까지 복종하셨으니 곧 십자가에 죽으심이라(빌 2:6-8).

예수 그리스도는 지존하신 존재로서 그의 근본은 하나님의 본체이시지만, 스스로를 낮추사 종의 형체를 취하시고 죽기까지 하나님께 순종하셨습니다. 우리에게 몸소 순종의 본을 보이시며 우리를 격려하십니다.

> 이를 위하여 너희가 부르심을 받았으니 그리스도도 너희를 위하여 고난을 받으사 너희에게 본을 끼쳐 그 자취를 따라오게 하려 하셨느니라(벧전 2:21).

> 하나님 안에 있다고 하는 사람은 자기도 그리스도께서 사신 것과 같이 마땅히 그렇게 살아가야 합니다(요일 2:6, 새번역).

교만의 본성으로 가득 찬 인간은 자신을 낮추길 싫어합니다. 하지만 진실한 그리스도인들은 다릅니다. 그들은 그분의 종됨을 기뻐합니다. 선하신 주인께 순종할 때 떨 듯이 기뻐하고, 불순종할 때 애통해합니다. 그분 앞에 신실한 종일 때 기쁘고, 그분 앞에 악한 종일 때 슬퍼합니다. 영광되고 광대하며 지존하고 찬란하신 분 앞에 우리는 자신을 하찮은 종으로 여기지만, 그분께선 우리를 종 취급하지 않으십니다.

> 사람이 친구를 위하여 자기 목숨을 버리면 이보다 더 큰 사랑이 없나니 너희는 내가 명하는 대로 행하면 곧 나의 친구라 이제부터는 너희를 종이라 하지 아니하리니 종은 주인이 하는 것을 알지 못함이라 너희를 친구라 하였노니 내가 내 아버지께 들은 것을 다 너희에게 알게 하였음이라(요 15:13-15).

자비하신 우리 주인께선 진실하고 충성된 그의 종들을 친구로 여기실 뿐 아니라 그분의 목숨을 버리면서까지 우리를 사랑해 주십니다.

> 우리가 아직 죄인 되었을 때에 그리스도께서 우리를 위하여 죽으심으로 하나님께서 우리에 대한 자기의 사랑을 확증하셨느니라(롬 5:8).

우리의 주인은 너무나 선하십니다. 너무나도 자비하십니다. 우리의 주인은 너무나도 긍휼이 많고 사랑이 많으신 분이기에 우리는 행복합니다.

그렇다면 어떻습니까?
주인이 선하시기에 종이 주인을 함부로 대해야 합니까?

그분이 자비하시기에 그분께 거역해도 상관없다는 것입니까?
그분이 사랑이 많으시기에 그분께 불순종해도 상관없다는 것입니까?
누가 선하신 이를 이용합니까? 누가 그의 자비를 이용하려 합니까?
그분이 사랑이기에 불순종해도 괜찮다고 여기는 자들이 가증한 것 아니란 말입니까?
죄인인 인간이 보아도 간사하고 교활한 모습이 아니란 말입니까?

> 하나님께서 인자하심을 베푸셔서 그대를 인도하여 회개하게 하신다는 것을 알지 못하고, 오히려 하나님의 풍성하신 인자하심과 너그러우심과 오래 참으심을 업신여기는 것입니까?
>
> 그대는 완고하여 회개할 마음이 없으니, 하나님의 공정한 심판이 나타날 진노의 날에 자기가 받을 진노를 스스로 쌓아 올리고 있는 것입니다(롬 2:4-5, 새번역).

본능은 사랑하지만, 좁은 길은 꺼리는 인간들로 진리가 변질하였습니다. 그들은 행위주의, 율법주의 같은 개념들로 왕께 드려져야 할 순종을 필요 없는 것으로 만듭니다. 성경의 하나님을 믿는다는 자들이 성경의 사도들의 가르침은 무시하고, 사람들이 만들어 낸 이론을 믿으며 자신은 안전하다고 여기고 있습니다.

부디, 깨어나십시오. 성경의 모든 저자들은 하나같이 하나님을 두려워하며 순종하라 말합니다. 진정 그분을 경외하는 자는 겸손할 것이고, 겸손한 자는 순종할 것이라 말합니다. 가짜들은 거짓 겸손으로 자신을 죄인이라 낮추며 불순종을 정당화하려 하지만, 성경은 여러 차례 그런 자들에게 속지 말라고 기록되어 있습니다. 괴상한 교리와 이론을 들이대며 자신의 죄를 정당화하지 마십시오.

본질 자체가 죄 덩어리인 저따위의 선행으로 구원을 이룬다는 생각조차 할 수 없습니다. 저의 모든 선행은 더러운 걸레만도 못하고 그 가장 깊은 본질은 나를 위한 이기심일 뿐입니다. 그저 감사하기에 충성할 뿐입니다. 그 은혜가 너무나 감사하기에 순종할 뿐입니다. 순종했기 때문에 구원 받는 것이 아니라, 구원 받았기에 순종이 나올 수밖에 없는 것입니다.

> 그런즉 우리가 무슨 말을 하리요. 은혜를 더하게 하려고 죄에 거하겠느냐 그럴 수 없느니라 죄에 대하여 죽은 우리가 어찌 그 가운데 더 살리요(롬 6:1-2).

기억하십시오. 양과 염소가 있다고 하셨습니다. 알곡과 가라지가 있을 것이라 하셨습니다. 그리스도의 피를 소중히 여기고, 은혜받은 자답게 살려는 자들이 있겠지만, 그 은혜를 이용하려는 간사한 자들 또한 섞여 있을 것이라는 게 예수님의 가르침입니다.

진실로 가슴 깊이 사랑하는 이가 있다고 하면서도, 그를 기쁘게 하기 위한 행위가 없다면 그것 자체가 가짜 사랑이고 죽은 믿음입니다.

순종해야 한다는 열망을 품어본 적 없다는 것은, 진실한 사랑을 품어본 적 없다는 뜻이고, 죄를 미워하는 마음을 가져본 적 없다는 것은 그리스도를 죽인 것이 진정 내 죄였다는 사실을 느껴보지 못한 것입니다. 진정 사랑한다면 사랑하는 이를 죽게 만든 죄라는 것을 미워하지 않을 수 없을 것이고, 그 은혜가 감사해 그가 미워하신 죄를 자신 또한 미워할 것입니다.

> 그런즉 어찌하리오. 우리가 법 아래에 있지 아니하고 은혜 아래에 있으니 죄를 지으리오. 그럴 수 없느니라 너희 자신을 종으로 내주어 누구에게 순종하든지 그 순종함을 받는 자의 종이 되는 줄을 너희가 알지 못하느냐 혹은 죄의 종으로 사망에 이르고 혹은 순종의 종으로 의에 이르느니라(롬 6:15-16).

오해하지 마십시오. 그리스도인들에게 완전을 요구하는 것이 아닙니다. 다만, 진실한 중심을 말씀드리는 것입니다. 행위의 완벽함을 요구하는 것이 아니라, 그저 진실한 사랑을 묻고 싶은 것입니다. 모든 완전함과 완벽함은 우리 주 예수 그리스도께서 이루셨습니다. 우리는 부족하고 실수투성이의 죄인들이지만, 그분의 보혈 아래 완전하고 완벽합니다. 오직 그분의 은혜로 넘어짐 투성이인 자들이 완전하다고 여겨지며 왕의 진노에서 보호받습니다.

하지만, 기억하십시오. 고결하고도 고귀하며 영광된 그의 피는, 그분을 이용하려는 간사한 자들에게 임하지 않을 것입니다. 진실한 충성과 사랑으로 그분을 경외하는 진실한 신부들에게 임할 것입니다.

> 불법이 사함을 받고 죄가 가리어짐을 받는 사람들은 복이 있고 주께서 그 죄를 인정하지 아니하실 사람은 복이 있도다 함과 같으니라(롬 4:7-8).

> 모세에게 이르시되 내가 긍휼히 여길 자를 긍휼히 여기고 불쌍히 여길 자를 불쌍히 여기리라 하셨으니(롬 9:15-16).

> 이는 하늘이 땅에서 높음같이 그분을 두려워하는 자들에게 그분의 긍휼히 크시기 때문이로다(시 103:13-14, 킹제임스).

> 그러나 용서가 주께 있사오니 이것은 주를 두려워하게 하려하심이니이다(시 130:4, 킹제임스).

> 그분께서 자신을 두려워하는 자들의 소원을 이루시며 또 그들의 부르짖음을 들으사 그들을 구원하시리로다(시 145:19, 킹제임스).

다시 말씀드리지만, 완벽을 요구하는 것이 아닙니다. 진실한 중심이 있기를 바랄 뿐입니다. 진심으로 그분의 높으심을 우러러보는지, 진심으로 그분의 광대하심을 경외하는지, 완전한 절대자이시자 만물의 위에 지존자 되신 분의 피조물을 향한 사랑과 희생, 그 구원의 십자가에 진심으로 감사와 감격을 느끼고 있는지, 하나님은 우리의 가장 깊은 폐부, 마음의 중심을 감찰하시는 분이시기 때문입니다.

> 보소서 주께서는 중심이 진실함을 원하시오니 내게 지혜를 은밀히 가르치시리이다(시편 51:6).

사랑하는 자들이여, 그리스도의 십자가 희생과 성령의 강림으로 인해, 하나님의 택함을 받지 못했던 이방인인 우리에게까지 구원의 은혜가 주어지게 되었습니다. 그리고 그 은혜로 받은 성령님은, 우리를 하나님 말씀에 순종하는 자들로 만들어 주십니다. 성령께서 우리를, 선한 마음, 선한 행실을 사랑하고, 죄를 미워하는 자들로 변화시키시며, 죄와 싸우는 그리스도의 군사들이 되게 해 주십니다.

우리가 죄를 이기지 못하는 것은, 죄를 이기는 힘을 구하지 않기 때문입니다. 애초에 죄와 싸워야 한다는 각오조차 해본 적 없고, 애초에 하나님의 말씀에 순종해야 한다는 결심조차 해본 적 없기 때문입니다.

죽어가는 이 세대는 하나님의 말씀 따위는 하찮게 여기며 흘려 읽어버리고, 자신들이 원하는 욕심과 정욕이나 채워주면 그만이라 여기기 때문입니다.

> 욕심이 잉태한즉 죄를 낳고 죄가 장성한즉 사망을 낳느니라(약 1:15).

이 세대가 죽어가고, 교회가 죽어가고 있습니다. 교회의 가르치는 자들, 곧 하나님의 파수꾼이 할 일은 죄 가운데 있는 우리가 안전하지 않다는 것을 소리치고, 그분을 향한 열정을 일깨우며, 정녕 그분의 신부다운 자들로 만드는 것이지만, 그들은 모두 눈먼 벙어리들이 되어버렸습니다.

> 백성을 지키는 파수꾼이라는 것들은 눈이 멀어서 살피지도 못한다. 지도자가 되어 망을 보라고 하였더니, 벙어리 개가 되어서 야수가 와도 짖지도 못한다. 기껏 한다는 것이 꿈이나 꾸고, 늘어지게 누워서 잠자기나 좋아한다. 지도자라는 것들은 굶주린 개처럼 그렇게 먹고도 만족할 줄을 모른다. 백성을 지키는 지도자가 되어서도 분별력이 없다. 모두들 저 좋을 대로만 하고 저마다 제 배만 채운다.(사 56:10-11, 새번역).

하나님의 거룩하신 속성을 반대하고, 죄를 멸하게 되는 그리스도 보혈의 능력을 믿지 못하는 신앙이 나타나며, 말씀 그대로 하나님의 은혜를 죄 짓는 방종으로 여기는 신앙이 퍼졌습니다.

> 몇몇 사람들이 몰래 여러분 가운데 들어왔고, 그들은 자기들이 한 짓 때문에 벌을 받게 될 것입니다. 이런 사람에 관해서는 옛 예언자들이 오래 전에 기록해 놓았습니다. 그들은 하나님을 반대하고, 하나님이 주시는 은혜를 죄 짓는 데 사용하였습니다. 또한 단 한 분이신 통치자, 곧 우리 주 예수 그리스도를 거부하였습니다(유 1:4, 쉬운 성경).

사랑하는 형제자매들이여!
하나님께서 우리를 사랑하시기에 하시는 일은 우리의 모든 죄악을 있는 그대로 끌어안아 주시는 것이 아니라, 우리의 더러움을 씻기시고 정결케 하며 점점 더 그분 닮은 자녀로 만들어 주시는 것입니다.
아버지와 아들이라는 관계는 창세 이전, 하나님께서 미리 만드신 원리였고 세상을 창조하실 때의 원리 또한 이 땅의 인간들에게 부여하셨습니다. 인간의 자녀가 아버지를 닮듯이, 그분으로부터 다시 태어난 사람도 아버지를 닮아갑니다. 인간이 자라나서 커가는 성장 과정이 있듯이, 그분의 자녀 또한 장성하며 성숙해집니다.

> 그리하여 우리 모두가 하나님의 아들을 믿는 일과 아는 일에 하나가 되고, 온전한 사람이 되어서, 그리스도의 충만하심의 경지에까지 다다르게 됩니다. 우리는 이 이상 더 어린아이로 있어서는 안됩니다. 우리는 인간의 속임수나, 간교한 술수에 빠져서, 온갖 교훈의 풍조에 흔들리거나, 이리저리 밀려다니지 말아야 합니다. 우리는 사랑으로 진리를 말하고 살면서, 모든 면에서 자라나서, 머리가 되시는 그리스도에게까지 다다라야 합니다. … 그러므로 나는 주님 안에서 간곡히 권고합니다. 이제부터 여러분은 이방 사람들이 허망한 생각으로 살아가는 것과 같이 살아가지 마십시오. 그들은 자기들 속에 있는 무지와 자기들의 마음의 완고함 때문에 지각이 어두워지고, 하나님의 생명에서 떠나 있습니다. 그들은 수치의 감각을 잃고, 자기들의 몸을 방탕에 내맡기고, 탐욕을 부리며, 모든 더러운 일을 합니다. 그러나 여러분은 그리스도를 그렇게 배우지는 않았습니다. 여러분이 예수 안에 있는 진리대로 그분에 관해서 듣고, 또 그분 안에서 가르침을 받았으면, 여러분은 지난날의 생활 방식대로 허망한 욕정을 따라 살다가 썩어 없어질 그 옛 사람을 벗어버리고, 마음의 영을 새롭게 하여, 하나님의 형상을 따라 참 의로움과 참 거룩함으로 지으심을 받은 새 사람을 입으십시오(엡 4:13-24, 새번역).

진정 나의 사랑하는 자들이여!
성경을 읽어주시겠습니까!
우리가 더는 어린아이처럼 있어서는 안 된다고 말씀하지 않습니까!
이 세상에 우리를 속이려는 간교한 속임수들이 넘친다고 기록되어 있지 않습니까!

세상의 믿지 않는 자들은 방탕과 탐욕으로 세상을 좇으며 살 것이라 말씀하지 않습니까!

오, 나의 사랑하는 자들이여!

하지만, 우리는 그렇게 배우지 않았다 기록되어 있지 않습니까!

지난날의 욕정을 버리고, 마음을 새롭게 하여 하나님의 형상으로 거룩함을 입어야 한다고 말씀하지 않습니까!

이것이 그리스도인의 모습이라 말씀하고 있지 않습니까?

이것이 바로 하나님을 아버지로 둔 자녀들의 모습이라 가르치지 않습니까?

> 하나님은 여러분 안에서 활동하셔서, 여러분으로 하여금 하나님을 기쁘게 해 드릴 것을 염원하게 하시고 실천하게 하시는 분입니다(빌 2:13, 새번역).

성령님은 우리 안에 오셔서 변화를 일으키십니다. 하나님께서 기뻐하시는 선한 것을 사랑하게 하시고 실천하게 해 주십니다. 그렇게 우리를 그분의 신부다운 존재로 다듬어 가시는 일을 하십니다. 진실로 내 안에 하나님의 성령께서 오셨는지 아닌지 알 수 있는 방법은 내 안에서 그분의 선하신 일이 시작되었는지 아닌지로 알 수 있습니다.

> 너희 속에 착한 일을 시작하신 이가 그리스도 예수의 날까지 이루실 줄을 우리가 확신하노라(빌 1:6).

성령께서는 우리 마음 안에서 일하십니다. 그분의 선하심과 거룩함, 광대한 사랑을 알게 해 주시고, 우리의 죄를 깨닫는 것, 우리 또한 그분의 선한 마음을 사랑하게 되고 죄를 미워하게 되는 것, 그의 가르침을 사모하고, 하나님의 말씀을 송이꿀처럼 달게 느끼며 내 왕께, 내 아버지께, 내 사랑하는 신랑께 순종하고 싶은 열망을 갖게 하시는 것, 그리하여 태초에 그분께서 만드신 피조물, 곧 거룩한 분의 형상을 따라 지어진 우리가 다시금 그 아름다운 형상으로 회복되게 하시는 것, 선한 마음과 아름다운 성품을 지닌, 그분의 형상다운 삶을 살게 하시는 것이 성령님의 사역입니다.

> 하나님께서는 미리 아신 사람들을 택하셔서, 자기 아들의 형상과 같은 모습이 되도록 미리 정하셨으니(롬 8:29, 새번역).

> 여러분은 지난날의 생활 방식대로 허망한 욕정을 따라 살다가 썩어 없어질 그 옛 사람을 벗어버리고, 마음의 영을 새롭게 하여, 하나님의 형상을 따라 참 의로움과 참 거룩함으로 지으심을 받은 새 사람을 입으십시오(엡 4:22-24, 새번역).

> 모든 사람에게 하나님의 구원 은혜가 나타났습니다. 그 은혜는 우리를 교육하여, 경건하지 않음과 속된 정욕을 버리고, 지금 이 세상에서 신중하고 의롭고 경건하게 살게 합니다. 그래서 우리는 복된 소망 곧 위대하신 하나님과 우리 구주 예수 그리스도의 영광이 나타나기를 고대합니다. 그리스도께서는 우리를 위하여 자기 몸을 내주셨습니다. 그것은 우리를 모든 불법에서 건져내시고, 깨끗하게 하셔서, 선한 일에 열심을 내는 백성으로 삼으시려는 것입니다(딛 2:12-14, 새번역).

성령님께서 우리 안에 내주하시게 된다고 하여 한순간 모든 욕구와 욕망, 우리 안의 죄의 본성이 사라져버린다는 것은 아닙니다. 하지만 점 하나, 티끌 하나 없이 깨끗하고 거룩한 분의 마음을 느끼게 되면, 선과 악의 분명한 기준이 생기게 되고, 악하고 더러운 것을 미워하게 되며, 그분의 선하고 깨끗한 마음을 사모하게 될 것입니다. 그리고 의에 주리고 목마름이 생기는 동시에 아직 벗지 못한 육신의 죄성을 보게 됩니다.

나는 내가 하는 일을 도무지 알 수가 없습니다. 내가 해야겠다고 생각하는 일은 하지 않고, 도리어 해서는 안 되겠다고 생각하는 일을 하고 있으니 말입니다. 내가 그런 일을 하면서도 그것을 해서는 안 되겠다고 생각하는 것은, 곧 율법이 선하다는 사실에 동의하는 것입니다. 그렇다면, 그와 같은 일을 하는 것은 내가 아니라, 내 속에 자리를 잡고 있는 죄입니다. 나는 내 속에 곧 내 육신 속에 선한 것이 깃들여 있지 않다는 것을 압니다. 나는 선을 행하려는 의지는 있으나, 그것을 실행하지는 않으니 말입니다. 나는 내가 원하는 선한 일은 하지 않고, 도리어 원하지 않는 악한 일을 합니다. 내가 해서는 안 되는 것을 하면, 그것을 하는 것은 내가 아니라, 내 속에 자리를 잡고 있는 죄입니다. 여기에서 나는 법칙 하나를 발견하였습니다. 곧 나는 선을 행하려고 하는데, 그러한 나에게 악이 붙어 있다는 것입니다. 나는 속사람으로는 하나님의 법을 즐거워하나, 내 지체에는 다른 법이 있어서 내 마음의 법과 맞서서 싸우며, 내 지체에 있는 죄의 법에 나를 포로로 만드는 것을 봅니다. 아, 나는 비참한 사람입니다. 누가 이 죽음의 몸에서 나를 건져주겠습니까?(롬 7:15-24, 새번역).

주님의 선하심을 너무나 따르고 싶으나, 내가 소망하는 것을 하지 못하고 원치 않은 것을 하려는 사망의 법을 자각하게 됩니다. 그들은 아직 죄의 본성을 벗지 못한 자신이 모습을 비통해 하며 그 사망에 법에서 자유롭게 되기를 목이 터지라고 하나님께 부르짖을 것입니다.

육신을 따라 사는 삶이 아닌, 죄를 따라 사는 삶이 아닌, 그리스도를 닮고 싶은 열정이 그들을 기도의 자리로 가게 할 것이고, 그들은 간절히 간절히 하나님 앞에 부르짖을 것입니다. 그리고 하나님께서는 그들의 기도에 응답하십니다.

사랑하는 자들이여!
하나님의 약속이 바울을 통해 전해지고 있지 않습니까?

그분을 의지함으로 더는 육신을 따라 살지 않고 성령을 따라 살게 된다는 약속이 있지 않습니까?

> 우리 주 예수 그리스도를 통하여 나를 건져 주신 하나님께 감사를 드립니다. 그러니 나 자신은, 마음으로는 하나님의 법을 섬기고, 육신으로는 죄의 법을 섬기고 있습니다. 그러므로 그리스도 예수 안에 있는 사람들은 정죄를 받지 않습니다. 그것은, 그리스도 예수 안에서 생명을 누리게 하는 성령의 법이 당신을 죄와 죽음의 법에서 해방하여 주었기 때문입니다. 육신으로 말미암아 율법이 미약해져서 해낼 수 없었던 그 일을 하나님께서 해결하셨습니다. 곧 하나님께서는 자기의 아들을 죄 된 육신을 지닌 모습으로 보내셔서, 죄를 없애시려고 그 육신에다 죄의 선고를 내리셨습니다. <u>그것은, 육신을 따라 살지 않고 성령을 따라 사는 우리가,</u> 율법이 요구하는 바를 이루게 하시려는 것입니다. … 그러므로 형제자매 여러분, 우리는 빚을 지고 사는 사람들이지만, 육신에 빚을 진 것이 아닙니다. <u>우리는 육신을 따라 살아야 할 존재가 아닙니다. 여러분이 육신을 따라 살면, 죽을 것입니다. 그러나 여러분이 성령으로 몸의 행실을 죽이면, 살 것입니다.</u> … 자녀이면 상속자이기도 합니다. 우리가 그리스도와 함께 영광을 받으려고 그와 함께 고난을 받으면, 우리는 하나님이 정하신 상속자요, 그리스도와 더불어 공동 상속자입니다(롬 7:25-8:17, 새번역).

하나님의 말씀을 소중히 여기며 그의 말씀을 따르고자 결단한 자들만이 육체의 죄성을 좇지 않고 성령을 좇아 행할 힘을 기도하게 될 것입니다. 매일 자신의 더러움을 보며 하나님께 달려갈 것이고 그때마다 은혜를 받을 것이며 이 길을 완주하는 그 날까지 교만하지 못하고, 겸손할 것이며, 그분을 의지할 것입니다.

그들이야말로 진정 바울의 말씀처럼 두렵고 떨림으로 순종하며 구원을 이루어 갈 것이고, 그들이야말로 하나님께서 약속하신 모든 축복과 위로, 용기의 말씀이 임할 것입니다. 그분의 위로는 세상에서 느껴볼 수 없었던 평안과 극한의 환희를 주며 오직 그의 구원을 기뻐하며 오직 행복으로 그의 길을 가게 하실 것입니다.

> 나는 오직 주의 인자하심을 의뢰하였사오니 내 마음은 주의 구원을 기뻐하리이다(시 13:5).

> 여호와여 왕이 주의 힘을 인하여 기뻐하며 주의 구원을 인하여 크게 즐거워하리이다(시 21:1).

> 내 영혼이 여호와를 즐거워함이여 그 구원을 기뻐하리로다(시 35:9).

> 내가 측량할 수 없는 주의 의와 구원을 내 입으로 종일 전하리이다(시 71:15).

> 여호와여 내가 주의 구원을 사모하였사오며 주의 법을 즐거워하나이다(시 119:174).

자신을 십자가에 못 박기 싫어하는 자들이여!
우리가 그리스도와 함께 영광을 받기 위해 고난도 함께 받아야 하지 않겠습니까?
그래서 그분께서 받을 상속을 우리도 함께 받아야 하지 않겠습니까?
자기를 부인하기 싫은 자들이여, 죄와 싸우기 싫은 자들이여!
그리스도 보다 자기 자신의 욕망을 더 사랑하는 자들이여!
어찌하여 너무도 분명히 기록된 말씀을 거부하는 것입니까?

> 무리와 제자들을 불러 이르시되 누구든지 나를 따라오려거든 자기를 부인하고 자기 십자가를 지고 나를 따를 것이니라(막 8:34).

> 기록된바 우리가 종일 주를 위하여 죽임을 당하게 되며 도살 당할 양 같이 여김을 받았나이다 함과 같으니라(롬 8:36).

> 우리 살아 있는 자가 항상 예수를 위하여 죽음에 넘겨짐은 예수의 생명이 또한 우리 죽을 육체에 나타나게 하려 함이라(고후 4:11).

하나님을 믿는다면 그분의 말씀이 실제라는 사실을 믿으십시오. 하나님의 성령은 실재하시고 그분은 우리 안에서 우리 마음을 부드럽게 하시며 그분을 따를 수 있게 만들어 주십니다.

> 너희에게 새로운 마음을 주고 너희 속에 새로운 영을 넣어 주며, 너희 몸에서 돌같이 굳은 마음을 없애고 살갗처럼 부드러운 마음을 주며, 너희 속에 내 영을 두어, 너희가 나의 모든 율례대로 행동하게 하겠다. 그러면 너희가 내 모든 규례를 지키고 실천할 것이다(겔 36:26-27, 새번역).

육신을 입고 연약함 가운데 있는 우리가 그분의 힘을 받아 그 길을 갈 수 있습니다. 육신의 죄와 싸우는 모든 전투의 여정 가운데 우리 힘으로 하지 못하는 것들을 그의 성령께서 도와주십니다.

그 길을 갈 수 있도록 영원토록 함께해 주신다는 약속의 말씀이 있지 않습니까?
성령께서 끝날까지 우리와 함께하신다는 약속의 말씀이 있지 않습니까?
그분께서 우리의 힘이요, 방패요, 요새이며 피난처 되어주신다는 약속이 있지 않습니까?

내가 아버지께 구하겠으니 그가 또 다른 보혜사를 너희에게 주사 영원토록 너희와 함께 있게 하시리니(요 14:16).

그가 또한 우리에게 인치시고 보증으로 우리 마음에 성령을 주셨느니라(고후 1:22).

우리 주 예수 [그리스도]께서 나타나실 날에 여러분이 흠잡을 데 없는 사람으로 설 수 있도록, 주님께서 여러분을 끝 가지 튼튼히 세워주실 것입니다(고전 1:8).

평화의 하나님께서 친히, 여러분을 완전히 거룩하게 해 주시고, 우리 주 예수 그리스도께서 오실 때에 여러분의 영과 혼과 몸을 흠이 없이 완전하게 지켜 주시기를 빕니다. 여러분을 부르시는 분은 신실하시니, 이 일을 또한 이루실 것입니다(살전 5:23-24, 새번역).

여호와는 나의 힘과 나의 방패이시니 내 마음이 그를 의지하여 도움을 얻었도다 그러므로 내 마음이 크게 기뻐하며 내 노래로 그를 찬송하리로다 여호와는 그들의 힘이시요 그의 기름 부음 받은 자의 구원의 요새이시로다 주의 백성을 구원하시며 주의 산업에 복을 주시고 또 그들의 목자가 되시어 영원토록 그들을 인도하소서(시 28:7-9).

 자기 양들을 위해 목숨을 버린 선한 목자께서 우리를 인도해 주실 것입니다. 돈에 쫓기고, 세상에 쫓기며 탐심에 안달 나 살던 자들이, 진짜 영원한 것에 눈을 뜸으로 진짜 자유와 쉼을 얻게 될 것이고, 진짜 마르지 않는 기쁨과 참 소망을 얻을 것입니다.
 거룩하신 그의 이름을 위하여 우리를 의의 길로 인도하실 것입니다.

> 여호와는 나의 목자시니 내게 부족함이 없으리로다 그가 나를 푸른 풀밭에 누이시며 쉴 만한 물 가로 인도하시는도다 내 영혼을 소생시키시고 자기 이름을 위하여 의의 길로 인도하시는도다(시 23:1-3).

성령님의 실재하심을 믿으십시오. 그분의 능력을 믿으십시오. 그분의 성령이 우리 안에 차고 넘치면, 우리가 더이상 육신을 따라 살지 않을 수 있습니다.

> 육신을 따르지 않고 그 영을 따라 행하는 우리에게 율법의 요구가 이루어지게 하려 하심이니라(롬 8:4).

사랑하는 자들이여, 하나님의 성령을 신화나 전설에나 등장하는 꿈같은 것으로 생각하십니까?

그분의 성령이 실존하시고, 우리 안에 거하신다는 것을 믿지 않으십니까?

성령을 따르지 않고 육신을 따라 살면 죽는다는 말씀을 허투루 들으십니까?

하나님의 경고를 두려워하고, 그리스도의 약속을 소망으로 삼으십시오. 그분께서 우리에게 필요한 모든 방법을 이미 다 말씀해 주셨습니다. 그분은 거짓말을 하지 않으십니다. 그의 약속을 믿고 기도해야 합니다.

> 예수께서 그들에게 말씀하셨다. "너희 가운데 누구에게 친구가 있다고 하자. 그가 밤중에 그 친구에게 찾아가서 그에게 말하기를 '여보게, 내게 빵 세 개를 꾸어 주게. 내 친구가 여행 중에 내게 왔는데, 그에게 내놓을 것이 없어서 그러네!' 할 때에, 그 사람이 안에서 대답하기를 '나를 괴롭히지 말게. 문은 이미 닫혔고, 아이들과 나는

잠자리에 누웠네. 내가 지금 일어나서, 자네의 청을 들어줄 수 없네' 하겠느냐? 내가 너희에게 말한다. 그 사람의 친구라는 이유로는, 그가 일어나서 청을 들어주지 않을지라도, 그가 졸라대는 것 때문에는, 일어나서 필요한 만큼 줄 것이다. 내가 너희에게 말한다. 구하여라, 그리하면 너희에게 주실 것이다. 찾아라, 그리하면 찾을 것이다. 문을 두드려라, 그리하면 너희에게 열어 주실 것이다. 구하는 사람마다 받을 것이요, 찾는 사람마다 찾을 것이요, 문을 두드리는 사람에게 열어 주실 것이다. 너희 가운데 아버지가 된 사람으로서 아들이 생선을 달라고 하는데, 생선 대신에 뱀을 줄 사람이 어디 있으며, 달걀을 달라고 하는데 전갈을 줄 사람이 어디에 있겠느냐? 너희가 악할지라도 너희 자녀에게 좋은 것들을 줄 줄 알거든, 하물며 하늘에 계신 아버지께서야 구하는 사람에게 성령을 주시지 않겠느냐?"(눅 11:5-13, 새번역).

밤중에라도 찾아가 문을 두드리고, 두드리며 그분을 괴롭게 하십시오. 끈질기게 기도하고 매달리며 그분을 바라야 합니다.
오직 우리의 구원자만을 바라보십시오!
당신이 간절함이 진실하다면 정녕 아버지께서 그 자녀에게 성령을 주지 않으시겠습니까?

지금까지는 너희가 내 이름으로 아무 것도 구하지 아니하였으나 구하라 그리하면 받으리니 너희 기쁨이 충만하리라(요 16:24).

자기 아들을 아끼지 아니하시고 우리 모든 사람을 위하여 내주신 이가 어찌 그 아들과 함께 모든 것을 우리에게 주시지 아니하겠느냐(롬 8:32).

그리스도의 이름으로 구할 때 성령이 우리에게 임하지 아니하겠습니까? 가장 아끼셨던 그리스도를 주신 분께서 성령을 주지 않으시겠습니까?

> 구하여도 받지 못함은 정욕으로 쓰려고 잘못 구하기 때문이라(약 4:3).

사랑하는 자들이여!

그대들이 구하고도 받지 못한 이유를 모르시겠습니까?

그분께서 '구하라' 명하신 것은 당신의 멋진 차, 좋은 집, 훌륭한 직장, 예쁘고 멋진 배우자, 세상을 향한 탐심의 대상이 아니라는 것을 모르시겠습니까?

하나님은 당신의 욕심을 채워주는 요술램프가 아니라는 것을, 그분이 우리를 위해 존재하는 것이 아니라, 우리가 그분을 위해 존재한다는 것을 깨닫지 못하시겠습니까?

이 시대 사탄의 가장 강력한 속임수 중 하나는, 우리 스스로가 하나님을 사랑한다고 착각하게 만드는 것입니다. 착각하지 마십시오. 우리는 하나님을 사랑하지 않습니다. 수많은 교회에서 우리가 하나님을 사랑한다고 가르치고, 우리는 스스로 그분을 사랑한다고 고백합니다.

착각하지 마십시오. 당신 안에 순종하려는 마음이 없다면, 그리스도의 선한 마음과 의를 향한 갈증이 없다면, 당신은 아직 그리스도의 사랑을 느껴보지 못했습니다. 말 그대로 타오르지 않는 사랑은 애초에 사랑이라는 단어를 써서도 안 되고, 차갑게 식은 사랑은 하나님께서 토해내실 것입니다.

그분의 거대한 사랑은 절대로, 무조건, 예외 없이 인간의 존재를 무너뜨리고 변하게 만듭니다. 그것이 하나님께서 만드신 새 언약의 기적이자 거듭남의 기적입니다. 다시 태어난다는 말의 의미를 흘려듣지 마십시오. 본능적으로 자기를 위해 살 수밖에 없는 인간이 변화되는 기적이 실제로 존재하고, 인간이 다시 태어나는 이 기적이 구원자의 능력이십니다.

> 예수께서 대답하셨다. "내가 진정으로 진정으로 너에게 말한다. 누구든지 물과 성령으로 나지 아니하면, 하나님 나라에 들어갈 수 없다. 육에서 난 것은 육이요, 영에서 난 것은 영이다. 너희가 다시 태어나야 한다고 내가 말한 것을, 너는 이상히 여기지 말아라. 바람은 불고 싶은 대로 분다. 너는 그 소리는 듣지만, 어디에서 와서 어디로 가는지는 모른다. 성령으로 태어난 사람은 다 이와 같다"(요 3:5-8, 새번역).

이 구원자의 기적은 인간이 할 수도, 알 수도 없는 영역입니다. 내 목숨, 내 인생을 사랑할 수밖에 없는 인간이 어떻게 그리스도를 더 사랑하게 되는지, 이기적일 수밖에 없는 인간이 어떻게 자기 자신보다 그리스도를 사랑하게 되는지, 오직 구원자께서만 일으키시는 기적이 실재하고, 그 기적은 인간을 바꿉니다.

진실로 예수를 사랑하는 자, 단언컨대, 삶의 모든 이유와 목적이 오직 예수 그리스도일 것입니다. 예수를 위해 살고 예수를 위해 죽을 것입니다. 그의 가르침과 선하심을 품기를 갈망하며 매일 눈물로 기도할 것입니다. 그분의 말씀이 가슴 깊이 새겨져 있기에 삶 속 모든 순간, 말과 행동에 있어 그분의 말씀을 기억할 것입니다.

자신을 비방하고 해를 끼치는 원수 같은 자를 만나게 된다고 할지라도, 진실로 예수를 사랑하는 자들은 그렇지 않은 사람들과 다른 반응을 보일 것입니다. 내 안에 악한 마음을 볼 때, 그리스도의 선하신 마음이 기억날 것이고 악을 선으로 갚으라는 말씀을 떠오를 것이며 오른뺨을 맞으면 왼뺨을 내어주라는 말씀을 기억할 것이고 원수를 사랑하라는 말씀을 가슴에 새기며 순종할 것입니다.

음란의 수단이 가득 차 넘치고, 심지어 그것을 죄라고 여기지도 않는 이 세상에서 본능적 쾌락이라는 수많은 유혹이 그를 공격할지라도 주님의 가르침을 기억하고 순결한 마음을 선택하며 자기 생각과 마음을 정결하게 지켜 그리스도의 순결함을 닮으려 노력할 것입니다.

신랑을 향한 뜨거운 사랑으로 사는 신부들은, 신랑이 사랑한 것을 사랑하고 신랑이 미워하는 것을 미워하며 살아갈 것입니다. 그들의 관심사는 신랑되신 예수님의 가르침을 지켰는가, 아닌가 뿐입니다. 내가 그분께 순종했는가, 그분의 순결하심을 품었는가, 그분의 선하신 사랑을 품었는가, 다른 이에게 예수 그리스도의 아름다운 마음을 나타냈는가, 내 삶이 그분의 마음을 아프게 했는가, 그것만이 그들의 유일한 번뇌와 고민일 것입니다.

내 감정이나 마음은 어떻든 상관없습니다. 무시 당하고, 멸시 받고, 천대받고, 비난 받아도 상관없습니다. 내게 중요한 것은, 오직 내 사랑하는 내 예수의 마음뿐입니다. 그분을 기쁘시게 하는 것 외에 아무것도 중요하지 않습니다.

그분께서 품으신 사랑을 품는 것 외에는 아무것도 중요하지 않습니다. 그렇게 자기를 부인할 수밖에 없게 만드는 것이 예수의 가슴 아픈 사랑이고, 자기를 생명을 미워할 수밖에 없는 것이 그리스도의 사랑이며, 그렇게 자신의 모든 것을 버리시며 우리를 사랑하신 것이 예수 그리스도이십니다.

그가 먼저, 그의 모든 것을 버리는 사랑을 보이셨습니다. 저 높고 높은 곳의 모든 영광, 모든 권세, 모든 권위를 내려놓고, 그분이 가진 왕권의 모든 것, 존귀하고 고결한 모든 것을 버리시고 이 땅에 오셨습니다.

모든 영광된 것을 뒤로 두고, 더럽고 낮은 곳에 태어나시어, 하찮은 인간의 몸을 입으시고, 몸 누일 곳 하나 없이, 허기진 배를 참으시며, 고된 여정을 보내셨고, 한평생 사랑과 긍휼함으로 사셨습니다. 한평생 선한 마음과 희생의 사랑을 보여 주시고, 그 마지막에는 끔찍한 고통마저 감수하시며, 그의 목숨을 우리에게 바치셨습니다.

손에 대못이 박히는 순간까지 그 못 박는 자들을 위해 기도하시고, 모든 물과 피를 쏟으시며, 자기를 온전히 버리시기까지 우리를 사랑하셨습니다.

왜, 절망하지 않으십니까?

왜, 애통하지 않으십니까?

하나님의 말씀이, 당신 삶에 이루어지지 않는데, 예수 그리스도의 가르침이 우리에게 이루어지지 않는데, 내가 그분을 따라 살지 못하고 있는데, 왜 도대체 왜, 슬퍼하지 않는 겁니까?

당신은 그분을 무엇이라 생각하기에, 그분을 따르지 못함에 애통함이 없습니까?

당신에게 예수 그리스도는 도대체 어떤 존재입니까?

당신을 위해 십자가에 못 박혔고 모든 죄를 사해 주셨으니, 그저 당신은 기뻐하며 당신 마음대로만 살면 끝이란 말입니까?

저에겐 그분만이 저의 전부입니다. 저의 모든 것입니다. 너무나도 사랑스러우신 분, 절대로, 절대로 모든 이에게 사랑받으셔야만 하는 분, 그분을 따라 사는 것이, 그분을 닮아가는 것이 제 인생의 전부입니다. 모든 사람이 그분의 가르침을 무시하고 하찮게 여긴다고 할지라도, 저는 끝까지 그분을 따를 것입니다. 그분 말씀을 삶의 기준 삼고, 그의 선하신 길을 따르며 내 생명보다 그를 사랑함으로 그분께 순종하며 행복하고 아름다운 좁은 길을 갈 것입니다.

제가 잘못된 것입니까?

아니면, 당신이 잘못된 것입니까?

그분께 저의 모든 것을 태워 올려드리고 싶은 제 속의 열정이 잘못된 것입니까?

아니면, 차거나 덥지도 아니함에 불구하고 평안하다고 여기는 당신이 잘못된 것입니까?

저는 감히 판단하지 않겠습니다. 오직 주님께서 아실 것입니다.

기독교에서 말하는 성화는 자기 수련의 결과물이 아닙니다. 진정으로 다른 사람을 사랑하고 자신을 희생하며 그리스도의 사랑을 나타내는 성화의 삶은 그저 예수를 목숨 다해 사랑하는 사람의 어쩔 수 없는 모습입니다. 자기 목숨보다 예수를 사랑하게 됐기에, 그 아름다운 성품에 완전히 감화되었기에, 그분의 사랑과 그 선하신 마음에 감동되어 버렸기에, 사랑하는 그의 가르침, 그의 마음을 위해 자기를 드릴 것입니다.

그리고 그 선하신 말씀에 순종하는 모습에서, 세상 사람들과는 다른 빛을 밝히고, 다른 맛을 내며, 빛과 소금의 역할을 하게 될 것입니다.

> 너희가 전에는 어둠이더니 이제는 주 안에서 빛이라 빛의 자녀들처럼 행하라 빛의 열매는 모든 착함과 의로움과 진실함에 있느니라(엡 5:8-9).

그리스도의 지상명령을 우습게 여기는 자들이여!
어떻게 그리스도를 세상에 보일 것입니까?
당신의 오른뺨을 때리는 이에게 어찌 그리스도를 전하겠습니까?
당신을 공격한 자는 지옥 가야 마땅합니까?
마지막 날, 주님께서도 그리 말씀하시겠습니까?
그를 대항하여 당신도 그의 뺨을 때린다면, 그를 증오하고 보복하는 악한 모습을 보인다면, 당신이 원수에게까지 사랑을 보이지 못한다면, 어찌 그리스도의 빛을 세상에 비춘다는 말입니까?

성화라는 단어는 의미가 없습니다. 성화는 그리스도를 믿는 삶에서 거치면 좋고, 아니면 어쩔 수 없는 선택적 과정이 아니라, 그저 아비를 닮아 가며 커가는 자녀의 정상적 성장 과정일 뿐입니다. 아비를 닮지 않는 자녀들이 가짜일 뿐이고, 그들은 예수님의 말씀을 두려워해야 할 것입니다. 빛과 소금이 되라는 예수님의 명령을 가볍게 여긴 자들, 만유의 주 되신 분의 말씀을 하찮게 여기고 무시한 자들, 하나님을 두려워하는 법을 배우지 못한 자들, 그분의 말씀대로 버리어 밟히게 될 것입니다.

> 너희는 세상의 소금이니 소금이 만일 그 맛을 잃으면 무엇으로 짜게 하리요 후에는 아무 쓸데 없어 다만 밖에 버리어 사람에게 밟힐뿐이니라(마 5:13).

분명히 기억하십시오. 지독히도 육체의 본능대로 살고 싶은 더러운 죄인들은 율법주의, 행위주의 같은 이론들로 자신들의 미움, 증오, 분노, 욕심, 이기심, 음란, 온갖 더럽고 악한 사탄의 마음을 인간으로서 당연하다며 정당화할 것이지만, 진짜 그리스도를 사랑하는 그의 신부들은 그들과 다를 것입니다. 그들은 육신을 따르지 않고 성령을 따라 살며 육체의 욕심을 이루지 아니할 것입니다.

> 내가 이르노니 너희는 성령을 따라 행하라 그리하면 육체의 욕심을 이루지 아니하리라(갈 5:16).

육체의 소망은 선하고 순결하신 그리스도의 영, 곧 성령을 거스르며 대적할 것이고, 당신에게서 그리스도의 선하신 빛이 발하지 못하게 할 것입니다.

> 육체의 소욕은 성령을 거스르고 성령은 육체를 거스르나니 이 둘이 서로 대적함으로 너희가 원하는 것을 하지 못하게 하려 함이니라(갈 5:17).

제발, 속지 마십시오. 육체의 일은 분명하니, 곧, 음란과 더러움, 방탕, 다른 이와 원수 맺는 미움, 다툼, 시기, 분노, 술 취함, 무절제 같은 것들이고, 그런 일을 하는 자들은, 하나님의 나라를 유업을 받지 못할 것입니다.

> 육체의 일은 분명하니 곧 음행과 더러운 것과 호색과 우상 숭배와 주술과 원수 맺는 것과 분쟁과 시기와 분냄과 당 짓는 것과 분열함과 이단과 투기와 술 취함과 방탕함과 또 그와 같은 것들이라 전에 너희에게 경계한 것 같이 경계하노니 이런 일을 하는 자들은 하나님의 나라를 유업으로 받지 못할 것이요(갈 5:19-21).

> 그러므로 땅에 있는 지체를 죽이라 곧 음란과 부정과 사욕과 악한 정욕과 탐심이니 탐심은 우상 숭배니라 이것들로 말미암아 하나님의 진노가 임하느니라(골 3:5-6).

탐심의 세대여, 돈에 미쳐버린 세대여, 이익을 쟁취하는 것에 눈이 뒤집혀버린 세대여, 돈을 위해서라면 주님의 말씀, 선한 양심 따위는 아무렇지도 않게 버리는 세대여, 누군가 그대의 자동차에 흠집이라도 낸다면 어떻게 하시겠습니까?

타락한 신앙의 시대에는 원수마저 사랑하고 겉옷을 달라면 속옷까지 주라 명하신 우리 주 예수 그리스도를 섬기고 따른다고 고백하는 자들조차도, 받은 손해에 불같이 분노하고, 어떻게 손해를 복구하기 위해 눈이 뒤집힙니다. 아니, 이 틈을 노려 더한 이득을 챙기겠다며 사탄이나 할 거짓마저 행합니다. 그렇게 이익을 챙기지 못하는 자들을 어리숙하고 멍청한 사람 취급하며 악을 현명하다고 말하고 선한 마음을 멍청하다고 여기는 세대가 되었습니다.

사랑하는 자여!
그대는 어떠합니까?
그대에게 중요한 것은 무엇입니까?
우리를 위해 죽어주신 그리스도의 말씀입니까?

그대의 손해와 이익입니까?

> 욕심이 잉태한즉 죄를 낳고 죄가 장성한즉 사망을 낳느니라(약 1:15).

영원한 나라의 가치를 깨닫고, 천국을 침노하는 것에 인생을 건 자들은 다를 것입니다. 밭에 감추인 보화를 진실로 본 자는 그 외의 것들이 하찮아질 수밖에 없을 것이고, 진실로 그리스도의 사랑을 심장으로 느낀 자는 다르게 살아갈 것입니다.

선한 양심을 지닌 사람을 만나 기꺼이 손해를 배상해준다면 감사함으로 받아들이겠지만, 악한 사람을 만나 잘못을 인정하지 않고 되려 악하게 군다면, 진실로 그리스도를 생명 다해 사랑하는 자들은 다를 것입니다.

> 나는 너희에게 이르노니 악한 자를 대적하지 말라 누구든지 네 오른편 뺨을 치거든 왼편도 돌려 대며 또 너를 고발하여 속옷을 가지고자 하는 자에게 겉옷까지도 가지게 하며 또 누구든지 너로 억지로 오 리를 가게 하거든 그 사람과 십 리를 동행하고 네게 구하는 자에게 주며 네게 꾸고자 하는 자에게 거절하지 말라(마 5:39-42).

> 그러나 너희 듣는 자에게 내가 이르노니 너희 원수를 사랑하며 너희를 미워하는 자를 선대하며 너희를 저주하는 자를 위하여 축복하며 너희를 모욕하는 자를 위하여 기도하라(눅 6:27-28).

> 아무에게도 악을 악으로 갚지 말고 모든 사람 앞에서 선한 일을 도모하라 악에게 지지 말고 선으로 악을 이기라(롬 12:17, 21).

> 삼가 누가 누구에게든지 악으로 악을 갚지 말게 하고 서로 대하든지 모든 사람을 대하든지 항상 선을 따르라(살전 5:15).

> 선을 행함으로 고난 받는 것이 하나님의 뜻일진대 악을 행함으로 고난 받는 것보다 나으니라(벧전 3:17).

돈을 사랑하는 자가, 재물을 섬기는 자가, 이 세상이나 세상에 있는 것들에 마음 빼앗겨 살아가는 자가, 어떻게 원수를 사랑하고 겉옷을 내놓으라는 악한 자에게 속옷까지 내어주겠습니까?

어떻게 우리 주인 되신 그리스도의 명령을 따르겠습니까?

어떻게 선하신 그분의 발자취를 따르는 자가 될 수 있단 말입니까?

> 이와 같이 너희 중의 누구든지 자기의 모든 소유를 버리지 아니하면 능히 내 제자가 되지 못하리라(눅 14:33).

정녕 모르시겠습니까?

진정 가진 모든 것을 포기할 각오가 아니라면, 그분을 따를 수 없을 것이라 말씀하신 의미를 모르시겠습니까?

오, 기독교 신앙이 영생을 향한 것임을 어찌하면 깨달으시겠습니까?

영원한 생명, 영원한 나라, 영원한 영광의 왕국, 우리의 본향, 영원히 거하게 될 우리의 진짜 집.

오, 가난한 마음을 잃어버린 세대여!

구원을 향한 굶주린 갈증을 잊어버린 세대여!

구원자의 엄청나고 영광된 구원이 너무나 손쉬워진 세대여!

구원의 가치를 깨닫지 못하고 진정한 구원의 기쁨을 느끼지 못하는 세대여!

정녕, 세상 즐거움을 다 버리고, 세상 자랑을 다 버려도 아깝지 않은 감춰진 보화를 발견하고 감동하며, 썩어 없어질 세상 따위 아깝지 않게 되는 진짜 구원의 감동과 감격을 잃어버린 세대여!

나는 오직 주의 사랑을 의지하였사오니 나의 마음은 주의 구원을 기뻐하리이다 (시 13:5).

내 영혼이 여호와를 즐거워함이여 그의 구원을 기뻐하리로다(시 35:9).

우리가 이같이 큰 구원을 등한히 여기면 어찌 그 보응을 피하리요 이 구원은 처음에 주로 말씀하신 바요 들은 자들이 우리에게 확증한 바니(히 2:3).

그분의 구원을 사모하지 않는 자가, 천국을 향한 침노의 마음이 없는 자가, 영생을 향한 불타는 갈망이 없는 자가, 가난한 마음이 없는 자가 도대체 어떻게 그분을 주인으로 섬기는 믿음을 품을 수 있단 말입니까?

주인의 말씀을 귀중히 여기며 순종하는 겸손함을 품을 수 있단 말입니까?

오, 나의 주여, 부자들이 어찌 구원 받을 수 있겠나이까?

천국을 향한 아무런 굶주림 없는 이 세대, 구원을 향한 아무런 갈증을 느끼지 못하는 이 세대, 이 부자들의 세대에 어찌하면 주의 구원이 임하겠나이까?

주께서 하지 않으시면 도대체 누가 그 가련한 마음을 품을 수 있단 말입니까?

예수께서 제자들에게 이르시되 내가 진실로 너희에게 이르노니 부자는 천국에 들어가기가 어려우니라 다시 너희에게 말하노니 낙타가 바늘귀로 들어가는 것이 부자가 하나님의 나라에 들어가는 것보다 쉬우니라 하시니 제자들이 듣고 몹시 놀라 이르되 그렇다면 누가 구원을 얻을 수 있으리이까 예수께서 그들을 보시며 이르시되 <u>사람으로는 할 수 없으나 하나님으로서는 다 하실 수 있느니라</u>(마 19:23-26).

오, 구원의 주여, 긍휼의 주여, 자비를 베푸소서!
주께서 하시지 아니하면 어느 누가 할 수 있겠나이까?
배가 불러 주의 구원을 갈망하지 않는 부자들의 세대에 … 주께서 자비를 베풀지 아니하면 어느 누가 주의 백성을 구원하겠나이까?

오, 전능하신 구원자여!
유일하신 구원자여!
부디 우리의 완고함과 패역함, 거역과 불순종을 용서하시고. 무지한 죄인들을 불쌍히 여기사 자비를 베풀어 주소서!

주께서 우리에게 영원히 노하시며 대대에 진노하시겠나이까 주께서 우리를 다시 살리사 주의 백성이 주를 기뻐하도록 하지 아니하시겠나이까 여호와여 주의 인자하심을 우리에게 보이시며 주의 구원을 우리에게 주소서(시 85:5-7).

오! 사랑하는 자들이여!
어찌하면 주 앞에 낮아지시겠습니까?
어찌하면 진심 담긴 눈물로 우리의 거역을 회개하시겠습니까?
도대체 어찌하면. 높으신 만왕의 왕을 우러러보시겠나이까?

주를 두려워하는 자는 어떤 사람인가. 주께서 그에게 택할 길을 가르쳐 주시리라 (시 25:12, 14, 킹제임스).

그가 자기를 두려워하는 자들의 소원을 이루실 것이요, 그가 또 그들의 부르짖음을 들으시고 그들을 구원하시리로다(시 145:19).

하나님께서 구하시는 제사는 상한 심령이라 하나님이여 상하고 통회하는 마음을 주께서 멸시하지 아니하시리이다(시 51:17).

제2부
†
하나님의 계획과 뜻

나의 사랑하는 자들이여!
믿지 않는 자들이 비웃을 하나님의 이야기를 들어주시겠습니까?
하나님의 계획과 우리를 향하신 그분의 뜻을 들어주시겠습니까?

모든 것 이전, 영원 전에 하나님께서 계셨습니다. 그분은 선하시고, 선하시고, 선하셨습니다. 거룩하시고, 거룩하시고, 거룩하셨습니다. 순결하시고, 정결하시며, 고결하셨습니다. 그분은 사랑이시고, 사랑이시며, 사랑이셨습니다. 그 하나님께서는 지구라는 아름다운 세상을 창조하시고, 그분의 거룩한 형상을 따라 그가 사랑하시는 존재를 그 땅에 두셨습니다.

> 하나님이 자기 형상 곧 하나님의 형상대로 사람을 창조하시되(창 1:27).

> 이는 하나님이 자기 형상대로 사람을 지었음이니라(창 9:7).

선하신 하나님께서는 인간이 서로를 사랑하고, 선한 마음으로 서로를 소중히 여기며, 진심으로 아껴주는 사랑으로 살길 바라셨습니다. 선하신 분의 형상대로 순결하고 아름다우며 거룩한 삶을 살아가길 바라신 것입니다. 하지만 사탄의 꾐에 넘어간 인간은 불순종의 죄를 저질렀고, 그 결과 죄와 사망이라는 개념이 세상에 들어오게 되었습니다.

태초에 영원히 살게끔 창조된 인간에게 죽음이라는 영역이 존재하게 되었고, 그것은 바로 죄의 결과였던 것입니다.

> 죄의 삯은 사망이요 하나님의 은사는 그리스도 예수 우리 주 안에 있는 영생이니라(롬 6:23).

인간은 태어나자마자 사망으로 향해 가는 육체, 곧 죄의 본성을 가진 육체를 갖게 되었고, 인간은 하나님의 선하심보다 죄의 본성을 택하며, 하나님의 거룩하신 형상을 잃어버렸습니다. 하나님께서 인간을 창조하실 때, 겉모습만 그분의 형상이길 바란 것이 아니라, 그 안의 마음까지 닮길 바라셨지만, 인간들은 하나님의 선하신 마음을 따르지 않았고 결국 태초에 창조하셨던 선하고 거룩한 형상을 잃어버리며, 사탄의 형상으로 사는 인간들이 되어버린 것입니다.

타락한 인간들은 이기심에 휩싸여 자기 것만 챙기고, 탐심에 눈이 멀어 베풀 줄 모르며, 거짓으로 속이며, 더 나아가 남의 것을 빼앗기까지 하며, 거짓, 시기, 다툼, 질투, 증오, 분노, 포악, 음란과 쾌락이 난무하는 세상을 만들었습니다. 그리하여 하나님께서는 선하고 거룩한 형상을 잃어버린 인간들을 돌이키시기 위해 이스라엘이라는 한 나라를 구별해 내셨습니다.

그들을 구원의 백성으로 택하시고, 신랑과 신부로서 사랑의 언약 관계를 요구하시며, 그들과 혼인 언약을 맺으신 것입니다. 그 언약의 증표로 그분의 거룩한 계명과 율법을 주시며 그 선한 마음을 배우길 원하셨습니다.

율법을 공부해 보신 적이 있습니까?

그곳에는 하나님의 아픔이 서려 있습니다. 하나님의 성품을 배워보지도 못한 채, 죄의 본성과 애굽이라는 이방 문화에 젖어, 타락할 대로 타락해버린 그들에게 주시는 최대한의 경계선이었습니다. 너무나 타락하여 단번에 그 선하심을 따라 산다는 것이 버거울 것을 아신 분께서는, 아버지의 마음으로 그들의 악함 중에 마지노선을 정하시며 율법을 주셨습니다.

성경을 공부해 보십시오. 그분의 율법을 공부해 보십시오. 그분께서 진정 원하셨던 것은 서로가 서로를 소중히 여기고, 아껴주는 사랑의 마음이었습니다. 심지어 그들이 기르는 가축마저도 긍휼히 여기시며 잔인함을 멈추려 하셨고, 다른 생명을 귀히 여기는 '사랑'이라는 그분의 속성을 가르치려 하셨던 것입니다.

강자로서 여자를 함부로 취급하고 쉽게 버리는 악함을 돌이키게 하려 하셨으나, 악한 습관에 젖어 살던 그들이 단번에 관습을 고친다는 것이 힘에 부칠 것을 아셨기에 최대한의 마지노선으로 이혼증서를 만드시며 여자들을 보호하려 하셨습니다.

악에 대한 개념도, 양심의 가책조차도 모를 만큼 야만적으로 살던 그들의 악함의 끝을 정하여 그것 이상 넘지 못하게 하신 것입니다.

> 바리새인들이 예수께 나아와 그를 시험하여 묻되 사람이 아내를 버리는 것이 옳으니이까 대답하여 이르시되 모세가 어떻게 너희에게 명하였느냐 이르되 모세는 이혼증서를 써주어 버리기를 허락하였나이다 (막 10:2-4).

율법 안에서 조금이나마 그분의 마음을 배우고 그의 선하심을 깨닫길 원하셨지만, 그들은 끝까지 그분의 마음을 알아차리지 못하였고, 결국 하나님의 본체이신 그리스도께서 이 땅에 오시며, 그분의 본심을 알려주셨습니다.

> 예수께서 그들에게 이르시되 너희 마음이 완악함으로 말미암아 이 명령을 기록하였거니와 창조 때로부터 사람을 남자와 여자로 지으셨으니 이러므로 사람이 그 부모를 떠나서 그 둘이 한 몸이 될지니라 이러한즉 이제 둘이 아니요 한 몸이니 그러므로 하나님이 짝지어 주신 것을 사람이 나누지 못할지니라 하시더라 (막 10:5-9)

부디, 깨달으십시오. 완악하고 부족한 자녀에게 단번에 엄격해지지 못한 아버지의 슬픔이, 구약시대의 율법이었단 말입니다. 하나님께서는 율법과 계명을 통해 거룩한 그의 백성을 만드시려 하셨습니다. 당시 하나님을 모른 채 죄의 본성대로 사는 이방 민족들, 잔인과 잔혹, 음란과 음행의 극치를 달리며 야만적으로 살아가는 이방 민족들과 구별하시고 그분의 선하신 사랑의 마음을 배우며 그의 거룩한 백성답게 만들려 하셨던 것입니다.

그뿐 아니라 그렇게 다듬어진 그의 아름다운 신부들을 통해 하나님을 잊어버리고, 그 형상을 잃어버린 온 열방에 하나님의 선하심을 전하여, 인간이 자기를 지으신 존재를 다시금 깨닫게 하려 하신 것입니다. 온 천하만민이 하나님의 거룩하심을 깨닫고, 자기를 지으신 분께 돌아오게 하는 것이 제사장 국가를 선택하신 이유였습니다.

> 세계가 다 내게 속하였나니 너희가 내 말을 잘 듣고 내 언약을 지키면 너희는 모든 민족 중에서 내 소유가 되겠고 너희가 내게 대하여 제사장 나라가 되며 거룩한 백성이 되리라 너는 이 말을 이스라엘 자손에게 전할지니라(출 19:5-6).

> 땅의 모든 끝이 여호와를 기억하고 돌아오며 모든 나라의 모든 족속이 주의 앞에 예배하리니 나라는 여호와의 것이요 여호와는 모든 나라의 주재심이로다(시 22:27-28).

하지만, 이스라엘은 그분과 언약을 지키지 못했습니다. 하나님과 혼인 관계를 맺었지만, 그들은 하나님 앞에 간음하는 여인이 되며 신랑만 사랑하기를 거절하였습니다. 그들은 탐심과 탐욕, 쾌락을 사랑함으로 자신들의 욕구대로 살기를 원했고, 이를 채워줄 수많은 우상에게 경배하며 하나님과 우상들을 겸하여 섬겼습니다.

그 당시 우상이란 인간의 욕심과 쾌락을 대표하는 존재였습니다. 더 많이 가지려는 탐심을 채우기 위해 풍요와 다산을 주는 수많은 종류의 우상에 경배했고 그 숭배 행위는 잔인하고 잔혹한 것, 음란하고 음행하며 쾌락에 미친 것들이었으나, 어떻게 해서든 더 많이 갖기를 원하고 더한 쾌락을 느끼길 원했던 그들은, 하나님의 율법과 계명을 져버리고 우상에게 경배하며 하나님과의 언약을 깨뜨렸습니다.

> 무리가 나를 버리고 다른 신들에게 분향하며 자기 손으로 만든 것들에 절하였은즉 내가 나의 심판을 그들에게 선고하여 그들의 모든 죄악을 징계하리라(렘 1:16).

> 그들이 내 말 듣기를 거절한 자기들의 선조의 죄악으로 돌아가서 다른 신들을 따라 섬겼은즉 이스라엘 집과 유다 집이 내가 그들의 조상들과 맺은 언약을 깨뜨렸도다(렘 11:10).

> 인자야 이 사람들이 자기 우상을 마음에 들이며 죄악의 걸림돌을 자기 앞에 두었으니 그들이 내게 묻기를 내가 조금인들 용납하랴 이는 이스라엘 족속이 다 그 우상으로 말미암아 나를 배반하였으므로 내가 그들이 마음먹은 대로 그들을 잡으려 함이라(겔 14:3, 5).

> 옛적에 내가 이스라엘을 만나기를 광야에서 포도를 만남 같이 하였으며 너희 조상들을 보기를 무화과나무에서 처음 맺힌 첫 열매를 봄 같이 하였거늘 그들이 바알브올에 가서 부끄러운 우상에게 몸을 드림으로 저희가 사랑하는 우상 같이 가증하여졌도다(호 9:10).

하나님께서는 그의 백성을 일깨우시려 수많은 그의 종을 보내셨고, 그들은 외쳤습니다.

"오직 하나님만을 섬기고, 그분만을 사랑하자!
그분의 선하신 마음을 배우자!
죄악을 그치자!
이기심과 탐심을 버리고 고아와 과부를 돌보아주자!
분노와 미움, 포악함과 잔인함을 버리고 원수마저 사랑하자 음란하고 방탕한 생활, 더러운 쾌락을 그치고 정결하고 순결한 삶을 살자!
그렇지 않으면 하나님께서 진노하사 우리를 멸하실 것이다!"

> 나 만군의 하나님 이스라엘의 하나님 여호와가 이같이 말하노라 너희가 어찌하여 큰 악을 행하여 자기 영혼을 해하며 유다 중에서 너희의 남자와 여자와 아이와 젖 먹는 자를 멸절하여 하나도 남기지 않게 하려느냐 어찌하여 너희가 너희 손의 소위로 나의 노를 격동하여 너희의 가서 우거하는 애굽 땅에서 다른 신들에게 분향함으로 끊어버림을 당하여 세계 열방 중에서 저주와 모욕거리가 되고자 하느냐(렘 44:7-8).

> 너희는 범한 모든 죄악을 버리고 마음과 영을 새롭게 할찌어다 이스라엘 족속아 너희가 어찌하여 죽고자 하느냐(겔 18:31).

그들의 우상 숭배는 탐심, 이기심, 방탕, 음란, 무절제의 결과였고, 하나님의 마음을 따르라는 선지자의 말을 싫어했으며, 그들을 죽이기까지 하였습니다.

> 그런데도 그들은 순종하지 않고, 오히려 주님께 반역하였으며, 주님께서 주신 율법을 등졌습니다. 주님께로 돌아가라고 타이르던 예언자들을 죽이기까지 하였습니다. 이렇듯 엄청나게 주님을 욕되게 하였습니다(느 9:26, 새번역).

> 예레미야가 여호와께서 명하신 말씀을 모든 백성에게 고하기를 마치매 제사장들과 선지자들과 모든 백성이 그를 붙잡고 이르되 네가 반드시 죽으리라(렘 26:8).

> 화 있을진저 너희는 선지자들의 무덤을 만드는도다 그들을 죽인 자도 너희 조상들이로다(눅 11:47).

더러운 음란에 빠져 우상들과 간음에 빠진 이스라엘은 오직 선하신 분의 계명을 따를 수 없었고 그분의 마음을 깨달을 수 없었습니다.

> 그들의 행위가 그들로 자기 하나님에게 돌아가지 못하게 하나니 이는 음란한 마음이 그 속에 있어 여호와를 알지 못하는 까닭이라(호 5:4).

또한, 그들은 자신들이 하나님 앞에 더러운 간음을 하고 있고 그분을 진노하게 하였다는 사실을 깨닫지 못할 뿐 아니라, 자신들이 하나님을 잘 섬기고 있다고 착각하며 구원의 확신마저 갖고 있었습니다.

> 보라 너희가 무익한 거짓말을 의존하는도다 너희가 도둑질하며 살인하며 간음하며 거짓 맹세하며 바알에게 분향하며 너희가 알지 못하는 다른 신들을 따르면서 내 이름으로 일컬음을 받는 이 집에 들어와서 내 앞에 서서 말하기를 우리가 구원을 얻었나이다 하느냐 이는 이 모든 가증한 일을 행하려 함이로다(렘 7:8-10).

그들은 하나님의 성전이 있는 예루살렘을 멸하실 리 없다며 자만했고, 두 마음 품은 그들은 끝까지 자신들의 모습을 깨닫지 못한 채 멸망의 길을 갔습니다.

하나님께서는 그들의 악한 모습과 불순종으로 인해 진노하셨고 심판을 예비하셨지만, 수많은 거짓 선지자는 회개가 아닌 평안을 외쳤고, 죄인들을 안심시켰습니다. 그들은 끝끝내 스스로를 '평안하다, 안전하다' 여기며, 하나님의 심판을 불러왔습니다.

그래서 내가 여호와께 말씀드렸다. "아! 주 여호와여, 보십시오. 거짓 예언자들이 이 백성에게 이상한 말을 하고 있습니다. 그들은 '너희는 적의 칼에 시달리지 않을 것이다. 굶주리는 고통도 당하지 않을 것이다. 주께서 이 곳에 진정한 평화를 주실 것이다'라고 말하고 있습니다." 그 때, 여호와께서 나에게 말씀하셨다. "그 예언자들은 내 이름으로 거짓을 예언하고 있다. 나는 그들을 보내지 않았다. 그들을 예언자로 세우지도 않았고, 그들에게 말하지도 않았다. 그들이 예언하는 것은 거짓 환상과 가짜 점과 헛된 마술이다. 그들은 자기 마음대로 거짓 예언을 하고 있다. 그러므로 내 이름으로 예언하고 있는 그 예언자들에 대하여 나 여호와가 이처럼 말한다. 내가 그들을 보내지 않았는데도 그들은 '이 땅에는 절대로 전쟁과 굶주림이 없을 것이다'라고 말한다. 그런 말을 하는 예언자들을 굶겨 죽일 것이며, 적군의 칼로 그들을 쳐죽일 것이다. 그 예언자들의 말을 들은 백성들도 예루살렘 거리로 내쫓길 것이다. 그들은 굶주림과 적군의 칼에 죽을 것이다. 그들을 묻어 줄 사람이 아무도 없을 것이다. 그들의 아내와 아들과 딸을 묻어 줄 사람도 없을 것이다. 그것은 내가 그들이 저지른 죄악에 대한 대가를 그들 위에 쏟아 부을 것이기 때문이다"(렘 14:13-16, 쉬운 성경).

나 만군의 주가 말한다. 스스로 예언자라고 하는 자들에게서 예언을 듣지 말아라. 그들은 헛된 말로 너희를 속이고 있다. 그들은 나 주의 입에서 나온 말을 전하는 것이 아니라, 자기들의 마음 속에서 나온 환상을 말할 뿐이다. 그들은 나 주의 말을 멸시하는 자들에게도 말하기를 '만사가 형통할 것이다. 주님의 말씀이다' 한다. 제 고집대로 살아가는 모든 사람에게도 '너희에게는 어떠한 재앙도 내리지 않을 것이다.' 하고 말한다(렘 23:16-17, 새번역).

결국, 그들은 진노의 심판을 받게 되었고, 북이스라엘과 남유다는 차례로 멸망했습니다. 땅을 빼앗기고 포로로 잡혀가며 나라를 잃게 되었지만, 하나님께서는 그들은 완전히 멸하신 것은 아니었습니다.

> 주님께서 말씀하신다. "포도송이에 즙이 들어 있으므로, 사람들이, '그것을 없애지 말아라. 그 속에 복이 들어 있다' 하고 말한다. 나도 이와 같이 나의 종들을 생각하여, 그들을 다 멸하지는 않겠다(사 65:8, 새번역).

> 그러나 그럴 때에도, 내가 너희를 완전히 멸망시키지는 않겠다. 나 주의 말이다(렘 5:18, 새번역).

하나님께는 우리를 구원하시기 위한 다른 계획이 있으셨던 것입니다. 과거 출애굽 후 모세를 통해 이스라엘과 세웠던 최초의 언약과는 다른, 강력한 새 언약을 예정하고 계셨던 것입니다.

> 주께서 이르시되 볼지어다 날이 이르리니 내가 이스라엘 집과 유다 집과 더불어 새 언약을 맺으리라 또 주께서 이르시기를 이 언약은 내가 그들의 열조의 손을 잡고 애굽 땅에서 인도하여 내던 날에 그들과 맺은 언약과 같지 아니하도다 그들은 내 언약 안에 머물러 있지 아니하므로 내가 그들을 돌보지 아니하였노라(히 8:8-9).

그리고 그 새 언약은 바로, 너무나 사랑스럽고 소중한 그의 독생자 예수 그리스도를 통한 것이었습니다. 우리의 체질과 연약함을 아시는 분이시기에 이미 우리의 불순종을 알고 계셨고, 반역하는 백성을 의롭게 만들어 주실 구원자를 이미 예정하신 것입니다.

하나님께서는 그분의 형상 본체를 이 땅에 보내사, 친히 그분의 선하심과 사랑하심, 순결하심, 거룩하심의 참 형상을 보여 주시며 무엇이 하나님의 뜻인지를 알려주십니다.

> 본래 하나님을 본 사람이 없으되 아버지 품 속에 있는 독생하신 하나님이 나타내셨느니라(요 1:18).

> 그리스도는 하나님의 형상이니라(고후 4:4).

> 그 아들은 보이지 않는 하나님의 형상이시요, 모든 피조물보다 먼저 나신 분이십니다(골 1:15, 새번역).

하나님의 형상의 본체이신 그리스도는 세상에 사랑의 빛을 나타내셨습니다. 굶주리고 가난한 자, 병들고 연약한 자, 소외되고 버려진 자들을 사랑하시고 모두가 외면하는 걸인과 나병 환자의 친구가 되시며, 사랑이신 분의 형상을 보여 주셨습니다.

우주에서 가장 높으신 분께서 가장 낮은 자가 되어 사람들을 섬기시고, 심지어는 고귀한 목숨까지 우리에게 주심으로 사랑을 증명하셨습니다. 그리고 그 사역의 마지막은 그분의 승천으로 말미암아 하나님의 영, 곧 그의 성령이 우리 안에 거할 수 있게 해 주신 것입니다.

> 그러나, 내가 너희에게 진실을 말하는데, 내가 떠나가는 것이 너희에게 유익하다. 내가 떠나가지 않으면, 보혜사가 너희에게 오시지 않을 것이다. 그러나 내가 가면, 보혜사를 너희에게 보내주겠다(요 16:7, 새번역).

이 일은 하나님께서 예언자 요엘을 시켜서 말씀하신 대로 된 것입니다. '하나님께서 말씀하신다. 마지막 날에 나는 내 영을 모든 사람에게 부어 주겠다. 너희의 아들들과 너희의 딸들은 예언을 하고, 너희의 젊은이들은 환상을 보고, 너희의 늙은이들은 꿈을 꿀 것이다. 그 날에 나는 내 영을 내 남종들과 내 여종들에게도 부어 주겠으니, 그들도 예언을 할 것이다(행 2:16-18, 새번역).

이 새 언약의 성령님은 우리 안에 거주하시고, 우리에게 그분의 말씀, 계명, 속성을 가르쳐 주시며, 그것을 우리 마음에 기록하십니다. 그리하여 그전에는 육신이 연약하여 할 수 없는 것을 성령을 통한 능력으로 가능케 하는, 강력한 새 언약의 복음을 준비하신 것입니다.

또 새 영을 너희 속에 두고 새 마음을 너희에게 주되 너희 육신에서 굳은 마음을 제거하고 부드러운 마음을 줄 것이며 또 내 영을 너희 속에 두어 너희로 내 율례를 행하게 하리니 너희가 내 규례를 지켜 행할지라(겔 36:26-27).

또 주께서 이르시되 그 날 후에 내가 이스라엘 집과 맺을 언약은 이것이니 내 법을 그들의 생각에 두고 그들의 마음에 이것을 기록하리라 나는 그들에게 하나님이 되고 그들은 내게 백성이 되리라(히 8:10).

그러나 보혜사, 곧 아버지께서 내 이름으로 보내실 성령께서, 너희에게 모든 것을 가르쳐 주실 것이며, 또 내가 너희에게 말한 모든 것을 생각나게 하실 것이다(요 16:26, 새번역).

성령님을 통해 진실한 사랑을 품은 자들이 만들어지고, 그들은 그 사랑으로 그의 선하심, 순결하심, 거룩하심을 사모하며 그분께 순종하게 됩니다. 오직 선하신 단 한 분, 하나님을 사랑한다는 것은 그의 계명에 순종하는 것입니다.

하나님을 사랑하는 것은 이것이니 우리가 그의 계명들을 지키는 것이라 그의 계명들은 무거운 것이 아니로다(요일 5:3).

그의 계명의 순종한다는 것은 그분의 선한 사랑을 따라 산다는 것이며, 그의 선한 마음을 따라 산다는 것, 하나님의 거룩한 형상을 회복하는 것, 곧 이 땅에 오신 예수 그리스도를 닮아가는 것입니다. 태초에 창조하셨던 형상대로 거룩하고 아름다운 그리스도의 형상을 회복하게 되는 것입니다.

하나님께서는 미리 아신 사람들을 택하셔서, 자기 아들의 형상과 같은 모습이 되도록 미리 정하셨으니(롬 8:29, 새번역).

나의 자녀 여러분 나는 여러분 속에 그리스도의 형상이 이루어지기까지 다시 해산의 고통을 겪습니다(갈 4:19, 새번역).

하나님의 형상을 따라 참 의로움과 거룩함으로 지으심을 받은 새 사람을 입으십시오(엡 4:24, 새번역).

새 사람을 입으십시오. 이 새 사람은 자기를 창조하신 분의 형상을 따라 끊임없이 새로워져서, 참 지식에 이르게 됩니다(골 3:10).

나의 의로운 중에 주의 얼굴을 뵈오리니 깰 때에 주의 형상으로 만족하리이다(시 17:15).

하나님의 성령을 통해 다시 태어난 자들은 자기 생명보다 그리스도를 사랑하고 그가 품으셨던 선한 사랑의 마음 또한 사랑하게 됩니다. 그분의 선하고 아름다운 마음 품기를 갈망하는 자들이 되고, 그 선한 사랑의 마음을 따르려 피 흘리기까지 죄와 싸우는 군사들이 됩니다. 그의 군사들은 죄악이 지배한 어둠의 세상에서 그리스도의 마음을 닮는 빛과 소금이 되어 그분의 선하심을 자기 삶을 통해 나타냅니다.

그의 아름다운 빛을 세상에 비추고 그의 살아계심을 세상에 증거하는 역할을 맡게 됩니다. 그리하여 이스라엘을 제사장 국가 삼아 하시려 했던 일을 그의 성령을 받은 모든 제사장, 곧 우리를 통해 이루려 하셨습니다.

> 그리하여 여러분은, 흠이 없고 순결해져서, 구부러지고 뒤틀린 세대 가운데서 하나님의 흠없는 자녀가 되어야 합니다. 그리하면 여러분은 이 세상에서 별과 같이 빛날 것입니다(빌 2:15, 새번역).

> 그러나 너희는 택하신 족속이요 왕 같은 제사장들이요 거룩한 나라요 그의 소유가 된 백성이니 이는 너희를 어두운 데서 불러내어 그의 기이한 빛에 들어가게 하신 이의 아름다운 덕을 선포하게 하려 하심이라(벧전 2:9).

우리가 무엇을 위해 태어났고, 무엇을 위해 살아야 하는지 아시겠습니까?

우리 삶의 목적은 하나님의 거룩한 형상을 회복하는 것이고, 주님의 선한 말씀을 따르며 아름다운 삶의 열매로 그리스도를 닮아가는 것이며, 세상의 빛과 소금이 되어 온 세상에 그리스도의 선하심을 증거하는 것입니다. 그 방법은 단 하나, 하나님의 모든 말씀에 순종하는 것입니다.

하나님 말씀에 순종하는 것이 쉬울 것이라 착각하지 마십시오. 당신은 아직 성경을 제대로 배워본 적도 없습니다. 타락한 인간이 거룩한 분의 형상을 회복하는 일은 절대 넓은 길이 아닐 것이고, 죄악의 세상에 그리스도의 빛이 된다는 것은 결코 쉬운 일이 아닐 것입니다.

세상 속에서, 세상을 사랑할 수밖에 없는 인간이 세상을 거스르고 역행하여 그리스도를 따른다는 것은 무척이나 괴로운 길일 것입니다. 본성적으로 증오와 분노를 뿜어내는 것이 편하고, 돈과 재물을 사랑하는 욕심이 좋으며 음란과 음행의 쾌락을 사랑할 수밖에 없는 인간에게 하늘로부터 내려오는 기적의 변화를 받지 못한다면, 이 길은 고행의 길이 될 뿐입니다. 단순한 비유가 아니라, 한 번 어미의 배에서 태어난 인간이 하나님의 성령으로 다시 태어나 새로운 사람으로 재창조되고 그 마음의 중심이 변화되어 자기 자신보다 그분을 사랑하게 되며, 그분의 선하신 말씀 자체가 좋고 사랑스럽게 느끼게 되는 기적을 겪지 못한다면 이 좁은 길은 기쁨 없는 지옥 같은 길일 것입니다.

> 전에는 우리도 다 그 가운데서 우리 육체의 욕심을 따라 지내며 육체와 마음의 원하는 것을 하여 다른 이들과 같이 본질상 진노의 자녀이었더니(엡 2:3).

남자들이여!

성적 욕망과 음란의 수단이 넘쳐나는 세상 속에서, 손가락 하나로 온 세상 여자들에게 음욕을 품고 욕정을 풀어대는 세상 속에서, 역겹고 더러운 음란의 쾌락을 건강한 것이라 가르치는 미친 세상 속에서, 그리스도의 순결함을 위해 당신의 눈과 몸뿐 아니라 마음과 생각까지 지킬 수 있겠습니까.

> 내가 내 눈과 약속하였나니 어찌 처녀에게 주목하랴(욥 31:1).

> 나는 너희에게 이르노니 음욕을 품고 여자를 보는 자마다 마음에 이미 간음하였느니라(마 5:28).

> 늙은 여자에게는 어머니에게 하듯 하며 젊은 여자에게는 온전히 깨끗함으로 자매에게 하듯 하라(딤전 5:2).

> 너희가 음란과 정욕과 술취함과 방탕과 향락과 무법한 우상 숭배를 하여 이방인의 뜻을 따라 행한 것은 지나간 때로 족하도다(벧전 4:3).

아내들이여!

하나님께 순종하기 위해 자기를 낮은 자라 여기며 남편에게 순종하시겠습니까?

남편을 지배하고 싶은 본능적 욕망을 내려놓고, 주님께 굴복되어 주시겠습니까?

> 여자에게는 이렇게 말씀하셨다. "내가 너에게 임신하는 고통을 크게 더할 것이니, 너는 고통을 겪으며 자식을 낳을 것이다. 네가 남편을 지배하려고 해도 남편이 너를 다스릴 것이다."(창 3:16, 새번역).

페미니즘, 여성 우월시대, 남성혐오사상이 넘치는 세상 속에서, 계속해서 위로 올라 높은 자가 되라 말하는 세상과 계속해서 자신을 낮추고 섬기는 자가 되라는 성경의 가르침 중에 하나님 말씀에 순종함으로 자신을 낮은 자라 여기며 남편에게 순종할 수 있겠습니까?

> 교회가 그리스도께 순종하듯이, 아내도 모든 일에 남편에게 순종해야 합니다(엡 5:24, 새번역).

> 아내들아 남편에게 복종하라 이는 주 안에서 마땅하니라(골 3:18).

전에 하나님께 소망을 두었던 거룩한 부녀들도 이와 같이 자기 남편에게 순종함으로 자기를 단장하였나니(벧전 3:5).

남편들이여!

눈을 돌리는 곳마다 음욕을 자극하고 부추기는 세상 속에서, 예쁘고 매력적인 여자들이 자신의 몸을 뽐내고 음심을 품으라 유혹하는 세상 속에서 한 여자만을 사랑하는 그리스도의 순결한 사랑을 따를 수 있겠습니까?

그분께서 교회를 위해 목숨을 내주심 같이, 당신 또한 목숨을 다하여 아내만을 사랑하고 귀히 여길 수 있겠습니까?

네 샘으로 복을 받게 하고, 네 젊은 날의 아내와 더불어 기뻐하라. 그녀로 사랑스러운 암사슴 같게 하고 우아한 노루 같게 하라. 너는 그녀의 가슴을 언제나 만족하게 여기며, 그녀의 사랑으로 항상 기뻐하라. 내 아들아, 어찌하여 타국 여인과 더불어 기뻐하며 타국 여자의 품을 안으려 하느냐?(잠 5:18-20, 킹제임스).

남편 된 이 여러분, 아내를 사랑하기를 그리스도께서 교회를 사랑하셔서 교회를 위하여 자신을 내주심 같이 하십시오(엡 5:25, 새번역).

남편들아 아내를 사랑하며 괴롭게 하지 말라(골 3:19).

남편들아 이와 같이 지식을 따라 너희 아내와 동거하고 그를 더 연약한 그릇이요 또 생명의 은혜를 함께 이어받을 자로 알아 귀히 여기라(벧전 3:7).

여자들이여!

값비싼 명품과 화려한 보석을 사랑하는 세상 속에서, 몸매를 드러내고 부각시키는 옷을 입으며 성적 매력 뽐내기를 기뻐하는 세상 속에서, 몸을 더욱더 탐스럽게 보이고 다른 이성의 눈길 빼앗기를 갈망하며 서로가 서로를 향해 음란과 음욕이 넘치게끔 만드는 음란한 세상 문화 속에서, 단정한 옷을 입고 금이나 진주, 값진 옷을 포기하며 소박함과 정절로 단장할 수 있겠습니까?

왕의 말씀에 순종하기 위해 세상의 가치관을 등지고 선한 행실로 치장할 수 있겠습니까?

> 이와 같이 여자들도 소박하고 정숙하게 단정한 옷차림으로 몸을 꾸미기 바랍니다. 머리를 어지럽게 꾸미거나 금붙이나 진주나 값비싼 옷으로 치장하지 말고, 하나님을 공경하는 여자에게 어울리게, 착한 행실로 치장하기를 바랍니다(딤전 2:9-10, 새번역).

> 여러분은 머리를 꾸미며 금붙이를 달거나 옷을 차려 입거나 하여 겉치장을 하지 말고, 썩지 않는 온유하고 정숙한 마음으로 속 사람을 단장하도록 하십시오. 그것이 하나님께서 보시기에 값진 것입니다. 전에 하나님께 소망을 두고 살던 거룩한 여자들도 이와 같이 자기를 단장하고, 자기 남편에게 순복하였습니다(벧전 3:3-5, 새번역).

사랑하는 자들이여!

예쁘고 잘생긴 사람들을 연예인이라는 이름으로 한자리에 모아 육체의 모양을 뽐내라 가르치는 세상 속에서, 모든 매체와 문화는 하루종일 훌륭한 외모가 최고의 가치인 양 떠들어대는 세상에서, 여자들은 다이어트에, 남자들은 몸짱이 되기 위해 인생의 열정을 바치는 문화 속에서, 겉모양의 헛된 아름다움을 버리고 하나님의 아름다움을 위해 살 수 있겠습니까?

여호와께서 사무엘에게 이르시되 그의 용모와 키를 보지 말라 내가 이미 그를 버렸노라 내가 보는 것은 사람과 같지 아니하니 사람은 외모를 보거니와 나 여호와는 중심을 보느니라(삼상 16:7).

고운 것도 거짓되고 아름다운 것도 헛되나 오직 여호와를 경외하는 여자는 칭찬을 받을 것이라(잠 31:30).

몸의 훈련은 약간의 유익이 있으나, 경건 훈련은 모든 면에 유익하니, 이 세상과 장차 올 세상의 생명을 약속해 줍니다(딤전 4:8, 새번역).

한 번 태어난 인간이, 수십 명의 이성과 몸을 섞어도 이상하지 않다 여기지 않은 세상 속에서, 하나님 말씀에 대적하는 연애관, 결혼관, 이혼관이 뒤덮어 버린 세상 속에서, 한 남자와 한 여자가 짝이 되고 이 둘을 나눌 수 없다는 하나님의 말씀을 지킬 수 있겠습니까!

창조 때로부터 사람을 남자와 여자로 지으셨으니 이러므로 사람이 그 부모를 떠나서 그 둘이 한 몸이 될지니라 이러한즉 이제 둘이 아니요 한 몸이니 그러므로 하나님이 짝지어 주신 것을 사람이 나누지 못할지니라 하시더라 집에서 제자들이 다시 이 일을 물으니 이르시되 누구든지 그 아내를 버리고 다른 데에 장가 드는 자는 본처에게 간음을 행함이요 또 아내가 남편을 버리고 다른 데로 시집 가면 간음을 행함이니라(막 10:6-12).

결혼 전 성관계가 너무도 당연하고, 성을 오락이자 쾌락으로 여기는 세대에서, 연애라는 문화 아래 남녀가 몸을 섞는 것이 대수롭지 않은 일이 돼버린 세상 속에서, 하나님의 거룩함과 그리스도의 순결함, 지조와 정조, 정절과 절개 따위는 고지식하고 시대에 뒤떨어진 것이라 취급하는 음란한 세대 속에서, 성문화, 성적 쾌락의 개방을 환영하고, 기뻐 마지않는 쾌락의 세상 속에서, 세상의 가치관을 거스르고 하나님의 말씀으로 자신을 지켜 거룩히 구별될 수 있겠습니까!

> 음행을 피하라 사람이 범하는 죄마다 몸 밖에 있거니와 음행하는 자는 자기 몸에 죄를 범하느니라(고전 6:18).

> 음행을 피하기 위하여 남자마다 자기 아내를 두고 여자마다 자기 남편을 두라 남편은 그 아내에 대한 의무를 다하고 아내도 그 남편에게 그렇게 할지라 아내는 자기 몸을 주장하지 못하고 오직 그 남편이 하며 남편도 그와 같이 자기 몸을 주장하지 못하고 오직 그 아내가 하나니(고전 7:2-4).

> 만일 절제할 수 없거든 결혼하라 정욕이 불 같이 타는 것보다 결혼하는 것이 나으니라(고전 7:9).

> 하나님의 뜻은 이것이니 너희의 거룩함이라 곧 음란을 버리고 각각 거룩함과 존귀함으로 자기의 아내 대할 줄을 알고 하나님을 모르는 이방인과 같이 색욕을 따르지 말고(살전 4:3-5).

> 모든 사람은 결혼을 귀히 여기고 침소를 더럽히지 않게 하라 음행하는 자들과 간음하는 자들을 하나님이 심판하시리라(히 13:4).

술을 즐기라 가르치고, 남녀노소 반주를 들이키며 그 모습을 자랑스러워하는 세상 속에서, 주말만 되면 '불금이다, 불토다'를 외치며 불타는 광란의 밤을 즐기는 세상 속에서, 모든 즐거움에는 술이 곁들여져야 한다고 가르치는 방탕에 미친 세상 문화 속에서, 하나님의 사람으로 무절제와 방탕함을 버릴 수 있겠습니까!

　그리스도의 사람으로 언제나 대낮 같이 단정하고 올바르며, 총명한 눈빛으로 세상의 빛이 될 수 있겠습니까!

> 너희는 스스로 조심하라 그렇지 않으면 방탕함과 술취함과 생활의 염려로 마음이 둔하여지고 뜻밖에 그 날이 덫과 같이 너희에게 임하리라(눅 21:34).

> 낮에와 같이 단정히 행하고 방탕하거나 술 취하지 말며 음란하거나 호색하지 말며 다투거나 시기하지 말고(롬 13:13).

> 투기와 술 취함과 방탕함과 또 그와 같은 것들이라 전에 너희에게 경계한 것 같이 경계하노니 이런 일을 하는 자들은 하나님의 나라를 유업으로 받지 못할 것이요(갈 5:21).

> 술 취하지 말라 이는 방탕한 것이니 오직 성령으로 충만함을 받으라(엡 5:18).

　부모들이여!
　아이들은 혼내면 안 된다, 기죽이면 안 된다며 자녀가 우상이 되어버린 세상 문화 속에서, 자녀를 위해서라면 선과 악의 개념마저 무시한 채 우상처럼 떠받드는 세상 속에서, 하나님의 말씀과 사랑으로 자녀를 가르치며 하나님의 가치관으로 훈계할 수 있겠습니까?
　당신의 자녀를 살리기 위해 매를 아끼지 않고 징계할 수 있겠습니까?

> 매를 아끼는 자는 그의 자식을 미워함이라 자식을 사랑하는 자는 근실히 징계하느니라(잠 13:24).

> 아이를 훈계하지 아니하려고 하지 말라 채찍으로 그를 때릴지라도 그가 죽지 아니하리라 네가 그를 채찍으로 때리면 그의 영혼을 스올에서 구원하리라(잠 23:13-14).

> 채찍과 꾸지람이 지혜를 주거늘 임의로 행하게 버려 둔 자식은 어미를 욕되게 하느니라 네 자식을 징계하라 그리하면 그가 너를 평안하게 하겠고 또 네 마음에 기쁨을 주리라(잠 29:15, 17).

자녀들이여!
사탄의 문화와 사상 속에서 길든 악한 습관을 버릴 수 있겠습니까?
자녀를 갑이 되게 만들고, 부모를 을이 되게 하며, 부모 공경을 모르는 패역한 세상 속에서, 부모들은 자녀들이 엇나갈까 쩔쩔매고, 자녀들은 조금만 간섭하면, 짜증과 분노를 쏟는 것에 아무런 죄책감도 느끼지 않는 패역한 세대 속에서, 진심으로 부모를 존중하고 공경하며 섬길 수 있겠습니까!
하나님의 말씀에 순종함으로 부모를 경외하며 순종할 수 있겠습니까!
당신을 낳은 어미를 귀하게 여기고, 기쁘게 하실 수 있겠습니까!

> 너를 낳은 아비에게 청종하고 네 늙은 어미를 경히 여기지 말지니라 의인의 아비는 크게 즐거울 것이요 지혜로운 자식을 낳은 자는 그로 말미암아 즐거울 것이니라 네 부모를 즐겁게 하며 너를 낳은 어미를 기쁘게 하라(잠 23:22-25).

> 부모의 물건을 도둑질하고서도 죄가 아니라 하는 자는 멸망 받게 하는 자의 동류니라(잠 28:24).

> 자녀들아 주 안에서 너희 부모에게 순종하라 이것이 옳으니라 네 아버지와 어머니를 공경하라 이것은 약속이 있는 첫 계명이니(엡 6:1-2).

> 자녀들아 모든 일에 부모에게 순종하라 이는 주 안에서 기쁘게 하는 것이니라 (골 3:20).

당신 안의 증오와 분노를 멈추실 수 있겠습니까!
무자비와 증오가 가득하고, 다른 이의 조그만 잘못에도 죽일 듯 비난하는 세상 속에서, 인터넷 댓글만 봐도, 잘못한 사람을 물어뜯어 죽이지 못해 안달 나 있는 세상 속에서, 다른 이를 불쌍히 여기고 포용하며 용서하는 그리스도의 마음을 닮아가시겠습니까!
마음으로 하는 살인으로 멈추고 피로 물든 두 손을 깨끗케 하시겠습니까!

> 옛 사람에게 말한 바 살인하지 말라 누구든지 살인하면 심판을 받게 되리라 하였다는 것을 너희가 들었으나 나는 너희에게 이르노니 형제에게 노하는 자마다 심판을 받게 되고 형제를 대하여 라가라 하는 자는 공회에 잡혀가게 되고 미련한 놈이라 하는 자는 지옥불에 들어가게 되리라(마 5:21-22).

> 비판하지 말라 그리하면 너희가 비판을 받지 않을 것이요 정죄하지 말라 그리하면 너희가 정죄를 받지 않을 것이요 용서하라 그리하면 너희가 용서를 받을 것이요(눅 6:37).

> 그 형제를 미워하는 자마다 살인하는 자니 살인하는 자마다 영생이 그 속에 거하지 아니하는 것을 너희가 아는 바라(요일 3:15).

하나님의 말씀에 굴복함으로 원수마저 사랑할 수 있겠습니까!
사랑하는 자여!
사랑할 만한 자를 사랑하는 것이 무슨 상이 있겠습니까!

사랑하지 못할 자를 사랑하고 그를 위해 기도하며 살아갈 수 있겠습니까!

> 나는 너희에게 이르노니 너희 원수를 사랑하며 너희를 박해하는 자를 위하여 기도하라 이같이 한즉 하늘에 계신 너희 아버지의 아들이 되리니 이는 하나님이 그 해를 악인과 선인에게 비추시며 비를 의로운 자와 불의한 자에게 내려주심이라 너희가 너희를 사랑하는 자를 사랑하면 무슨 상이 있으리요 세리도 이같이 아니하느냐(마 5:44-46).

> 아무에게도 악을 악으로 갚지 말고 모든 사람 앞에서 선한 일을 도모하라 네 원수가 주리거든 먹이고 목마르거든 마시게 하라 그리함으로 네가 숯불을 그 머리에 쌓아 놓으리라 악에게 지지 말고 선으로 악을 이기라(롬 12:17, 20, 21).

> 삼가 누가 누구에게든지 악으로 악을 갚지 말게 하고 서로 대하든지 모든 사람을 대하든지 항상 선을 따르라(살전 5:15).

타인에게 자비롭지 못하고, 이기적이며, 내 이익을 해치면 눈에 불을 켜고 증오하며, 끼어들기만 잘못해도 서로를 죽일 듯 폭언을 일삼고, 층간소음만으로 살인이 나며, 원통한 마음을 풀기 싫어하며, 당한 것은 몇 배로 갚아줘야 통쾌하다고 여기는 세상 속에서, 그의 선하심을 닮기 위해 끓어오르는 분노를 내려놓을 수 있겠습니까!

당신에게 해를 가한 자를 용서해 주고, 그를 위해 기도해줄 수 있겠습니까!

> 서서 기도할 때에 아무에게나 혐의가 있거든 용서하라 그리하여야 하늘에 계신 너희 아버지께서도 너희 허물을 사하여 주시리라 하시니라(막 11:25).

악을 악으로, 욕을 욕으로 갚지 말고 도리어 복을 빌라 를 위하여 너희가 부르심을 받았으니 이는 복을 이어받게 하려 하심이라(벧전 3:9).

부당하게 고난을 받아도 하나님을 생각함으로 슬픔을 참으면 이는 아름다우나 죄가 있어 매를 맞고 참으면 무슨 칭찬이 있으리요 그러나 선을 행함으로 고난을 받고 참으면 이는 하나님 앞에 아름다우니라(벧전 2:19-20).

물질에 대해 끓어오르는 탐심과 이기심을 내려놓을 수 있겠습니까!
값비싼 명품, 고가의 외제 차, 화려한 집, 세상 것들에 대한 탐심을 버릴 수 있겠습니까!
돈을 사랑치 말고, 돈과 하나님을 겸하여 섬기지 못한다는 말씀에 굴복될 수 있으시겠습니까!

한 사람이 두 주인을 섬기지 못할 것이니 혹 이를 미워하고 저를 사랑하거나 혹 이를 중히 여기고 저를 경이 여김이라 너희가 하나님과 재물을 겸하여 섬기지 못하느니라(마 6:24).

돈을 사랑하지 말고 있는 바를 족한 줄로 알라 그가 친히 말씀하시기를 내가 결코 너희를 버리지 아니하고 너희를 떠나지 아니하리라 하셨느니라(히 13:5).

너희를 위하여 보물을 땅에 쌓아 두지 말라 거기는 좀과 동록이 해하며 도둑이 구멍을 뚫고 도둑질하느니라 오직 너희를 위하여 보물을 하늘에 쌓아 두라 거기는 좀이나 동록이 해하지 못하며 도둑이 구멍을 뚫지도 못하고 도둑질도 못하느니라 네 보물 있는 그 곳에는 네 마음도 있느니라(마 6:19-21).

저축, 주식, 재테크, 보험, 연금, 돈을 쌓아 두라는 가르침밖에 없는 세상 속에서, 좋은 집, 좋은 차, 자기만 잘 먹고 잘 살면 되는 이기심 가득한 세상 속에서, 이 땅에 재물을 쌓지 말라는 주님 말씀에 순종할 수 있겠습니까!

더 멋진, 더 폼나는, 더 성공한 내가 되기 위해 두 손 가득히 움켜쥐고 사는 세상 속에서, 수레 끄는 노인 하나 불쌍히 여길 줄도 모르고, 무자비의 개념조차 모르는 세상 속에서, 그리스도의 사랑과 긍휼을 따르기 위해 당신 손에 쥔 것을 내놓을 수 있겠습니까!

이 땅이 아니라 하늘의 보화를 쌓기 위해 당신의 먹을 것, 입을 것을 양보해줄 수 있겠습니까!

너희 소유를 팔아서, 자선을 베풀어라. 너희는 자기를 위하여 낡아지지 않는 주머니를 만들고, 하늘에다가 없어지지 않는 재물을 쌓아 두어라. 거기에는 도둑이나 좀의 피해가 없다. 너희의 재물이 있는 곳에 너희의 마음도 있을 것이다(눅 12:33-34, 새번역).

가난한 자를 보살피는 자에게 복이 있음이여 재앙의 날에 여호와께서 그를 건지시리로다(시 41:1).

가난한 자를 불쌍히 여기는 것은 여호와께 꾸어 드리는 것이니 그의 선행을 그에게 갚아 주시리라(잠 19:17).

귀를 막고 가난한 자가 부르짖는 소리를 듣지 아니하면 자기가 부르짖을 때에도 들을 자가 없으리라(잠 21:13).

선한 눈을 가진 자는 복을 받으리니 이는 양식을 가난한 자에게 줌이니라(잠 22:9).

누가 이 세상의 재물을 가지고 형제의 궁핍함을 보고도 도와 줄 마음을 닫으면 하나님의 사랑이 어찌 그 속에 거하겠느냐(요일 3:17).

당신이 갖고 싶은 것, 먹고 싶은 것, 누리고 싶은 것을 포기하고, 거리에 지나는 폐지 줍는 허름한 노인에게 당신의 것을 내어줄 수 있겠습니까!
당신과 아무 상관도 없는 그들을 진정 당신의 이웃으로 여겨줄 수 있겠습니까!
그 이웃을 내 몸과 같이 사랑하며 진심으로 아껴줄 수 있겠습니까!

이 사람이 자기를 옳게 보이려고 예수께 여짜오되 그러면 내 이웃이 누구오니이까 예수께서 대답하여 가라사대 어떤 사람이 예루살렘에서 여리고로 내려가다가 강도를 만나매 강도들이 그 옷을 벗기고 때려 거반 죽은 것을 버리고 갔더라 어떤 사마리아인은 여행하는 중 거기 이르러 그를 보고 불쌍히 여겨 가까이 가서 기름과 포도주를 그 상처에 붓고 싸매고 자기 짐승에 태워 주막으로 데리고 가서 돌보아 주고 이튿날에 데나리온 둘을 내어 주막 주인에게 주며 가로되 이 사람을 돌보아 주라 부비가 더 들면 내가 돌아 올 때에 갚으리라 하였으니 네 의견에는 이 세 사람 중에 누가 강도 만난 자의 이웃이 되겠느냐 가로되 자비를 베푼 자니이다 예수께서 이르시되 가서 너도 이와 같이 하라 하시니라(눅 10:29, 30, 33-37)

배고프고 헐벗은 그리스도를 먹이고 입히기 위해 탐심이라는 우상 숭배를 멈출 수 있겠습니까!
탐심으로 비롯된 이기심을 버리고, 지극히 작은 소자에게 당신 것을 내어줄 수 있겠습니까!

이에 의인들이 대답하여 이르되 주여 우리가 어느 때에 주께서 주리신 것을 보고 음식을 대접하였으며 목마르신 것을 보고 마시게 하였나이까 어느 때에 나그네 되신

> 것을 보고 영접하였으며 헐벗으신 것을 보고 옷 입혔나이까 어느 때에 병드신 것이나 옥에 갇히신 것을 보고 가서 뵈었나이까 하리니 임금이 대답하여 이르시되 내가 진실로 너희에게 이르노니 너희가 여기 내 형제 중에 지극히 작은 자 하나에게 한 것이 곧 내게 한 것이니라 하시고(마 25:37-40).

> 둘째는 이것이니 네 이웃을 네 자신과 같이 사랑하라 하신 것이라 이보다 더 큰 계명이 없느니라(막 12:31).

> 그러므로 염려하여 이르기를 무엇을 먹을까 무엇을 마실까 무엇을 입을까 하지 말라 이는 다 이방인들이 구하는 것이라 너희 하늘 아버지께서 이 모든 것이 너희에게 있어야 할 줄을 아시느니라 그런즉 너희는 먼저 그의 나라와 그의 의를 구하라 그리하면 이 모든 것을 너희에게 더하시리라(마 6:31-33).

무엇을 먹을까, 무엇을 입을까, 어떻게 돈 벌까, 어떻게 더 많이 가질까만 염려하는 세상 속에서, 모든 염려를 내려놓고 그분의 나라와 의를 구하며 살 수 있겠습니까!

세상을 사는 인간이, 세상의 사상과 가치관을 거스르며 살 수 있겠습니까!

어둠으로 뒤덮인 세상에서 그리스도의 빛이 되어주실 수 있겠습니까!

그분께서 진실로 기뻐하시고 사랑하시는, 적은 무리가 되시겠습니까!

> 다만 너희는 그의 나라를 구하라 그리하면 이런 것들을 너희에게 더하시리라 적은 무리여 무서워 말라 너희 아버지께서 그 나라를 너희에게 주시기를 기뻐하시느니라(눅 12:31-32).

세상의 모든 사상과 가치관들은 하나님 말씀과 반대로만 갑니다.

'너 자신을 찾아라', '너 자신을 드러내라', '더 멋진 네가 되어라', '너다울 때가 가장 멋진 것이다.'

참으로 멋지고 그럴듯한 말들이 삶의 지표가 되고, 사람들은 저런 말들에 감동하며, 세상에서 더 멋진 '나', 더 행복한 '나', 더 자신감 넘치는 '나', 더 성공한 '나'를 원하고 노력하며 살아갑니다.

사랑하는 자들이여!

그리스도인에게 '나'다운 것 따위는 없습니다. 다른 이에게 막말하면서 자신은 솔직하고 직설적이라며 그런 '나'를 인정해 달라고 합니다. 교만하고 거만한 것이 멋이라며 고개를 치켜세우며 다른 이를 내려다봅니다. 자신은 욕심이 많은 편이고, 음욕이 많은 편이라며 탐심과 쾌락의 죄를 이해해 달라고 합니다.

가엾은 세대여!

그대들의 아름다운 개성을 묵살하고 싶지 않습니다 . 하지만, 예수 그리스도를 닮지 못하고, 사탄의 형상을 닮은 그대들의 '나다움'은 모두 죄일 뿐입니다.

하나님께서는 말씀하십니다. 네 십자가를 져라. 매일 너 스스로를 죽여라. 더는 너 자신으로 살지 말고 네 안의 예수 그리스도로 살아라. 그분께 갇힌 자가 되어라. 그분께 빚진 자로 살아라. 너를 십자가에 못 박고 죽은 채로 살아라.

> 또 무리에게 이르시되 아무든지 나를 따라오려거든 자기를 부인하고 날마다 제 십자가를 지고 나를 따를 것이니라 누구든지 제 목숨을 구원하고자 하면 잃을 것이요 누구든지 나를 위하여 제 목숨을 잃으면 구원하리라(눅 9:23-24).

우리가 그의 죽으심과 같은 죽음을 죽어서 그와 연합하는 사람이 되었으면, 우리는 부활에 있어서도 또한 그와 연합하는 사람이 될 것입니다(롬 6:5, 새번역).

그러므로 형제들아 우리가 빚진 자로되 육신에게 져서 육신대로 살 것이 아니니라 너희가 육신대로 살면 반드시 죽을 것이로되 영으로써 몸의 행실을 죽이면 살리니(롬 8:12-13).

기록된 바 우리가 종일 주를 위하여 죽임을 당하게 되며 도살 당할 양 같이 여김을 받았나이다 함과 같으니라(롬 8:36).

형제들아 내가 그리스도 예수 우리 주 안에서 가진바 너희에게 대한 나의 자랑을 두고 단언하노니 나는 날마다 죽노라(고전 15:31).

우리 살아 있는 자가 항상 예수를 위하여 죽음에 넘겨짐은 예수의 생명이 또한 우리 죽을 육체에 나타나게 하려 함이라(고후 4:11).

그가 모든 사람을 대신하여 죽으심은 살아 있는 자들로 하여금 다시는 그들 자신을 위하여 살지 않고 오직 그들을 대신하여 죽었다가 다시 살아나신 이를 위하여 살게 하려 함이라(고후 5:15).

내가 그리스도와 함께 십자가에 못 박혔나니 그런즉 이제는 내가 산 것이 아니요 오직 내 안에 그리스도께서 사신 것이라 이제 내가 육체 가운데 사는 것은 나를 사랑하사 나를 위하여 자기 몸을 버리신 하나님의 아들을 믿는 믿음 안에서 사는 것이라(갈 2:20).

그리스도 예수의 사람들은 육체와 함께 그 정욕과 탐심을 십자가에 못 박았느니라(갈 5:24).

우리가 생각건대 한 사람이 모든 사람을 대신하여 죽었은즉 모든 사람이 죽은 것이라(고후 5:14).

불쌍한 세대여!
썩어버린 신앙 안에 진리를 배우지 못한 세대여!
세상이 좋은 세대여! 사랑할 것이 넘치는 세대여!
부자들의 세대여!

하나님은 세상에 소망이 없어 울고 있는 가난한 자들의 하나님이십니다.
편안함과 안락함만을 원하는 세대여, 넓은 길을 사랑하는 세대여!
생명으로 인도하는 문은 좁고, 길이 협착하여 찾는 이가 적을 수밖에 없습니다.

진심으로 사랑하는 나의 형제자매들이여!
세상이 좋아하는 긍정의 힘 따위는 그리스도 안에 없습니다. 더 멋진 나를 원하고, 더 풍요롭고 즐거운 삶을 소망하며, 세상에서 더 멋지고 성공한 내가 되기 위한 긍정의 힘 따위는 성경에 존재하지 않습니다. 그것은 그저, 이 세상과 세상에 있는 것들을 사랑하는 거짓 선지자들이, 이 세상과 세상에 있는 것들을 사랑하는 가짜 백성들을 유혹하는 수단에 불과할 뿐입니다.

이 세상이나 세상에 있는 것들을 사랑하지 말라 누구든지 세상을 사랑하면 아버지의 사랑이 그 안에 있지 아니하니 이는 세상에 있는 모든 것이 육신의 정욕과 안목의 정욕과 이생의 자랑이니 다 아버지께로부터 온 것이 아니요 세상으로부터 온 것이라(요일 2:15-16).

오, 그리스도인들이여!
우리는 세상과 다른 길을 갈 수밖에 없습니다. 세상과 친구되는 것은 하나님과 원수가 되는 일입니다.

세상은 행복한 인생, 안정된 노후, 세상의 즐거움을 위해 돈을 채우고 또 채우라고 가르치고, 쌓고 또 쌓은 돈이야말로 나를 지켜 주는 안전한 성벽이라고 여기지만, 그리스도의 신부들은 가진 것을 흩어 헐벗은 이웃에게 그리스도의 사랑을 전하는 것에서 기쁨을 느끼고 먹을 것, 마실 것, 입을 것 등 세상에 대한 염려는 전부 하나님께 맡긴 채, 오직 하나님의 나라와 의를 구하며 살아가는 자들임을!

세상이 악을 응징하고, 내게 피해 끼친 자에게 배로 갚아줘야 한다고 가르칠 때, 그리스도인은 세상의 가치관을 거슬러 원수마저 품어주는 자들임을!

세상은 이 남자, 저 여자 서로 마음껏 몸을 섞으면서도 헤어지고 만나고를 반복하며, 육체의 쾌락을 즐기며 이를 정당화하고 순수와 순결, 정결과 거룩을 내버리지만, 그리스도인은 하나님께서 짝지어 주신 오직 한 사람에게만 내 모든 순결함과 생명을 바쳐 사랑하는 자들임을, 그분의 선하신 마음과 뜻, 그분의 가치관을 따르기 위해 세상의 가치관을 거슬러서 살아가는 자들임을 깨닫지 못하겠습니까?

오, 세상이라는 우상들과 간음하는 그리스도인이여!
세상은 끊임없이 세상을 사랑하라 말하지만, 하나님께서는 세상을 사랑치 말라고 하십니다. 그리스도의 사람은 세상과 친해질 수 없다고 말씀하십니다.

'나'를 숭배하고, 세상의 부귀영화를 숭배하며, 육신의 정욕과 쾌락이라는 우상을 숭배하며 간음하는 주의 신부들이여, 세상을 사랑하고 세상과 친구되는 것이 하나님 앞에 간음이고, 그분과 원수 맺는 것임을 어찌 깨달으시겠습니까?

> 너희 간음하는 남자들과 간음하는 여자들아, 세상과 친구 되는 것이 하나님과 원수 되는 것임을 알지 못하느냐? 그러므로 누구든지 세상의 친구가 되고자 하는 자는 하나님의 원수가 되느니라(약 4:4, 킹제임스).

가엾은 자들이여!
하나님의 말씀으로 살 수 있겠습니까?
세상과는 모든 것이 반대로만 가는 하나님의 가치관으로 살아갈 수 있겠습니까?
영생을 주시는 분을 굳게 믿고, 세상을 거슬러 그분의 말씀으로 살아갈 수 있겠습니까?
극한의 선하심, 극한의 순결하심, 극한의 거룩하심을 닮기 위해 매일 자신을 쳐서 복종시키고, 자기를 부인하고 자기 십자기를 지며 피 흘리기까지 죄와 싸울 수 있겠습니까?
하나님의 말씀과 반대되는 세상의 모든 사상들과 맞서 싸우며 세상을 버릴 수 있겠습니까?

> 하나님 아는 것을 대적하여 높아진 것을 다 무너뜨리고 모든 생각을 사로잡아 그리스도에게 복종하게 하니 너희의 복종이 온전하게 될 때에 모든 복종하지 않는 것을 벌하려고 준비하는 중에 있노라(고후 10:5-6).

당신을 십자가에 못 박을 수 있겠습니까?
정녕 그리스도의 이 길을 가시겠습니까?
정녕 좁고 협착한 이 길, 십자가의 길을, 그리스도를 따라서 가시겠습니까?

> 무릇 내게 오는 자가 자기 부모와 처자와 형제와 자매와 및 자기 목숨까지 미워하지 아니하면 능히 나의 제자가 되지 못하고 누구든지 자기 십자가를 지고 나를 좇지 않는 자도 능히 나의 제자가 되지 못하리라 … 이와 같이 너희 중에 누구든지 자기의 모든 소유를 버리지 아니하면 능히 내 제자가 되지 못하리라(눅 14:26-33).

슬픈 세대여!
가엾은 세대여!
티비, 영화, 드라마, 스마트폰의 노예로 살아가는 세대여!
평안하다, 태평하다, 안전하다 여기며 흥청망청 방탕함 속에 사는 세대여!
부동산, 주식, 재테크 온갖 경제 정보에 열을 내며 돈을 사랑하고, 돈에 미쳐 사는 세대여!
동호회 활동, 스포츠 중계 따위에나 미쳐 밤을 지새우며 열광하는 세대여!
오락거리, 유흥거리, 맛집 탐방, 취미생활에 인생을 바치며, 노는 것에 미쳐버린 세대여!
다이어트에 피부관리, 화장품, 미용 정보에 열을 내며 외모에 미쳐 사는 세대여!
이 연예인이 어쨌니, 저 연예인이 어쨌니, 아무짝에 쓸데없고, 하찮기 그지없는 뉴스에 미쳐 사는 세대여!

남자는 여자에, 여자는 남자에 미쳐 쾌락을 탐하고, 연애 놀이, 감정 놀음이나 하며 몸이나 뒤섞어 뒹구는 것을 인생의 낙이자 전부로 여기는 세대여!

허영으로 가득 차 사람들의 자랑거리가 되기 위해 온갖 헛된 것에 인생을 바치는 세대여!

우리가 하찮고 쓰레기 같은 것들에 인생을 바치며, 그분의 거룩한 뜻을 버린 걸 모르시겠습니까?

그분의 선하심, 거룩하심, 순결하심, 다른 이를 소중히 여기고 자기마저 희생하는 진실한 사랑, 그분의 모든 아름다운 속성 따위는 짓밟고, 귀히 여기지 않으면서 재물에 대한 탐심과 무자비, 자기만 생각하는 이기심, 쾌락을 향한 방탕과 음란에 우리 인생을 바치며 섬기고 있다는 것을 모르시겠습니까?

예레미야가 말한 알지 못하는 온갖 신들을 섬긴다는 뜻을 모르시겠습니까!

인간의 정욕과 탐심을 채우기 위해 만들어진 세상의 온갖 문화와 사상들이 지금 우리의 우상이 되었음을 모르시겠습니까?

> 그들이 다른 신으로 그의 질투를 일으키며 가증한 것으로 그의 진노를 격발하였도다 그들은 하나님께 제사하지 아니하고 귀신들에게 하였으니 곧 그들이 알지 못하던 신들, 근래에 들어온 새로운 신들 너희의 조상들이 두려워하지 아니하던 것들이로다 너를 낳은 반석을 네가 상관하지 아니하고 너를 내신 하나님을 네가 잊었도다(신 32:16-18).

우리가 하나님의 말씀이 아닌 세상 문화와 가치관을 받아들이고, 그것들을 하나님보다 더 사랑하며, 그것들을 갈망하고, 그것들에 인생을 바치며, 탐심을, 쾌락을, 죄악을, 우리의 우상 삼고 있다는 사실을, 하나님과 우상을 겸하여 섬기던 이스라엘 백성과 같은 짓을 하고 있다는 사실을 정녕 깨닫지 못하겠습니까?

> 보라 너희가 무익한 거짓말을 의존하는도다 너희가 도둑질하며 살인하며 간음하며 거짓 맹세하며 바알에게 분향하며 너희가 알지 못하는 다른 신들을 따르면서 내 이름으로 일컬음을 받는 이 집에 들어와서 내 앞에 서서 말하기를 우리가 구원을 얻었나이다 하느냐 이는 이 모든 가증한 일을 행하려 함이로다(렘 7:8-10).

입으로는 주여, 주여, 부르지만 정작 삶으로는 그의 말씀을 짓밟는 자들이여!

누구 덕에 그 코에 숨이 오가는지 감사치 못하고, 자기가 번 돈을 자기 것으로 여기는 자들이여!

세상을 향한 온갖 욕심에 사로잡혀 이웃 사랑은 커녕 이기심과 허영에 물든 자들이여!

부정한 수익을 탐하고 부정직한 행위로 이득을 얻는 자들이여, 온전히 공의로운 그분 앞에 그대들이 정녕 도적떼임을 깨닫지 못하시겠습니까?

내게 손해를 끼치거나 기분을 거슬리게 하면 날카로운 눈빛과 증오를 품는 자들이여!

어떻게든 복수하길 원하고 원수의 재앙을 기뻐하는 자들이여!

희생의 사랑을 보이신 주 앞에 그대들이 정녕 피범벅된 살인자임을 모르시겠습니까?

음탕과 음란에 젖어 세상의 온갖 수단들로 쾌락을 채우고 하나님의 성전을 더럽히는 자들이여, 생각과 마음뿐만 아니라 그 눈과 몸을 온갖 음란으로 채우는 자들이여!

오직 거룩하고 순결하신 분 앞에 그대들이 정녕 간음자임을 모르시겠습니까?

오, 돈을 사랑하는 자들이여!

재물에 미친 자들이여!

세상의 부를 인생 최고의 행복이라 여기며 인생을 바치는 자들이여!

그대들이 정녕 풍요 신 바알을 숭배하는 우상 숭배자임을 깨닫지 못하시겠습니까?

> 너희도 정녕 이것을 알거니와 음행하는 자나 더러운 자나 탐하는 자 곧 우상 숭배자는 다 그리스도와 하나님의 나라에서 기업을 얻지 못하리니(엡 5:5).

하나님의 말씀을 버리고, 세상 가치관을 따라 사는 삶이 하나님 앞에 더러운 간음이고, 역겨운 우상 숭배라는 것을 어찌하면 깨달으시겠습니까?

우리가 하나님이 아닌 이 세상의 풍조를 따르고, 세상 권세 잡은 사탄을 따라 살며, 우리 또한 불순종의 자녀가 되었다는 것을 어찌하여 깨닫지 못하는 것입니까?

> 그 때에 너희는 그 가운데서 행하여 이 세상 풍조를 따르고 공중의 권세 잡은 자를 따랐으니 곧 지금 불순종의 아들들 가운데서 역사하는 영이라(엡 2:2).

하나님의 선하심을 따르는 것에는 아무런 열정도 없으면서, 당신을 위해 죽으신 그리스도의 선하심과 순결함에는 아무런 열정도 없으면서, 그분은 날 사랑하니 괜찮고 구원을 얻었다며 오만과 교만, 패역함 속에 빠져 사는 자들이여!

그리스도의 피를 소중히 여기기는커녕, 그 피를 이용하려고 드는 간사하고 교활한 자들이여, 세상의 것들을 미쳐 그것들에 사랑과 열정을 쏟으며 살면서, 진정 헛되이, 헛되이 주여, 주여, 부르는 자들이여!

우상을 사랑하고, 우상에 인생을 바치는 자들이 하나님의 뜻을 알 리가 없고, 그분의 뜻을 버리고 사는 자들이 그의 선하심을 따를 수 있을 리 없는 것입니다.

> 이는 그들이 자기나 너희나 너희 조상들이 알지 못하는 다른 신들에게 나아가 분향하여 섬겨서 나의 노여움을 일으킨 악행으로 말미암음이라 내가 나의 모든 종 선지자들을 너희에게 보내되 끊임없이 보내어 이르기를 너희는 내가 미워하는 이 가증한 일을 행하지 말라 하였으나 그들이 듣지 아니하며 귀를 기울이지 아니하고 다른 신들에게 여전히 분향하여 그들의 악에서 돌이키지 아니하였으므로(렘 44:3-5).

그리스도의 가르침이 싫은 자들이여!
인내와 절제, 희생과 헌신이 싫은 자들이여!
진리를 싫어하는 자들이여!
이 세상이, 죄를 사랑하는 우리가, 그리스도를 못 박은 자임을 모르시겠습니까?
불의를 좋아하는 우리의 마음이, 우리의 눈과 귀를 가렸다는 것을, 어둠을 사랑하는 우리의 속성이, 빛이신 그리스도를 거부하고 있다는 것을 모르시겠습니까?

> 그 정죄는 이것이니 곧 빛이 세상에 왔으되 사람들이 자기 행위가 악하므로 빛보다 어둠을 더 사랑한 것이니라 악을 행하는 자마다 빛을 미워하여 빛으로 오지 아니하나니 이는 그 행위가 드러날까 함이요(요 3:19-20).

진정 그리스도를 '사랑'한다고 고백할 수 있습니까?
그분의 죽으심이 정녕 당신을 위한 것이라는 아픔이 있기는 한 것입니까?

그분께서 고통 속에서 죽으셔야 했던 이유가 당신의 죄였다는 슬픔이 있기는 합니까?

만약, 그 소중한 분을 십자가의 고통으로 내몬 것이, 자신의 죄라는 것을 진정 느낀 자라면, 죄를 미워하지 않을 수 없을 것입니다.

정녕 그분을 사랑한다면, 그분이 흘린 피가, 그 고통이, 사랑하는 이의 그 죽음이 통곡과 오열, 절규로 나타날 것이고, 그를 죽음으로 내몬 자기의 죄를 증오하게 될 것입니다.

"내 사랑하는 이를 죽인 죄를 나 또한 미워하며 피 흘리기까지 싸울 것이다. 나 또한 내 주의 십자가의 길을 가며, 죄의 종 노릇하지 않을 것이다."

진정 그리스도 피의 은혜에 사무친 자들은 값없는 그 은혜로 새사람이 될 것입니다. 그들은 구원 받기 위해 죄를 멈추는 것이라, 구원 받았기에 눈물로 죄를 멈출 것입니다.

> 그런즉 우리가 무슨 말을 하리요 은혜를 더하게 하려고 죄에 거하겠느냐 그럴 수 없느니라 죄에 대하여 죽은 우리가 어찌 그 가운데 더 살리요 … 우리가 알거니와 우리의 옛 사람이 예수와 함께 십자가에 못 박힌 것은 죄의 몸이 죽어 다시는 우리가 죄에게 종 노릇 하지 아니하려 함이니 … 그런즉 어찌하리요 우리가 법 아래에 있지 아니하고 은혜 아래에 있으니 죄를 지으리요 그럴 수 없느니라 너희 자신을 종으로 내주어 누구에게 순종하든지 그 순종함을 받는 자의 종이 되는 줄을 너희가 알지 못하느냐 혹은 죄의 종으로 사망에 이르고 혹은 순종의 종으로 의에 이르느니라(롬 6:1-16).

> 타락한 자들은 다시 새롭게 하여 회개하게 할 수 없나니 이는 그들이 하나님의 아들을 다시 십자가에 못 박아 드러내 놓고 욕되게 함이라(히 6:6).

사랑하는 자들이여, 지금 세상이 하는 짓을 모르시겠습니까?

죄를 사랑하는 인간이 한 짓을 모르시겠습니까?

왕의 계명에 순종하길 원치 않고, 죄를 멈추길 싫어하는 세상의 외침을 모르시겠습니까?

그분의 선한 길을 위해 본능을 희생하기 싫은 자들의 목소리를 모르시겠습니까?

> 대저 이는 패역한 백성이요 거짓말 하는 자식들이요 여호와의 법을 듣기 싫어하는 자식들이라 그들이 선견자들에게 이르기를 선견지 말라 선지자들에게 이르기를 우리에게 바른 것을 보이지 말라 우리에게 부드러운 말을 하라 거짓된 것을 보이라 너희는 바른 길을 버리며 첩경에서 돌이키라 이스라엘의 거룩하신 이를 우리 앞에서 떠나시게 하라 하는도다(사 30:9-11).

> 때가 이르리니 사람이 바른 교훈을 받지 아니하며 귀가 가려워서 자기의 사욕을 따를 스승을 많이 두고 또 그 귀를 진리에서 돌이켜 허탄한 이야기를 따르리라(딤후 4:3-4).

오, 나의 사랑하는 자들이여!

죄를 사랑하는 우리들의 사악함으로 진리를 뒤틀었다는 것을 모르시겠습니까?

첫 인류인 아담과 하와를 속인 뱀이 지금도 온 천하를 속이고 있다는 것을 모르시겠습니까?

> 큰 용이 내쫓기니 옛 뱀 곧 마귀라고도 하고 사탄이라고도 하며 온 천하를 꾀는 자라 그가 땅으로 내쫓기니 그의 사자들도 그와 함께 내쫓기니라(계 12:9).

오, 심장을 찢어내는 자들이여!

부디, 성경을 보십시오. 성경을 깨달으십시오.

우리가 정녕 말세를 살고 있음을 어찌하면 깨달으시겠습니까?

디모데를 향한 바울의 호소가 지금의 우리를 향한 하나님의 애타는 호소임을 어찌하여야 깨달으시겠습니까?

> 너는 이것을 알라 말세에 고통하는 때가 이르러 사람들이 자기를 사랑하며 돈을 사랑하며 자랑하며 교만하며 비방하며 부모를 거역하며 감사하지 아니하며 거룩하지 아니하며 무정하며 원통함을 풀지 아니하며 모함하며 절제하지 못하며 사나우며 선한 것을 좋아하지 아니하며 배신하며 조급하며 자만하며 쾌락을 사랑하기를 하나님 사랑하는 것보다 더하며 경건의 모양은 있으나 경건의 능력은 부인하니 이같은 자들에게서 네가 돌아서라 그들 중에 남의 집에 가만히 들어가 어리석은 여자를 유인하는 자들이 있으니 그 여자는 죄를 중히 지고 여러 가지 욕심에 끌린 바 되어 항상 배우나 끝내 진리의 지식에 이를 수 없느니라(딤후 3:1-7).

세상의 가치관과 하나님의 말씀이 대적하고 있다는 것을 모르시겠습니까?

어둠의 주관자, 공중 권세 잡은 마귀가 세상의 사상을 이끌고 있음을 모르시겠습니까?

하나님의 자녀인 우리가 세상의 가르침이 아니라, 하늘 아버지의 말씀을 따라 살아야 하지 않겠습니까?

우리가 그리스도를 위해 이 세상을 못 박고, 우리 또한 세상에 대하여 못 박혀야 하지 않겠습니까?

> 그러나 내게는 우리 주 예수 그리스도의 십자가 외에 결코 자랑할 것이 없으니 그리스도로 말미암아 세상이 나를 대하여 십자가에 못 박히고 내가 또한 세상을 대하여 그러하니라(갈 6:14).

> 이 세상도, 그 정욕도 지나가되 오직 하나님의 뜻을 행하는 이는 영원히 거하느니라 (요일 2:17).

> 저희는 세상에 속한 고로 세상에 속한 말을 하매 세상이 저희 말을 듣느니라 우리는 하나님께 속하였으니 하나님을 아는 자는 우리의 말을 듣고 하나님께 속하지 아니한 자는 우리의 말을 듣지 아니하나니 진리의 영과 미혹의 영을 이로써 아느니라(요일 4:5-6).

> 우리가 세상의 영을 받지 아니하고 오직 하나님으로부터 온 영을 받았으니 이는 우리로 하여금 하나님께서 우리에게 은혜로 주신 것들을 알게 하려 하심이라(고전 2:12).

제발 눈을 뜨고 세상과 우리의 모습을 보십시오.

그리스도인이라고 하는 자들이 얼마나 그분의 말씀을 짓밟고 살아가는지!
그리스도의 귀하고 귀한 보혈을 얼마나 하찮게 여기며 살고 있는지!
그리스도의 귀한 그 말씀을 얼마나 하찮게 여기며 죄 가운데 가책마저 느끼지 못하는지!
미움의 살인, 음란한 마음의 간음, 재물에 대한 탐심, 내 몸같이 여기는 진실한 사랑, 목숨보다 귀한 형제사랑. 정녕 자신을 낮추는 겸손과 자신을 희생하며 다른 이를 섬기는 진실한 사랑!
그리스도의 말씀은 삶 속 어디에도 존재하지 않으면서, 입으로만 주여, 주여, 부르는지!
내 탐심만 채울 수 있다면!
내 쾌락만 채울 수 있다면!

그리스도의 말씀 따위는 짓밟히든 말든 아무 상관도 없는 우리 아니란 말입니까?

"괜찮다. 그가 내 죄를 다 사하였다. 나는 자유다. 내 죄는 괜찮다. 그가 나를 사랑한다."

제발 정신 차리십시오. 주님께서 당신을 사랑하여 죄를 사해 주셨다는 것이, 앞으로 죄짓는 것까지 허용하신다는 의미는 아니란 말입니다.

> 그 후에 예수께서 성전에서 그 사람을 만나 이르시되 보라 네가 나았으니 더 심한 것이 생기지 않게 다시는 죄를 범치 말라 하시니(요 5:14).

> 예수께서 일어나사 여자 외에 아무도 없는 것을 보시고 이르시되 여자여 너를 고소하던 그들이 어디 있느냐 너를 정죄한 자가 없느냐 대답하되 주여 없나이다 예수께서 가라사대 나도 너를 정죄하지 아니하노니 가서 다시는 죄를 범치 말라 하시니라(요 8:10-11).

제발, 시대를 분별하십시오. 원수 마귀가 하나님의 거룩하심에 대적하여 얼마나 세상을 더럽히고 있는지, 세상의 모든 사상과 가치관, 문화, 교육, 미디어, 온갖 것을 동원해 하나님을 대적하고 있는지, 모든 것을 사용하여 죄에 무뎌지게 만들며, 죄가 죄 아닌 것으로 여기게 교육하는지, 돈은 행복이라 가르치고, 복수는 통쾌하다 가르치고, 성관계는 자유라고 가르치는 세상.

이 세상이 얼마나 죄가 일상이 되었고, 얼마나 하나님의 가치관과 떨어져 사는지, 그리스도인이라는 우리마저 얼마나 하나님의 속성을 모르고, 그분을 거역하는지, 제발, 제발, 제발, 눈 좀 뜨십시오. 정신을 차리십시오.

왜 성경이 존재합니까?

왜 성경을 읽습니까?

우리가 이 세상을 본받지 말고, 말씀으로 변화를 받아서, 하나님의 기뻐하시는 것이 무엇인지 분별해야 하는 것 아닙니까!

> 너희는 이 세대를 본받지 말고 오직 마음을 새롭게 함으로 변화를 받아 하나님의 선하시고 기뻐하시고 온전하신 뜻이 무엇인지 분별하도록 하라(롬 12:2).

죄인들이여!

세상을 원하는 자들이여!

세상에 대한 탐심과 자기 것에 대한 이기심을 놓기 싫어하는 자들이여!

자기 손에 쥔 것을 펴 다른 이에게 희생하기 싫은 자들이여, 미움과 분노를 절제하기 싫은 자들이여, 마음껏 원수를 미워하며 보복하려는 자들이여!

더러운 음란의 쾌락을 사랑하고 더욱더 즐기고픈 자들이여!

술과 방탕함을 즐기고, 풀린 눈으로 세상을 바라보며, 그것을 희락이라 여기는 자들이여!

당신들은 "인간은 연약하다, 죄를 멈추는 것은 예수님이나 가능하다." 그런 망령된 소리로 한평생 자신들을 위로하며 살겠지만, 어리석은 자들이여, 성경을 보십시오. 왕의 명령을 보십시오. 그분의 말씀은 분명합니다.

> 인내심과 위로를 주시는 하나님께서, 여러분이 그리스도 예수를 본받아 같은 생각을 품게 하시고(롬 15:5-6, 새번역).

> 내가 그리스도를 본받는 자가 된 것 같이 너희는 나를 본받는 자가 되라(고전 11:1).

그러므로 여러분은 사랑받는 자녀답게, 하나님을 본받는 사람이 되십시오. 그리스도께서 여러분을 사랑하셔서, 우리를 위하여 하나님 앞에 향기로운 예물과 제물로 자기 몸을 내어주신 것과 같이, 여러분도 사랑으로 살아가십시오(엡 5:1-2, 새번역).

너희 안에 이 마음을 품으라 곧 그리스도 예수의 마음이니(빌 2:5).

이를 위하여 너희가 부르심을 받았으니 그리스도도 너희를 위하여 고난을 받으사 너희에게 본을 끼쳐 그 자취를 따라오게 하려 하셨느니라(벧전 2:21).

하나님 안에 있다고 하는 사람은 자기도 그리스도께서 사신 것과 같이 마땅히 그렇게 살아가야 합니다(요일 2:6, 새번역).

기록되었으되 내가 거룩하니 너희도 거룩할지어다 하셨느니라(벧전 1:16).

예수님께서는 이미 이천 년 전, 좁은 길을 가는 자의 수가 적으리라는 것을 알려주셨습니다. 신랑을 기다리던 열 처녀 모두가 혼인 잔치에 들어오는 게 아니라고 하셨습니다. 악하고 게으른 종이 쫓겨날 것이라 말씀하셨습니다. 청함을 받은 자는 많지만 택함을 입은 자들은 적다고 하셨습니다.

넓은 길을 가는 자들은 많을 것이나, 좁은 길을 가는 자는 적을 것이라고 말씀하셨습니다. 주여, 주여, 외치는 모든 자가 천국에 들어올 것이 아니라고 말씀하셨습니다.

진실한 사랑을 가진 자가 적을 것이고, 그 사랑으로 자신을 순결하고 거룩하게 지키는 자들의 수가 적을 것을 아셨기에, 구원 받는 자의 수가 적을 것이라고 말씀해 주셨습니다.

가엾은 세대여!
성경을 앞에 두고도 읽지 않는 세대여!
성경을 읽고도 깨닫지 못하는 세대여!
눈을 가린 세대여!
귀를 막은 세대여!
하나님을 아는 지식이 없어 망하는 세대여!
하나님께서 진정 원하시는 것이 예배 참석이나 헌금 같은 종교 행위 따위가 아님을 어찌해야 깨달으시겠습니까?

사울을 책망한 사무엘의 외침을 들으십시오.

> 주님께서 어느 것을 더 좋아하시겠습니까? 주님의 말씀에 순종하는 것이겠습니까? 아니면, 번제나 화목제를 드리는 것이겠습니까? 잘 들으십시오. 순종이 제사보다 낫고, 말씀을 따르는 것이 숫양의 기름보다 낫습니다. 거역하는 것은 점을 치는 죄와 같고, 고집을 부리는 것은 우상을 섬기는 죄와 같습니다. 임금님이 주님의 말씀을 버리셨기 때문에, 주님께서도 임금님을 버려 왕이 되지 못하게 하셨습니다(삼상 15:22-23, 새번역).

> 주께서 내 귀를 통하여 내게 들려주시기를 제사와 예물을 기뻐하지 아니하시며 번제와 속죄제를 요구하지 아니하신다 하신지라 나의 하나님이여 내가 주의 뜻 행하기를 즐기오니 주의 법이 나의 심중에 있나이다 하였나이다(시 40:6, 8).

진정 나의 사랑하는 자들이여!
하나님께서 성경을 통해 말씀하시는 한 가지를 깨닫지 못하시겠습니까?
그분께서 진정으로 원하셨던 한 가지를 보고도 깨닫지 못하시겠습니까?

과거 구약시대 백성들의 모습을 기록해 남기심으로, 지금의 우리를 깨닫게 하시고, 돌이키려 하심을 모르시겠습니까?

> 남겨 두신 이 이방 민족들로 이스라엘을 시험하사 여호와께서 모세를 통하여 그들의 조상들에게 이르신 명령들을 순종하는지 알고자 하셨더라(삿 3:4).

> 네가 만일 내가 명령한 모든 일에 순종하고 내 길로 행하며 내 눈에 합당한 일을 하며 내 종 다윗이 행함 같이 내 율례와 명령을 지키면 내가 너와 함께 있어 내가 다윗을 위하여 세운 것 같이 너를 위하여 견고한 집을 세우고 이스라엘을 네게 주리라(왕상 11:38).

> 야곱으로 탈취를 당케 하신 자가 누구냐 이스라엘을 도적에게 붙이신 자가 누구냐 여호와가 아니시냐 우리가 그에게 범죄하였도다 백성들이 그 길로 행치 아니하며 그 율법을 순종치 아니하였도다(사 42:24).

> 나 만군의 주 이스라엘의 하나님이 말한다. 내가 너희에게 받고 싶은 것은 제사가 아니다. 너희가 번제는 다 태워 내게 바치고 다른 제물은 너희가 먹는다고 하지만, 내가 허락할 터이니, 번제든 무슨 제사든 고기는 다 너희들이나 먹어라. 내가 너희 조상을 이집트 땅에서 데리고 나왔을 때에, 내가 그들에게 번제물이나 다른 어떤 희생제물을 바치라고 했더냐? 바치라고 명령이라도 했더냐? 오직 내가 명한 것은 나에게 순종하라는 것, 그러면 내가 그들의 하나님이 되고, 그들은 나의 백성이 될 것이라는 것, 내가 그들에게 명하는 그 길로만 걸어가면, 그들이 잘 될 것이라고 한 것뿐이지 않았더냐?(렘 7:21-23, 새번역).

> 내가 너희 조상들을 애굽 땅에서 인도하여 낸 날부터 오늘까지 간절히 경계하며 끊임없이 경계하기를 너희는 내 목소리를 순종하라 하였으나 그들이 순종하지 아니하며 귀를 기울이지도 아니하고(렘 11:7-8).

너는 그들에게 이와 같이 이르라 여호와의 말씀에 너희가 나를 순종하지 아니하며 내가 너희 앞에 둔 내 율법을 행하지 아니하며 내가 너희에게 나의 종 선지자들을 꾸준히 보내 그들의 말을 순종하라고 하였으나 너희는 순종하지 아니하였느니라(렘 26:4-5).

우리가 우리 주 하나님께 순종하지도 않고, 하나님의 종 예언자들을 시키셔서 우리에게 말씀하여 주신 율법도 따르지 않았습니다(단 9:10, 새번역).

아들을 믿는 자에게는 영생이 있고 아들에게 순종하지 아니하는 자는 영생을 보지 못하고 도리어 하나님의 진노가 그 위에 머물러 있느니라(요 3:36).

그로 말미암아 우리가 은혜와 사도의 직분을 받아 그의 이름을 위하여 모든 이방인 중에서 믿어 순종하게 하나니(롬 1:5).

이제는 나타내신 바 되었으며 영원하신 하나님의 명을 따라 선지자들의 글로 말미암아 모든 민족이 믿어 순종하게 하시려고 알게 하신바(롬 16:26).

그러므로 우리가 저 안식에 들어가기를 힘쓸지니 이는 누구든지 저 순종하지 아니하는 본에 빠지지 않게 하려 함이라(히 4:11).

그가 아들이시면서도 받으신 고난으로 순종함을 배워서 온전하게 되셨은즉 자기에게 순종하는 모든 자에게 영원한 구원의 근원이 되시고(히 5:8-9).

사랑하는 자들이여!

진리를 깨달으십시오. 하나님께서 그리스도를 통한 새 언약, 곧, 하나님의 성령으로 하시는 일이 무엇인지 깨달으십시오.

> 너희 속에 내 영을 두어, 너희가 나의 모든 율례대로 행동하게 하겠다. 그러면 너희가 내 모든 규례를 지키고 실천할 것이다(겔 36:27, 새번역).

사랑하는 나의 형제들이여!

하나님께서 원하시는 순종은 다른 것이 아닙니다. 오직 선하신 분은 다른 이를 소중히 여기는 선한 마음, 불쌍히 여기는 사랑의 마음, 정의롭고 정직한 마음을 사랑하시고, 악한 마음과 행실을 미워하십니다.

선하신 하나님의 계명과 마음도 모른 채, 교회에 바치는 종교적 행위는 사람의 계명일 뿐이며 예수님을 못 박은 유대인들과 같아지게 될 뿐입니다.

> 이르시되 이사야가 너희 외식하는 자에 대하여 잘 예언하였도다 기록하였으되 이 백성이 입술로는 나를 공경하되 마음은 내게서 멀도다 사람의 계명으로 교훈을 삼아 가르치니 나를 헛되이 경배하는도다 하였느니라 너희가 하나님의 계명은 버리고 사람의 전통을 지키느니라 또 이르시되 너희가 너희 전통을 지키려고 하나님의 계명을 잘 저버리는도다(막 7:6-9).

지극히도, 지극히도 부드럽고, 포근한 사랑의 눈빛을 가지신 분께서는, 그저 부드러운 눈빛으로 다른 이를 바라보며, 사랑해 주는 것. 지금 당신의 옆에 있는 작은 자를 진심으로 아끼고, 귀하게 여기는 것. 저기 길가의 헐벗은 자를 당신의 이웃이라 여기며, 그 이웃을 당신의 몸같이 사랑해 주는 것. 설령 당신을 음해하는 자일지라도 불쌍히 여기며 그리스도의 사랑으로 기도해 주는 것, 선하고 선한 마음, 사랑을 품은 그분 형상을 닮는 것, 그것뿐입니다.

> 내 계명은 곧 내가 너희를 사랑한 것 같이 너희도 서로 사랑하라 하는 이것이니라(요 15:12).

> 그의 계명은 이것이니 곧 그 아들 예수 그리스도의 이름을 믿고 그가 우리에게 주신 계명대로 서로 사랑할 것이니라 그의 계명을 지키는 자는 주 안에 거하고 주는 그의 안에 거하시나니 우리에게 주신 성령으로 말미암아 그가 우리 안에 거하시는 줄을 우리가 아느니라(요일 3:23-24).

> 누구든지 하나님을 사랑하노라 하고 그 형제를 미워하면 이는 거짓말하는 자니 보는 바 그 형제를 사랑하지 아니하는 자는 보지 못하는 바 하나님을 사랑할 수 없느니라 우리가 이 계명을 주께 받았나니 하나님을 사랑하는 자는 또한 그 형제를 사랑할지니라(요일 4:20-21).

시대가 갈수록 사랑은 식어가고 욕심과 이기심, 증오와 질투만 넘쳐갑니다.

세상에 욕심이 커지면 커질수록 사람들은 돈, 재물, 자신의 이익에 혈안이 되어 살아가고, 누군가 자신의 이익을 침해하여 손해를 입히면 눈에 불을 켜며 증오하고 폭언이 오갑니다. 누군가 큰 이익을 보면 질투와 시기심에 자신 또한 더큰 재물을 갖겠다는 목표에 인생의 에너지를 쏟아냅니다. 시대는 갈수록 욕심이 많아지며 사랑은 식어갑니다.

> 불법이 성하므로 많은 사람의 사랑이 식어지리라(마 24:12).

예수님께서는 그분의 귀한 삶과 목숨을 희생하시며 간절한 마음으로 우리에게 사랑을 가르치려 하셨지만, 예수를 따른다는 그리스도인들조차 욕심과 이기심이 넘칩니다.

구약의 말씀이 우리의 거울이라는 바울의 말씀처럼 이 시대 그리스도인들은 과거 이스라엘 백성들이 가졌던 교만한 선민의식에 빠져, 믿지 않는 세상 사람들을 진리를 몰라 지옥에 가는 어리석은 사람들로 취급하며 내려다 보는 듯합니다.

희생으로 사랑을 가르치셨던 예수님의 마음을 아는 사람들은 온데간데 없고 교만과 특권의식, 다른 이들이 지옥에 가건 말건 슬퍼하는 자들도 희박해지며 자신의 구원에만 온 신경을 쓰며 이기심으로 살아갑니다.

과거 우리나라에는 다미선교회라는 것이 있었습니다. 굳이 자세히 설명하지 않아도 아마 대부분의 사람이 알고 있을 것입니다. '휴거'라는 단어를 사용하여 이 나라를 얼마나 떠들썩하게 뒤흔들었는지…지금도 인터넷에 '다미선교회'를 치면 그때의 상황을 알 수 있습니다.

휴거의 날짜를 안다는 사람들이 직장을 그만두고, 집을 팔고, 가족을 버리고, 세상을 등지고, 한 날 한 곳에 모여 나 좀 데려가 달라고 모였다가, 수많은 카메라 앞에서 고개도 들지 못하고 건물을 나오는 모습은 지금도 인터넷에서 얼마든지 검색되는 엄청난 사건이었습니다.

우리는 그들을 어리석다고 여깁니다. 저런 말에 속아 넘어가는 사람들이 참 한심하게 보일 수 있을 것입니다. 하지만, 그렇지 않습니다. 우리 인간에게는 그런 거짓말에 속을 수밖에 없는 어떤 속성이 있고, 그 속성은 지금도 우리 안에 있기 때문입니다. 그리고 이름만 바뀌었을 뿐, 그때와 비슷한 일을 하는 다미선교회에는 오늘날도 수없이 많습니다. 오늘도 수많은 사람이 그들의 말에 현혹되어 잘못된 곳에 인생을 바치고 있습니다.

인간 안에 있는 욕구 중에 가장 강력한 것 중 하나는 자기보존의 욕구입니다. 자신의 생명을 지키려는 욕구, 자신의 안전을 지키려는 욕구입니다. 자기 자신을 보호하려는 자기보존의 욕구는 누구나 가진 강력한 욕구입니다. 그리고 멋지고 화려한 언변으로 그 욕구를 잘 자극하기만 한다면 인간은 누구나 현혹될 수 있습니다. 특히, 이미 그런 위험에 대한 염려와 두려움에 빠져있던 자라면, 더없이 큰 미혹으로 다가갈 것이고, 그가 원하던 안전함을 준다는 그 말에 자기의 모든 것을 바칠 것입니다.

나는 살아야 한다!
나는 안전해야 한다!
나는 구원 받아야 한다!
나부터 살고 봐야 한다!
나부터 안전해지고 봐야 한다!
나는 죽기 싫다!
나는 고통이 싫다!
나는 보호받아야 한다!

과연 자기 목숨을 버리러 오신 분께서 이런 이기적인 마음을 기뻐하시겠습니까?

> 인자가 온 것은 섬김을 받으려 함이 아니라 도리어 섬기려 하고 자기 목숨을 많은 사람의 대속물로 주려 함이니라(막 10:45).

모든 이를 위해 자기 목숨을 대속물로 주기 위해 오시고, 이웃을 내 몸처럼 사랑하라 명하신 분께서, 친구를 위해 자기 목숨을 버리는 것이 가장 큰 사랑이라 하신 분께서 과연 저런 마음을 기뻐하시겠습니까?

사람이 친구를 위하여 자기 목숨을 버리면 이보다 더 큰 사랑이 없나니 너희는 내가 명하는 대로 행하면 곧 나의 친구라(요 15:13-14).

그가 우리를 위하여 목숨을 버리셨으니 우리가 이로써 사랑을 알고 우리도 형제들을 위하여 목숨을 버리는 것이 마땅하니라(요일 3:16).

말세가 왔다며 소란스러운 시대입니다. 요한계시록의 예언들이 일어났다며 소란들입니다.

많은 사람이 휴거 준비를 해야 한다며 발등에 불똥이 떨어진 듯 야단법석인데 ... 과연 휴거 준비란 무엇입니까?

내 목숨 하나 어떻게든 건져보자는 것이 휴거 준비란 말입니까?

과연 그것이 선하신 예수님과 한 마음 된 신부의 마음입니까? 하나님께서는 어떤 자를 보며 사랑스럽고 어여쁘다 말씀하시고 또 그를 지키시겠습니까?

너무나 귀하고 사랑스러워서 재앙에 내버려두지 못할 자는 과연 누구겠습니까?

"주여! 주여!
저 좀 휴거시켜 주세요!
저 좀 살려주세요, 저는 살아야 해요!"
이렇게 기도하는 자일까요?

아니면, "주여...저를 남기소서...저 또한 두렵고 또 두려운 마음이지만...이 땅에, 귀한 영혼들을 위해...나를 남기소서...이 생명 쓰시고...그들을 구원하소서...단 한 영혼이라도 좋사오니...이 부족한 종을 통하여 그를 지옥에서 구원하소서...오, 주여...주께서 그 아픈 사랑의 마음으로 이 땅에 십자가를 지러 오신 것 아닙니까…주께서 그 아픈 사랑의 마음으로 당신의 목숨을 내어주신 것이 아닙니까…주여..제가 주를 따르게 하소서…"라고 기도하는 자일까요?

과연, 주님께서 기다리는 고백은 무엇이겠습니까?

> 그러나 이제 그들의 죄를 사하시옵소서 그렇지 아니하시오면 원컨대 주께서 기록하신 책에서 내 이름을 지워 버려 주옵소서 (출 32:32).

> 나의 형제 곧 골육의 친척을 위하여 내 자신이 저주를 받아 그리스도에게서 끊어질지라도 원하는 바로라 (롬 9:3).

휴거의 때는 아무도 알 수 없지만, 설령 누군가 정확한 시간, 분, 초까지 안다고 해도, 그 지식으로 인해 절대로 휴거되지는 않을 것입니다. 마지막 때의 징조가 무엇이고, 요한계시록의 일곱 나팔, 일곱 인이 무엇이며, 모든 성경의 어려운 예언을 풀고, 그것이 언제 어떻게 이루어지는지 정확히 아는 사람들이 있다고 해도, 그런 엄청난 지식을 갖고 있다고 해도, 그 지식으로는 휴거될 수 없을 것입니다.

> 우리가 다 지식이 있는 줄을 아나 지식은 교만하게 하며 사랑은 덕을 세우나니 만일 누구든지 무엇을 아는 줄로 생각하면 아직도 마땅히 알 것을 알지 못하는 것이요 (고전 8:1-2).

휴거는 주님께서 아리따운 그의 신부를 재앙에서 구원하시는 것입니다. 그리고 구원 받을 아리따운 신부는 이미 신랑이신 예수님과 한마음으로 살아가고 있을 것입니다.

내 욕심에 눈멀어 내 차, 내 집, 내 성공을 위해 살아가는 자들이 아니라, 가난한 자들을 불쌍히 여기고 그들을 내 이웃으로 여기며, 내 것을 나누며 그들을 돌아보고 사랑하며 살아가고 있을 것입니다.

내 감정에 눈멀어 다른 이에게 상처를 주고, 날카로운 눈빛과 증오, 잔인한 말과 폭력, 교만으로 다른 이를 아프게 하며 원수에게 복수하고는 통쾌하다고 쾌재를 부르고, 나를 깔본 사람은 어떻게든 나도 깔보며, 맞은 것은 배로 돌려주며 사는 자들이 아니라, 그 영혼을 불쌍히 여기며 오른뺨을 맞으면 왼뺨을 대주고, 속옷을 달라면 겉옷까지 내어주며, 그들에게 사랑을 전하고 그들이 구원 받기를 바라며 살아가고 있을 것입니다.

그들은 세상적 개념의 손해와 이익을 떠나 영원한 곳의 주인이신 예수님의 사랑의 개념으로 살아가고, 그들에게 주님의 복음 전하려 자기 감정을 십자가에 못 박으며, 살아가고 있을 것입니다.

> 그리스도 예수의 사람들은 육체와 함께 그 정욕과 탐심을 십자가에 못 박았느니라(갈 5:24)

예수님과 그분의 귀한 영혼을 위해 자기 자신을 부인하고, 또 죽이며, 다른 이를 사랑하기 위해, 또 그리스도의 사랑을 보이기 위해 십자가에 스스로 올라가는 자들, 자신의 소유를 잃더라도 예수님의 사랑을 품고 싶어 하고, 그 사랑을 전하길 소망하는 자들, 자기보다 오직 주 예수 그리스도를 사랑하며 그날의 영광과 신랑과의 재회를 기다리며 사는 자들, 하나님께서는 절대로 그들을 재앙에 때에 남기지 않으실 것입니다.

> 예수께서 이르시되 네 마음을 다하고 목숨을 다하고 뜻을 다하여 주 너의 하나님을 사랑하라 하셨으니 이것이 크고 첫째 되는 계명이요(마 22:37-38).

> 무릇 내게 오는 자가 자기 부모와 처자와 형제와 자매와 더욱이 자기 목숨까지 미워하지 아니하면 능히 내 제자가 되지 못하고 누구든지 자기 십자가를 지고 나를 따르지 않는 자도 능히 내 제자가 되지 못하리라(눅 14:26-27).

예수님은 신앙에 타협이 없으셨습니다. 하나님을 사랑하는 것은 우리의 마음과 목숨과 뜻과 힘을 다하여 사랑해야 하는 것이고, 예수님을 사랑하는 것은 자기 목숨마저 미워할 정도의 열정이며, 예수님을 위해 자기 생명을 버리고픈 헌신입니다.

그리고 휴거의 원리는 간단합니다. 이미 버린 자는 버릴 필요 없을 것이지만, 아직 버리지 못한 자는 버릴 수밖에 없는 환경에 두실 것입니다. 왜냐하면 그가 아직 사랑이라는 단어의 진정한 의미를 배우지 못했기에, 그를 구원 받게 하기 위해서 그를 고난 가운데 두셔야 할 것입니다.

생명이 아깝지 않게 여겨지는 진정한 사랑의 의미를 깨닫지 못하였기에, 그를 구원시키기 위해서 주님은 그를 고통 속에 두실 수밖에 없을 것입니다.

> 너희가 참음은 징계를 받기 위함이라 하나님이 아들과 같이 너희를 대우하시나니 어찌 아버지가 징계하지 않는 아들이 있으리요 징계는 다 받는 것이거늘 너희에게 없으면 사생자요 친아들이 아니니라(히 12:7-8).

휴거가 일어난다고 해도, 휴거는 그 날짜를 안다고 해서 받지 못할 것입니다. 휴거는 신랑의 마음을 알고 그 마음으로 살아가려는 자들이 받을 것이고, 그들은 이런 기도하며 살고 있었을 것입니다.

주여! 이 죄인에게 주님의 선한 사랑을 부으소서. 이 추악한 죄인의 죄를 씻어 주의 보혈로 깨끗케 하시고, 내 속에 정한 마음과 정직한 영을 주사 내가 주의 사랑을 닮게 하소서. 나를 당신의 아름다운 형상을 닮아가게 하소서.

오! 나의 구원자시여. 나를 위해 목숨을 버린 이시여, 내가 내 생명보다 주를 사랑하게 하소서.

> 누가 주의 마음을 알아서 주를 가르치겠느냐 그러나 우리가 그리스도의 마음을 가졌느니라(고전 2:16).

> 자기의 생명을 사랑하는 자는 잃어버릴 것이요 이 세상에서 자기의 생명을 미워하는 자는 영생하도록 보전하리라(요 12:25).

> 하나님이 미리 아신 자들을 또한 그 아들의 형상을 본받게 하기 위하여 미리 정하셨으니 이는 그로 많은 형제 중에서 맏아들이 되게 하려 하심이니라 (롬 8:29).

많은 그리스도인이 '사랑'의 의미를 모릅니다. 그리스도께서 그 목숨을 대가로 가르치려 하셨던 것이 바로 '사랑'이지만, 수많은 그리스도인은 그분께서 원하셨던 '사랑의 마음'을 모르고, 관심도 없습니다.

사랑이란 다른 이를 소중히 여기는 것입니다. 그 존재 자체를 귀하고 귀하게 여기는 것입니다.

하나님께서 우리를 소중히 여기셨기에 아끼는 독생자를 주셨습니다. 독생자께서 우리를 귀하게 여기셨기에 그의 목숨을 우리에게 주셨습니다. 하나님께서 그의 가장 아끼는 독생자로 가르치려 하셨던 것, 그리스도께서 목숨을 바쳐 가르치려 하셨던 것이 다른 이를 소중히 여기는 사랑입니다.

그 마음을 이해하는 자라면, 다른 이에게 악을 행치 않을 것입니다. 참된 사랑은 소중하고 귀한 그 영혼에게 폭력을 행사하지 않기 때문입니다. 그 귀하고 귀한 영혼에 함부로 음욕을 품지 않을 것이기 때문입니다.

그 품은 사랑으로 증오와 분노, 미움과 원망을 내려놓고 깨끗하고 순결한 마음으로 다른 영혼을 섬길 것이기 때문입니다.

그리스도의 진실한 사랑이 우리를 거룩으로 이끄는 것이고, 율법을 완전케 하러 오신 그리스도의 사역이 사랑을 통해 완성될 것입니다. 순종과 불순종의 개념은 복잡한 것이 아닙니다. 하나님의 수많은 계명을 완성시키는 것은 선한 마음, 순결한 사랑의 마음뿐입니다.

> 내가 율법이나 예언자들의 말을 폐하러 온 줄로 생각하지 말아라. 폐하러 온 것이 아니라, 완성하러 왔다 (마 5:17, 새번역).

율법에는 능력이 없습니다. 율법을 준수하는 삶, 철저하게 법을 지키는 삶은 겉으로 보기에 도덕적으로 보일지 모르지만, 우리의 마음, 양심, 인간의 중심을 변화시킬 수는 없습니다.

본질의 변화를 일으킬 수 없는 율법은 이제 폐하여졌고, 오직 그리스도께서 율법이 하지 못하는 것을 가능하게 하시며 우리를 거듭나게 하십니다.

다른 사람을 대할 때, 다른 사람의 재물을 대할 때, 남에게 손해를 끼쳤을 때 등등 사소한 것 하나까지 규정한 율법은 이제 우리를 옭아매지 못합니다. 주님께서 주신 우리의 변화로, 우리는 진실로 다른 이를 소중히 여기며 섬기는, 사랑이라는 절대 계명을 부여 받았고 이 계명은 과거의 모든 율법을 단번에 완성합니다.

> 사랑은 이웃에게 악을 행하지 아니하나니 그러므로 사랑은 율법의 완성이니라 (롬 13:10).

온 마음 다해, 온 힘을 다해, 온 뜻을 다해, 나의 생명을 다해 하나님을 사랑하지 않는다면, 주님의 사랑을 품을 수 없을 것입니다.

"더 갖고 싶다. 더 가져야 한다. 더 즐기고 싶다. 더 즐겨야 한다. 더 많이 갖고, 더 많이 누리며 즐겁고 신나는 삶을 살아갈 것이다. 더 성공할 것이다. 세상의 자랑이 될 것이다. 나의 행복이 나의 우상이다."

> 욕심이 잉태한즉 죄를 낳고 죄가 장성한즉 사망을 낳느니라(약 1:15).

진실로 자신의 모든 것을 다하여 오직 그리스도만을 사랑하지 못한다면, 자기부인이 어떤 것인지 깨닫지 못할 것이고, '나'라는 존재를 우상으로 삼으며 그 우상을 위해 살아가게 될 것입니다. 그리고 그 우상은 탐심과 정욕, 쾌락이라는 또 다른 우상을 낳을 것이고, 그것들은 죄의 근원이 되며 그리스도의 사랑을 품지 못하게 할 것입니다.

세상에 더 많은 것을 갖고 즐겨야 하는 자들에게 자기 것을 희생하여 남에게 줄 것은 없고, 그들에게 내 이웃을 내 몸같이 여기라는 말씀은 고통의 말씀일 뿐이기 때문입니다.

> 어떤 율법교사가 일어나 예수를 시험하여 이르되 선생님 내가 무엇을 하여야 영생을 얻으리이까 예수께서 이르시되 율법에 무엇이라 기록되었으며 네가 어떻게 읽느냐 대답하여 이르되 <u>네 마음을 다하며 목숨을 다하며 힘을 다하며 뜻을 다하여 주 너의 하나님을 사랑하고 또한 네 이웃을 네 자신 같이 사랑하라</u> 하였나이다 예수께서 이르시되 네 대답이 옳도다 이를 행하라 그러면 살리라 하시니(눅 10:25-28).

그리스도께서 그 피로 가르치려 하셨던 사랑과 긍휼을 깨닫지 못하는 자들이여!

내 인생이나 행복하게 살다가 평안히 죽는 것이 삶의 목표인 자들이여! 만약 당신이 지금 옆에 지나는 헐벗은 노인을 불쌍히 여길 줄 모르는 자라면, 깨달으십시오. 당신은 그리스도의 사랑을 느껴본 적도 없는 자일 뿐 아니라, 정녕 영원한 죽음 가운데 있는 자입니다.

> 또 왼편에 있는 자들에게 이르시되 저주를 받은 자들아 나를 떠나 마귀와 그 사자들을 위하여 예비된 영원한 불에 들어가라 내가 주릴 때에 너희가 먹을 것을 주지 아니하였고 목마를 때에 마시게 하지 아니하였고 나그네 되었을 때에 영접하지 아니하였고 헐벗었을 때에 옷 입히지 아니하였고 병들었을 때와 옥에 갇혔을 때에 돌보지 아니하였느니라 하시니 그들도 대답하여 이르되 주여 우리가 어느 때에 주께서 주리신 것이나 목마르신 것이나 나그네 되신 것이나 헐벗으신 것이나 병드신 것이나 옥에 갇히신 것을 보고 공양하지 아니하더이까 이에 임금이 대답하여 이르시되 내가 진실로 너희에게 이르노니 이 지극히 작은 자 하나에게 하지 아니한 것이 곧 내게 하지 아니한 것이니라 하시리니 그들은 영벌에, 의인들은 영생에 들어가리라 하시니라(마 25:41-46).

타락한 교회들이여!
사망을 가르치는 자들이여!
세상을 사랑치 말아라. 돈을 사랑치 말아라. 세상이라는 우상을 버려라. 오직 그리스도만을 사랑하라. 모든 것을 다하여 그분만을 사랑하라고 외쳐야 할 자들이여!
어찌하여 교회를 더 많은 우상을 얻게 해 주는 곳으로 만드는 것입니까?
눈이 멀고, 귀가 닫혀, 자기 자신과 듣는 이 모두를 구덩이로 이끄는 자들이여!

성도들에게 빗나간 충성을 강요하여 교회 규모나 키우고, 교회만 커지면 부흥이라 여기는 눈먼 자들이여!

그대들의 탐심으로 교회에 그리스도의 선하신 마음은 전멸하였고, 분열과 분쟁, 시기와 다툼, 탐심과 음란이 난무합니다.

> 이 교훈의 목적은 청결한 마음과 선한 양심과 거짓이 없는 믿음에서 나오는 사랑이 거늘 사람들이 이에서 벗어나 헛된 말에 빠져 율법의 선생이 되려 하나 자기가 말하는 것이나 자기가 확증하는 것도 깨닫지 못하는도다(딤전 1:5-7).

사랑하는 자들이여!
하나님께서 원하셨던 것을 모르시겠습니까?
영원 전부터 선하신 분께서 우리에게 원하셨던 것이 선한 마음임을 모르시겠습니까?
첫 사람 아담 때 죄가 들어온 이후, 하나님께서 진행하시는 모든 역사의 진행이, 사랑 없이 사는 사탄의 형상을 멸하시려는 과정임을 깨닫지 못하겠습니까?
성경 역사 전체가, 인류 역사 전체가, 하나님의 선과 사랑을 이루시기 위함임을, 거룩하신 분의 선한 형상을 회복하기 위함임을 모르시겠습니까?
이스라엘 백성들의 실패를 거쳐 인간의 악함과 연약함을 깨닫게 하시고, 그리스도의 사랑과 희생을 통한 성령의 강림으로 우리가 할 수 없는 것을, 그리스도를 통하여 성취하심을 모르시겠습니까?
우리가 진실로 그의 사랑을 느끼게 될 때, 그의 사랑에 울부짖게 되고, 그의 선하심을 사모하는 자들로 변화됨을, 그렇게 불타는 사랑으로 자원한 군사들이 피 흘리기까지, 악한 마음, 더러운 죄와 싸우며 사랑이신 그분의 형상을, 거룩하신 그분의 형상을 회복시키심을, 그렇게 영원토록 그분과 사랑을 나눌 그리스도를 닮은 순결하고 거룩한 신부들을 만드는 것이, 인류 역사의 과정이라는 것을 … 정녕 깨닫지 못하겠습니까?

> 우리가 즐거워하고 크게 기뻐하며 그에게 영광을 돌리세 어린 양의 혼인 기약이 이르렀고 그의 아내가 자신을 준비하였으므로 그에게 빛나고 깨끗한 세마포 옷을 입도록 허락하셨으니 이 세마포 옷은 성도들의 옳은 행실이로다 하더라 천사가 내게 말하기를 기록하라 어린 양의 혼인 잔치에 청함을 받은 자들은 복이 있도다(계 19:7-9).

성경 처음부터 끝까지 그 역사가 무엇을 이야기하는지 모르시겠습니까? 우리가 그리스도를 오직 선하신 한 분, 우리의 아버지를, 그를 닮은 진실한 자녀가 되어야 한다는 내용임을, 고결하신 분의 순결한 신부가 되어야 한다는 내용임을, 우리의 순종하는 모습으로, 우리의 그리스도 닮아가는 모습으로, 이 세상에 그리스도의 빛이 비치게 된다는 사실을 정녕 모르시겠습니까?

어찌하여 그리스도의 신부들이 사탄의 형상을 나타내는 것입니까?
어찌하여 거룩을 갈망해야 할 자들이 더러움을 사랑하는 것입니까?

> 주를 향하여 이 소망을 가진 자마다 그의 깨끗하심과 같이 자기를 깨끗하게 하느니라(요일 3:3).

인간의 연약함을 부정하진 않겠습니다. 저 또한 세상에서 가장 연약하고 모자란 자 중 하나이기 때문입니다. 저 또한 죄인 중의 괴수요, 저 또한 수많은 죄악이 저를 덮치려는 세상 속에서, 온갖 유혹과 함께 살고 있기 때문입니다.

하지만, 당신이 그 연약함을 핑계로 아무런 각오 없이 죄 가운데 머무는 동안, 저는 그 연약함을 이유로 찢어지는 마음을 갖고 주님 앞에 무릎 꿇어 있고, 필사의 각오로 목이 터져라 그분의 도우심을 부르짖습니다.

저의 연약함으로 인해 죽을힘을 다해 그분 옷자락을 부여잡고 있는 것이 지금의 저이고, 내 마지막 날까지 이 손을 놓지 않고 그분께 매달려 갈 것입니다. 내 손톱이 빠지고, 손가락이 부러질지언정, 잡은 손을 절대 펴지 않을 것이고, 이 손을 놓칠 바에는 차라리 내 목숨을 끊어가시라 그분께 고할 것입니다.

> 내가 죄악 중에서 출생하였음이여 어머니가 죄 중에서 나를 잉태하였나이다(시 51:5).

> 속에서 곧 사람의 마음에서 나오는 것은 악한 생각 곧 음란과 도둑질과 살인과 간음과 탐욕과 악독과 속임과 음탕과 질투와 비방과 교만과 우매함이니 이 모든 악한 것이 다 속에서 나와서 사람을 더럽게 하느니라(막 7:21-23).

죄악 가운데 태어난 저의 본성은 간사하고 교활하기가 끝이 없음이 느껴집니다. 그리고 이 악한 죄인을 위해 죽어주신 그 은혜가 감사하기에 날마다 저를 부인할 것입니다. 죄악 중에 태어나 악할 수밖에 없는 제 안의 미움, 분노, 교만, 음란, 탐욕. 그리스도의 선하신 말씀과 극명하게도 반대되는, 매 순간 느껴지는 제 안에 더러운 마음들. 주님께서 미워하시는 악한 것들이 올라올 때마다 저를 죽이고, 죽이고, 죽이며, 저를 쳐서 복종시킬 것입니다.

교만하고 사악할 수밖에 없는 제게서 그리스도의 선하신 빛을 비추기 위해 싸울 것입니다. 끝까지 싸울 것입니다. 저를 잠식하려는 수많은 악과 죄를 대항하여 싸울 것입니다. 피 흘리며 살 것입니다. 내 주께서 피 흘리며 가신 길, 저 또한 피 흘리며 따를 것입니다. 지독하고도 악독한 죄가 끈

질기게 저를 덮치려 할지라도, 저 또한 내 생명을 다한 각오와 기도로 싸울 것입니다.

그리스도의 낮아짐을 나타내지 못하고, 그분의 희생과 사랑이 나오지 못할 때마다, 저를 십자가에 못 박을 것입니다. 그리스도를 닮지 못하는 모든 것을 죽이고, 죽이고, 죽일 것이며 못 박고, 못 박고, 못 박으며 피 나는 기도로 그분의 길을 갈 것입니다.

> 또 무리에게 이르시되 아무든지 나를 따라오려거든 자기를 부인하고 날마다 제 십자가를 지고 나를 따를 것이니라(눅 9:23).

> 우리가 알거니와 우리의 옛 사람이 예수와 함께 십자가에 못 박힌 것은 죄의 몸이 죽어 다시는 우리가 죄에게 종 노릇 하지 아니하려 함이니(롬 6:6).

저를 율법주의라 욕하십시오. 금욕주의라고 비난하십시오. 행위주의라 조롱하십시오. 당신이 뭐라 하든 저는 내 주의 말씀을 지킬 것입니다.

> 너희 행악자들이여 나를 떠날지어다 나는 내 하나님의 계명들을 지키리로다(시 119:115).

> 내가 아버지의 계명을 지켜 그의 사랑 안에 거하는 것 같이 너희도 내 계명을 지키면 내 사랑 안에 거하리라(요 15:10).

> 누구든지 그의 말씀을 지키는 자는 하나님의 사랑이 참으로 그 속에서 온전하게 되었나니 이로써 우리가 그의 안에 있는 줄을 아노라 그의 안에 산다고 하는 자는 그가 행하시는 대로 자기도 행할지니라(요일 2:5-6).

그분을 옷자락을 부여잡고 죽기까지 부르짖으며, 그분의 힘을 구할 것입니다. 기도하고, 기도하고, 또 기도할 것이고 그것도 모자란다면 금식하며 울부짖을 것입니다.

내 주의 말씀에 순종하지 못하는 모든 것, 내 사랑하는 그리스도를 닮지 못하는 모든 것과 내 전부를 걸고 싸울 것입니다. 무릎이 부서질 때까지 죄를 이길 때까지 원수를 무너뜨릴 때까지 기도하며 오직 그분의 능력을 구하고 구할 것입니다.

그렇게 싸우며 살아가고 있는 것이 지금의 저이고 그렇게 당신이 시도조차 하지 않았던 수많은 전투에서 승리를 쟁취하며 살아가는 것이 지금의 저입니다. 내 주께서 저의 힘이요 방패며 요새이고 저의 피난처가 되십니다. 승리를 향한 전능자의 약속들이 성경에 기록되어 있고, 그분께서는 약속을 지키십니다.

> 네가 그리스도 예수의 좋은 군사로 나와 함께 고난을 받을찌니 군사로 다니는 자는 자기 생활에 얽매이는 자가 하나도 없나니 이는 군사로 모집한 자를 기쁘게 하려 함이라 (딤후 2:3-4).

그리스도의 군사들이여!
당신들의 전투는 어디 있습니까?
당신들의 피 흘림은 어디에 있습니까?
여호와의 군사들이여, 도대체 어디서 무얼 하는 것입니까?
왜 당신의 피는 보이지 않는 것입니까?
왜 하나님의 원수를 대적하지 않는 것입니까?
선한 싸움을 하십시오!
영생을 차지하십시오!
그분의 약속을 붙잡고 승리를 쟁취하십시오!

그분께서 이미 세상을 이기셨습니다.

> 오직 너 하나님의 사람아 이것들을 피하고 의와 경건과 믿음과 사랑과 인내와 온유를 좇으며 믿음의 선한 싸움을 싸우라 영생을 취하라 이를 위하여 네가 부르심을 입었고 많은 증인 앞에서 선한 증거를 증거하였도다(딤전 6:11-12).

> 그러므로 하나님의 전신갑주를 취하라 이는 악한 날에 너희가 능히 대적하고 모든 일을 행한 후에 서기 위함이라(엡 6:13).

> 근신하라 깨어라 너희 대적 마귀가 우는 사자 같이 두루 다니며 삼킬 자를 찾나니 너희는 믿음을 굳건하게 하여 그를 대적하라 이는 세상에 있는 너희 형제들도 동일한 고난을 당하는 줄을 앎이라(벧전 5:8-9).

> 무릇 하나님께로부터 난 자마다 세상을 이기느니라 세상을 이기는 승리는 이것이니 우리의 믿음이니라 예수께서 하나님의 아들이심을 믿는 자가 아니면 세상을 이기는 자가 누구냐(요일 5:4-5).

> 이기는 그에게는 내가 내 보좌에 함께 앉게 하여주기를 내가 이기고 아버지 보좌에 함께 앉은 것과 같이 하리라(계 3:21).

그리스도의 마음이 무엇인지 깨닫지 못하시겠습니까?

흑암이 둘러싼 세상 속, 모든 것이 하나님의 말씀과는 반대로 가는 이 세상 속에서 이제는 그리스도인들마저 하나님의 말씀, 예수님의 가르침을 짓밟고 삽니다. 나는 죽고, 이제는 내 안의 그리스도께서 사시는 것이 신앙의 길이지만, 어느덧 세상의 기독교는 나를 살리고 그리스도는 죽이는 세상이 되었습니다.

순종은 하면 좋고 못 하면 어쩔 수 없고, 범사에 감사는 되면 좋지만 인간에겐 불가능한 일이고, 하나님의 말씀은 지키면 좋고 못 지키면 어쩔 수 없고. 착각하지 마십시오. 왕의 명령은 선택 사항이 아닙니다.

감사하지 못할 순간에도 그분께 복종하여 감사하는 자들이 진정 왕의 백성이고, 그들은 진정으로 왕을 사랑하고 온전히 신뢰하기에 모든 순간 감사함으로 살아갑니다. 설령 그것이 그분 이름을 부인하지 못하여 고문받고 순교해야 하는 자리라 할지라도 그분께서 주시는 모든 상황이 자신에게 가장 최상의 것이라는 완전한 신뢰가 그들을 모든 것에 감사하는 자들로 만들어 냅니다.

죽어가는 순간까지 피에 젖은 사랑을 고백하며, 자신을 죽이는 자를 위해 기도하고, 그 목숨으로 하나님께 영광을 올려드릴 것입니다.

똑똑히 들으십시오. 인간들이 좋아하는 넓고 편한 길은 왕의 명령을 하찮게 여기겠지만, 그리스도를 향한 진실한 사랑을 품고 사는 자들은 왕의 명령에 목숨을 걸고 피 흘리기까지 죄와 싸우며 살아갈 것입니다. 그리고 하나님의 자비와 그리스도의 고귀한 보혈은 그런 충성된 자의 연약함과 넘어짐을 감싸 안아주며 그들의 모든 죄를 사해 줄 것입니다.

착각하지 마십시오. 그리스도의 보혈은 입으로만 주여, 주여 하며 두 마음 품은 자들과 왕의 명령을 하찮은 게임 규칙 쯤으로 무시하는 자들의 죄를 씻어줄 만큼 가볍지 않습니다.

> 주는 자비로우시고 은혜로우시며 노하기를 더디하시고 자비가 풍성하시도다. 그는 항상 꾸짖지만은 아니하실 것이며 분노를 영원히 품지도 아니하시리로다. 그는 우리의 죄들을 따라 우리를 처리하지 아니하시며 우리의 죄악들을 따라 우리에게 갚지 아니하셨으니 이는 하늘이 땅보다 높음같이 <u>그의 자비가 그를 두려워하는 자들에게 크심이라</u>. 동이 서에서 먼 것같이 그가 우리의 죄과들을 우리로부터 멀리 옮기셨으며, 아버지가 자식을 불쌍히 여김같이 <u>주께서도 자기를 두려워하는 자들을 불</u>

쌍히 여기시나니, 이는 그가 우리의 체질을 아시며 우리가 진토임을 기억하심이라. 사람으로 말하면 그의 날들은 풀과 같고 그의 번영은 들의 꽃과 같아서 바람이 그 위를 지나가면 사라지나니 그 자리가 그것을 더 이상 알지 못하리라. 그러나 주의 자비는 그를 두려워하는 자들 위에 영원부터 영원까지 이르며 그의 의는 자자손손에까지 미치나니 즉 그의 언약을 지키는 자들과 그의 계명들을 기억하여 그것들을 행하는 자들에게로다 (시 103:8-18, 킹제임스).

하나님의 자비와 죄 사함의 은혜가 임하는 자들이 누군지 보십시오.

첫 아담의 불순종으로 사망이 들어온 육신을 입고 있음에도 불구하고, 죄의 본성으로 연약할 수밖에 없는 육신을 입음에도 불구하고, 왕을 공경하고 두려워하며, 그의 언약을 지키고 법도를 기억하여 행하는 자들입니다. 자신의 연약함에도 불구하고 그분을 따르려는 충성된 자들을 그분께서 지키실 것입니다.

그들은 넘어질지라도 일어날 것이고, 또 넘어질지라도, 또다시 일어날 것입니다. 넘어지고 넘어져도 다시 일어날 것이고, 너무도 부족하고 연약한 자신에 슬퍼하면서도 끝까지 포기하지 않고, 그분의 임재를 갈망하며 다시 걸어 나갈 것입니다.

> 대저 의인은 일곱 번 넘어질지라도 다시 일어나려니와 악인은 재앙으로 말미암아 엎드러지느니라 (잠 24:16).

> 그는 넘어지나 아주 엎드러지지 아니함은 여호와께서 그의 손으로 붙드심이로다 (시 37:24).

하나님께서는 그들이 완전히 엎드러지지 않도록 지키실 것이고, 그들의 부족함을 그리스도의 보혈로 덮어주시며, 완전히 완벽한 의인으로 여기실 것입니다.

그들이 구원 받는 것은 그들의 노력으로 완벽한 삶을 성취했기 때문이 아니라, 그들의 사랑과 충성의 진실함이, 그들의 피 흘림으로 증명되었기 때문입니다.

> 주의 긍휼히 여기심이 내게 임하사 내가 살게 하소서 주의 법은 나의 즐거움이니이다 (시 119:77).

뭐가 율법주의고, 뭐가 행위주의란 말입니까?
누가 그렇게 가르칩니까?
성경의 어떤 사도가 그런 가르침을 줬단 말입니까?

세상의 수많은 교리, 수많은 해석, 수많은 학설, 논리로 성경을 짓밟지만, 그 모든 것은 죄짓고 싶어 안달난 더러운 인간들의 핑계일 뿐입니다.
이럴 바에는 세상의 모든 교회가 없어지고, 모든 신학적 이론들이 사라지는 게 낫습니다. 세상에 모든 기독교적 가르침 사라지고, 오로지 하나님의 말씀인 성경만 덩그러니 남아 모든 사람이 성경만 보고 성경에서만 배우는 게 나을 것입니다.

똑똑히 들으십시오.
예수님께서, 또 사도들이 가르쳤던 것을 다시 들려드리겠습니다.
하나님을 두려워하십시오. 하나님께 순종하십시오.
죄짓지 마십시오. 죄지을 것 같으면 손을 자르십시오. 눈을 뽑으십시오. 발을 잘라 버리십시오.
돈을 사랑하지 마십시오. 탐심만으로 이미 우상 숭배자입니다.
음란한 짓을 멈추십시오. 음란한 마음만으로도 이미 더러운 간음입니다.

증오를 품지 마십시오. 미워하는 것만으로도 이미 당신은 살인자입니다. 제발 정신 좀 차리십시오.
하나님의 빛이십니다.

제발 빛의 자녀답게 사십시오!
빛의 열매는 모든 착한 마음과 의로운 마음, 진실한 마음에 있습니다. 어둠에 일에 참여하지 말고, 주님을 기쁘시게 할 것이 무엇인지 깨달으십시오!
똑똑히 새겨들으십시오!

분명히 말씀드리지만, 음란하고, 미워하고, 방탕하고, 더럽고, 탐욕적이고, 이기적이고, 용서할 줄 모르는 자들, 그런 불의한 자들은 우상 숭배자여서 하나님의 나라를 유업을 받지 못할 것입니다.

> 너희도 정녕 이것을 알거니와 음행하는 자나 더러운 자나 탐하는 자 곧 우상 숭배자는 다 그리스도와 하나님의 나라에서 기업을 얻지 못하리니 누구든지 헛된 말로 너희를 속이지 못하게 하라 이로 말미암아 하나님의 진노가 불순종의 아들들에게 임하나니 그러므로 그들과 함께 하는 자가 되지 말라 너희가 전에는 어둠이더니 이제는 주 안에서 빛이라 빛의 자녀들처럼 행하라 빛의 열매는 모든 착함과 의로움과 진실함에 있느니라 주를 기쁘시게 할 것이 무엇인가 시험하여 보라 너희는 열매 없는 어둠의 일에 참여하지 말고 도리어 책망하라(엡 5:5-11).

선한 일을 하십시오. 누가 뭐라 해도 낙심하지 말고 선을 행하십시오. 하나님의 자녀로서 선을 행할 수 있음에도 하지 않는다면 그것은 죄입니다.

오직 선을 행함과 서로 나누어 주기를 잊지 말라 하나님은 이같은 제사를 기뻐하시느니라(히 13:16).

우리가 선을 행하되 낙심하지 말지니 포기하지 아니하면 때가 이르매 거두리라(갈 6:9).

선을 행함으로 고난받는 것이 하나님의 뜻일찐대 악을 행함으로 고난받는 것보다 나으니라(벧전 3:17).

선을 행하고, 서로를 사랑하십시오. 당신을 미워하는 자마저 사랑하십시오. 그렇게 하면, 하늘에 계신 아버지의 아들이 될 수 있을 것입니다.

나는 너희에게 이르노니 너희 원수를 사랑하며 너희를 박해하는 자를 위하여 기도하라 이같이 한즉 하늘에 계신 너희 아버지의 아들이 되리니 이는 하나님이 그 해를 악인과 선인에게 비추시며 비를 의로운 자와 불의한 자에게 내려주심이라(마 5:44-45).

헐벗은 자를 긍휼히 여기고, 그들을 내 몸같이 여기게 해달라고 기도하십시오. 그들을 사랑할 줄 모르는 이기적이고 무자비한 자들이 되지 않게 해달라 기도하십시오. 왼편으로 분류되어 지옥에 떨어질 염소무리가 되지 않게 해달라 피눈물 나게 기도하십시오.

네 의견에는 이 세 사람 중에 누가 강도 만난 자의 이웃이 되겠느냐 가로되 자비를 베푼 자니이다 예수께서 이르시되 가서 너도 이와 같이 하라 하시니라(눅 10:36-37).

> 또 왼편에 있는 자들에게 이르시되 저주를 받은 자들아 나를 떠나 마귀와 그 사자들을 위하여 예비된 영원한 불에 들어가라 이에 임금이 대답하여 이르시되 내가 진실로 너희에게 이르노니 이 지극히 작은 자 하나에게 하지 아니한 것이 곧 내게 하지 아니한 것이니라 하시리니 그들은 영벌에, 의인들은 영생에 들어가리라 하시니라(마 25:31-46).

속지 마십시오. 우리와 친구라고 말하는 자들 중에, 선을 행하기 싫어하는 악한 자들이 있고, 그들은 우리를 행실을 더럽히려 하고 있습니다.

제발, 깨어나 의를 행하고, 죄를 멈추십시오. 하나님을 믿는다고 고백하는 자들 가운데, 하나님을 알지 못하는 자들이 있기에 바울이 우리에게 편지를 남겼습니다.

> 속지 말라 악한 동무들은 선한 행실을 더럽히나니 깨어 의를 행하고 죄를 짓지 말라 하나님을 알지 못하는 자가 있기로 내가 너희를 부끄럽게 하기 위하여 말하노라(고전 15:33-34).

지독히도 자기 욕망대로 살고 싶어 하는 인간들로 신앙이 복잡해졌고, 지독히도 하나님 말씀대로 살기 싫어하는 인간들로 수많은 변명과 핑계가 생겨났지만, 하나님을 믿는다는 신앙은 단순합니다. 글자도 모르는 어린아이에게 물어보십시오.

백성이 그 왕의 법도에 순종하는 것은 생각할 필요도 없는 기본 중의 기본이고 나를 위해 목숨을 버린 왕께 충성하는 것은 당연하고도 당연한 상식일 뿐입니다.

죄 없이 순결하시고 선하신 어린 양이, 더러운 모든 자들의 죄를 대신 지셨고, 우리는 오직 그분의 보혈로 구원 받는 것이며, 오직 모든 영광 그리스도께서만 받으시겠지만, 분명히 기억하십시오. 그분의 보혈은 아무에게나 주어지는 것이 아닙니다.

> 나는 은혜 베풀 자에게 은혜를 베풀고 긍휼히 여길 자에게 긍휼을 베푸느니라 (출 33:19).

진실로 그분의 은혜에 감사할 줄 알고, 진실로 그분의 희생에 눈물 흘리는 자, 진실로 진실로 그분을 사랑하기에, 진실로 그분의 말씀을 소중히 여기며 따르려는 자, 그렇게 왕을 존중히 여기는 자를 그분께서 존중히 여기실 것이고, 그분의 말씀을 멸시하는 자들을 그분께서도 멸시하실 것입니다.

> 그러므로 이스라엘의 하나님 나 여호와가 말하노라 내가 전에 네 집과 네 조상의 집이 내 앞에 영영히 행하리라 하였으나 이제 나 여호와가 말하노니 결단코 그렇게 아니하리라 나를 존중히 여기는 자를 내가 존중히 여기고 나를 멸시하는 자를 내가 경멸히 여기리라(삼상 2:30).

> 여호와를 경외함이 곧 지혜의 근본이라 그 계명을 지키는 자는 다 좋은 지각이 있나니 여호와를 찬송함이 영원히 있으리로다(시 111:10).

> 여호와의 규례를 지키는 세상의 모든 겸손한 자들아 너희는 여호와를 찾으며 공의와 겸손을 구하라 너희가 혹시 여호와의 분노의 날에 숨김을 얻으리라(습 2:3).

> 너희는 내가 명하는 대로 행하면 곧 나의 친구라(요 15:14).

슬픈 세대에 사는 자들이여!
이 땅에 왜 존재하는지 깨닫지 못하는 자들이여!

당신 인생의 목적은 무엇입니까?
지금 이루고자 하는 목표가 무엇입니까?
지금 당신의 열정을 쏟으며 인생을 바치는 대상이 무엇입니까?

나의 사랑하는 자여!

내 당신께 교만히 보이고 싶지 않지 않습니다. 교만할 수도 없을 만큼 지극히도, 지극히도 보잘것없고 하찮은 자입니다. 내 마음이 거짓인지 아닌지는, 그 누구도, 그 어떤 것도 속일 수 없는 전능자께서 아십니다.

나의 사랑하는 자여!

내 인생의 목적은 내 왕께 순종하는 것입니다. 내 주님의 마음을 품어 나에게 해 끼치는 자를 사랑하는 것이 내 인생의 목표입니다. 거리에 지나는 허름한 노인을 내 몸같이 여기는 것이 내 인생의 목적입니다. 세상의 더러움으로부터 나를 지켜 순결하고 정결한 마음을 품는 것인 내 인생의 목표입니다.

저는 금식할 것입니다. 제 안에 미움과 분노, 탐심과 이기심을 버리기 위해 금식할 것입니다. 나를 해하는 자를 사랑할 수 있는 자가 되기 위해 금식할 것입니다. 저기 수레를 끄는 노인을 내 몸같이 여기는 자가 되게 해달라 금식할 것입니다.

그리하여 나를 통해 그리스도의 선하신 사랑이 세상에 비춰질 수 있게 해달라 죽도록 기도할 것입니다. 왜냐하면, 오직 그리스도를 사랑하는 것만이 제 인생의 모든 목적이기 때문입니다.

> 그가 모든 사람을 대신하여 죽으심은 살아 있는 자들로 하여금 다시는 그들 자신을 위하여 살지 않고 오직 그들을 대신하여 죽었다가 다시 살아나신 이를 위하여 살게 하려 함이라(고후 5:15).

> 만일 누구든지 주를 사랑하지 아니하거든 저주를 받을찌어다 주께서 임하시느니라(고전 16:22).

내 모든 생각, 마음, 행동, 계획, 목적, 소망, 열정, 내 존재의 모든 것은 사랑하는 그리스도께 순종하는 것입니다. 그분께 순종함으로 그리스도를 닮는 것이 제 인생 유일한 목적이자 열정입니다. 이것 외에 이 세상의 어떤 부귀영화도 쓰레기에 불과합니다.

저에게 세상 모든 부귀영화를 줘보십시오. 그 모든 것을 팔아 그리스도의 사랑을 증거할 것입니다. 그것도 모자란다면 내 목숨이라도 버려 그를 증거할 것입니다.

사랑하는 자여!

그리스도인에게 다른 것은 무엇이 필요합니까?

세상 사람들은 눈에 보이는 것들을 위해 살아갑니다. 이 땅에 있는 것들이 진짜인 줄 아는 그들은, 이 세상에서의 성공과 쾌락에 인생을 겁니다.

하지만, 그리스도인들이여, 그대들은 누구입니까?

그대들은 그리스도를 통해 진리가 무엇인지 깨달은 자들이 아닙니까? 무엇이 영원하고, 무엇이 썩어 없어질 헛된 것인지 깨닫고, 인생을 돌이킨 자들 자들이 아닙니까?

어찌하여 썩어 없어질 것들에 온 인생을 바치며, 헛된 우상 숭배에 빠져 사는 것입니까?

> 썩어지지 아니하는 하나님의 영광을 썩어질 사람과 새와 짐승과 기어다니는 동물 모양의 우상으로 바꾸었느니라(롬 1:23).

자기의 육체를 위하여 심는 자는 육체로부터 썩어질 것을 거두고 성령을 위하여 심는 자는 성령으로부터 영생을 거두리라(갈 6:8).

이로써 그 보배롭고 지극히 큰 약속을 우리에게 주사 이 약속으로 말미암아 너희가 정욕 때문에 세상에서 썩어질 것을 피하여 신성한 성품에 참여하는 자가 되게 하려 하셨느니라(벧후 1:4).

그리스도를 믿게 된 자들은 이 땅을 목표로 살아가는 자들이 아니지 않습니까?

세상 사람들처럼 눈에 보이는 것이 진짜라 여기는 자들이 아니지 않습니까?

아직은 보이지 않는 그 나라와 그 왕국을 바라보고 소망하는 자들이 아니란 말입니까?

아직 아무도 보지 못한 그곳을 믿음으로 바라보고, 실상으로 여기며, 끝까지 참으며 이 길을 가는 자들이 아니란 말입니까?

우리가 주목하는 것은 보이는 것이 아니요 보이지 않는 것이니 보이는 것은 잠깐이요 보이지 않는 것은 영원함이라(고후 4:18).

믿음은 바라는 것들의 확신이요, 보이지 않는 것들의 증거입니다. 선조들은 이 믿음으로 살았기 때문에 훌륭한 사람으로 증언되었습니다. … 이 사람들은 모두 믿음을 따라 살다가 죽었습니다. 그들은 약속하신 것을 받지는 못했지만, 그것을 멀리서 바라보고 반겼으며, 땅에서는 길손과 나그네 신세임을 고백하였습니다. … 그러나 사실은 그들은 더 좋은 곳을 동경하고 있었던 것입니다. 그것은 곧 하늘의 고향입니다. 그래서 하나님께서는 그들의 하나님이라고 불리는 것을 부끄러워 하지 않으시고, 그들을 위하여 한 도시를 마련해 두셨습니다. … 그러므로 이렇게 구름 떼와 같이 수많은 증인이 우리를 둘러싸고 있으니, 우리도 갖가지 무거운 짐과 얽매는 죄를 벗어버리고, 우리 앞에 놓인 달음질을 참으면서 달려갑시다(히 11:1-12:1, 새번역).

우리는 잠시 스쳐 지나가는 이 세상의 나그네임을 깨닫지 못하시겠습니까?

이곳이 진짜 우리 집이 아님을, 우리의 진짜 고향이 따로 있음을, 우리가 무엇을 위해 인생을 바치고 열정을 불태워야 하는지 정녕 모르시겠습니까?

무엇이 진짜 현실이고, 썩어 없어질 가짜가 무엇인지 정녕 깨닫지 못하시겠습니까?

토지를 영영히 팔지 말것은 토지는 다 내 것임이라 너희는 나그네요 우거하는 자로서 나와 함께 있느니라(레 25:23).

주 앞에서는 우리가 우리 열조와 다름이 없이 나그네와 우거한 자라 세상에 있는 날이 그림자 같아서 머무름이 없나이다(대상 29:15).

전도자가 말한다. 헛되고 헛되다. 헛되고 헛되다. 모든 것이 헛되다. 사람이 세상에서 아무리 수고한들, 무슨 보람이 있는가?(전 1:2-3, 새번역).

그러나 내 손으로 성취한 모든 일과 이루려고 애쓴 나의 수고를 돌이켜보니, 참으로 세상 모든 것이 헛되고, 바람을 잡으려는 것과 같고, 아무런 보람도 없는 것이었다(전 2:11, 새번역).

돈 좋아하는 사람은, 돈이 아무리 많아도 만족하지 못하고, 부를 좋아하는 사람은, 아무리 많이 벌어도 만족하지 못하니, 돈을 많이 버는 것도 헛되다(전 5:10, 새번역).

그림자처럼 지나가는 짧고 덧없는 삶을 살아가는 사람에게, 무엇이 좋은지를 누가 알겠는가? 사람이 죽은 다음에, 세상에서 일어날 일들을 누가 그에게 말해 줄 수 있겠는가?(전 6:12, 새번역).

청년이여, 네 젊음을 즐거워하여라. 네 젊은 시절을 마음으로 기뻐하여라. 네 마음이 가는 대로, 네 눈에 보이는 대로 따라가거라. 다만, 이 모든 것들에 하나님의 심판이 있다는 것을 알아라. 그러므로 네 마음에서 근심을 떨어내고 네 몸에서 악을 떨쳐 버려라. 어린 시절과 젊은 시절은 허무한 것이다(전 11:9-10, 우리말 성경).

일의 결국을 다 들었으니 하나님을 경외하고 그 명령을 지킬찌어다 이것이 사람의 본분이니라 하나님은 모든 행위와 모든 은밀한 일을 선악간에 심판하시리라(전 12:13-14).

너희는 하늘로 눈을 들며 그 아래의 땅을 살피라 하늘이 연기 같이 사라지고 땅이 옷 같이 해어지며 거기에 사는 자들이 하루살이 같이 죽으려니와 나의 구원은 영원히 있고 나의 공의는 폐하여지지 아니하리라(사 51:6).

외모로 보시지 않고 각 사람의 행위대로 판단하시는 자를 너희가 아버지라 부른즉 너희의 나그네로 있을 때를 두려움으로 지내라(벧전 1:17).

내일 일을 너희가 알지 못하는도다 너희 생명이 무엇이뇨 너희는 잠간 보이다가 없어지는 안개니라(약 4:14).

이 사람들은 다 믿음을 따라 죽었으며 약속을 받지 못하였으되 그것들을 멀리서 보고 환영하며 또 땅에서는 외국인과 나그네임을 증언하였으니 그들이 이같이 말하는 것은 자기들이 본향 찾는 자임을 나타냄이라(히 11:13-14).

오, 진정 나의 사랑하는 자여!
당신을 향한 내 진심을 어찌하면 믿어주시겠나이까?
나의 형제여!
진정으로 진심으로 하나님이 실재하다고 믿으십니까?
하나님의 말씀대로 이 땅은 한낱 안개처럼 지나갈 것이고, 영원한 우리 본향이 따로 있다는 것을 진심으로 믿으십니까?
그분이 온 만물의 주인이라는 것을 정말, 진심으로 믿으시는 것이 맞습니까?

잘 생각하십시오. 만약 그분이 진짜라면, 당신은 그분 앞에 서야 할 날이 올 것입니다. 그분과 대면하여 당신의 인생을 돌아보아야 할 순간이 반드시 올 것입니다.

그때 당신은 그분께 무엇을 보이겠습니까?
당신이 취득한 수많은 자격증을 내미시겠습니까?
세상에서 갈고닦은 외국어 능력과 신기술, 각종 분야의 지식을 뽐내시겠습니까?
멋진 직장과 높은 직급, 고액의 연봉을 자랑하시겠습니까?
멋진 자동차를 자랑하시겠습니까?
재물에 대한 탐심으로 이루어 낸 훌륭하고 아름다운 집을 자랑하시겠습니까?
당신의 배우자가 얼마나 예쁜지, 멋진지를 자랑하시겠습니까?
그분께서 당신 삶을 무엇으로 평가하실지 깨닫지 못하시겠습니까?

아들아, 좋은 차에 좋은 집을 사기 위해 참으로 수고했구나. 세상에서 성공하기 위해 참으로 치열한 삶을 살다 왔구나. 잘했다. 수고했다. 착하고 충성된 종아, 이제 편히 쉬거라.

진정 당신에게 그리 말씀하시리라 생각하는 것입니까?

사랑하는 나의 형제들이여!
당신의 왕은 당신 생각처럼 만만한 호구가 아니십니다. 이 세상이나 세상에 있는 것들을 사랑치 말라고 말씀하신 분께서 당신에게 물으실 것입니다. 자기를 희생하고, 다른 이를 섬기라 말씀하신 이가 당신에게 물으실 것입니다. 선한 마음과 다른 이를 소중히 여기는 마음을 그 무엇보다 원하셨던 주님께서, 당신에게 물으실 것입니다.

이 땅에 재물을 쌓지 말고, 하늘에 보화를 쌓으라 하신 분께서 물으실 것입니다. 다른 이를 사랑하는 선한 마음을 배우라 말씀하신 분께서 물으실 것입니다. 그 사랑으로 세상의 등불이 되어 그리스도의 빛을 세상에 비추라 말씀하신 분께서, 마지막 날 당신의 눈을 바라보며 물으실 것입니다.

"나의 종아, 너는 날 위해 무엇을 하고 왔느냐?"
"주님이시여! 저는 딱히 한 것은 없으나, 마음으로 당신의 존재를 믿고 있었나이다."

당신의 그 대답에 결말은 성경에 이미 기록되어 있습니다.

> 또 어떤 사람이 타국에 갈 때 그 종들을 불러 자기 소유를 맡김과 같으니 각각 그 재능대로 한 사람에게는 금 다섯 달란트를, 한 사람에게는 두 달란트를, 한 사람에게는 한 달란트를 주고 떠났더니 다섯 달란트 받은 자는 바로 가서 그것으로 장사하여 또 다섯 달란트를 남기고 두 달란트 받은 자도 그같이 하여 또 두 달란트를 남겼으되 한 달란트 받은 자는 가서 땅을 파고 그 주인의 돈을 감추어 두었더니 오랜 후에

그 종들의 주인이 돌아와 그들과 결산할새 다섯 달란트 받았던 자는 다섯 달란트를 더 가지고 와서 이르되 주인이여 내게 다섯 달란트를 주셨는데 보소서 내가 또 다섯 달란트를 남겼나이다 그 주인이 이르되 잘하였도다 착하고 충성된 종아 네가 적은 일에 충성하였으매 내가 많은 것을 네게 맡기리니 네 주인의 즐거움에 참여할지어다 하고 두 달란트 받았던 자도 와서 이르되 주인이여 내게 두 달란트를 주셨는데 보소서 내가 또 두 달란트를 남겼나이다 그 주인이 이르되 잘하였도다 착하고 충성된 종아 네가 적은 일에 충성하였으매 내가 많은 것을 네게 맡기리니 네 주인의 즐거움에 참여할지어다 하고 한 달란트 받았던 자는 와서 이르되 주인이여 당신은 굳은 사람이라 심지 않은 데서 거두고 헤치지 않은 데서 모으는 줄을 내가 알았으므로 두려워하여 나가서 당신의 달란트를 땅에 감추어 두었었나이다 보소서 당신의 것을 가지셨나이다 그 주인이 대답하여 이르되 악하고 게으른 종아 나는 심지 않은 데서 거두고 헤치지 않은 데서 모으는 줄로 네가 알았느냐 그러면 네가 마땅히 내 돈을 취리하는 자들에게나 맡겼다가 내가 돌아와서 내 원금과 이자를 받게 하였을 것이니라 하고 그에게서 그 한 달란트를 빼앗아 열 달란트 가진 자에게 주라 무릇 있는 자는 받아 풍족하게 되고 없는 자는 그 있는 것까지 빼앗기리라 이 무익한 종을 바깥 어두운 데로 내쫓으라 거기서 슬피 울며 이를 갈리라 하니라(마 25:14-30).

'주여! 어찌 그리 말씀하시나이까?
믿음이면 충분한 것 아닙니까?
저는 그리 배웠습니다. 제가 당신이 하나님이심을 믿습니다. 예수께서 메시아이심을 믿습니다.
믿었으면 되지 않았습니까?
그 사실을 믿고 인생을 살았으면 되는 게 아니란 말입니까?'

네가 하나님은 한 분이신 줄을 믿느냐 잘하는도다 귀신들도 믿고 떠느니라 아아 허탄한 사람아 행함이 없는 믿음이 헛것인 줄을 알고자 하느냐(약 2:19-20).

우리는 하나님이 유일한 신이라는 것과 예수께서 메시아이심을 믿습니다. 그리고 마귀 사탄도 우리가 믿는 같은 사실을 알고 믿고 있습니다.

우리의 믿음과 마귀의 믿음은 무엇으로 구분됩니까?

믿고 있다 알고 있다는 것은 그저 지식일 뿐이고 그 자체는 중요하지 않습니다.

진정 그분의 통치 아래 살아가고 있는가?

참으로 그분의 백성으로 살아가고 있는가?

정녕 그분을 주인으로, 그분을 내 삶의 주권을 지닌 주님으로 여기며 살고 있는가?

그리스도인의 믿음은 우리 주인 되신 분의 선한 마음, 선한 말씀에 순종하는 믿음이지만, 지식일 뿐인 마귀의 믿음은 그분의 선에 불순종하고 악과 죄를 만들어 냅니다.

주님께서는 마귀의 일, 곧 그 죄를 멸하려 이 땅에 오셨습니다.

> 죄를 짓는 자는 마귀에게 속하나니 마귀는 처음부터 범죄함이라 하나님의 아들이 나타나신 것은 마귀의 일을 멸하려 하심이라(요일 3:8).

만약 누군가 당신에게, 당신이 가진 믿음이 그리스도인의 것인지, 마귀의 것인지 확인시켜 달라고 한다면, 어떻게 당신의 믿음이 진짜인지, 가짜인지 증명하시겠습니까?

> 어떤 사람은 말하기를 너는 믿음이 있고 나는 행함이 있으니 행함이 없는 네 믿음을 내게 보이라 나는 행함으로 내 믿음을 네게 보이리라 하리라(약 2:18).

우리의 믿음에 그의 선하심을 따르려는 행함이 없고, 죄와 싸워 멸하려는 열망이 없다면, 도대체 우리의 믿음이 마귀의 믿음과 무엇이 다르다는 것입니까?

> 이러므로 사람이 선을 행할줄 알고도 행치 아니하면 죄니라(약 4:17).

> 너희가 죄와 싸우되 아직 피흘리기까지는 대항치 아니하고(히 12:4).

다시 태어났다고 말하는 인간의 삶에 변화가 없다면 그 믿음은 가짜 믿음이고 그런 믿음은 우리를 구원하지 못할 것이며, 마지막 날 우리 또한 마귀가 가야 할 곳에 함께 가게 할 것입니다.

> 이로 보건대 사람이 행함으로 의롭다 하심을 받고 믿음으로만 아니니라 영혼 없는 몸이 죽은것 같이 행함이 없는 믿음은 죽은 것이니라(약 2:24, 26).

사랑하는 자들이여!
그분의 나라와 의를 구한다는 것에 대한 의미를 깨닫지 못하시겠습니까?
큰 교회를 세우면 뭐하고, 성도 수가 많으면 뭐하고, 전도를 많이 하면 무엇합니까?
당신이 주님의 말씀에 순종하지 못하는데!
저기 길가에 주저앉은 가엾은 노인 하나 불쌍히 여기지 못하는데!
이기심과 탐심을 버리지 못하고, 시기, 질투, 미움을 버리지 못하는데!
교만에 물들어 높아지려고만 하고, 낮은 자가 되어 섬기는 자가 되지 못하는데!
그리스도의 사랑의 마음과 긍휼히 여기는 선한 마음을 품지 못하는데!

그리스도의 제자인 우리가 그리스도께서 주신 사랑의 계명에 순종치 못하는데!

그리스도의 선하신 모습을 닮지 못하는데 그게 다 무슨 소용이란 말입니까?

마지막 날, 그분께서 우리에게 찾으시는 것이 세상의 규모와 숫자가 아님을 모르시겠습니까?

우리 안에 그분을 닮은 아주 작은 사랑의 마음 한 조각이면 충분하다는 것을 정녕 깨닫지 못하시겠습니까?

> 나더러 주여 주여 하는 자마다 다 천국에 들어갈 것이 아니요 다만 하늘에 계신 내 아버지의 뜻대로 행하는 자라야 들어가리라 그 날에 많은 사람이 나더러 이르되 주여 주여 우리가 주의 이름으로 선지자 노릇 하며 주의 이름으로 귀신을 쫓아 내며 주의 이름으로 많은 권능을 행하지 아니하였나이까 하리니 그 때에 내가 그들에게 밝히 말하되 내가 너희를 도무지 알지 못하니 불법을 행하는 자들아 내게서 떠나가라 하리라(마 7:21-23).

> 집 주인이 일어나 문을 한 번 닫은 후에 너희가 밖에 서서 문을 두드리며 주여 열어 주소서 하면 그가 대답하여 이르되 나는 너희가 어디에서 온 자인지 알지 못하노라 하리니 그 때에 너희가 말하되 우리는 주 앞에서 먹고 마셨으며 주는 또한 우리의 길거리에서 가르치셨나이다 하나 그가 너희에게 말하여 이르되 나는 너희가 어디에서 왔는지 알지 못하노라 행악하는 모든 자들아 나를 떠나 가라 하리라(눅 13:23-27).

그리스도를 닮지 못하는 모든 수고와 노력이 헛것이라는 것을 모르시겠습니까?

그분의 선하신 열매 맺지 못하는 자들의 사역이 모래 위에 짓는 집이라는 것을, 비가 오고 바람이 불면 그 집이 무너지리라는 것을 정녕 깨닫지 못하시겠습니까?

> 그러므로 누구든지 나의 이 말을 듣고 행하는 자는 그 집을 반석 위에 지은 지혜로운 사람 같으리니 비가 내리고 창수가 나고 바람이 불어 그 집에 부딪히되 무너지지 아니하나니 이는 주추를 반석 위에 놓은 까닭이요 나의 이 말을 듣고 행하지 아니하는 자는 그 집을 모래 위에 지은 어리석은 사람 같으리니 비가 내리고 창수가 나고 바람이 불어 그 집에 부딪치매 무너져 그 무너짐이 심하니라(마 7:24-27).

젊은 세대들이여!
극한의 음란 속에서 더러움조차 느끼지 못하는 자들이여!
인간의 몸을 음란의 대상으로 삼고, 거룩하고 깨끗한 진리는 상상도 하지 못하는 자들이여!
당신들의 말과 생각, 마음이 얼마나 더러운지 아십니까?

"여자 좀 소개해 줘 봐. 내 이상형은 가슴 크고 늘씬한 여자야!"
글로 쓰기도 부끄러운 이 한마디가 당신을 지옥 가장 깊은 곳에 보내고도 충분할 만큼 추악하다는 것을 모르시겠습니까?

> 음행과 온갖 더러운 것과 탐욕은 너희 중에서 그 이름조차도 부르지 말라 이는 성도에게 마땅한 바니라(엡 5:3).

> 청년이 무엇으로 그의 행실을 깨끗하게 하리이까 주의 말씀만 지킬 따름이니이다(시 119:9).

음란에 찌들고 찌들어 썩어 문드러진 세대여!

시대 전체가 성중독증에 걸린 듯, 여자만 보면 발정 난 개처럼 눈알을 굴리며 음욕 품는 것은 당연하다 여기는 세대여!

> 늙은 여자에게는 어머니에게 하듯 하며 젊은 여자에게는 온전히 깨끗함으로 자매에게 하듯 하라(딤전 5:2).

내 누이, 내 여동생, 내 어머니처럼 귀히 여겨야 할 자들에게 음욕을 품고 음란의 도구로 여기며 그리스도의 귀한 영혼을 소중히 여기지 않는 세대여!

하나님의 임재 안에 경건과 거룩을 위한 훈련이 있다는 것조차 들어본 적 없는 세대여!

> 저속하고 헛된 꾸며낸 이야기들을 물리치십시오. 경건함에 이르도록 몸을 훈련하십시오(딤전 4:7, 새번역).

> 모든 지킬 만한 것 중에 더욱 네 마음을 지키라 생명의 근원이 이에서 남이니라 (잠 4:23).

하나님의 거룩을 깨닫지 못하시겠습니까?
그분의 경건을 깨닫지 못하시겠습니까?
경건치 아니한 자들이 받을 결말이 두렵지 않으신 것입니까?

> 이는 뭇 사람을 심판하사 모든 경건하지 않은 자가 경건하지 않게 행한 모든 경건하지 않은 일과 또 경건하지 않은 죄인들이 주를 거슬러 한 모든 완악한 말로 말미암아 그들을 정죄하려 하심이라 하였느니라(유 1:15).

가엾은 세대여!
그분의 경건과 거룩을 배워 본 적도 없는 세대여!
하나님 앞에 진짜 거룩이 무엇이겠습니까?
그리스도인의 삶에 진짜 경건이 무엇이겠습니까?

> 하나님 아버지 앞에서 정결하고 더러움이 없는 경건은 곧 고아와 과부를 그 환난중에 돌보고 또 자기를 지켜 세속에 물들지 아니하는 그것이니라(약 1:27).

슬픈 세대여!
환락과 쾌락의 세대여!
세속에 물들어, 세상 구조와 제도에 눈이 멀어버린 세대여!
높은 자리에 올라서고, 많은 부귀영화를 얻는 것이 성공이라 여기는 세대여!
여행이나 다니고, 맛집이나 찾아다니는 것을 인생의 행복이라 여기는 세대여!

남자들은 성욕의 노예가 되어 여자들의 비위나 맞추고, 데이트나 시켜주며 어떻게든 그 몸이나 탐하려 노력하는 세대여! 여자들은 외모 꾸미기에 미쳐, 그 외모로 남자를 유혹하고, 자기 몸을 쾌락의 무기로 사용하여 남자들의 떠받듦을 받으려는 세대여!

세상의 온갖 것들에 미쳐 하나님 알기에 열정 없고, 그리스도의 거룩함을 더럽히는 세대여!
하나님을 잊은 세대여!
하나님을 버린 세대여!
피눈물 맺히는 세대여, 내 심장을 찢어내는 세대여!

바울이 눈물로 안타까워 했던 자들이 바로 지금 헛된 것들에 미쳐 사는 우리라는 것을 깨닫지 못하시겠습니까?

> 내가 여러 번 너희에게 말하였거니와 이제도 눈물을 흘리며 말하노니 여러 사람들이 그리스도의 십자가의 원수로 행하느니라 그들의 마침은 멸망이요 그들의 신은 배요 그 영광은 그들의 부끄러움에 있고 땅의 일을 생각하는 자라(빌 3:18-19).

세상이 변했으니 하나님의 말씀도 변해야 한다고 말하는 자들이여!

그대의 말대로 변한 것은 세상일 뿐, 하나님께서는 단 한 번도 변한 적 없으셨고, 앞으로도 변하지 않으실 것이며, 오직 어제나 오늘이나 영원토록 동일하실 것입니다.

> 예수 그리스도는 어제나 오늘이나 영원토록 동일하시니라(히 13:8).

욕심에 눈이 멀어 달콤한 말로 교회 머릿수나 늘리는 이 세대는, 진리를 세상과 타협시키고, 세상으로부터 어리석은 자 취급받지 않으려 복음을 희석했지만, 부디, 성경을 배우십시오. 진리는 절대 세상과 친해질 수 없습니다.

그리스도인은 세상 사람들의 눈에 어리석은 비현실주의자로 취급받는 자들입니다. 그리스도를 따른다는 것은 세상 사람들이 보기에 정신 나간 짓거리입니다. 그리스도인은 눈에 보이지 않는 것에 사로잡혀, 눈에 보이는 것을 하찮게 여기며 살아가는 자들이기 때문입니다.

세상 모든 사람이 가치 있는 것이라고 말하는 것을 하찮고 무가치한 배설물로 여기며 사는 자들이기 때문입니다. 세상 사람은 이 땅의 삶에 대한 소망을 품고 살지만, 그리스도인은 그 너머 영원한 삶에 소망을 두고 살아가는 자들이기 때문입니다.

> 우리가 소망으로 구원을 얻었으매 보이는 소망이 소망이 아니니 보는 것을 누가 바라리요 만일 우리가 보지 못하는 것을 바라면 참음으로 기다릴찌니라(롬 8:24-25).

세상은 돈을 최고라고 하지만, 그리스도인들에게는 그다지 큰 의미가 없습니다. 그들은 이미 가진 것에 만족하고 있는 것에 감사할 줄 아는 자들이며, 남는 것이 있다면 그리스도의 사랑을 드러내고 싶어 안달난 자들이기 때문입니다.

세상은 명예와 권력을 최고라고 하지만, 그리스도인들에게는 가치 없고 헛된 것입니다. 그들에게 인생은 하루살이요 세상은 잠깐의 안개 같은 것이요 높은 자로 군림하기보다 낮은 자로 섬기는 자가 되기를 소망하기 때문입니다.

세상은 육체의 쾌락을 최고라고 하지만, 그리스도인에게는 하찮은 것에 불과합니다. 그들은 정욕을 채워 얻는 쾌락보다 그리스도의 순결과 정결을 품는 것이 더 큰 기쁨이며 하나님 말씀에 벗어난 쾌락은 이미 쾌락이 아니며, 고통이기 때문입니다.

정녕 깨닫지 못하시겠습니까?
그리스도인의 삶이 무엇인지 깨닫지 못하시겠습니까?
그리스도인은 영원이라는 엄청난 것을 위해, 자신의 인생 모든 것을 바치는 자들임을 모르시겠습니까?

> 천국은 마치 밭에 감추인 보화와 같으니 사람이 이를 발견한 후 숨겨 두고 기뻐하며 돌아가서 자기의 소유를 다 팔아 그 밭을 사느니라 또 천국은 마치 좋은 진주를 구하는 장사와 같으니 극히 값진 진주 하나를 발견하매 가서 자기의 소유를 다 팔아 그 진주를 사느니라(마 13:44-46).

그분의 영생은 그렇게 쉽게 얻을 수 없음을 모르시겠습니까?

그분의 모든 말씀에 두려워하고 경외하는 자들이 되어야 함을 모르시겠습니까?

죽는 날까지 진정 두렵고 떨림으로 이 길을 가야 함을 모르시겠습니까?

이 길은 좁지만, 이 길의 끝에는 인간이 표현할 수 없는, 엄청난 신의 선물이 우리를 기다리고 있다는 것을 정녕 모르시겠습니까?

모든 것을 포기할 각오가 아니라면 그분께 순종할 수 없음을, 목숨을 건 자들의 가난하고 애통한 마음에 지존자의 복이 임한다는 것을 모르시겠습니까?

그분의 기적이 무거운 모든 것을 가볍게 해 주실 것입니다. 그분의 광대한 사랑은 결국, 우리를 기쁨과 행복으로 순종하는 자들로 만드시고, 그렇게 담대함으로 아버지께 나아가는 사랑스러운 자녀로 만드실 것입니다.

> 사랑이 우리에게서 완성되었다는 사실은 이 점에 있으니, 곧 <u>우리로 하여금 심판 날에 담대함을 가지게 하려는 것입니다.</u> 우리가 이렇게 담대해지는 것은, <u>그리스도께서 사신 대로 또한 우리도 이 세상에서 그렇게 살기 때문입니다</u>(요일 4:17, 새번역).

눈에 보이지 않는 것을 믿음으로 바라보고, 그것을 실상으로 여기며 사는 자들!

눈에 보이는 것보다 보이지 않는 것을 사랑하고, 그것을 위해 살아가는 자들!

오직 그것에 온 마음이 뺏기어, 가진 것을 다 포기해서라도 그것을 얻겠다는 자들!

가짜가 아닌 진짜를 발견하고 기뻐하며 그것에 모든 삶을 던지는 자들!

그들이 바로 성경이 말씀하는 진짜 그리스도인입니다.

주여, 이제 내가 무엇을 바라리요 나의 소망은 주께 있나이다(시 39:7).

진리가 가리어진 세대여!
피 맺히는 세대여!
자기 인생을 밥으로 여기고, 그리스도를 반찬 삼아 곁들여 사는 세대여!
무엇이 잘못된 것인지조차 모른 채 눈이 멀어 사는 세대여!
정녕 가진 모든 것을 포기하지 않고는 그분을 따를 수 없다는 말씀을 농담으로 들으십니까?
이 길은 좁고 협착하여 찾는 이가 적으리라는 말씀을 빈말로 여기십니까?
정녕, 부자들이 천국에 들어가지 못함을 깨닫지 못하시겠습니까?
정녕, 애타게 영생을 갈망하는 가난한 심령을 품은 자들이 이 길을 가리라는 것을 모르시겠습니까?

오, 진정 나의 사랑하는 자들이여!
바로 지금이 그리스도께서 말씀하신 마지막 때임을 어찌해야 깨달으시겠습니까?
슬픈 세대여!
우리의 마지막 순간, 그리스도를 마주하는 그 순간 깨닫게 되겠지만, 구원 받는 자의 수는 적을 것입니다.

> 어떤 사람이 여짜오되 주여 구원을 받는 자가 적으니이까 그들에게 이르시되 좁은 문으로 들어가기를 힘쓰라 내가 너희에게 이르노니 들어가기를 구하여도 못하는 자가 많으리라(눅 13:23).

> 노아의 때에 된 것과 같이 인자의 때에도 그러하리라 노아가 방주에 들어가던 날까지 사람들이 먹고 마시고 장가 들고 시집 가더니 홍수가 나서 그들을 다 멸망시켰으며 또 롯의 때와 같으리니 사람들이 먹고 마시고 사고 팔고 심고 집을 짓더니 롯이 소돔에서 나가던 날에 하늘로부터 불과 유황이 비오듯 하여 그들을 멸망시켰느니라 인자가 나타나는 날에도 이러하리라(눅 17:26-30).

> 내가 너희에게 이르노니 속히 그 원한을 풀어 주시리라 그러나 인자가 올 때에 세상에서 믿음을 보겠느냐 하시니라(눅 18:8).

다시 말씀드리지만, 예수님은 빈말하지 않는 분이시고, 구원 받는 자의 수는 적을 것입니다. 그것이 하나님께서 성경을 통해 알려주신 인류 역사 전체의 흐름이기 때문입니다.

온 인류가 멸망할 때, 노아 가족만 살아남고 성 안의 모든 백성이 멸망할 때 롯의 가족만 살았으며, 여호수아와 갈렙을 제외한 모든 백성이 광야에서 멸망했으며, 이스라엘 수백 년 역사 가운데 언제나 다수가 하나님을 배반하며 우상을 숭배하였습니다.

언제나 다수가 타락했고, 하나님의 말씀으로 자신들을 거룩히 구별했던, '남은 자'라 불리는 거룩한 소수만이 그분의 구원을 얻었습니다.

> 또 이사야가 이스라엘에 관하여 외치되 이스라엘 자손들의 수가 비록 바다의 모래 같을지라도 남은 자만 구원을 받으리니 주께서 땅 위에서 그 말씀을 이루고 속히 시행하시리라 하셨느니라(롬 9:27-28).

> 그런즉 이와 같이 지금도 은혜로 택하심을 따라 남은 자가 있느니라(롬 11:5).

소수만 구원 받은 인류 역사의 흐름은 신약시대라고 해서 변하지 않습니다. 예수님께서는 말세에 노아의 때, 롯 때와 같을 것이라 하셨고, 구원받는 자의 수가 적냐는 직접적인 물음에 직접적으로 대답하십니다.

"사람이 들어가기를 마음으로 원하여도 그렇지 못하는 자가 많을 것이다. 세상을 포기하고 싶어도, 눈에 보이는 것들에 대한 염려와 탐심으로 그렇지 못할 것이다."

보이지 않는 것을 위해, 보이는 것들을 포기할 수 있으시겠습니까?
아직 볼 수 없고 만질 수 없는 것을 위해, 세상 모두가 가치 있다고 여기는 것을, 하찮은 것이라 여길 수 있겠습니까?
세상이나 세상에 있는 것에 욕심을 버리며, 오직 하늘의 것을 소망하며 살아갈 수 있겠습니까?
돈도 명예도 유명세도, 세상 사람들의 인정과 성공 따위도 필요 없고, 오직 그리스도를 얻은 것으로 충분하다고 여기며 살 수 있으시겠습니까?

이 길은 찾는 자가 적을 뿐 아니라, 들어가기를 원하여도 그러지 못하는 자가 많을 것입니다. 사람이 마음으로 되기를 원하여도, 그렇게 되지 못하는 자가 많을 것입니다. 지금 눈앞에 보이는 세상의 염려, 이 땅의 재물과 쾌락을 원함으로 인해 하나님의 말씀을 들었으나 결실하지 못하는 자가 많을 것입니다.

> 가시 떨기에 떨어졌다는 것은 말씀을 들은 자이나 지내는 중 이생의 염려와 재물과 향락에 기운이 막혀 온전히 결실하지 못하는 자요(눅 8:14).

이 글이 싫은 세대여!
이 글을 거부하고 싶은 세대여!

진리가 저주가 된 세대여!
이전에 없던 풍요와 번영, 안락과 쾌락, 지식과 교만의 세대여!
괴로움과 절망을 모르고, 신에 대한 두려움과 죽음에 대한 공포를 모르는 세대여!
가난한 심령을 모르고, 애통함에 젖은 부르짖음을 모르는 세대여!
쓰라린 절망 앞에 구원자의 필요를 느껴본 적 없는 세대여!

애초에 하나님은 가난한 자들의 하나님이십니다. 하나님은 세상에 소망이 없는 자들, 괴로움에 울부짖는 자들, 두려움에 떠는 자들, 구원자의 존재를 갈망할 수밖에 없는 가난한 심령을 가진 자들, 울고 있는 자들의 하나님이시며 구원자를 찾고 부르는 자들의 기쁨이 되시는 분입니다.

> 예수께서 눈을 들어 제자들을 보시고 가라사대 가난한 자는 복이 있나니 하나님의 나라가 너희 것임이요 이제 주린 자는 복이 있나니 너희가 배부름을 얻을 것임이요 이제 우는 자는 복이 있나니 너희가 웃을 것임이요 (눅 6:20-21).

배고파 본 적 없는 세대여!
부자들의 세대여!
먹고 마시고 즐기며 노는 것에 눈이 멀어버린 세대여!
이 세상이 좋고 이 세상에 있는 것들이 만족스러운 세대여!
이 세상을 더 원하고, 이 세상에 있는 것들을 더 가져야 하는 세대여!
영생을 위해 세상을 포기하기가 죽기보다 괴로운 세대여!

애초에 하나님은 부자들의 하나님이 아니십니다.

> 그러나 화 있을찐저 너희 부요한 자여 너희는 너희의 위로를 이미 받았도다 화 있을찐저 너희 이제 배부른 자여 너희는 주리리로다 화 있을찐저 너희 이제 웃는 자여 너희가 애통하며 울리로다(눅 6:24-25).

배부른 자들, 넘치는 풍요와 쾌락에 빠져 살며 웃고 있는 자들, 지옥의 두려움을 모르는 자들, 이 세상에 너머에 대해 간절함을 느끼지 못하는 자들, 구원자의 필요를 느끼지 못하는 부자들이 천국에 들어가는 것은 낙타가 바늘 귀로 들어가기보다 어려운 것입니다.

> 예수께서 제자들에게 이르시되 내가 진실로 너희에게 이르노니 부자는 천국에 들어가기가 어려우니라 다시 너희에게 말하노니 낙타가 바늘귀로 들어가는 것이 부자가 하나님의 나라에 들어가는 것보다 쉬우니라 하시니(마 19:23-24).

하나님을 갈망하지 않는 세대여!
그리스도를 향한 배고픔을 모르는 세대여! 배부르고 등 따뜻해 구원자를 향한 아무런 갈망 없는 세대여!
이럴 바에는 보릿고개를 넘기며 살던 과거가 좋을 것입니다. 아무 소망도 가질 수 없는 불쌍한 자들, 고난 가운데 구원자를 갈망할 수밖에 없는 가엾은 자들, 먹을 것이 없어 굶주리는 일이 다반사고, 끼니 걱정에 하루하루 근근이 살아가며, 보릿고개를 넘기던 옛날이 나을 것입니다.

오, 심령이 가난했던 나의 선조들이여!
그대들이 얼마나 축복 받았는지요. 그대들은 배고팠으나, 주를 만나 기뻐했고, 두 렙돈을 드린 과부의 진실함을 품지 않았나이까?
그대들의 진실한 사랑으로 이 나라가 축복 받았으나, 보십시오. 지금은 모두가 배불러 하나님을 잊었나이다.

이 나라를 동방의 이스라엘이라 불리게 해준 나의 선조들이여!
가난한 심령으로 구원자를 기뻐했던 자들이여!
그대들의 육신은 고달팠으나 영혼은 얼마나 풍족했나이까?

오. 나의 선조들이여!
굶주린 우리를 배부르게 해 주신 하나님을, 우리가 잊었나이다. 가나안 땅에 들어간 이스라엘의 잘못을 우리가 반복하고 있나이다.

어찌하면 좋습니까?
어찌하면 좋습니까?
멸망 받은 백성의 길을 그대로 따라감을 어찌하면 좋겠나이까?

> 여호와께서 그가 땅의 높은 곳을 타고 다니게 하시며 밭의 소산을 먹게 하시며 반석에서 꿀을, 굳은 반석에서 기름을 빨게 하시며 소의 엉긴 젖과 양의 젖과 어린 양의 기름과 바산에서 난 숫양과 염소와 지극히 아름다운 밀을 먹이시며 또 포도즙의 붉은 술을 마시게 하셨도다 그런데 여수룬이 기름지매 발로 찼도다 네가 살찌고 비대하고 윤택하매 자기를 지으신 하나님을 버리고 자기를 구원하신 반석을 업신여겼도다 그들이 다른 신으로 그의 질투를 일으키며 가증한 것으로 그의 진노를 격발하였도다 그들은 하나님께 제사하지 아니하고 귀신들에게 하였으니 곧 그들이 알지 못하던 신들, 근래에 들어온 새로운 신들 너희의 조상들이 두려워하지 아니하던 것들이로다 너를 낳은 반석을 네가 상관하지 아니하고 너를 내신 하나님을 네가 잊었도다 그러므로 여호와께서 보시고 미워하셨으니 그 자녀가 그를 격노하게 한 까닭이로다 그가 말씀하시기를 내가 내 얼굴을 그들에게서 숨겨 그들의 종말이 어떠함을 보리니 그들은 심히 패역한 세대요 진실이 없는 자녀임이로다(신 32:13-20).

사랑하는 자들이여!

어찌하면 하나님 두려우심을 배우겠습니까?

육체뿐만 아니라 우리의 영혼을 지옥의 불로 멸하실 수 있는 그분을 두려워해야 함을, 가난한 심령과 애통한 마음은 오직 그분의 말씀을 경외하는 자들에게서 비롯되는 것을 어찌하면 깨달으시겠습니까?

그분의 두려우심, 존엄하심을 배우지 못한 우리는 하나님을 아는 지식이 없고, 그분의 거룩하심을 깨닫지 못하는 자들은 그분께 불순종하는 것에 아무런 지각이 없습니다.

> 내 백성은 나를 알지 못하는 어리석은 자요. 지각이 없는 미련한 자식이라 악을 행하기에는 지각이 있으나 선을 행하기에는 무지하도다(렘 4:22).

오, 나의 하나님이여!

이 땅을 치소서. 모두를 굶주리게 하소서. 모두를 헐벗게 하소서. 우리 모두를 절망에 빠뜨리고, 다른 아무런 소망이 없게 하사, 오직 구원자를 갈망하게 하소서. 이대로 가다간 우리가 모두 멸망로 떨어지나이다. 아비가 사랑하는 자식을 징계함 같이, 우리를 벌하시고 아프게 하시고, 우리의 마음을 찢게 하소서. 우리의 영혼을 담아 당신을 부르짖게 하소서. 부디, 그 아프고 아픈 징계로 당신의 귀한 영혼들을 살리소서.

오, 나의 하나님이시여!

부디, 우리를 살려주소서!

진리를 모르는 세대여!

사랑으로 오래 참아주시는 거룩하신 분께서, 그 자비의 끝까지, 우리 열매를 보지 못하신다면, 마지막 날에 찍어버리시리라는 것을 어찌하여 두려워하지 않는 것입니까?

오, 나의 형제여!
어찌하여, 어찌하여, 하나님을 두려워하지 않으시는 것입니까?

> 이에 비유로 말씀하시되 한 사람이 포도원에 무화과나무를 심은 것이 있더니 와서 그 열매를 구하였으나 얻지 못한지라 포도원지기에게 이르되 내가 삼 년을 와서 이 무화과나무에서 열매를 구하되 얻지 못하니 찍어버리라 어찌 땅만 버리게 하겠느냐 대답하여 이르되 주인이여 금년에도 그대로 두소서 내가 두루 파고 거름을 주리니 이 후에 만일 열매가 열면 좋거니와 그렇지 않으면 찍어버리소서 하였다 하시니라 (눅 13:2-9).

사랑하는 자들이여!
우리가 무엇에 마음을 쏟으며 살아야 하는지 깨닫지 못하시겠습니까?
무엇에 우리 인생을 걸어야 하는지 정녕 모르시겠습니까?
우리가 뜨겁게 갈망하며 열정을 쏟으며 살아야 할 것이, 세상에서 더 부유하고, 더 높아지는 것이 아님을, 썩어 없어질 세상의 부귀영화나 더러운 쾌락 따위가 아님을 모르시겠습니까?
그리스도의 선하고 순결한 말씀에 순종하며, 그분의 형상을 회복해야 함을, 그분의 선한 열매를 우리 삶에 맺으며, 오직 그리스도만을 사랑하고 그분께 생명 전부를 걸어야 한다는 것을 정녕 모르시겠습니까?
열매 맺지 못하는 가지가 결국에 제거되리라는 것을 어찌하면 깨달으시겠습니까?

> 나는 참포도나무요 내 아버지는 농부라 무릇 내게 붙어 있어 열매를 맺지 아니하는 가지는 아버지께서 그것을 제거해 버리시고 무릇 열매를 맺는 가지는 더 열매를 맺

게 하려 하여 그것을 깨끗하게 하시느니라(요 15:1-2).

　변질된 신앙을 가질 바에야, 이렇게 더러운 사랑을 드릴 바에야 차라리 하나님 믿는 것이 법으로 금지되었으면 좋겠습니다. 성경책을 소지하고 읽는 자를 사형에 처하는 국가가 되었으면 좋겠습니다. 그래야 진정 목숨을 걸고 하나님을 사랑할 것이기 때문입니다. 진정 자신의 모든 것을 걸고 그분을 찬양하고 예배할 것이기 때문입니다.

　성경의 하나님 말씀이 귀하고 귀하여 그의 말씀을 경외하고 사모할 것이기 때문입니다. 진정 온 마음을 다하고, 힘을 다하고, 뜻을 다하는 진실한 사랑을 품을 것이기 때문입니다.

　예배를 드리다가 혹은 성경책을 소지하다 잡혀 사형당하는 북한 지하교회의 형제들이 복되고 복됩니다. 세상 사람들은 배부르게 잘 먹고 잘사는 남한이 축복 받은 것이라 여기겠지만 이곳은 저주받은 땅입니다. 북한의 진실한 그리스도의 신부들은 진정 목숨을 걸지 않고는 하나님의 말씀을 보지 못하고, 생명을 걸지 않고는 하나님께 예배드리지 못합니다.

　우리는 그들을 불쌍하다고 여기지만, 참으로 불쌍한 것은 우리임을 아십시오. 그들이 세상의 모든 것을 버리고 심지어 목숨마저 버리며 하나님을 사랑하는 동안, 세상을 갈망하고 우상을 사랑하며 세상과 짝하여 하나님 앞에 간음한 채로, 역겨운 사랑을 고백하는 우리가 지독히도 불쌍한 존재임을 깨달으십시오.

　　　아비나 어미를 나보다 더 사랑하는 자는 내게 합당치 아니하고 아들이나 딸을 나보다 더 사랑하는 자도 내게 합당치 아니하고 또 자기 십자가를 지고 나를 좇지 않는 자도 내게 합당치 아니하니라 자기 목숨을 얻는 자는 잃을 것이요 나를 위하여 자기 목숨을 잃는 자는 얻으리라(마 10:37-38).

탐심과 쾌락을 사랑하는 인간들에 의해 너무 많은 것들이 만들어졌습니다. 태초에 하나님께서 창조하지 않으신 너무 많은 것이 만들어져 인간의 마음을 뺏습니다. 고가의 사치품, 고급 외제차, 값비싼 상표가 만들어졌습니다. 그것들은 사람들에게 엄청나게 가치 있는 것으로 여겨져 더 많이 갖는 것이 그들의 행복이 되고 탐심은 그들의 우상이 되었습니다.

텔레비전, 드라마, 영화들이 만들어졌습니다. 자기 삶과는 아무런 상관도 없는 상상으로 만들어진 허구의 삶을 보며 기뻐하고 슬퍼하며 그것에 열광합니다. 그 속에 넘치는 음란과 잔인함, 폭력과 죄들을 안목의 정욕 삼고 즐거워하며 그것들에 열정을 바치며 쾌락을 우상 삼으며 살아갑니다.

연예인이라는 단어가 만들어졌습니다. 과거에도 예쁘고 잘생긴 것은 드물고 귀하게 여겨졌지만, 지금은 그런 수준이 아닙니다. 잘생기고 예쁘면 신이 되어버립니다. 자신들에게 아무런 상관도 없는 그들의 미모에 환호하고, 눈물을 흘리며 사랑한다고 고백합니다. 멋지고 예쁜 외모가 세상 사람의 신이 되고, 아이돌이라는 단어 뜻 그대로, 우상을 사랑하는 광신도들이 생겨났습니다.

소셜 미디어라는 것이 만들어졌습니다. 가진 것을 자랑하고, 드러내고, 뽐내는 것이 행복이고, 사람들의 시샘을 얻고, 이생의 자랑이 되기 위해 미친 열정으로 살아갑니다. 세상 사람의 부러움의 대상이 되는 것이 그들의 소원이고 우상이 되었습니다.

자유로운 연애, 개방된 성문화가 세상을 뒤덮었습니다. 이 남자, 저 여자, 연애라는 단어 아래, 한 인간이 죽을 때까지 수십 명과 잠자리를 가져도 그것을 인간의 자유라고 말합니다.

하나님께서는 한 남자와 한 여자를 짝지어 주셨다고 하시며, 경건과 거룩, 지조와 절개, 순수함과 순결함을 아름답다 말씀하시지만, 쾌락을 사랑하는 자들은 시대가 변했으니 성경의 가치관 또한 다르게 받아들이라 말합니다. 새 시대가 도래했으니, 하나님의 순결과 거룩은 버리고, 쾌락을 즐기라며 미쳐 날뛰고 있습니다.

패역한 세대여!
말 그대로 이 세상과 인간들의 사상이 변하고 타락한 것이지, 하나님의 말씀은 절대 영원토록 변하지 않으실 것입니다. 세상은 타락하여 죄가 무엇인지, 더러움이 무엇인지도 분간하지 못하게 되었고, 양심은 화인 맞아 죄에 대한 감각조차 사라졌습니다. 썩어 없어질 헛된 것에 열정을 쏟고, 그것들을 위해 살며, 맹렬히 우상을 숭배합니다.

절망적인 것은 예수 그리스도를 믿고 사랑한다 고백하는 자들조차도, 세상의 그들과 별반 다르지 않다는 것입니다.
복음을 깨닫고 세상과 구별되어야 할 사람들, 하나님의 사랑과 독생자의 뜨거운 피의 사랑을 깨달았다고 하는 자들, 우리를 지으시고, 우리를 사랑하시며, 우리를 위해 목숨을 버리신 분을 위해 살아야 할 그리스도인들, 숭고한 가치를 위해 살고, 거룩한 것을 위해 생명을 불태워야 할 자들조차 진리를 모르는 사람들과 다름없이 살아가고 있습니다.

> 너희가 어찌하여 양식 아닌 것을 위하여 은을 달아 주며 배부르게 못할 것을 위하여 수고하느냐 나를 청종하라 그리하면 너희가 좋은 것을 먹을 것이며 너희 마음이 기름진 것으로 즐거움을 얻으리라(사 55:2).

우리가 하나님께 먹다 남은 재물 바치고 있음을 모르시겠습니까?
우리의 열정, 뜨거운 사랑은 세상의 온갖 헛된 것들에 바치면서, 정작 하나님께는 찌꺼기 같은 것들을 드리고 있음을 모르시겠습니까?
우리 마음의 중심은 세상의 온갖 우상을 향한 채로, 그분께는 보시기에 가증한 것들로 예배하고 있음을 모르시겠습니까?

패역한 백성들이여!
우리들의 역겨운 제사를 하나님이 싫어하십니다.

> 눈먼 짐승을 제물로 바치면서도 괜찮다는 거냐? 절뚝거리거나 병든 짐승을 제물로 바치면서도 괜찮다는 거냐? 그런 것들을 너희 총독에게 바쳐 보아라. 그가 너희를 반가워하겠느냐? 너희를 좋게 보겠느냐? 나, 만군의 주가 말한다. 제사장들아, 이제 너희가 하나님께 '우리에게 은혜를 베풀어 주십시오' 하고 간구하여 보아라. 이것이 너희가 으레 하는 일이지만, 하나님이 너희를 좋게 보시겠느냐? 나 만군의 주가 말한다. 너희 가운데서라도 누가 성전 문을 닫아 걸어서, 너희들이 내 제단에 헛된 불을 피우지 못하게 하면 좋겠다. 나는 너희들이 싫다. 나 만군의 주가 말한다. 너희가 바치는 제물도 이제 나는 받지 않겠다 (말 1:7-10, 새번역).

성경과는 상관 없는 신앙이 교회를 뒤덮었습니다. 오직 절대자만이 결정할 수 있는 구원을, 우리 스스로 완성시키고, 교만과 오만으로 가득해 더이상 하나님을 두려워하지 않게 만들었습니다.

구원의 완성과 함께 더는 죄에서 돌이키라 말할 필요도 없어졌고, 구원의 완성과 함께 구원자의 존재를 갈망하고 부르짖는 열정도 사라졌습니다. 죄를 책망하는 엄중한 훈계와 질책은 사라지고 '평안하다, 안전하다' 위로와 축복을 외치는 거짓 선지자들이 넘쳐납니다.

이제 교회는 세상과 다를 바 없이 '더, 더, 더, 더, 더'를 외치며 세상을 가지려 하고, 믿는다 하면서도 하나님의 말씀과는 반대로 가며 썩어질 세상 것을 위해 살아갑니다.

> 주께서 나의 날을 한 뼘 길이만큼 되게 하시매 나의 일생이 주 앞에는 없는 것 같사오니 사람은 그가 든든히 서 있는 때에도 진실로 모두가 허사뿐이니이다 (셀라) 진실로 각 사람은 그림자 같이 다니고 헛된 일로 소란하며 재물을 쌓으나 누가 거둘는지

알지 못하나이다 주여 이제 내가 무엇을 바라리요 나의 소망은 주께 있나이다 주께서 죄악을 책망하사 사람을 징계하실 때에 그 영화를 좀먹음 같이 소멸하게 하시니 참으로 인생이란 모두 헛될 뿐이니이다 (셀라) (시 39:5-7, 11).

아무도 주의 오시는 날을 사모하지 않고, 종말은 없을 거라 생각합니다. 정신 차리십시오. 우리의 하루하루가 이미 종말의 순간입니다. 그분께서 오시는 날을 알 수 없듯이, 우리가 그분께 가는 날도 알 수 없고, 누가, 언제, 어디서, 어떻게 죽을지, 아무도 알 수 없는 것이 세상 이치입니다.

한순간에 티끌이 되어도 이상할 것 없는 불안한 존재가 바로 인간입니다. 누구도 다가오는 죽음을 피할 길은 없습니다. 설사 그분께서 더디 오시더라도, 어느 순간, 그분 앞에서 눈을 뜰지 알 수 없습니다.

> 그들이 평안하다, 안전하다 할 그 때에 임신한 여자에게 해산의 고통이 이름과 같이 멸망이 갑자기 그들에게 이르리니 결코 피하지 못하리라(살전 5:3).

> 그러므로 네가 그 가르침을 어떻게 받고 어떻게 들었는지를 되새겨서, 굳게 지키고, 회개하여라. 만일 네가 깨어 있지 않으면 내가 도둑같이 올 것인데, 어느 때에 내가 네게 올지를 너는 알지 못한다(계 3:3, 새번역).

하나님의 파수꾼들은 '위험하다, 돌이켜야 한다, 회개해야 한다' 소리쳐야 하지만, 경고는커녕 우상을 갖지 못해 안달난 자들을 부추기고, 더 많은 받아내는 기도의 비법을 알려 준다며 교회로 오라고 외칩니다.

우상을 잃어버리거나 더 얻지 못한 자들의 슬픔을 위로해 주고, 더 좋은 다른 우상이 준비되어 있으니 염려 말라고 위로합니다. 성경은 세상이라는 우상을 사랑하는 자들을 책망하고, 우상을 무너뜨려야 한다고 맹렬히 경고하지만, 눈먼 벙어리들은 자기와 백성의 위험을 깨닫지 못하고, 교회 규모나 키우며 그것을 부흥이라 여기며, 모두를 지옥의 구덩이로 내몹니다.

> 이스라엘의 파수꾼들은 맹인이요 다 무지하며 벙어리 개들이라 짖지 못하며 다 꿈꾸는 자들이요 누워 있는 자들이요 잠자기를 좋아하는 자들이니 이 개들은 탐욕이 심하여 족한 줄을 알지 못하는 자들이요 그들은 몰지각한 목자들이라 다 제 길로 돌아가며 사람마다 자기 이익만 추구하며(사 56:10-11).

왕의 명령을 가볍게 여기는 백성들로 인해 교회 안에 선하신 그리스도의 모습은 사라지고, 사탄의 형상들만 만연합니다. 탐심과 이기심, 미움과 다툼, 시기와 질투, 불평과 불만, 원망이 가득하고, 속이고, 흉보고, 헐뜯으며 파벌짓기가 넘쳐납니다.

> 우리는 이 혀로 주님이신 아버지를 찬양하기도 하고, 또 이 혀로 하나님의 형상대로 지음을 받은 사람들을 저주하기도 합니다. 또 같은 입에서 찬양도 나오고 저주도 나옵니다. 나의 형제자매 여러분! 이렇게 해서는 안 됩니다. 샘이 한 구멍에서 단 물과 쓴 물을 낼 수 있겠습니까? 나의 형제자매 여러분, 무화과나무가 올리브 열매를 맺거나, 포도나무가 무화과 열매를 맺을 수 있겠습니까? 마찬가지로 짠 샘은 단 물을 낼 수 없습니다. 여러분 가운데서 지혜 있고 이해력이 있는 사람이 누구입니까? 그러한 사람은 착한 행동을 하여 그의 행실을 나타내 보이십시오. 그 일은 지혜에서 오는 온유함으로 행하는 것이어야 할 것입니다(약 3:9-13, 새번역).

음란과 방탕으로 살아가고, 쾌락에 인생을 바치는 자들이 예배당을 가득 채웠고, 세상의 정욕을 사랑하며 더러운 것들과 간음하는 자들이 넘쳐나며 하나님께서 원하셨던 마음을 깨닫는 자들이 사라져 갑니다.

그들의 행위가 그들로 자기 하나님에게 돌아가지 못하게 하나니 이는 음란한 마음이 그 속에 있어 여호와를 알지 못하는 까닭이라(호 5:4).

여호와의 말씀이니라 그들이 활을 당김 같이 그들의 혀를 놀려 거짓을 말하며 그들이 이 땅에서 강성하나 진실하지 아니하고 악에서 악으로 진행하며 또 나를 알지 못하느니라 너희는 각기 이웃을 조심하며 어떤 형제든지 믿지 말라 형제마다 완전히 속이며 이웃마다 다니며 비방함이라 그들은 각기 이웃을 속이며 진실을 말하지 아니하며 그들의 혀로 거짓말하기를 가르치며 악을 행하기에 지치거늘 네가 사는 곳이 속이는 일 가운데 있도다. 그들은 속이는 일로 말미암아 나를 알기를 싫어하느니라 여호와의 말씀이니라 여호와께서 이와 같이 말씀하시되 지혜로운 자는 그의 지혜를 자랑하지 말라 용사는 그의 용맹을 자랑하지 말라 부자는 그의 부함을 자랑하지 말라 자랑하는 자는 이것으로 자랑할지니 곧 명철하여 나를 아는 것과 나 여호와는 사랑과 정의와 공의를 땅에 행하는 자인 줄 깨닫는 것이라 나는 이 일을 기뻐하노라 여호와의 말씀이니라(렘 9:3-6, 23-24).

교회 안에 우상 숭배자들이 가득하고, 그들은 자신들의 삶의 열매가 하나님 진노의 대상임을 인지하지 못합니다. 심지어 목사들끼리 모인 자리조차 자녀의 대학 입학, 취직을 자랑하는 세대입니다. 육을 위해 심는 것에 혈안이 되어 육신의 정욕을 채우기 위해 살고, 영의 일 따위는 관심도 없고, 무엇인지조차 모르는 자들로 인해, 많은 이들이 죽을 것을 위해 살아가며 하나님의 말씀을 깨닫지 못합니다.

이 세상이나 세상에 있는 것들을 사랑하는 마음에 하나님의 사랑이 있을 수 없고, 육체의 욕망, 눈의 욕망, 세상살이의 자랑은 아버지가 아닌 세상에서 비롯된 것입니다.

이 세상도 사라지고, 욕망도 사라지지만, 하나님의 뜻을 행하는 자는 영원할 것입니다.

> 세상에 있는 모든 것, 곧 육체의 욕망과 눈의 욕망과 세상 살림에 대한 자랑은 모두 하늘 아버지에게서 온 것이 아니라, 세상에서 온 것이기 때문입니다. 이 세상도 사라지고, 이 세상의 욕망도 사라지지만, 하나님의 뜻을 행하는 사람은 영원히 남습니다(요일 2:16-17, 새번역).

> 살리는 것은 영이니 육은 무익하니라 내가 너희에게 이른 말은 영이요 생명이라 (요 6:63).

> 육신을 따르는 자는 육신의 일을, 영을 따르는 자는 영의 일을 생각하나니 육신의 생각은 사망이요 영의 생각은 생명과 평안이니라(롬 8:5-6).

> 너희가 육신대로 살면 반드시 죽을 것이로되 영으로써 몸의 행실을 죽이면 살리니 (롬 8:13).

교회들이여!
무엇을 가르치고 있습니까?
썩어질 육체를 위해 심지 말라 경고해야 할 교회가 무엇을 하고 있습니까?
육신의 생각은 사망이라 외쳐야 할 교회들이 무엇을 외치고 있습니까?
영으로서 죄의 정욕을 죽이라 소리쳐야 할 교회들이 무엇을 가르치고 있습니까?

이제 교회는, 육신의 정욕을 더 사랑하게 만들고, 그것을 위해 기도하는 곳이 되었습니다. 하나님의 말씀을 경외하지 않고 하찮게 보는 시대는 하나님께서 사랑치 말라는 것을 구하기 위한 기도모임을 만들고, 눈물, 콧물을 쏟으며 제발 나의 우상을 더 풍성케 해달라 울부짖습니다.

사람이 귀를 돌려 율법을 듣지 아니하면 그의 기도도 가증하니라(잠 28:9).

교회에서 가르치는 자들은, 소경이 되어 소경을 이끌고 모두를 구덩이로 몰고 갑니다.

깨달을 리 있겠습니까?
어차피 믿으면 구원인데 죄를 책망할 리가 있습니까!
지극한 교만함으로 구원을 완성키셨는데 목이 터져라, 호소할 필요가 있나!
어차피 다 천국인데 교회 출석만 하면 되고, 믿음만 있으면 다 천국인데!
누가 구원자를 향한 열정을 품겠습니까?

영혼들이 죽어간다는 사실 자체를 모르는데 누가 하나님을 향한 두려움을 품고, 누가 세례 요한과 그리스도, 사도들과 같은 안타까움으로 회개를 외치냔 말입니다.

교회들이여!
그리스도인들이여!
눈이 가리워진 자들이여!
지금 우리 모습이 구약시대 멸망 받은 백성의 모습과 무엇이 다르단 말입니까?

우리의 교만과 완고함이 우리를 눈뜬 장님으로 만들었다는 것을 정녕 모르시겠습니까?

> 그러나 그들의 마음이 완고하여 오늘까지도 구약을 읽을 때에 그 수건이 벗겨지지 아니하고 있으니 그 수건은 그리스도 안에서 없어질 것이라(고후 3:14).

교회 안에 그리스도의 가르침은 어디 있고, 그 길을 따르는 자는 어디로 갔습니까?

교회 안에 오직 예수를 사랑하고, 그를 닮고자 열정을 품은 자들은 어디로 사라졌습니까?

누가 그리스도의 선하심을 위해 자신의 분노를 내려놓겠습니까?

누가 그분의 사랑을 보이기 위해 자기를 해하는 자마저 감싸주고 안아줍니까?

누가 그분의 겸손하심을 사모하여 낮은 자가 되어 다른 이를 섬겨줍니까?

누가 그분의 온유하심을 사랑하여 친절하고 따뜻한 언행을 보여줍니까?

누가 그분의 긍휼하심으로써 가난한 이웃을 돕습니까?

누가 그분의 순결하심을 닮기 위해 음란을 버리고 몸과 마음을 지킵니까?

도대체 누가 그분을 닮기 위해 자기를 부인하고 자기를 십자가에 못 박는다는 말입니까?

교회 안에 하나님의 계명과 그리스도의 가르침을 사랑하는 자들은 어디로 갔습니까?

좁지만 선하고, 협착하지만 순결한 그 길을 따르는 자들은 도대체 어디로 사라졌단 말입니까?

온갖 정욕을 따라 살고 그것들에 인생을 바치는 시대에 누가, 하나님을 아는 것에 아무런 열정도 없는 이 시대에 도대체 누가! 오직 예수만을 사랑하고 그를 닮아가는 것에 자기 인생을 바친단 말입니까?

가르치는 자들이여!

자신들의 눈이 먼 것조차 깨닫지 못하는 자들이여!

그대들이 만왕의 왕의 구원을 구멍가게에서도 살 수 있는 싸구려를 만들어 놓았기에, 구원의 기쁨이 사라진 시대가 되었습니다. 진정 그분의 구원이 얼마나 값지고 귀하며 영광된 것임을 깨닫는다면, 구원 받았다는 그 사실 하나만으로도 한평생 기쁨과 환희로 살 것입니다. 영원한 나라, 하늘 왕국의 백성이 되는 길에 있다는 사실만으로 세상 모든 즐거움을 버리고 세상 자랑을 다 버리며 기쁨과 환희, 행복으로 살아갈 것입니다.

가엾은 자들이여!

구원의 기쁨이 얼마나 거대한지 깨닫지 못하는 자들이여!

인간의 생에 그 기쁨을 뛰어넘을 다른 기쁨은 없습니다.

사랑하는 자여!

당신이 정녕 구원의 환희와 황홀감을 맛보게 된다면, 세상에 대한 소망은 불타 소멸하여 사라져 버릴 것입니다.

> 내가 너희에게 뱀과 전갈을 밟으며 원수의 모든 능력을 제어할 권능을 주었으니 너희를 해칠 자가 결코 없으리라 그러나 귀신들이 너희에게 항복하는 것으로 기뻐하지 말고 너희 이름이 하늘에 기록된 것으로 기뻐하라 하시니라 (눅 10:19-20).
>
> 우리가 이같이 큰 구원을 등한히 여기면 어찌 그 보응을 피하리요 이 구원은 처음에 주로 말씀하신 바요 들은 자들이 우리에게 확증한 바니 (히 2:3).

부디, 깨달으십시오. 십자가 달린 커다란 건물이 교회가 아닙니다. 특정한 요일, 특정한 장소에 모여 찬양을 부르고 설교 말씀을 듣고, 주기도문을 외우고 집으로 돌아오는 행위가 예배가 아닙니다.

패역한 세대여!

하나님을 예배하는 데 건물 따위는 필요하지 않습니다. 한 인간이 중심으로 하나님을 사랑하고 경배하지 않는다면, 아무리 크고 웅장한 건물이라도 헛것이고, 엄숙한 분위기와 절차, 모든 예배의 순서도 그분 앞에서 가증하기만 할 뿐입니다.

> 너희가 나의 앞에 보이러 오지만, 누가 너희에게 그것을 요구하였느냐? 나의 뜰만 밟을 뿐이다. 다시는 헛된 제물을 가져 오지 말아라. 다 쓸모 없는 것들이다. 분향하는 것도 나에게는 역겹고, 초하루와 안식일과 대회로 모이는 것도 참을 수 없으며, 거룩한 집회를 열어 놓고 못된 짓도 함께 하는 것을, 내가 더 이상 견딜 수 없다. 나는 정말로 너희의 초하루 행사와 정한 절기들이 싫다. 그것들은 오히려 나에게 짐이 될 뿐이다. 그것들을 짊어지기에는 내가 너무 지쳤다(사 1:12-14).

예배가 모이는 것이라는 착각부터 깨십시오. 주님께서는 교회 출석 따위에 관심 없으십니다. 진짜 예배는 아무도 보지 않는 은밀한 골방에서 이루어질 것입니다.

예수님께서 기도하실 때마다 아무도 없는 조용하고 한적한 곳으로 가셨듯, 오직 하나님만을 의식할 수 있는 은밀한 곳에서 겸손하고 경건한 마음으로 무릎을 꿇고, 자신의 온 마음, 모든 생명, 모든 간절함을 다하여 그분을 경배하고자 할 때, 그분께서 받으실만한 진짜 제물이 되며, 그에게 하늘의 불이 내려와 임할 것입니다.

그 불은 인간이 감당하지 못할 하나님의 임재를 느끼게 할 것이고, 그것을 느낀 자들은, 자신의 생명을 태워드리지 않고는 도저히 버틸 수 없는,

터질듯한 사랑의 열망을 갖게 될 것입니다.

당신이 백날, 천날 교회에 출석하고, 전 재산을 헌금으로 바친다해도, 인간의 가장 깊은 중심, 당신의 심장이 그분께 드려지지 않는다면, 그 예배는 하나님께서 받지 않으시는 가인의 제사가 될 것입니다.

> 그러므로 형제들아 내가 하나님의 모든 자비하심으로 너희를 권하노니 너희 몸을 하나님이 기뻐하시는 거룩한 산 제물로 드리라 이는 너희가 드릴 영적 예배니라(롬 12:1).

교회는 이미 예수님께서 세우신 교회의 모습과 상관없어 졌습니다. 하나님의 생명, 그리스도의 사랑이 없는, 죽어버린 조직체가 되었고, 세상의 기준으로 세상의 방식을 따라 운영되는 기업과 같이 되었습니다. 그리스도께서는 단지 서로를 사랑하는 형제들의 모임을 주고 싶으셨을 뿐이지만, 돈으로 직분을 사는 시대, 직분으로 권력을 휘두르는 사탄의 놀이터가 되고 말았습니다.

사랑하는 자들이여!
그리스도께서 말씀하신 교회는 죽어있는 건물이 아닙니다. 교회는 그리스도의 몸이요, 그리스도는 교회의 머리입니다. 교회를 이루는 '성도 한 사람'이 그분 몸의 지체이자 교회 그 자체입니다. 교회는 건물이 아니라 그리스도를 사랑하는 한 사람, 한 사람, 그들의 모임입니다. 착각하지 마십시오. 이미 우리나라에 그의 순결한 교회는 몇 명 남지 않았습니다.

> 너희는 그리스도의 몸이요 지체의 각 부분이라(고전 12:27).

> 그는 몸인 교회의 머리라 그가 근본이요 죽은 자들 가운데서 먼저 나신 이시니 이는 친히 만물의 으뜸이 되려 하심이요(골 1:18).

> 또 만물을 그의 발 아래에 복종하게 하시고 그를 만물 위에 교회의 머리로 삼으셨느니라 교회는 그의 몸이니 만물 안에서 만물을 충만하게 하시는 이의 충만함이니라(엡 1:22-23).

> 우리는 그 몸의 지체임이라(엡 5:30).

예수님은 교회의 머리시며 우리는 그 몸의 지체입니다. 누구는 그분의 눈이고, 누구는 귀이며, 누구는 손이고, 누구는 발이며, 우리 한 사람, 한 사람은 그분의 몸이자 교회입니다. 진심으로 머리 되신 그리스도를 사랑하는 사람들, 그 사람들 자체가 교회이고, 그리스도의 가르침을 따라 서로 사랑하려 노력하는 자들이 모였다면 그들이 바로 교회입니다.

그들이 들어가 있는 건물이 교회로 변하게 되는 것이 아니라, 그 사람들 한 명, 한 명 자체가 머리되신 그리스도의 몸으로 교회란 말입니다. 교회를 건물로 생각하는 순간 우리는 예수님을 못 박은 시대 사람들과 같은 일을 합니다.

> 예수께서 성전에서 나가실 때에 제자 중 하나가 이르되 선생님이여 보소서 이 돌들이 어떠하며 이 건물들이 어떠하니이까 예수께서 이르시되 네가 이 큰 건물들을 보느냐 돌 하나도 돌 위에 남지 않고 다 무너뜨려지리라 하시니라(막 13:1-2).

성전은 유대인들의 자랑이었습니다. 그들은 예수님에게마저 그들의 성전을 자랑했습니다. 오로지 이 성전에만 여호와 하나님이 계시기에 다른 곳에서는 예배가 불가능했고, 성전이 아닌 곳에서 예배를 드리는 사마리

아인들을 부정한 자들이었습니다.

교회를 건물로 여기는 순간, 우리는 그들의 과오를 반복합니다. 교회 건물을 자랑합니다. 크고 웅장한 건물은 부흥한 교회, 성공한 교회의 표본이 됩니다. 교회 건물을 증축하고 화려하게 꾸미는 것에 최선을 다하게 됩니다. 그리고 말할 것입니다. 예배는 교회에서 드려야 한다고 말입니다.

교회를 건물로 생각하는 순간 우리는 성전을 사랑하던 유대인과 같은 말을 하게 됩니다. 아닙니다. 교회는 건물이 아닙니다. 예수님께서는 우리에게 건물을 주고 싶으셨던 게 아닙니다. 그분께서는 진심으로 서로를 사랑하는 가족들을 주고 싶으셨을 뿐입니다. 서로 아껴주고, 귀하게 여기고, 소중히 여기며, 미소로 인사하고, 겸손으로 섬기며, 진심으로 내 목숨이 아깝지 않을 수 있는 서로가 서로를 진심으로 사랑하는 형제, 자매들입니다.

예수님께서는 교회를 통해, 형제자매를 통해 '사랑'을 알려 주고 싶으셨던 것일 뿐, 거대하고 웅장한 건물로 세상이 부러워하는 이생의 자랑이 되라고 하신 것이 아닙니다. 그런 가치관은 세상 이방 종교의 허영과 어리석음일 뿐입니다. 우리의 예배는 세상의 이방 종교와 다릅니다. 이방 종교는 그들의 조직에 이름이 기록되어 소속되고, 그 조직이 개최하는 행사에 출석해 참여하는 것을 예배로 여깁니다. 하지만 예수님을 향한 예배는 일정한 장소에 모여 행사에 참석하는 것이 아닙니다.

성전에 와야만 예배를 드릴 수 있다 말하는 유대인들을 향해 예수님께서는 말씀하셨습니다.

> 우리 조상들은 이 산에서 예배하였는데 당신들의 말은 예배할 곳이 예루살렘에 있다 하더이다 예수께서 이르시되 여자여 내 말을 믿으라 이 산에서도 말고 예루살렘에서도 말고 너희가 아버지께 예배할 때가 이르리라 아버지께 참되게 예배하는 자들은 영과 진리로 예배할 때가 오나니 곧 이 때라 아버지께서는 자기에게 이렇

게 예배하는 자들을 찾으시느니라 하나님은 영이시니 예배하는 자가 영과 진리로 예배할지니라(요 4:20-24).

이곳도 아니고 저곳도 아닌, 어떤 장소도 아닌 곳에서 예배하는 때가 왔다 하셨습니다.
하지만, 우리는 교회에서 예배드려야 한다며 악을 쓰고 있습니다.

예배란 무엇입니까?
그분께서 받으시는 경배란 무엇입니까?
그분께서는 어떤 예배를 기뻐하시겠습니까?

> 나는, 너희가 벌이는 절기 행사들이 싫다. 역겹다. 너희가 성회로 모여도 도무지 기쁘지 않다. 너희가 나에게 번제물이나 곡식제물을 바친다 해도, 내가 그 제물을 받지 않겠다. 너희가 화목제로 바치는 살진 짐승도 거들떠보지 않겠다. 시끄러운 너의 노랫소리를 나의 앞에서 집어치워라! 너의 거문고 소리도 나는 듣지 않겠다. 너희는, 다만 공의가 물처럼 흐르게 하고, 정의가 마르지 않는 강처럼 흐르게 하여라(암 5:21-24, 새번역).

하나님은 이스라엘의 행사들을 싫어하셨습니다. 그들이 성회로 모이는 것을 기뻐하지 않으셨습니다. 그들의 재물도 찬양의 노랫소리도 싫어하시며 집어치우라 말씀하셨습니다. 그들은 하나님을 찬양한다며 모였지만, 하나님께서는 그것들을 싫어하셨고 그들이 모이는 예배, 그들의 번제와 헌금, 노랫소리와 찬양이 싫다고 하셨습니다.

다시는 헛된 제물을 가져 오지 말아라. 다 쓸모 없는 것들이다. 분향하는 것도 나에게는 역겹고, 초하루와 안식일과 대회로 모이는 것도 참을 수 없으며, 거룩한 집회를 열어 놓고 못된 짓도 함께 하는 것을, 내가 더 이상 견딜 수 없다(사 1:13, 새번역).

하나님께서는 '역겹다'라는 표현까지 사용하십니다. 그들이 대회로 모이는 것을 참을 수 없다 하시고, 거룩한 집회를 열어 놓고 벌이는 못된 짓으로 인해 분노한다고 말씀하십니다.

사랑이신 그분을 예배한다 하면서도 미움의 살인을 저지르는 자들의 예배를 하나님께서는 어떻게 보시겠습니까?

찬양으로는 내 생명보다 그분을 사랑한다고 고백하면서도, 밖에 나가서는 돈을 위해 살고 탐심의 우상 숭배를 저지르는 자들의 예배, 온 마음과 생명을 다하여 그분의 선한 길을 간다는 찬양을 따라부르면서 증오와 음란한 생각으로 살인과 간음을 서슴지 않는 자들의 예배를 어떻게 보시겠습니까?

순종 없는 자들의 예배를, 회개 없는 자들의 예배를 과연 기뻐 받으시겠습니까?

사랑하려 애쓰지 않는 자들의 예배를 그분께서 어찌 기쁘게 받으실 수 있다는 말입니까?

우리를 핍박하고 박해하는 자들을 위해 기도해 주라는 선하신 말씀을 짓밟으며, 말씀에 정면으로 도전하는 자들의 예배를 어떻게 생각하실까요?

과연 가인의 제사는 무엇이고, 아벨의 제사는 무엇이겠습니까?

예배는 무엇입니까?

마음에도 없는 찬양 가사를 읊조리고 설교 시간에 궁둥이 붙이고 앉아 있다가 주기도문 따라 외우고 나오는 것을 예배라 여기시겠습니까?

동호회 활동하듯 사람들끼리 모여서 인사 나누고 수다 떨며 교제 나누면 그것이 예배입니까?

하나님께서 말씀하시는 예배는 그런 것이 아닙니다. 우리의 몸을 제물로 드리는 것, 나를 죽여서 그분께 드리는 것입니다. 내 안의 미움과 음란, 교만과 거짓, 불만과 폭력, 내 안의 악한 모든 것을 부인하고, 선하신 주님을 닮지 못하는 육체의 정욕을 십자가에 못 박으며, 서로 사랑하며 살아가는 우리의 삶이 예배입니다.

이곳에서 드리는 것도 아니고, 저곳에서 드리는 것도 아니며, 모든 순간 생명을 바쳐 사랑이신 그리스도의 길을 가는 것이 예배이고, 교회는 건물이 아닌 우리의 몸이며, 우리 각자는 하나님의 제사장이란 말입니다.

그리스도 예수의 사람들은 육체와 함께 그 정욕과 탐심을 십자가에 못 박았느니라(갈 5:24).

너희는 너희가 하나님의 성전인 것과 하나님의 성령이 너희 안에 계시는 것을 알지 못하느냐 누구든지 하나님의 성전을 더럽히면 하나님이 그 사람을 멸하시리라 하나님의 성전은 거룩하니 너희도 그러하니라(고전 3:16-17).

그의 안에서 건물마다 서로 연결하여 주 안에서 성전이 되어 가고 너희도 성령 안에서 하나님이 거하실 처소가 되기 위하여 그리스도 예수 안에서 함께 지어져 가느니라(엡 2:21-22).

오, 나의 형제자매들이여!

예수님께서 구태여 안식일을 어겨가며 선한 일 행하신 이유가 무엇이겠습니까?

다음날 고치셔도 되는 병을, 굳이 핍박을 자초하시면서까지 행하신 이유가 무엇이겠습니까?

그들에게 무엇을 가르치려 하시는 것이겠습니까?

우리에게 무엇을 가르치려 하시는 것이겠습니까?

> 사람들이 예수를 고발하려 하여 안식일에 그 사람을 고치시는가 주시하고 있거늘 그들에게 이르시되 안식일에 선을 행하는 것과 악을 행하는 것, 생명을 구하는 것과 죽이는 것, 어느 것이 옳으냐 하시니 그들이 잠잠하거늘(막 3:2-4).

오, 사랑하는 나의 형제자매들이여!
지금 내 옆에 이웃에게 이기적이고 사랑 없는 모습을 나타내면서까지 예배에 참석한다면, 주께서 그것을 기뻐하시겠습니까?
다른 이의 아픔을 내 아픔처럼 여기고, 다른 이의 고됨을 내 고됨처럼 느끼며, 내 몸을 소중히 여기듯 다른 이를 소중히 섬기길 원하셨던 주께서, 예배에 참석하겠다는 고집스러운 모습으로 주변에 피해를 끼친다면, 그렇게 이기적이고 사랑 없음을 세상에 나타낸다면, 예수님께서 기뻐하시겠습니다.

> 또 이르시되 안식일이 사람을 위하여 있는 것이요 사람이 안식일을 위하여 있는 것이 아니니(막 2:27).

안식을 위해 사람이 존재하는 것입니까?
사람을 위해 안식일이 존재하는 것입니까?
이기적이고 고집스러운 악한 모습으로 엄격히 주일을 지키는 것보다, 주일날 교회에 가지 못하더라도, 선한 사랑의 마음과 희생으로 남을 돕는 선을 행하기를 바라시지 않겠습니까?

> 예수께서 이르시되 너희 중에 어떤 사람이 양 한 마리가 있어 안식일에 구덩이에 빠졌으면 끌어내지 않겠느냐 사람이 양보다 얼마나 더 귀하냐 그러므로 안식일에 선을 행하는 것이 옳으니라 하시고(마 12:11-12).

내 예배 참석만 생각하는 이기적인 모습을 세상에 나타내는 것보다 내가 양보하고 희생하며, 선을 행하는 것을 더 기뻐하지 않으시겠습니까?

선행을 칭찬받을 때 자신은 죄인이라 고백하고, 오직 주님께서 선하시다 자랑한다면 듣는 이들이 하나님께서 영광 돌리지 않겠습니까?

우리들의 선한 열매로 우리의 주님께서 높임을 받지 않으시겠습니까?

> 이같이 너희 빛이 사람 앞에 비치게 하여 그들로 너희 착한 행실을 보고 하늘에 계신 너희 아버지께 영광을 돌리게 하라 (마 5:16).

> 너희가 열매를 많이 맺으면 내 아버지께서 영광을 받으실 것이요 너희는 내 제자가 되리라 (요 15:8).

사랑하는 자들이여!

주일만 주의 날이겠습니까?

우리는 무엇을 먹든지 마시든지, 무엇을 하든지, 하나님의 영광을 위해 사는 자들이 아닙니까?

살아도 주를 위해 살고 죽어도 주를 위해 죽으니, 우리에게 주어진 모든 날, 모든 시간, 모든 순간, 나의 모든 존재가 주의 것이 아니겠습니까?

우리에게 주어진 모든 하루하루가 전부 주님의 것이 아니란 말입니까? 그 모든 하루에 그분의 아름답고 선한 마음을 따라 사는 자들이 그리스도인이 아니란 말입니까?

> 그러므로 먹고 마시는 것과 절기나 초하루나 안식일을 이유로 누구든지 너희를 비판하지 못하게 하라 이것들은 장래 일의 그림자이나 몸은 그리스도의 것이니라 (골 2:16-17).

> 그러므로 너희의 선한 것이 비방을 받지 않게 하라 하나님의 나라는 먹는 것과 마시는 것이 아니요 오직 성령 안에 있는 의와 평강과 희락이라 (롬 14:16-17).

주일을 지키지 말라는 것이 아닙니다. 이것도 지키고 저것도 지키면 가장 잘하는 것일 겁니다. 진심이 담기지 않는 형식은 헛것이지만, 형식이 없어진다면 있던 마음마저 잃어버리는 게 간사한 인간의 본성이기 때문입니다.

> 화 있을진저 외식하는 서기관들과 바리새인들이여 너희가 박하와 회향과 근채의 십일조는 드리되 율법의 더 중한 바 정의와 긍휼과 믿음은 버렸도다 그러나 이것도 행하고 저것도 버리지 말아야 할지니라 (마 23:23).

다만, 하나님께서 더 기뻐하실 만한 것이 무엇인지 기억해야 합니다. 사랑의 하나님께선 우리가 형식에 얽매이는 것보다 사랑에 얽매여, 그분의 사랑을 드러내고 자비하신 그분의 마음을 세상에 선포하길 바라실 것이기 때문입니다.

> 피차 사랑의 빚 외에는 아무에게든지 아무 빚도 지지 말라 남을 사랑하는 자는 율법을 다 이루었느니라 (롬 13:8).

기억하십시오. 모든 율법을 완성하는 것은 사랑이고, 그 사랑은 다른 이의 마음에 따뜻함과 포근함, 부드러움을 전해줄 수 있는 우리의 친절과 배려와 겸손과 희생, 약하고 소외된 자를 향한 섬김일 것입니다.

> 사랑은 오래 참고, 친절합니다. 사랑은 시기하지 않으며, 뽐내지 않으며, 교만하지 않습니다. 사랑은 무례하지 않으며, 자기의 이익을 구하지 않으며, 성을 내지 않으

며, 원한을 품지 않습니다. 사랑은 불의를 기뻐하지 않으며, 진리와 함께 기뻐합니다. 사랑은 모든 것을 덮어 주며, 모든 것을 믿으며, 모든 것을 바라며, 모든 것을 견딥니다(고전 13:4-7, 새번역).

그러므로 너희는 무엇이든지, 남에게 대접을 받고자 하는 대로, 너희도 남을 대접하여라. 이것이 율법과 예언서의 본뜻이다(마 7:12, 새번역).

'교회'와 '예배'의 개념을 과거 유대인들과 같이 생각한다면 우리 또한 그들이 했던 악한 길을 따르게 됩니다. 성전을 지켜야 한다 악을 쓰고, 안식일을 지켜야 한다고 악을 써야 합니다. 예수님께서는 안식일을 지키는 것보다 선한 마음과 선한 행실을 원하셨지만, 그런 예수님 사랑의 마음과 상관없이, 우리는 교회와 안식일의 예배를 지켜야 한다며 세상을 향해 악을 써야 합니다.

우리를 핍박하지 말고 박해하지 말라며 소리치며 그들을 대항해 싸웁니다. 형식과 절차를 지켜야 하니 안식일에 선한 일도 하지 말라며 예수님을 박해하던 서기관, 바리새인들의 모습은 이 시대에 똑같이 재연됩니다.

예수님께서는 그분의 손에 대못을 박는 자들을 위해 기도해 주시며, 우리에게 우리를 핍박하는 자들을 위해 기도해 주라는 명령을 남기셨습니다.

누구에게든지 악을 악으로 갚지 말고 선으로 갚으며, 원수마저 사랑하라 명하셨는데 과연 악과 맞서 싸워야 한다는 명분으로 똑같이 악한 모습을 보인다면, 하나님께서는 우리를 어찌 보시겠습니까?

너희를 박해하는 자를 축복하라 축복하고 저주하지 말라 아무에게도 악을 악으로 갚지 말고 모든 사람 앞에서 선한 일을 도모하라(롬 12:14, 17).

> 악을 악으로, 욕을 욕으로 갚지 말고 도리어 복을 빌라 이를 위하여 너희가 부르심을 받았으니 이는 복을 이어받게 하려 하심이라(벧전 3:9).

우리의 삶이 제물이 되어 그분을 위해 죽는 것이 그분께서 기뻐 받으시는 예배입니다. 우리의 미움을 죽여서 원수마저 사랑해 주는 것이 예배이며, 우리의 탐심을 죽여서 이웃을 위해 사랑을 베푸는 것이 예배이고, 우리의 교만을 죽여서 낮은 자로 겸손히 섬기는 삶이 예배입니다.

악하고 욕심 많고 교만하고 이기적인 나를 부인하고 십자가에 못 박아서, 그분 선하신 말씀에 순종하는 삶 자체가 그분께서 가장 기뻐하시는 영적인 예배입니다.

> 삼가 누가 누구에게든지 악으로 악을 갚지 말게 하고 오직 피차 대하든지 모든 사람을 대하든지 항상 선을 좇으라(살전 5:15).

> 내 사랑하는 자들아 너희가 친히 원수를 갚지 말고 진노하심에 맡기라 기록되었으되 원수 갚는 것이 내게 있으니 내가 갚으리라고 주께서 말씀하시니라 네 원수가 주리거든 먹이고 목마르거든 마시우라 그리함으로 네가 숯불을 그 머리에 쌓아 놓으리라 악에게 지지 말고 선으로 악을 이기라(롬 12:17-21).

세상에 임한 재앙으로 인해 교회의 문들이 닫혔습니다. 우리는 악한 세상이, 악한 정권이 우리를 핍박한다면서 그들을 향해 고래고래 소리를 치며 난폭한 모습을 보이고 있습니다.

과연 우리 삶은 그분께서 기뻐하시는 제물입니까?
아니면 가인의 제사입니까?

성경은 참새 한 마리 떨어지는 것조차도 그분의 허락 없이 불가능하다고 하셨는데, 과연 전국의 교회문이 닫히는 게 하나님 허락 없이 가능한 일이겠습니까?

> 만군의 여호와가 이르노라 너희가 내 제단 위에 헛되이 불사르지 못하게 하기 위하여 너희 중에 성전 문을 닫을 자가 있었으면 좋겠도다 내가 너희를 기뻐하지 아니하며 너희가 손으로 드리는 것을 받지도 아니하리라 (말 1:10).

무엇이 중요합니까?

세상의 악을 더 강력한 힘으로 제압하는 것을 주께서 기뻐하시겠습니까?

아니면 선하신 이의 명령을 따라 우리를 핍박하는 자들마저 기도해 주는 것이 중요합니까?

주님께서는 무엇을 원하시겠습니까?

억울한 일에 핏대를 세우며 싸우는 것입니까?

아니면 그리스도의 선하신 빛을 나타내기 위해 고난을 견디는 것입니까?

어두운 세상에 그리스도의 빛을 내기 위해 분노와 억울함을 십자가에 못 박으며, 악을 악으로 갚는 세상에서 악을 선으로, 또 사랑으로 갚으며 그리스도의 사랑을 비추는 것입니까?

> 그대는 신도를 일깨워서, 통치자와 집권자에게 복종하고, 순종하고, 모든 선한 일을 할 준비를 갖게 하십시오. 또, 아무도 비방하지 말고, 싸우지 말고, 관용하게 하며, 언제나 모든 사람에게 온유하게 대하게 하십시오 (딛 3:1-2, 새번역).

> 죄가 있어 매를 맞고 참으면 무슨 칭찬이 있으리요 그러나 선을 행함으로 고난을 받고 참으면 이는 하나님 앞에 아름다우니라(벧전 2:20).
>
> 선을 행함으로 고난 받는 것이 하나님의 뜻일진대 악을 행함으로 고난 받는 것보다 나으니라(벧전 3:17).

누군가 말합니다. 교회를 해치지 말라고, 모이기를 폐하지 말라고. 하지만 과연 하나님 보시기에도 이 모든 곳이 교회겠습니까?

정통 기독교는 신천지, 여호와의 증인, 하나님의 교회 등을 가짜라고 외치며 그곳에 있는 자들을 빼내려고 노력하고 있는데, 과연 정통 기독교라는 우리는 하나님 보시기에 떳떳한 진짜 교회입니까?

인간들 스스로 구원을 완성한 채 구원자를 향한 애끓는 갈증도 없고, 죄에 대한 애통함의 눈물 속에 주님의 도움을 바라는 자들도 없으며, 물질과 쾌락, 세상을 사랑하는 마음이 가득 찬 자들의 모임입니다.

구원자의 말씀을 거스르는 마음을 괴로워하는 자들도 없고, 미움과 죽기까지 싸우고, 음란과 피 흘리기까지 싸우며, 죽기까지 충성하는 마음으로 주님 말씀을 지키려는 마음이 없는 자들의 모임입니다.

길가에 가난한 자를 돕지 않는 무자비함을 회개하는 자도 없고, 우리 안에 예수님 닮은 사랑 없음을 슬퍼하며 부르짖는 자도 없으며, 싸우고 분열하고 분쟁하고 비방하고 뒷말하고 음란하고 회개도 없는 자들의 모임입니다.

세상의 염려나 해결하고 자기 인생 계획과 소원을 성취하려는 열정은 불타면서 다시 오실 신랑을 향한 애절함과 곧 임할 새 하늘과 새 땅을 간절히 기다리는 자들도 없으며, 우상을 축복이라고 여기며, 더 더 더 많은 우상을 달라고 뜨겁게 뜨겁게 기도하는 자들의 모임입니다.

우리를 위해 몸의 모든 물과 피를 쏟으며 나무에 매달려 죽으신 신랑을 향해서는 거의 전부가 뜨뜻미지근하여, 자기 인생이나 걱정 없이 사는 것이 목적인 자들로 가득 찬 교회를 하나님께서 정녕 그분의 순결한 신부로 보실 것이란 말입니까?

> 너희는 이것이 여호와의 성전이라, 여호와의 성전이라, 여호와의 성전이라 하는 거짓말을 믿지 말라 … 보라 너희가 무익한 거짓말을 의존하는도다 너희가 도둑질하며 살인하며 간음하며 거짓 맹세하며 바알에게 분향하며 너희가 알지 못하는 다른 신들을 따르면서 내 이름으로 일컬음을 받는 이 집에 들어와서 내 앞에 서서 말하기를 우리가 구원을 얻었나이다 하느냐 이는 이 모든 가증한 일을 행하려 함이로다(렘 7:2-10).

교회 아닌 자들이 진짜 교회의 의미를 알지 못하게 만들고 있고, 예배를 모르는 자들이 진짜 예배의 의미를 깨닫지 못하게 만들고 있습니다. 애초에 교회를 왔다 갔다 하며 '다니는 곳'이라는 개념부터 잘못되었고, 그곳에서 진행하는 절차와 행사를 예배라고 여기는 개념부터 틀렸습니다. 예배는 사람을 통해서 드리는 것도 아니고, 장소를 통해서 드리는 것도 아닙니다.

여기가 '교회다, 교회다, 교회다'하는 무익한 거짓말을 믿지 마십시오. 가짜 교회와 패역한 예배로 하나님께서 진노하시고, 그 문을 닫고 싶어 하십니다. 교회라 일컫는 곳에서 죽음의 지식을 먹이고, 역겨운 예배를 드리며 자신들의 욕심을 채우기에, 악한 날에 악한 자들을 그 쓰임에 맞게 쓰시며, 진짜 교회가 무엇인지, 진짜 예배가 무엇인지 가르치려 하십니다.

> 여호와께서 온갖 것을 그 쓰임에 적당하게 지으셨나니 악인도 악한 날에 적당하게 하셨느니라(잠 16:4).

그리스도의 이름으로 거리에 나가 싸우는 자들이여!
그대들이 싸워야 할 대상이 틀렸다는 것을 모르시겠습니까?
그대들이 싸우는 방법이 틀렸다는 것을 모르시겠습니까?
당신들의 순종치 않는 포악한 모습으로 그리스도가 모욕당하심을 모르시겠습니까?

그리스도를 사랑하는 자들이여!
뺏으면 뺏기십시오!
때리면 맞으십시오!
죽이면 죽으십시오!
사랑하는 자들이여!
진정 깨닫지 못하시겠습니까?
우리가 선하신 그리스도의 사랑을 품고, 우리를 핍박하는 자들마저 사랑하고 기도해 줄 때, 그리스도의 빛이 비춰짐을 진정 그분께서 말한 빛과 소금이 됨을 모르시겠습니까?
주님 되신 분의 말씀을 하찮게 여기는 종들이여!
마지막 날, 예수님을 대면하는 그날, 당신을 책망하실 것입니다.

> 나더러 주여 주여 하는 자마다 다 천국에 들어갈 것이 아니요 다만 하늘에 계신 내 아버지의 뜻대로 행하는 자라야 들어가리라 그 때에 내가 그들에게 밝히 말하되 내가 너희를 도무지 알지 못하니 불법을 행하는 자들아 내게서 떠나가라 하리라 나의 이 말을 듣고 행하지 아니하는 자는 그 집을 모래 위에 지은 어리석은 사람 같으리니 비가 내리고 창수가 나고 바람이 불어 그 집에 부딪치매 무너져 그 무너짐이 심하니라(마 7:22-27).

> 그러나 너희 듣는 자에게 내가 이르노니 너희 원수를 사랑하며 너희를 미워하는 자를 선대하며 너희를 저주하는 자를 위하여 축복하며 너희를 모욕하는 자를 위하여 기도하라 네 이 뺨을 치는 자에게 저 뺨도 돌려 대며 네 겉옷을 빼앗는 자에게 속옷도 금하지 말라 너희가 만일 너희를 사랑하는 자를 사랑하면 칭찬 받을 것이 무엇이뇨 죄인들도 사랑하는 자를 사랑하느니라 너희 아버지의 자비하심 같이 너희도 자비하라 … 너희는 나를 불러 주여 주여 하면서도 어찌하여 내가 말하는 것을 행하지 아니하느냐 듣고 행하지 아니하는 자는 주추 없이 흙 위에 집 지은 사람과 같으니 탁류가 부딪치매 집이 곧 무너져 파괴됨이 심하니라 하시니라(눅 6:27-36, 46, 49).

우리의 선한 마음으로 60억 중 단 한 영혼이라도 그리스도의 사랑을 볼 수 있다면, 그 목숨이 헛되지 않았음을 모르시겠습니까?
하나님의 영광을 위해 태어났다고 고백하는 자들이여!
하나님께서 무엇으로 영광 받으시는 줄 정녕 깨닫지 못하시겠습니까?

> 여러분은 이방 사람 가운데서 행실을 바르게 하십시오. 그렇게 해야 그들은 여러분더러 악을 행하는 자라고 욕하다가도, 여러분의 바른 행위를 보고 하나님께서 찾아오시는 날에 하나님께 영광을 돌릴 것입니다(벧전 2:12, 새번역).

진정 그리스도를 사랑하고 그분의 슬픔을 느끼는 자가 있다면, 천하 만물보다 하나의 영혼을 소중히 여기시는 그분의 마음을 아는 자가 있다면, 무슨 수를 써서라도 이 나라 정치부터 살리자는 망령된 소리는 하지 못할 것입니다. 지옥불에 떨어지는 단 하나의 영혼을 향한 그리스도의 피 흘리는 슬픔을 안다면, 온 나라가 아니 온 세계가 망해도 좋으니 그리스도를 모르는 그들을 살려달라고 피눈물을 쏟으며 부르짖을 것입니다. 그리스도의 이름을 외치고 외칠 것이며, 그분 이외에 구원이 없다 소리칠 것입니다.

포악하고 패역하며 불순종하는 그들의 신은 하나님이 아니라, 정치적 신념이요, 사상일 뿐이고, 하나님께서 불의를 좋아하는 그들을 멸하시기 위해 미혹의 역사를 허락하신 것입니다.

> 이러므로 하나님이 미혹의 역사를 그들에게 보내사 거짓 것을 믿게 하심은 진리를 믿지 않고 불의를 좋아하는 모든 자들로 하여금 심판을 받게 하려 하심이라(살후 2:11-12).

오, 그리스도의 군사들이여!
싸우십시오!
전투하십시오!
그리고 기억하십시오!

그대들의 전투는 세상과 같지 않습니다.
세상은 가르칠 것입니다. 강한 힘으로 악을 응징하라 가르칠 것입니다. 하지만 그리스도의 군사들의 무기는 세상과 같지 않습니다.

> 그러므로 하나님의 전신 갑주를 취하라 이는 악한 날에 너희가 능히 대적하고 모든 일을 행한 후에 서기 위함이라 그런즉 서서 진리로 너희 허리 띠를 띠고 의의 호심경을 붙이고 평안의 복음이 준비한 것으로 신을 신고 모든 것 위에 믿음의 방패를 가지고 이로써 능히 악한 자의 모든 불화살을 소멸하고 구원의 투구와 성령의 검 곧 하나님의 말씀을 가지라 모든 기도와 간구를 하되 항상 성령 안에서 기도하고 이를 위하여 깨어 구하기를 항상 힘쓰며 여러 성도를 위하여 구하라(엡 6:13-18).

그대들의 무기는 선하신 하나님의 말씀입니다.

악을 선으로 갚으라는 말씀, 원수마저 사랑하라는 말씀, 사랑과 용서, 희생과 겸손, 온유와 친절, 낮아짐과 섬김, 하나님의 말씀들이 그대들의 무기이니, 그대들은 하나님의 군대로 싸우십시오. 그분께서 우리에게 승리를 주실 것입니다.

> 영광의 왕이 누구시냐 강하고 능한 여호와시요 전쟁에 능한 여호와시로다 (시 24:8).

> 우리 주 예수 그리스도로 말미암아 우리에게 승리를 주시는 하나님께 감사하노니 (고전 15:57).

가르치는 자들이여!
부디 우리의 장님됨을 깨닫고, 눈물로 회개하며 그분 앞에 꿇으십시오.
얼마나 많은 이의 눈을 멀게 만들고야 깨달으시겠습니까?
얼마나 많은 이들을 지옥으로 몰아넣고서야 후회하시겠습니까?
얼마나 많은 하나님의 진노를 채우고 나서야 돌이키겠습니까?
선하신 분께서 원하셨던 것을 왜 가르치지 않습니까?
어째서 그리스도의 형상을 이루어야 할 자들에게 사탄의 형상이 나타나게 하는 것입니까?
어째서 교회를 탐심이나 채워주는 곳이라 여기게 만드십니까?
어째서 세상을 사랑하는 그들을 더욱더 세상을 향하게 만드는 것입니까?
왜 하나님의 성전을 우상 숭배자들의 소굴로, 강도의 굴혈로 만드십니까?
썩어 없어질 것을 갈망하며, 그것들에 인생을 바치는 자들의 결국이 멸망임을 경고해야 하지 않겠습니까?

그리스도의 선하신 열매 맺지 못하는 나무들이 찍혀 버려진다는 것을, 영원한 생명을 소망하며 살아가지 못하는 자들의 마지막이 사망임을 가르쳐야 하지 않겠습니까?

> 화 있을진저 너희 율법교사여 너희가 지식의 열쇠를 가져가서 너희도 들어가지 않고 또 들어가고자 하는 자도 막았느니라 하시니라(눅 11:52).

진심으로 사랑하는 자들이여!

저는 진정 비천한 자입니다. 만약 당신이 저를 알게 되고, 제가 얼마나 모자란 자인지 알게 된다면, 감히 저 같은 놈이 이 시대를 책망하고 있다는 것 자체를 비웃으실 것입니다. 너무나 부족하고 연약한 자이고, 참으로 간사하고 교활한 자이며, 지극히 사악하고 부패한 자입니다. 그렇기에 날마다 웁니다. 매일 구원자를 향해 울부짖지 않을 수 없는 끔찍한 죄인입니다.

이 더럽고 불쌍한 자가 주님의 구원을 사모하기에, 그분의 선하심을 사랑하기에, 날마다 날마다 피를 쏟는 마음으로 이불을 적시며 기도할 수밖에 없습니다. 그리고 우주보다 크신 자비의 주께서 그런 저를 불쌍히 여기셨습니다. 그 광대하신 자비로 저를 가엾게 여기시며, 저의 죄를 그리스도의 보혈로 덮으셨습니다.

그분의 모습을 보여 주시고, 말씀을 열어 주시며, 알지 못했던 지혜를 주시고, 지식을 주시며, 주님의 선한 마음, 그리스도의 아름다운 형상을 조금씩 알아가게 해 주셨습니다. 그의 십자가 길을 사랑하게 하시고, 그를 위한 고난을 사랑하게 하시며, 그분 이외에 세상의 어떤 기쁨도 필요치 않게 만들어 주셨습니다.

하지만, 만약 주님께서 주신 은혜를 이유로 스스로를 특별한 자로 여긴다면 제가 받은 모든 은혜는 저주가 될 것입니다. 주님께서 주신 지식으로 인해 다른 이를 비판하고 정죄하며, 주님께서 주신 지혜로 인해 남을 나보다 낮게 여기지 못하며, 주님께서 주신 은혜로 인해 낮은 자가 되어 겸손하지 못하게 된다면, 정녕 사랑으로 품어 주고 섬기는 자가 되지 못한다면, 제가 받은 모든 은혜는 저주입니다.

> 인자가 온것은 섬김을 받으려 함이 아니라 도리어 섬기려 하고 자기 목숨을 많은 사람의 대속물로 주려 함이니라(마 20:28).

모든 이를 사랑하시며, 모든 이를 섬기기 위해 이 땅에 오신 그분!
모든 이를 위해 가장 낮은 곳에 태어나셔서, 가장 낮고 비참한 죽음을 선택하신 그분!
훌륭한 자라고 존경받고 떠받들어지기를 원하는 자가 된다면, 어찌 그리스도를 마주하는 날, 그분 앞에 고개를 들 수 있겠습니까?

사랑하는 내 주님을 닮지 못할 것이라면 차라리 아무것도 모르는 자로 살겠습니다.
주님을 만나는 날 듣고 싶은 말은 이런 것이 아닙니다.

'네가 참 여러 가지 지식을 깨달았구나!
큰 교회를 일으켰구나. 많은 영혼을 구하였구나!
참 많이 수고하고 헌신하며 일하였구나!
참 성실하고 부지런히 일했구나!'

내 주님께 듣고자 뜨겁게, 뜨겁게 소망하는 말은 이것입니다.

'작은 아이야, 네 마음이 나를 참 닮았구나!'

> 내가 사람의 방언과 천사의 말을 할지라도 사랑이 없으면 소리 나는 구리와 울리는 꽹과리가 되고 내가 예언하는 능이 있어 모든 비밀과 모든 지식을 알고 또 산을 옮길만한 모든 믿음이 있을찌라도 사랑이 없으면 내가 아무 것도 아니요 내가 내게 있는 모든 것으로 구제하고 또 내 몸을 불사르게 내어 줄찌라도 사랑이 없으면 내게 아무 유익이 없느니라(고전 13:1-3).

안식일이 무엇이고 음식이 무엇이며 절차와 형식이 무엇입니까?
우리가 무엇 때문에 다투고 분열하는 것입니까?
우리가 가진 어떤 지식이 그리 대단하기에 분열하고 논쟁하는 것입니까?
무슨 지식, 무슨 교리, 무슨 해석이 그토록 대단하기에 서로를 비판하게 만드는 것입니까?
우리가 다투고 분열한다면, 서로를 아껴 주지 못하고 소중히 여기지 못한다면, 그것 자체가 이미 그리스도의 영을 느껴보지 못한 것이 아닙니까?

> 너희가 아직도 육신에 속한 자로다 너희 가운데 시기와 분쟁이 있으니 어찌 육신에 속하여 사람을 따라 행함이 아니리요(고전 3:3).

지금 내 앞에 있는 자를 진심으로 아껴주고 소중히 여기지 못할 것이라면, 다른 무엇이 그리스도의 마음을 기쁘게 한다는 것입니까?
선하신 사랑밖에 없으신 그분께서 우리에게 원하시는 것이 무엇이겠습니까?
훌륭한 지식의 발견입니까?
아니면, 아주 조그마한 사랑의 마음 한 조각입니까?

정녕 바울의 마음을 모르시겠습니까?
그리스도의 마음을 모르시겠습니까?
사랑 이외에 어떤 지식도 필요치 않음을 모르시겠습니까?

> 사랑은 언제까지든지 떨어지지 아니하나 예언도 폐하고 방언도 그치고 지식도 폐하리라 우리가 부분적으로 알고 부분적으로 예언하니 온전한 것이 올 때에는 부분적으로 하던 것이 폐하리라 내가 어렸을 때에는 말하는 것이 어린 아이와 같고 깨닫는 것이 어린 아이와 같고 생각하는 것이 어린 아이와 같다가 장성한 사람이 되어서는 어린 아이의 일을 버렸노라 그런즉 믿음, 소망, 사랑, 이 세 가지는 항상 있을 것인데 그 중에 제일은 사랑이라(고전 13:8-13).

우리에게 필요한 것이 단 하나라는 것을 정녕 모르시겠습니까?
모든 것을 먹을 믿음 있는 자는 먹지 못하는 자를 안아주어야 하지 않겠습니까?
아직 모든 것을 먹지 못하는 자 또한, 먹는 자를 소중히 여겨야 하지 않겠습니까?
날과 절기에 얽매이지 않는 자는 날을 중히 여기는 자를 귀하게 여겨줘야 하지 않겠습니까?
특정한 날을 중하게 여기는 자 또한, 날에 얽매이지 않는 자를 아껴줘야 하지겠습니까?
하나님을 위해 무언가를 하려는 그 마음 자체가 귀한 것 아니란 말입니까?
그가 주님의 귀한 영혼이 아니란 말입니까?
그런 열정을 가진 자들에게 더욱 알려주어야 하지 않겠습니까?
그들에게 주님의 부드럽고 온화한 마음, 안아주고 감싸주는 포근하고 부드러운 사랑, 진정 그리스도께서 원하셨던 사랑을 보이고 느끼게 만들어 주어야 하는 것 아니란 말입니까?
 무엇이 중요합니까?
 논쟁에서 이기는 것이 중요합니까?
 내가 옳고, 네가 틀렸다는 것이 증명되는 것이 중요합니까?
 당신이 옳았다고 사람들에게 인정받고 더 높은 자라 여김 받으면 그제야 속이 시원하시겠습니까?

 교만을 사랑하는 세상이여!
 높아지지 못해 안달난 세상이여!
 도대체 무엇이 중요합니까?
 내 앞에 있는 자의 마음을 소중히 여기는 것 말고 무엇이 중요합니까?
 그리스도께서 간절히 원하신 것이 도대체 무엇이란 말입니까?

> 어떤 사람은 이 날을 저 날보다 낫게 여기고 어떤 사람은 모든 날을 같게 여기나니 각각 자기 마음으로 확정할지니라 날을 중히 여기는 자도 주를 위하여 중히 여기고 먹는 자도 주를 위하여 먹으니 이는 하나님께 감사함이요 먹지 않는 자도 주를 위하여 먹지 아니하며 하나님께 감사하느니라 만일 음식으로 말미암아 네 형제가 근심하게 되면 이는 네가 사랑으로 행하지 아니함이라 그리스도께서 대신하여 죽으신 형제를 네 음식으로 망하게 하지 말라(롬 14:5-6, 15).

> 그러므로 만일 식물이 내 형제로 실족케 하면 나는 영원히 고기를 먹지 아니하여 내 형제를 실족치 않게 하리라(고전 8:13).

 내 앞에 있는 자의 마음을 불안하게 할 바에야, 차라리 평생 음식을 가려 먹겠습니다. 내 앞에 있는 자의 마음에 상처를 줄 바에야, 평생 모든 음식을 자유롭게 먹겠습니다. 내 앞에 있는 자의 마음을 두렵게 만들 바에는, 모든 날과 장소를 지킬 것입니다. 내 앞에 있는 자의 마음을 아프게 할 바에야, 모든 날과 장소에 자유로울 것입니다.

다른 이의 마음이 다치지 않을까 염려하고, 그의 작은 마음까지도 귀하고 소중히 여기는 사랑, 진심으로 내 앞에 그를 섬기고 위하며, 아껴주는 진실한 사랑, 그리스도께서 품으셨던 선하신 사랑과 온유하신 마음을 느끼게 하고, 우리가 서로를 더욱 소중히 여기며 사랑하는 것 말고 도대체 다른 무엇이 중요한 것입니까?

> 그의 형제를 사랑하는 자는 빛 가운데 거하여 자기 속에 거리낌이 없으나 그의 형제를 미워하는 자는 어둠에 있고 또 어둠에 행하며 갈 곳을 알지 못하나니 이는 그 어둠이 그의 눈을 멀게 하였음이라 (요일 2:10-11).

> 우리는 형제를 사랑함으로 사망에서 옮겨 생명으로 들어간 줄을 알거니와 사랑하지 아니하는 자는 사망에 머물러 있느니라 (요일 3:14).

지식이 중요합니까, 사랑이 중요합니까?
가장 낮은 자가 되라는 주님께서 무엇을 더 중히 보시겠습니까?
자기 목숨을 버리면서까지 우리를 섬기신 주님께서 무엇을 더 기뻐하시겠습니까?
서로 다투고 나뉘는 것이 맞습니까?
아니면, 나를 낮추어 상대를 품어주고 그분의 사랑을 느끼게 하는 것이 맞습니까?

차라리 바보가 되십시오!
차라리 멍청이가 되십시오!

그리스도께서 품으셨던 사랑의 빛을 위해 차라리 머저리가 되란 말입니다.

> 유대인들에게 내가 유대인과 같이 된 것은 유대인들을 얻고자 함이요 율법 아래에 있는 자들에게는 내가 율법 아래에 있지 아니하나 율법 아래에 있는 자 같이 된 것은 율법 아래에 있는 자들을 얻고자 함이요 율법 없는 자에게는 내가 하나님께는 율법 없는 자가 아니요 도리어 그리스도의 율법 아래에 있는 자이나 율법 없는 자와 같이 된 것은 율법 없는 자들을 얻고자 함이라(고전 9:20-21).

율법 있는 자에게 율법 있는 자가 되어주고, 율법 없는 자에게는 율법 없는 자가 되어주던, 바울의 그 깊은 사랑을 모르시겠습니까?

내가 아는 지식으로 다른 이들 위에 서려는 것이 아니라, 도리어 자신을 낮추고 자신의 지식을 내려놓으면서까지 그들에게 맞추고 그들을 섬기며 그 사랑으로 복음으로 전하려 했던, 바울의 사랑과 겸손, 그 사랑으로 깃든 성령의 역사함으로 그들이 깨닫기를 기도하며 기다리던 사랑의 마음 말입니다.

> 내가 모든 사람에게서 자유로우나 스스로 모든 사람에게 종이 된 것은 더 많은 사람을 얻고자 함이라(고전 9:19).

> 사랑은 언제까지나 떨어지지 아니하되 예언도 폐하고 방언도 그치고 지식도 폐하리라(고전 13:8).

> 모든 겸손과 온유로 하고 오래 참음으로 사랑 가운데서 서로 용납하고 평안의 매는 줄로 성령의 하나 되게 하신 것을 힘써 지키라(엡 4:2-3).

> 또 형제들아 너희를 권면하노니 게으른 자들을 권계하며 마음이 약한 자들을 격려하고 힘이 없는 자들을 붙들어 주며 모든 사람에게 오래 참으라(살전 5:14).

> 그러나 내가 긍휼을 입은 까닭은 예수 그리스도께서 내게 먼저 일절 오래 참으심을 보이사 후에 주를 믿어 영생 얻는 자들에게 본이 되게 하려 하심이니라(딤전 1:16).

높아지고 싶은 인간들이여!
더 높은 사람으로 취급받고 섬김과 대접을 받으며, 그것이 마땅하다고 여기는 자들이여!
그대들에게 임할 하나님의 심판이 두렵지 않단 말입니까?

> 잔치의 윗자리와 회당의 높은 자리와 시장에서 문안 받는 것과 사람에게 랍비라 칭함을 받는 것을 좋아하느니라 그러나 너희는 랍비라 칭함을 받지 말라 너희 선생은 하나요 너희는 다 형제니라(마 23:6-8).

사랑하는 자들이여!
우리가 구속받은 자들이 아니란 말입니까?
구속이 무엇입니까?
대가를 지불하고 종에게 자유를 찾아주는 것이 아닙니까?
우리 주께서 그 피로 우리를 구속하시고, 우리에게 자유를 주지 않으셨습니까?

> 너희는 자유가 있으나 그 자유로 악을 가리는 데 쓰지 말고 오직 하나님의 종과 같이 하라(벧전 2:16).

우리의 자유가 무엇입니까?

우리의 악한 본성대로 사는 것이 우리의 자유입니까?

도로를 운전하는 짧은 시간 동안에만도 수많은 증오와 저주를 퍼붓는 세대여!

마음껏 미워하는 것이 우리의 자유입니까?

마음껏 경멸하는 것이 우리의 자유입니까?

마음껏 욕심내는 것이 우리의 자유입니까?

마음껏 음란한 것이 우리의 자유란 말입니까?

겸손하시고 스스로 낮아지시며 다른 이를 섬기며 사랑해 주셨던 그분은 다른 이를 향한 사랑의 종이 되는 자유를 우리에게 주셨습니다.

> 형제들아 너희가 자유를 위하여 부르심을 입었으나 그러나 그 자유로 육체의 기회를 삼지 말고 오직 사랑으로 서로 종노릇하라(갈 5:13).

> 모든 것이 가하나 모든 것이 유익한 것은 아니요 모든 것이 가하나 모든 것이 덕을 세우는 것은 아니니 누구든지 자기의 유익을 구하지 말고 남의 유익을 구하라(고전 10:23-24).

화려하고 훌륭해 보이는 지식은 우리를 매료시키고 그것에 빠지게 만들겠지만, 조심하십시오. 지식은 교만하게 할 뿐이고, 사랑 없는 지식은 우리를 분열시킬 뿐입니다.

그리스도의 선하신 사랑을 느낀 자들은 어떻게든 다른 이의 마음을 보듬어 주고, 따스함과 사랑을 느끼게 하며, 그리스도의 사랑이 얼마나 아름다운지 전하려 할 것입니다.

진실한 사랑은 상대방의 마음을 감동하게 하며 덕을 세울 것이고, 사랑 말고 인간을 변화시킬 다른 방법은 없을 것입니다.

> 우상의 제물에 대하여는 우리가 다 지식이 있는 줄을 아나 지식은 교만하게 하며 사랑은 덕을 세우나니(고전 8:1).

누군가 위에 올라서려 하는 자가 있다면 얼마든지 그를 섬겨줄 것입니다. 누군가 제 밑에 움츠러드는 자가 있다면 내 온 힘을 다해 들어올려 그를 섬겨줄 것입니다.

무엇이 중요합니까?

그리스도의 한없이 선하신 사랑과 겸손하고 부드러운 마음을 닮아가는 것 이외에, 그분께서 다른 무엇을 더 바라시겠습니까?

> 임금이 대답하여 이르시되 내가 진실로 너희에게 이르노니 너희가 여기 내 형제 중에 지극히 작은 자 하나에게 한 것이 곧 내게 한 것이니라 하시고(마 25:40).

이천 년 전 이스라엘에 살아계셨던 그리스도를 직접 본 적은 없으나, 그분의 모습이 그려집니다. 부드럽고 포근한 그 마음이 느껴집니다. 그분께서 그 제자들을 얼마나 소중히 아끼고 사랑해 주셨는지, 제자들은 그분의 사랑을 느끼며 얼마나 감동하고 그를 사랑하게 되었는지 말입니다.

부족하고 모자란 자도, 유순하고 우유부단한 자도, 과격하고 다혈질인 자도 모두를 감싸 안아주시며 소중히 여기셨고 사랑해 주셨습니다. 제자들은 느꼈을 것입니다.

이 사람은 다르구나!

이 사람은 내가 여태껏 보아온 모든 사람과 다르구나!

세상 사람 모두 자기를 위하고, 자기가 중요하고, 자기를 사랑하는데, 이 랍비는 나를 사랑하는구나!

진심으로 나를 소중히 아껴주시는구나!

이분은 진정 당신 자신보다 우리를 더 사랑하시는구나!

제자들은 고백합니다.
"주여! 어찌하여 당신을 버리고 도망한 우리를 이리도 사랑하시나이까? 주여! 주여 어찌하여 이 못난 자들을 당신의 목숨보다 사랑하시는 것이옵니까?"

그러자 예수께서 대답하십니다.

> 새 계명을 너희에게 주노니 서로 사랑하라 내가 너희를 사랑한것 같이 너희도 서로 사랑하라 너희가 서로 사랑하면 이로써 모든 사람이 너희가 내 제자인줄 알리라(요 13:34-35).

우리가 그리스도의 제자라는 것이 무엇으로 증명됩니까?
차라리 바보로 사십시오. 가장 낮은 자로 사십시오. 진정 그리스도의 선하신 마음을 품고, 다른 이를 소중히 아껴 줄 줄 아는 사람이라면, 평생 글 한 자 읽지 못하는 거지라 할지라도, 그분께서 귀히 여기실 것입니다.
평생 말씀을 연구하고, 높은 업적으로 세상의 높은 자리에 올라간 석사, 박사, 교수보다 그저 다른 이를 소중히 여길 줄 아는 거지 한 명을 가장 귀하다 여기실 것입니다.

말씀이 무엇입니까?
하나님께서 곧 말씀이 아니십니까?
하나님은 무엇입니까?
하나님은 곧 사랑이시지 않습니까?

그 말씀이, 그 사랑이, 육신이 되어 이 땅에 오신 분이 그리스도가 아니란 말입니까?

너무나 선하신 분의 마음을 느낀 자는, 그 선한 마음에 눈물을 흘리며 그를 사랑할 것이고, 그 선한 마음이 바로 사랑이라는 것을 깨달으며, 다른 이를 사랑하게 될 것입니다.

> 내 계명은 곧 내가 너희를 사랑한 것 같이 너희도 서로 사랑하라 하는 이것이니라(요 15:12).

> 사랑하는 자들아 우리가 서로 사랑하자 사랑은 하나님께 속한 것이니 사랑하는 자마다 하나님으로부터 나서 하나님을 알고 사랑하지 아니하는 자는 하나님을 알지 못하나니 이는 하나님은 사랑이심이라(요일 4:7-8).

> 누구든지 하나님을 사랑하노라 하고 그 형제를 미워하면 이는 거짓말 하는 자니 보는바 그 형제를 사랑치 아니하는 자가 보지 못하는바 하나님을 사랑할 수가 없느니라 우리가 이 계명을 주께 받았나니 하나님을 사랑하는 자는 또한 그 형제를 사랑할찌니라(요일 4:20-21).

그리스도인이 무엇입니까?
성화가 대체 무엇입니까?
그리스도인들이 믿지 않는 세상 사람들과 무엇으로 구별되는 것입니까?
높은 경지의 도덕적 수준에 오르라는 것입니까?
아니면, 그저 사랑을 품고 살려는 자들로 변화되었다는 것입니까?
그리스도의 사랑을 품지 못해 애통해하는 자들로 변화되었다는 것 아니란 말입니까?

미워하고 흉보고 분열하고 교만하고 음란하고 방탕하고 재물을 탐하고 이기적이고, 이렇게 세상과 다르지 않을 바라면, 도대체 왜 그리스도인이라 불리는 것입니까?

우리는 서로를 소중히 여기고, 원수마저 사랑하려 노력하는 자들이 아닙니까?

서로를 용서하기가 당연하고, 악한 모습을 보이느니, 차라리 손해를 당해 주려는 자들이 아닙니까?

그런 마음이 없다는 것 자체를 의아하게 여기는 집단이 아니란 말입니까?

> 형제가 형제와 더불어 고발할 뿐더러 믿지 아니하는 자들 앞에서 하느냐 너희가 피차 고발함으로 너희 가운데 이미 뚜렷한 허물이 있나니 차라리 불의를 당하는 것이 낫지 아니하며 차라리 속는 것이 낫지 아니하냐 너희는 불의를 행하고 속이는구나 그는 너희 형제로다 불의한 자가 하나님의 나라를 유업으로 받지 못할 줄을 알지 못하느냐 미혹을 받지 말라 음행하는 자나 우상 숭배하는 자나 간음하는 자나 탐색하는 자나 남색하는 자나 도적이나 탐욕을 부리는 자나 술 취하는 자나 모욕하는 자나 속여 빼앗는 자들은 하나님의 나라를 유업으로 받지 못하리라(고전 6:6-10).

우리 안에 그리스도가 계심을 무엇으로 알 수 있습니까?

선하신 사랑 그 자체셨던 예수께서 내 안에 계신지 무엇으로 확증할 수 있습니까?

그것은 우리 안에 사랑이 있음을 볼 때가 아니란 말입니까?

진정 다른 이를 아껴주고 소중히 여기며 다른 이의 잘못을 감싸주며, 나에게 해 끼친 자마저 사랑할 때, 아니, 비록 사랑하지 못할지라도 그런 사랑을 품고 싶다는 갈망이 있다는 것만으로도 사랑이신 그리스도께서 우리 안에 계신 것 아니란 말입니까?

> 너희는 믿음 안에 있는가 너희 자신을 시험하고 너희 자신을 확증하라 예수 그리스도께서 너희 안에 계신 줄을 너희가 스스로 알지 못하느냐 그렇지 않으면 너희는 버림 받은 자니라(고후 13:5).

우리가 사는 우주의 공간을 지으신 이가 하나님이라는 증거가 무엇이겠습니까?

하나님께서 진정 모든 것의 창조주이자 실재하시는 신이라는 증거가 무엇이겠습니까?

이 땅에 선한 마음이 존재한다는 것이 그분의 존재를 증명하는 것 아니겠습니까?

나를 희생하여 다른 이를 소중히 여기고, 진실로 아껴주는 사랑의 마음, 누가 보아도 선하다 여겨지고 눈물이 고이는 아름다운 희생과 사랑, 그런 선한 마음이, 이 세상에 존재한다는 사실 그 자체가 하나님께서 진정 실존하신다는 증거가 아니겠습니까?

> 어느 때나 하나님을 본 사람이 없으되 만일 우리가 서로 사랑하면 하나님이 우리 안에 거하시고 그의 사랑이 우리 안에 온전히 이루어지느니라 하나님이 우리를 사랑하시는 사랑을 우리가 알고 믿었노니 하나님은 사랑이시라 사랑 안에 거하는 자는 하나님 안에 거하고 하나님도 그의 안에 거하시느니라(요일 4:11, 12, 16).

악하고 악한 세상에서 선하고 선한 마음은 어리석어 보입니다.

여호와를 모욕하는 자에게는 불같은 분노를 뿜어냈지만, 질투와 증오에 사로잡혀 자신을 죽이려 했던 사울은 미워하지 못했던 다윗, 한평생 자신을 죽이려 하던 사울의 죽음에 오열과 통곡의 나날을 보낸 다윗, 잘못을 저지르는 자식들에게 엄한 훈계 한 번 제대로 하지 못했던 마음 약한 다윗, 반역한 자식에게 쫓기어 도망가는 신세가 되어도 부하의 안위를 걱정했던 다윗을 기억하십시오.

쫓기는 신세가 된 자신을 욕하고 저주하는 자마저 해치지 못했던 연약한 마음의 다윗, 자기 부인까지 욕보인 반역자의 죽음에 통곡하며 자신이 대신 죽어야 했다던 다윗, 자신을 책망하던 부하에게마저 엄하게 대하지 못했던 유약한 왕, 다윗을 생각하십시오.

세상이 보기에는 착해 빠져서 모자라고, 유약하며, 어리석어 보이는 다윗을 하나님께서는 그 누구보다 사랑하셨습니다.

악한 마음이 존재하는 이 세상에는 엄한 훈계와 질책, 준엄한 가르침도 필요하다 말하겠지만, 언젠가 사랑 그 자체이신 분의 선하고 선한 나라에서는 모두가 마음 여린 작은 아이 같은 자들로 가득 차, 다른 이의 마음이 다칠까 마음 졸이며 어쩔 줄 모르는 유약하고 어리숙한 자들로 인해, 원수에게마저 미움과 증오를 품지 못하는 온순하고 어리석은 자들로 인해, 자신을 핍박한 자의 아픔마저도 괴로워하는 바보 같은 사람들로 인해, 사랑과 기쁨, 행복과 웃음, 평화와 찬양이 넘치게 될 것입니다.

> 그 때에 제자들이 예수께 나아와 이르되 천국에서는 누가 크니이까 예수께서 한 어린 아이를 불러 그들 가운데 세우시고 이르시되 진실로 너희에게 이르노니 너희가 돌이켜 어린 아이들과 같이 되지 아니하면 결단코 천국에 들어가지 못하리라(마 18:1-3).

> 그 때에 사람들이 예수께서 안수하고 기도해 주심을 바라고 어린 아이들을 데리고 오매 제자들이 꾸짖거늘 예수께서 이르시되 어린 아이들을 용납하고 내게 오는 것을 금하지 말라 천국이 이런 사람의 것이니라 하시고(마 19:13-14).

> 나는 너희에게 이르노니 악한 자를 대적하지 말라 누구든지 네 오른편 뺨을 치거든 왼편도 돌려 대며 또 너를 고발하여 속옷을 가지고자 하는 자에게 겉옷까지도 가지

> 게 하며 또 누구든지 너로 억지로 오 리를 가게 하거든 그 사람과 십 리를 동행하고 네게 구하는 자에게 주며 네게 꾸고자 하는 자에게 거절하지 말라 그러므로 하늘에 계신 너희 아버지의 온전하심과 같이 너희도 온전하라(마 5:39-42, 48).

세상은 우리에게 증거를 요구할 것입니다. 하나님이 세상의 창조주이시고, 그리스도가 그의 아들이라는 증거를 요구할 것입니다. 어떤 이는 기적을 요구할 것이고, 또 어떤 이는 화려한 지식을 원할 것입니다.

하지만, 제가 그들에게 들려줄 수 있는 것은 그리스도는 선하신 사랑 자체이셨다는 것 외에는 아무것도 없습니다.

그 지독히도 뜨겁고 아름다운 사랑으로 인해 스스로 나무에 달리셨다는 것 외에는 전해드릴 것이 없습니다.

> 유대인은 표적을 구하고 헬라인은 지혜를 찾으나 우리는 십자가에 못 박힌 그리스도를 전하니 유대인에게는 거리끼는 것이요 이방인에게는 미련한 것이로되 오직 부르심을 입은 자들에게는 유대인이나 헬라인이나 그리스도는 하나님의 능력이요 하나님의 지혜니라(고전 1:22-24).

그분께서 이 땅에 오심으로 우리에게 남기신 것은, 세상의 수많은 교리와 이론, 신학 지식, 교파 같은 것이 아닙니다. 그분께서는 그저 다른 이를 사랑하는 작고 따뜻한 마음 하나를 남기시기 위해 기꺼이 고귀한 목숨을 버리셨습니다.

오, 진정 나의 사랑하는 자들이여!
사도들의 기도를 모르시겠습니까?
그들의 소원을, 그들의 바람을 모르시겠습니까?

믿음으로 말미암아 그리스도를 여러분의 마음 속에 머물러 계시게 하여 주시기를 빕니다. 여러분이 사랑 속에 뿌리를 박고 터를 잡아서, 모든 성도와 함께 여러분이 그리스도의 사랑의 너비와 길이와 높이와 깊이가 어떠한지를 깨달을 수 있게 되고, 지식을 초월하는 그리스도의 사랑을 알게 되기를 빕니다. 그리하여 하나님의 온갖 충만하심으로 여러분이 충만하여지기를 바랍니다(엡 3:17-19, 새번역).

또 주께서 우리가 너희를 사랑함과 같이 너희도 피차간과 모든 사람에 대한 사랑이 더욱 많아 넘치게 하사 너희 마음을 굳게 하시고 우리 주 예수께서 그의 모든 성도와 함께 강림하실 때에 하나님 우리 아버지 앞에서 거룩함에 흠이 없게 하시기를 원하노라(살전 3:12-13).

너희가 진리를 순종함으로 너희 영혼을 깨끗하게 하여 거짓이 없이 형제를 사랑하기에 이르렀으니 마음으로 뜨겁게 서로 사랑하라(벧전 1:22).

우리에게 넘어짐이 없을 거라는 말이 아닙니다. 감정의 요동으로 분노와 분열, 다툼이 일어날 수도 있을 것입니다. 완전한 사람이 되어야 한다고 말씀드리는 것이 아닙니다.

누가 감히 그분 앞에 완전하다고 말할 수 있습니까?
누가 감히 죄 없다고 말할 수 있단 말입니까?
다만, 우리는 회개하는 자들로 변화된 것 아니겠습니까?
주님 앞에 악한 마음을 슬퍼하고, 잘못을 후회하며, 돌이켜 다시금 그분의 선하신 길로 가려 일어나는 자들이 아닙니까?

대답하여 이르시되 너희는 이 갈릴리 사람들이 이같이 해 받으므로 다른 모든 갈릴리 사람보다 죄가 더 있는 줄 아느냐 너희에게 이르노니 아니라 너희도 만일 회개하지 아니하면 다 이와 같이 망하리라(눅 13:2-3).

순간적인 감정을 주체하지 못해 형제에게 화를 내었더라도, 돌아서서 자신의 행동을 돌아보고, 그 행동으로 슬픔을 느끼실 우리 주 예수님 앞에 애통하며, 주님께 진심 어린 회개를 올려드리는 자들 아닙니까?

또한, 그 형제에게 진심을 담아 용서를 비는 자들 아니겠습니까?

> 그러므로 예물을 제단에 드리려다가 거기서 네 형제에게 원망들을 만한 일이 있는 것이 생각나거든 예물을 제단 앞에 두고 먼저 가서 형제와 화목하고 그 후에 와서 예물을 드리라(마 5:23-24).

예수님을 사랑하는 그 형제 또한, 도리어 자기 잘못이었다며 용서를 구하고, 사랑 안에서 서로를 감싸주고 뉘우치는 우리 안에 그리스도의 사랑이 깃들어 있는 것 아니란 말입니까?

그렇게 형제가 하루에 일곱 번, 아니 490번을 잘못하여도 서로 용서하며 사랑하며 사는 것이 그리스도 안에 형제자매가 아니란 말입니까?

> 그 때에 베드로가 나아와 이르되 주여 형제가 내게 죄를 범하면 몇 번이나 용서하여 주리이까 일곱 번까지 하오리이까 예수께서 이르시되 네게 이르노니 일곱 번뿐 아니라 일곱 번을 일흔 번까지라도 할지니라(마 18:21-22).

사랑하는 자들이여!

가르치려는 자들이 많이 나타났지만, 조심하십시오. 자신이 눈먼 것을 모르는 거짓 선생이 세상에 많습니다. 우리 가운데 누군가, 더 많은 지식으로 가르치는 역할이 있을 것이지만, 진정으로 가르칠 자격이 있는 자는 오히려 스스로 자격 없다고 여길 것입니다.

훌륭하고 멋진 지식을 가진 자일수록 자신의 교만을 깨닫지 못할 것이고, 교만을 깨닫지 못하는 자들은 자신이 나은 자 취급받는 것을 당연하다 여기며, 오직 그리스도께서만 받아야 할 영광과 칭찬을 훔치고도 깨닫지 못할 것입니다.

자신에게 배우는 자들이 자신을 높여 주고 섬기는 것을 당연하다고 여기며, 그렇게 사람들의 섬김과 높여 줌에 어깨가 으쓱해진 자들은 이미 그들이 예수님을 못 박은 서기관과 바리새인들과 같음을 모를 것입니다. 지존자 앞에 얼마나 하찮은 존재이며, 자기 안에 낮아짐과 섬김, 예수님께서 가르치셨던 겸손의 사랑 없음을 깨닫지 못할 것입니다.

> 아무 일에든지 다툼이나 허영으로 하지 말고 오직 겸손한 마음으로 각각 자기보다 남을 낫게 여기고(빌 2:3).

진실로 그리스도의 선하심과 겸손하심을 사모하는 자들은, 스스로 가장 낮은 자가 되지 못해 안달난 자들일 것입니다. 다른 이를 섬기지 못해 안타까워하며 애쓰는 자들일 것입니다. 다른 이를 섬겨줄 때 행복해하고, 떠받듦을 받을 때 부끄러워하는 자들일 것입니다.

> 예수께서 이르시되 이방인의 임금들은 그들을 주관하며 그 집권자들은 은인이라 칭함을 받으나 너희는 그렇지 않을지니 너희 중에 큰 자는 젊은 자와 같고 다스리는 자는 섬기는 자와 같을지니라 앉아서 먹는 자가 크냐 섬기는 자가 크냐 앉아서 먹는 자가 아니냐 그러나 나는 섬기는 자로 너희 중에 있노라(눅 22:25-27).

진정 가르칠 자격 있는 자들은, 자신이 아는 지식을 전달하는 것보다 그리스도의 온유와 낮아지심을 나타내는 것이 백배, 천배 중요할 것이고, 스스로 가장 낮은 자가 되어 섬김과 겸손, 관용의 극치를 보일 것입니다.

> 사랑은 오래 참고 사랑은 온유하며 투기하는 자가 되지 아니하며 사랑은 자랑하지 아니하며 교만하지 아니하며 무례히 행치 아니하며 자기의 유익을 구치 아니하며 성내지 아니하며 악한 것을 생각지 아니하며 (고전 13:4-5).

> 그 때에 제자들이 예수께 나아와 이르되 천국에서는 누가 크니이까 예수께서 한 어린 아이를 불러 그들 가운데 세우시고 이르시되 진실로 너희에게 이르노니 너희가 돌이켜 어린 아이들과 같이 되지 아니하면 결단코 천국에 들어가지 못하리라 (마 18:1-3).

거짓 교사들로 인해 분열과 논쟁은 늘어날 것이고, 진실한 교사들로 인해 겸손과 사랑은 퍼져나갈 것입니다. 지식을 품은 자는 다른 이의 오류를 지적하며 상처 입히겠지만, 그리스도를 품은 자는 잘못을 감싸주고 조용히 다가가 사랑으로 그를 돌이킬 것입니다.

> 만물의 마지막이 가까왔으니 그러므로 너희는 정신을 차리고 근신하여 기도하라 무엇보다도 열심으로 서로 사랑할찌니 사랑은 허다한 죄를 덮느니라 (벧전 4:7-8).

가르치는 자들이여!

기억하십시오. 지식을 채우는 것에 힘쓰는 자는 점점 더 높아져 자신의 옳음을 증명하겠지만, 기도에 힘쓰며 그리스도의 영을 채우길 간구하는 자는 점점 더 낮아짐으로 그분의 섬김과 사랑을 증거 할 것입니다.

그가 느낀 그리스도의 영이 다른 이를 오래 참아주고 소중히 여기게 할 것이고, 그가 경험한 아들의 영이 다른 이는 드러내고 자신은 감추게 할 것이며, 그가 느낀 성자의 영광이 자기 자신을 가장 초라한 자로 여기게 할 것입니다.

> 미쁘다 모든 사람이 받을 만한 이 말이여 그리스도 예수께서 죄인을 구원하시려고 세상에 임하셨다 하였도다 죄인 중에 내가 괴수니라 (딤전 1:15).

자신은 뱀보다 간사한 자라며 슬퍼하지만, 그렇기에 더욱 그리스도의 보혈만 의지하는 자들일 것입니다. 자신은 마귀보다 교활한 자라며 애통하지만 오히려 듣는 이로 하여금 오직 그리스도만 의지하도록 만들 것입니다. 자신은 구더기보다 더러운 자라며 괴로워하지만, 그로 인해 오직 그분의 구원을 기뻐하며 찬양할 것입니다. 그가 가진 지혜로운 지식, 겸손한 성품, 착한 마음, 선한 행실, 칭찬받을 만한 모든 것이, 오직 그리스도의 은혜임을 아는 자만이 감히 티끌만큼의 영광을 취함 없이 모든 영광을 그리스도께 올려드릴 것입니다.

> 나는 나를 위하며 나를 위하여 이를 이룰 것이라 어찌 내 이름을 욕되게 하리요 내 영광을 다른 자에게 주지 아니하리라 (사 48:11).

가르치는 자들이여!
그대들의 지식이 어디서 왔습니까?
누가 그 지식을 그대에게 허락했습니까?
누구 덕분에 그대들의 코에 호흡이 오고 가고, 누구 덕분에 그대들의 눈이 성하며, 누구 덕분에 그대들의 이성이 살아 지식을 쌓았습니까?
누구 덕분에 해와 달이 그 자리를 지키며 우리에게 생명을 허락하셨단 말입니까?
정녕 모든 것이 하나님의 은혜임을 깨달은 자가, 떠받듦 받을 때 부끄러워하지 않을 수 있으리라 생각하십니까?
자신이 깨달은 모든 지혜, 자신이 가르치는 모든 지식, 나의 나된 모든 것, 한번의 들숨, 날숨마저 그분의 은혜임을 처절히 깨달은 자가 자신이 높임 받는 것을 견딜 수 있으리라 생각하십니까?
자신에게 영광이 돌려질 때 그것을 견딜 수 있을 것으로 생각하십니까?

오, 자비의 하나님, 긍휼의 하나님이여!
추악한 죄인을 위해 죽으신 것도 모자라, 부끄러운 자에게 과분한 은혜를 베푸시다니요!
오, 나의 주여!
모든 영광 오직 주께서만 취하옵소서!
홀로 높임 받으옵소서!

> 여호와여 영광을 우리에게 돌리지 마옵소서 우리에게 돌리지 마옵소서 오직 주는 인자하시고 진실하시므로 주의 이름에만 영광을 돌리소서(시 115:1).

대접받고 사는 자들이여, 받는 섬김에 감사할 줄 모르고 당연하다 여기는 자들이여!
머리가 높아져 자신을 더 많이 아는 자라 여기고, 마음이 높아져 자신을 남보다 높이 여기며, 스스로 주님 곁에 더 가까운 자라 여기는 자들이여!
마지막 날, 주님을 마주하는 그날, 그대들에게 임할 수치가 어떨지 가늠할 수 있겠습니까?

> 네가 누구에게나 혼인 잔치에 청함을 받았을 때에 높은 자리에 앉지 말라 그렇지 않으면 너보다 더 높은 사람이 청함을 받은 경우에 너와 그를 청한 자가 와서 너더러 이 사람에게 자리를 내주라 하리니 그 때에 네가 부끄러워 끝자리로 가게 되리라(눅 14:8-9).

오, 축복 받은 자들이여!

자신을 부끄러운 자로 느끼며 모든 영광을 주님께 올리는 자들이여!
스스로를 작은 자라 여기며 다른 이의 섬김에 감격하는 자들이여!
귀한 지식을 부끄러운 자신에게 허락하셨다며 눈물로 감격하며 찬양하는 자들이여!
마지막 날, 그대들에게 임할 축복이 얼마나 클지 어찌 형언할까요?

> 청함을 받았을 때에 차라리 가서 끝자리에 앉으라 그러면 너를 청한 자가 와서 너더러 벗이여 올라 앉으라 하리니 그 때에야 함께 앉은 모든 사람 앞에서 영광이 있으리라 무릇 자기를 높이는 자는 낮아지고 자기를 낮추는 자는 높아지리라(눅 14:10-11).

> 모든 성도 중에 지극히 작은 자보다 더 작은 나에게 이 은혜를 주신 것은 측량할 수 없는 그리스도의 풍성함을 이방인에게 전하게 하시고(엡 3:8).

하나님의 사람들이여!
정녕 우리의 약함이 그분의 강함되심을 모르시겠습니까?
진정으로, 진정으로 우리가 얼마나 교만하고 간사한지 깨닫고 절규하는 자가 될 때, 그분의 위로가 우리에게 임한다는 것을 모르시겠습니까?
진정 우리 존재의 비참함을 깨닫고, 처절하고 처참히 오열하는 자가 될 때, 그분의 은혜가 우리를 덮는다는 것을 모르시겠습니까?
그간의 수고가 자랑스러우십니까. 그간의 헌신에 자부심을 느낍니까? 수많은 시간 수고하여 쌓은 지식이 당신을 떳떳하게 만듭니까?
우리 스스로에 대한 일말의 자부심이나 자랑거리로 여겨지는 것이 있는 자체만으로, 거대하고 광대하신 분 앞에 패역임을 모르시겠습니까?

교만에 사로잡힌 자들이여, 제발, 정신을 차리십시오. 인간들 사이에 높고 낮음 따위는 그분 앞에 가소롭기만 합니다.

정녕, 우리 가운데 더 나은 자, 더 높은 자가 있을 거라 생각하십니까?

오만한 자들이여, 착각하지 마십시오. 그리스도의 보혈이 우리를 덮지 않는다면, 우리는 거룩하신 그분 앞에 오물 속 구더기보다 못한 존재일 뿐입니다.

누가 누구를 지적하고 정죄합니까?

스스로를 더 나은 자라 생각하며 교만한 자는 누구입니까?

스스로 무언가 아는 것이 있다고 여기는 자가 있다면, 그는 정녕 아무것도 모르는 자일 것이고, 스스로 부족한 자라 부끄러워하는 자가 있다면, 그는 정녕 그리스도를 느낀 자일 것입니다.

> 만일 누구든지 무엇을 아는 줄로 생각하면 아직도 마땅히 알 것을 알지 못하는 것이요(고전 8:2).

스스로를 선지자라 여기며, 자신이 교만한지도 모르는 자들이여!

부디, 깨달으십시오. 우리의 어떤 수고, 헌신, 노력, 지식, 지혜, 선행, 희생도, 그분의 보혈이 덮지 않는다면, 똥 묻은 더러운 옷보다도 못한 것들뿐입니다.

"왕이시여, 왕이시여, 저같이 부패한 자가 어찌 당신의 거룩한 일에 참여한단 말입니까?

주여, 주여, 그 일은 저를 통해서 하셨으면 안 됐습니다. 저는 자격이 없습니다. 당신의 존귀한 이름을 제 입에 담아 전하는 것조차 부끄러울 뿐입니다.

오, 나의 주여!

정녕 모든 영광 홀로 받으소서. 당신의 그 피로 나를 덮고 쓰셨나이다."

오, 하나님의 사람들이여!

눈물의 감격 가운데 이런 고백을 드려야 함을, 매일 그분의 자비와 긍휼에 감격해야 할 존재임을 모르시겠나이까?

바울의 애절한 호소가 들리지 않습니까?

> 내가 부득불 자랑할진대 내가 약한 것을 자랑하리라 주 예수의 아버지 영원히 찬송할 하나님이 내가 거짓말 아니하는 것을 아시느니라(고후 11:30-31).

> 내가 이런 사람을 위하여 자랑하겠으나 나를 위하여는 약한 것들 외에 자랑하지 아니하리라(고후 12:5).

> 나에게 이르시기를 내 은혜가 네게 족하도다 이는 내 능력이 약한 데서 온전하여짐이라 하신지라 그러므로 도리어 크게 기뻐함으로 나의 여러 약한 것들에 대하여 자랑하리니 이는 그리스도의 능력이 내게 머물게 하려 함이라(고후 12:9).

정녕 인간 자체가 자랑할 것 없는 더러운 존재이고, 선해 보이고 훌륭해 보이는 그 어떤 행위를 한다 해도 역겨운 죄인임을 아는 자만이 자기를 자랑하지 못하고, 다른 이를 정죄하지 않을 것입니다.

> 무릇 우리는 다 부정한 자 같아서 우리의 의는 다 더러운 옷 같으며 우리는 다 잎사귀 같이 시들므로 우리의 죄악이 바람 같이 우리를 몰아가나이다(사 64:6).

> 만물보다 거짓되고 심히 부패한 것은 마음이라 누가 능히 이를 알리요마는(렘 17:9).

낮은 자가 되고 싶다고, 섬기는 자가 되고 싶다고, 다른 이를 사랑하는 자가 되고 싶다고, 진심 어린 눈물과 애절한 기도를 올리는 순간에도, 마음 가장 깊고 깊은 곳, 무의식의 저변에는 스스로 옳은 기도를 하는 자라 여기는 간사함을 봅니다.

저의 모든 것을 꿰뚫어 보시는 이 앞에 제가 감히 무슨 마음의 소리라도 읊조리겠습니까?

그리스도 보혈의 은혜 없이, 제 감히 어떻게 그분 앞에 무릎 꿇고 입이라도 열겠습니까?

그분 앞에서 한없는 초라함을 느끼며 오로지 오로지 그분의 자비만 구할 뿐입니다.

자신에게 자부심을 느끼는 자가 있습니까?

그것은 우리가 얼마나 부패한 죄인인지 깨닫지 못한 것뿐이고, 그 죄인을 뒤덮는 그리스도의 영광이 얼마나 광대한 것인지 느껴본 적 없음을 드러낼 뿐입니다.

> 그러나 더욱 큰 은혜를 주시나니 그러므로 일렀으되 하나님이 교만한 자를 물리치시고 겸손한 자에게 은혜를 주신다 하였느니라(약 4:6).

오, 하나님의 사람들이여!

그분께서 쓰시는 사람의 기준은 사람의 그것과 다릅니다. 그분께서는 많은 지식 쌓은 자를 필요로 하지 않으십니다. 뛰어난 인내심이 가진 자를 필요로 하지 않으십니다. 절제력이 강한 자를 필요로 하지 않으십니다.

그분은 그저 매일 그분 앞에 우는 자를 필요로 하십니다. 그 사람은 자신이 무엇을 해도, 아무리 큰 지식을 가져도, 크고 놀라운 사랑의 행위를 했다고 해도 똥 무더기 속에 파묻힌 뱀보다도 더한 죄인임을 아는 자일 뿐입니다. 매일 자신의 더러움으로 인해 서럽게 울지만, 그렇기에 매일 그리스도의 보혈로 세상이 줄 수 없는 환희와 기쁨에 넘치는 자, 오직 그리스도로 인해 날마다 애통하며 오직 모든 영광 그분께 올려드리는 자, 그리스도의 보혈로 인해 벅찬 감동을 이기지 못하며 그 영광을 찬양하는 자일 뿐입니다. 그래야만 그가 쓰임을 받고 교만하지 못할 것이고, 그분께서 그를 잃지 않을 수 있기 때문입니다.

> 이와 같이 너희도 명령 받은 것을 다 행한 후에 이르기를 우리는 무익한 종이라 우리가 하여야 할 일을 한 것뿐이라 할지니라(눅 17:10).

가르치는 자들은 그들의 교만으로 계속해서 떠받듦 받기를 원하고 선생 되는 두려움을 모르기에 더 높은 곳에 올라가 존경의 대상이 되길 원하지만, 가르치는 자들이여, 그대들이 먼저 그의 선하심과 사랑, 겸손과 섬김을 깨닫지 못한다면 그대들에게 듣는 성도들 또한 깨닫지 못하고 배우지 못할 것이고, 그분의 영혼을 잘못된 길로 인도한 일의 대가는 더욱더 무거울 것을 기억해야 합니다.

> 긴 옷을 입고 다니는 것을 원하며 시장에서 문안 받는 것과 회당의 높은 자리와 잔치의 윗자리를 좋아하는 서기관들을 삼가라 그들은 과부의 가산을 삼키며 외식으로 길게 기도하니 그들이 더 엄중한 심판을 받으리라 하시니라(눅 20:46-47).

> 또한 지도자라 칭함을 받지 말라 너희의 지도자는 한 분이시니 곧 그리스도시니라 너희 중에 큰 자는 너희를 섬기는 자가 되어야 하리라 누구든지 자기를 높이는 자는 낮아지고 누구든지 자기를 낮추는 자는 높아지리라(마 23:10-12).

> 내 형제들아 너희는 선생된 우리가 더 큰 심판을 받을 줄 알고 선생이 많이 되지 말라(약 3:1).

가르치는 자들이여!

부디, 교만의 죄를 두려워하십시오. 영원 세계의 최초의 죄이자 하늘에서 최고로 높았던 천사마저 넘어뜨린 것이 교만이고, 수많은 사람이 교만으로 인해 하나님의 길에서 미끄러졌습니다. 교만은 패망의 선봉이라는 말씀은 진리이고, 그러니 우리 모두는 그분 앞에 지극히 겸손해야 합니다.

> 교만은 패망의 선봉이요 거만한 마음은 넘어짐의 앞잡이니라(잠 16:18).

다른 그 무엇도 우리에게 중요하지 않습니다. 전도를 많이 하고 큰 교회를 세우는 것보다, 감동적이고 훌륭한 설교를 하고, 많은 지식을 전달하는 것보다, 교회에 충성하고 봉사하는 것보다 많은 헌금, 많은 재물을 바치는 것보다, 많은 예배 참석, 많은 종교적 행위를 하는 것보다, 그리스도의 선하신 마음을 사모하고 그 사랑으로 살아가는 오늘 하루를 그분께서 원하고 계십니다.

우리가 주님을 위해 살아간다고 힘쓰며 사역한다 한들, 누군가를 향한 증오를 버리지 않고, 분노를 내려놓지 않으며, 욕심과 이기심을 놓지 못하며, 더러움을 버리지 않고, 겸손할 줄 모르고, 섬기지 못한다면, 다른 이를 사랑할 줄 모르고, 그리스도의 선한 마음을 사랑하지 않는다면, 우리가 바친 모든 제물과 예배, 사역은 헛된 것이 될 것입니다.

> 너희가 팔을 벌리고 기도한다 하더라도, 나는 거들떠보지도 않겠다. 너희가 아무리 많이 기도를 한다 하여도 나는 듣지 않겠다. 너희의 손에는 피가 가득하다. 너희는 씻어라. 스스로 정결하게 하여라. 내가 보는 앞에서 너희의 악한 행실을 버려라. 악한 일을 그치고, 옳은 일을 하는 것을 배워라. 정의를 찾아라. 억압받는 사람을 도와주어라. 고아의 송사를 변호하여 주고 과부의 송사를 변론하여 주어라"(사 1:15-17, 새번역).

> 내가 바라는 것은 변함없는 사랑이지, 제사가 아니다. 불살라 바치는 제사보다는 너희가 나 하나님을 알기를 더 바란다(호 6:6, 새번역).

하나님께서 원하시는 것은 다른 것이 아닙니다. 오직 선하신 분께서 원하셨던 것은 창세부터 지금까지 변함 없으십니다.

> 예수께서 이르시되 어찌하여 선한 일을 내게 묻느냐 선한 이는 오직 한 분이시니라 네가 생명에 들어가려면 계명들을 지키라(마 19:17).

> 예수께서 이르시되 네가 어찌하여 나를 선하다 일컫느냐 하나님 한 분 외에는 선한 이가 없느니라(막 10:18).

우리의 하늘 아버지는 그 자녀가 선하신 그분의 성품 닮기를 원하시고, 그의 아름다운 성품으로 서로에게 악을 행치 말고 사랑하며 살기를 원하십니다.

> 그는 이 영광과 덕으로 귀중하고 아주 위대한 약속들을 우리에게 주셨습니다. 그것은 이 약속들로 말미암아 여러분이 세상에서 정욕 때문에 부패하는 사람이 되는 것이 아니라, 하나님의 성품에 참여하는 사람이 되게 하시려는 것입니다. 그러므로 여러분은 열성을 다하여 여러분의 믿음에 덕을 더하고, 덕에 지식을 더하고, 지식에 절제를 더하고, 절제에 인내를 더하고, 인내에 경건을 더하고, 경건에 신도간의 우애를 더하고, 신도간의 우애에 사랑을 더하도록 하십시오. 이런 것들이 여러분에게 갖추어지고, 또 넉넉해지면, 여러분은 우리 주 예수 그리스도를 아는 일에 게으르거나 열매를 맺지 못하는 사람이 되지 않을 것입니다. 그러나 이런 것들을 갖추지 못한 사람은 근시안이거나 앞을 못 보는 사람입니다. 이런 사람은 자기의 옛 죄가 깨끗하여졌음을 잊어버린 것입니다(벧후 1:4-9, 새번역).

하나님의 구원 계획은, 죄로 타락한 인간을 하나님의 성품에 참여하게 하시는 것, 곧 거룩한 형상으로 회복시키시는 것입니다. 그리고 그 방법은 주님이 가르쳐주신 말씀과 질서에 순종하는 것 이외에는 없습니다.

성경은 우리의 행위가 아닌 오직 그리스도의 은혜로 구원 받았다고 말씀하는 동시에 진짜 믿음에는 선한 삶, 순종이 따를 수밖에 없다고 가르칩니다.

순종을 말하면, 인간의 행위는 필요 없다는 궤변으로 자기의 죄를 위로하는 사람이 많지만, 사도들은 순종을 구원 얻는 조건이나 수단, 자신의 공로로 여긴 적조차 없습니다. 순종은 그저 값없이 구원의 은혜 받은 자의 당연한 삶의 태도일 뿐이고, 그리스도의 사랑을 갈망하는 자들의 너무나 자연스러운 소망이기 때문입니다.

> 형제들아 너희는 선을 행하다가 낙심하지 말라 누가 이 편지에 한 우리 말을 순종하지 아니하거든 그 사람을 지목하여 사귀지 말고 그로 하여금 부끄럽게 하라 (살후 3:13-14).

> 너희가 범사에 순종하는지 그 증거를 알고자 하여 내가 이것을 너희에게 썼노라(고후 2:9).

자기 욕심과 쾌락, 자기 마음대로 살고 싶은 인간들, 순종이 불편하고, 선한 것을 위한 인내와 절제를 죽도록 싫어하는 사람들은 율법주의, 행위주의라는 단어를 내세우며 불순종으로 인한 죄책감을 던져버리지만, 기억하십시오. 예수님을 비롯한 모든 사도는 하나님을 경외하고, 그분께 순종하라 말씀합니다. 하나님을 두려워하고, 그분께 복종하라 가르칩니다.

이제 당신이 결정하십시오.

하나님의 말씀을 따를 것입니까?
간사한 인간의 혓바닥을 따를 것입니까?

내 노력으로 구원을 얻겠다는 마음은 털끝만큼도 없습니다. 내가 이룬 무엇인가를 자랑하겠다는 마음은 티끌만큼도 없습니다. 하나님의 말씀인 성경이 순종하라 기록하였기에 그저 순종할 뿐입니다. 구더기보다 더러운 저를 구원하신 분의 말씀이기에 순종할 따름입니다. 모든 이의 영광을 받으셔야 할 분이고, 모든 이의 순종을 받으셔야 할 분이시기에, 나의 구원자, 나의 주님께 순종할 뿐입니다.

수많은 교리, 수많은 신학 지식, 수많은 변명과 핑계를 멈추십시오. 하나님의 말씀인 성경을 보십시오.

> 그런즉 너희는 하나님께 복종할지어다 마귀를 대적하라 그리하면 너희를 피하리라 (약 4:7).

세상이 뭐라 하든 저는 죽는 순간까지 목이 터지라 외칠 것입니다.

하나님께 순종하라!
너를 지으신 이에게 복종하라! 온 우주의 왕에게 순종하라!
목숨을 다해 너를 사랑하신 왕의 말씀을 가슴에 새기며 소중히 여겨라!

> 그러므로 누구든지 이 계명 중의 지극히 작은 것 하나라도 버리고 또 그같이 사람을 가르치는 자는 천국에서 지극히 작다 일컬음을 받을 것이요 누구든지 이를 행하며 가르치는 자는 천국에서 크다 일컬음을 받으리라 (마 5:19).

> 내가 너희에게 분부한 모든 것을 가르쳐 지키게 하라 볼찌어다 내가 세상 끝날까지 너희와 항상 함께 있으리라 하시니라(마 28:20).

> 그 때에 예수의 어머니와 동생들이 와서 밖에 서서 사람을 보내어 예수를 부르니 무리가 예수를 둘러 앉았다가 여짜오되 보소서 당신의 어머니와 동생들과 누이들이 밖에서 찾나이다 대답하시되 누가 내 어머니이며 동생들이냐 하시고 둘러 앉은 자들을 보시며 이르시되 내 어머니와 내 동생들을 보라 누구든지 하나님의 뜻대로 행하는 자가 내 형제요 자매요 어머니이니라(막 3:31-35).

> 좋은 땅에 있다는 것은 착하고 좋은 마음으로 말씀을 듣고 지키어 인내로 결실하는 자니라(눅 8:15).

> 이 말씀 하실 때에 무리 중에서 한 여자가 음성을 높여 가로되 당신을 밴 태와 당신을 먹인 젖이 복이 있도소이다 하니 예수께서 가라사대 오히려 하나님의 말씀을 듣고 지키는 자가 복이 있느니라 하시니라(눅 11:27-28).

진실한 사랑과 경외심에는 순종하고픈 열정이 있을 수밖에 없습니다. 만일 선하신 분의 아름다운 마음을 따르고픈 열정이 없다면, 아직 그리스도의 선하심을 맛보지 못한 가엾은 자임을 증명할 뿐입니다.

> 여호와의 천사가 주를 경외하는 자를 둘러 진 치고 그들을 건지시는도다 너희는 여호와의 선하심을 맛보아 알지어다 그에게 피하는 자는 복이 있도다 너희 성도들아 여호와를 경외하라 그를 경외하는 자에게는 부족함이 없도다 젊은 사자는 궁핍하여 주릴지라도 여호와를 찾는 자는 모든 좋은 것에 부족함이 없으리로다 너희 자녀들아 와서 내 말을 들으라 내가 여호와를 경외하는 법을 너희에게 가르치리로다 생명을 사모하고 연수를 사랑하여 복 받기를 원하는 사람이 누구뇨 네 혀를 악

에서 금하며 네 입술을 거짓말에서 금할지어다 악을 버리고 선을 행하며 화평을 찾아 따를지어다 여호와의 눈은 의인을 향하시고 그의 귀는 그들의 부르짖음에 기울이시는도다 여호와의 얼굴은 악을 행하는 자를 향하사 그들의 자취를 땅에서 끊으려 하시는도다 의인이 부르짖으매 여호와께서 들으시고 그들의 모든 환난에서 건지셨도다 여호와는 마음이 상한 자를 가까이 하시고 충심으로 통회하는 자를 구원하시는도다(시 34:7-18).

우리가 구원 받는 것은 순종이라는 행위의 공로가 아니라, 오직 하나님의 성령을 통해서 거듭남을 입었고 그리스도의 보혈로 의롭다 하심을 받았기 때문입니다. 하지만 그가 거듭나고 구원 받은 자이며, 생명이 있는 믿음을 가졌다는 증거는 세상 그 무엇보다 하나님을 사랑함으로 그분의 말씀을 사모하고 말씀에 순종함으로 그분을 기쁘시게 하려는 자가 되었다는 변화일 것입니다.

> 하나님은 여러분 안에서 활동하셔서, 여러분으로 하여금 하나님을 기쁘게 해 드릴 것을 염원하게 하시고 실천하게 하시는 분입니다(빌 2:13, 새번역).

하나님의 말씀을 따라 살아야겠다는 다짐조차 해본 적 없다면, 하나님을 믿는 신앙을 시작한 적도 없는 것입니다.

> 네가 나의 인내의 말씀을 지켰은즉 내가 또한 너를 지켜 시험의 때를 면하게 하리니 이는 장차 온 세상에 임하여 땅에 거하는 자들을 시험할 때라 이기는 자는 내 하나님 성전에 기둥이 되게 하리니 그가 결코 다시 나가지 아니하리라 내가 하나님의 이름과 하나님의 성 곧 하늘에서 내 하나님께로부터 내려오는 새 예루살렘의 이름과 나의 새 이름을 그이 위에 기록하리라 귀 있는 자는 성령이 교회들에게 하시는 말씀을 들을지어다(계 3:10, 12-13).

> 이기는 자는 이것들을 상속으로 받으리라 나는 그의 하나님이 되고 그는 내 아들이 되리라(계 21:7).

세상 사람은 사람의 겉만 보고 그 사람의 내면을 판단할 수 없다고 하지만, 그리스도께서는 반대로 말씀하십니다. 어떤 사람의 어투와 행동, 입은 옷만 보아도 그 사람 안에 그리스도가 얼마나 가득 차 있는지 알 수 있다고 하십니다.

친절하고 부드러운 말투, 겸손하고 온화한 성품, 단정하고 소박한 옷차림만으로 그가 얼마나 그리스도의 말씀을 소중히 여기며 사는 자인지를, 그분의 선하심 그분의 낮아지심을 얼마나 사랑하고 닮고 싶어 하는지를, 그의 작은 행동, 한마디 말만으로도 느끼실 수 있습니다.

좋은 나무는 좋은 열매를 맺을 수밖에 없다는 것이 그리스도의 가르침이고, 그리스도 안에서 성령의 열매를 금지할 법이 없다는 것이 사도들의 가르침입니다.

> 못된 열매 맺는 좋은 나무가 없고 또 좋은 열매 맺는 못된 나무가 없느니라 나무는 각각 그 열매로 아나니 가시나무에서 무화과를, 또는 찔레에서 포도를 따지 못하느니라 선한 사람은 마음에 쌓은 선에서 선을 내고 악한 자는 그 쌓은 악에서 악을 내나니 이는 마음에 가득한 것을 입으로 말함이니라(눅 6:43-45).

> 오직 성령의 열매는 사랑과 희락과 화평과 오래 참음과 자비와 양선과 충성과 온유와 절제니 이같은 것을 금지할 법이 없느니라(갈 5:22-23).

그리스도께서 이 낮은 땅에 오심에 인간이 기여한 것은 없습니다. 보혈의 은혜, 구원의 자비가 이 땅에 주어지는 데 인간의 공로 따위는 아무것도 없습니다.

우리의 구원은 오로지, 오로지 하나님의 자비이고 선물일 뿐이기에, 우리의 선한 행위나 그 어떤 것도 자랑할 것이 없는 것입니다.

> 여러분은 믿음을 통하여 은혜로 구원을 얻었습니다. 이것은 여러분에게서 난 것이 아니요, 하나님의 선물입니다. 행위에서 난 것이 아닙니다. 그러므로 아무도 자랑할 수 없습니다(엡 2:8-9, 새번역).

값없는 은혜를 받은 자들은 그분께서 기뻐하시는 삶을 살려 할 것입니다. 하나님께서는 성령을 통해 그분의 아름다운 마음을 알게 하시고, 그토록 원하시던 선한 마음으로 살아가는 자들이 되게 하려고 우리를 부르셨기 때문입니다.

> 우리는 하나님의 작품입니다. 선한 일을 하게 하시려고, 하나님께서 그리스도 예수 안에서 우리를 만드셨습니다. 하나님께서 이렇게 미리 준비하신 것은, 우리가 선한 일을 하며 살아가게 하시려는 것입니다(엡 2:10 새번역).

그리고 그분께서 이 땅에 다시 오시는 그날, 성도들이 행한 모든 선한 마음과 선한 행위들로 인해, 온 세상이 하나님께 영광을 올려드리게 될 것입니다.

> 너희가 이방인 중에서 행실을 선하게 가져 너희를 악행한다고 비방하는 자들로 하여금 너희 선한 일을 보고 오시는 날에 하나님께 영광을 돌리게 하려 함이라(벧전 2:12).

그리스도의 참 신부들은, 사랑과 긍휼의 선행을 베풀며 살게 될 것이지만, 그것조차도 하나님의 은혜임을 뼈저리게 느끼고, 나의 나된 것은 오직 하나님의 은혜라 고백하며 눈물로 감사를 올려드릴 것입니다.

착각하지 마십시오. 구원이 행위가 아니라 오직 값없는 은혜라는 말은 과거에 어떤 행위를 하던 자이건 값없이 그 자비가 임한다는 것이지, 앞으로 어떤 행위를 하든 믿음만 있으면 구원 받는다는 뜻이 아닙니다.

> 또 내가 사망으로 그의 자녀를 죽이리니 모든 교회가 나는 사람의 뜻과 마음을 살피는 자인줄 알찌라 내가 너희 각 사람의 행위대로 갚아 주리라(계 2:23).

> 저희가 하나님을 시인하나 행위로는 부인하니 가증한 자요 복종치 아니하는 자요 모든 선한 일을 버리는 자니라(딛 1:16).

선한 것이란 무엇입니까?

하나님께서 보시기에 선한 삶이란 어떤 것입니까?

그것은 오직, 선하신 한 분, 하나님의 말씀을 따르는 삶뿐입니다. 하나님의 말씀을 거역함으로 인해 슬픔과 괴로움의 인생이 됩니다.

하나님의 말씀을 불순종하기에 자녀와 부모의 관계가 어그러지고, 부부 간의 사랑은 사라지고, 갈수록 서로를 대적하게 됩니다. 하나님께서 가정이라는 공동체를 주시고, 그 안에서 배우게 하려 하셨던 모든 것들이 무너지며 점점 더 하나님과 멀어지게 됩니다.

남편들이여!

그대들이 하나님의 말씀을 거역하여 하나님께서 허락하신 아내 외에 더 예쁘고, 더 날씬하고, 더 매력적인 여성을 눈으로 바라보고 마음으로 원하며 생각으로 범하면 범할수록 아내에 대한 매력을 느끼지 못하게 될 뿐 아니라 다른 여자를 갖지 못해 안타까워하는 불쌍한 인생을 살아야 할 것입니다. 그리고 그런 더러운 그대들로 인해, 한평생 사랑받지 못하는 가엾은 아내들이 처량함과 외로움 안에 살게 될 것입니다.

왜 결혼했습니까?
왜 한평생 함께하자 약속한 것입니까?
당신을 믿고 인생을 함께하기로 한 귀한 존재를 그렇게 괴롭게 만들 거라면, 무엇 때문에 결혼을 해서 한 여자의 일생을 가엽게 만드는 것입니까?

> 아내는 자기 몸을 주장하지 못하고 오직 그 남편이 하며 남편도 그와 같이 자기 몸을 주장하지 못하고 오직 그 아내가 하나니(고전 7:4).

아내들이여!
그대들이 하나님의 말씀을 거역하여, 주님께 대하듯 남편을 존중하고 섬기는 사랑스러운 아내 되기를 거부하고 남편 머리 위에 올라서 그를 굴복시키며 지배하고 당신의 뜻대로 조종하려 할수록 남편은 자신의 자존심을 뭉개는 여자에게 매력을 느끼지 못하게 될 것이고, 당신이 강자가 되면 될수록 남편은 약자가 되며 연약한 아내를 귀히 여겨야 한다는 사실을 망각하게 될 것입니다.

> 아내들아 남편에게 복종하라 이는 주 안에서 마땅하니라(골 3:18).

> 전에 하나님께 소망을 두었던 거룩한 부녀들도 이와 같이 자기 남편에게 순종함으로 자기를 단장하였나니(벧전 3:5).

남편들이여!

그대들이 먼저 신랑에게 순종하는 신부가 되지 못한다면, 아내가 남편을 섬기고 순종하기 버거울 것입니다.

썩어 없어질 헛된 것들에 인생을 바치고, 욕심과 이기심에 악한 것들을 선택하며, 쾌락에 종이 되어 철없는 아이처럼, 본능대로 사는 짐승처럼 살아간다면 어찌 아내가 남편을 존중하며 순종하기 쉬울 수 있겠습니까?

> 남편들아 아내를 사랑하며 괴롭게 하지 말라 (골 3:19).

아내들이여!

설사 남편이 아직 부족하다 해도, 그를 무시하지 마십시오. 주님의 말씀대로 남편을 존중하고, 섬기며, 악한 것이 아니라면 순종해 주십시오.

하나님을 두려워하며, 그분께 순종하는 아내들의 선한 삶의 모습으로, 남편을 구원하시는 것이 하나님의 방법이 아니겠습니까?

> 아내들아 이와 같이 자기 남편에게 순종하라 이는 혹 말씀을 순종하지 않는 자라도 말로 말미암지 않고 그 아내의 행실로 말미암아 구원을 받게 하려 함이니 너희의 두려워하며 정결한 행실을 봄이라 (벧전 3:1-2).

> 남자는 하나님의 형상과 영광이니 그 머리를 마땅히 가리지 않거니와 여자는 남자의 영광이니라 남자가 여자에게서 난 것이 아니요 여자가 남자에게서 났으며 또 남자가 여자를 위하여 지음을 받지 아니하고 여자가 남자를 위하여 지음을 받은 것이니 (고전 11:7-9).

사람들은 말합니다.

"하나님의 말씀은 여자들의 자존심을 상하게 하는 말씀이니 들을 필요가 없습니다. 스스로 똑똑해진 이 시대에 하나님의 말씀은 구시대의 유물 같은 것이니 그저 무시하며 사십시오. 그냥 세상의 가르침을 따르십시오. 자신을 낮추라는 하나님의 말씀은 자존심 상합니다.

더 높아지십시오. 자존심을 챙기십시오. 낮은 자가 되지 마십시오. 겸손하지 마십시오. 여자들은 남자들 위에 올라서 남편들을 지배하고 가르치며 가정의 머리가 되십시오."

> 여자가 가르치는 것과 남자를 주관하는 것을 허락하지 아니하노니 오직 조용할지니라 이는 아담이 먼저 지음을 받고 하와가 그 후며 아담이 속은 것이 아니고 여자가 속아 죄에 빠졌음이라 그러나 여자들이 만일 정숙함으로써 믿음과 사랑과 거룩함에 거하면 그의 해산함으로 구원을 얻으리라(딤전 2:12-15).

남녀 간의 우월을 가리고, 편을 나누려는 것이 아닙니다. 저야말로 남녀를 통틀어 모든 자 중에 가장 간사하고 교활하고 머저리 같은 자인데, 제가 감히 누구를 낮은 자라 여기며, 저를 높이겠나이까?

다만, 시대는 변하고 사람들의 생각은 바뀌지만 하나님의 말씀은 요동치지 않는다는 것입니다. 하나님께서 정하신 창조의 질서가 있고, 피조물은 그것에 따라야 한다는 것입니다.

> 여자는 교회에서 잠잠하라 그들에게는 말하는 것을 허락함이 없나니 율법에 이른 것 같이 오직 복종할 것이요 만일 무엇을 배우려거든 집에서 자기 남편에게 물을지니 여자가 교회에서 말하는 것은 부끄러운 것이라(고전 14:34-35).

하나님께서 그분의 일에 여자를 쓰지 않으리라는 것이 아닙니다. 구약을 비롯하여 신약에도 그분께서 쓰셨던 귀한 자매들이 있습니다. 이 명령을 전한 바울 또한 자매들의 사역에 깊은 감사를 표했고, 그들을 존귀하게 여겼습니다. 하지만, 진정으로 하나님을 경외하는 여성들은 왕께서 정하신 창조 질서를 거스르는 것에 두려움을 느끼며 하나님과 사람 앞에 겸손히 행할 것입니다.

진정한 하나님의 남자들이 전멸한 안타까운 상황에, 진정으로 하나님을 경외하는 여자들이 남자들을 가르쳐야 할 상황이 있을 수 있지만, 모든 상황에서 겸손하고 조심스러운 마음으로 가르치며, 하나님께서 정하신 질서를 무너뜨리지 않으려 최선을 다할 것입니다.

> 그들로 젊은 여자들을 교훈하되 그 남편과 자녀를 사랑하며 신중하며 순전하며 집안 일을 하며 선하며 자기 남편에게 복종하게 하라 이는 하나님의 말씀이 비방을 받지 않게 하려 함이라 (딛 2:4-5).

제 말을 오해하지 마십시오. 남자가 여자에게 대접받아야 한다는 것이 아닙니다. 창조주께서 정해 주신 질서는 존재하지만, 남자에게 높아지라 말하는 것이 아닙니다. 남자들은 오히려 여자를 더욱 아껴주고 연약한 존재로 더욱 귀히 여기며 자신을 섬기는 여자에게 더욱더 감사해야 할 것입니다.

> 그러나 주 안에는 남자 없이 여자만 있지 않고 여자 없이 남자만 있지 아니하니라 이는 여자가 남자에게서 난 것 같이 남자도 여자로 말미암아 났음이라 그리고 모든 것은 하나님에게서 났느니라 (고전 11:11-12).

> 남편들아 이와 같이 지식을 따라 너희 아내와 동거하고 그를 더 연약한 그릇이요 또 생명의 은혜를 함께 이어받을 자로 알아 귀히 여기라 이는 너희 기도가 막히지 아니하게 하려 함이라 (벧전 3:7).

진정으로 사랑하는 나의 자매님들이여!

그대들의 기분을 상하게 하는 말씀을 전하는 것이 저 또한 싫습니다. 그대들의 자존심을 건드리는 말씀 전하기가 저 또한 괴롭고 고통스럽습니다. 하오나 모든 사람을 하나님께 굴복시키지 않으면 안 되기에 어쩔 수 없습니다. 감히 이 낮고 부족한 자가 그대들을 가르쳐 너무나 너무나 부끄러우나 내 정녕 사람의 칭찬을 바랄 수 없나이다. 사람의 귀를 즐겁게 해줄 수 없나이다.

사랑하는 자매님들이여!
부디, 만왕의 왕께 굴복해 주소서.
남자들이여!
그대들이 먼저 하나님의 사람으로 일어나지 못한다면, 하나님을 경외하는 여자들이 그분 말씀을 거슬러야 하는 고통을 당할 것입니다. 다른 이를 가르치면서도 스스로를 부끄러워하는 가엾은 여자들이 생겨날 것입니다.

그대들이 선한 일의 본을 보이고 하나님의 교훈과 단정함, 책망할 것 없는 바른 말을 하는 굳센 하나님의 남자가 되지 않는다면 하나님을 경외하는 여자들이 고통을 겪게 될 것입니다.

> 너는 이와 같이 젊은 남자들을 신중하도록 권면하되 범사에 네 자신이 선한 일의 본을 보이며 교훈에 부패하지 아니함과 단정함과 책망할 것이 없는 바른 말을 하게 하라 이는 대적하는 자로 하여금 부끄러워 우리를 악하다 할 것이 없게 하려 함이라(딛 2:6-8).

사랑하는 나의 형제자매여!
부디, 하나님께 순종하십시오. 그분의 말씀에 복종하십시오. 오직 선하신 분의 말씀을 따를 때 얻게 되는 것이 얼마나 아름답고 귀한지 표현할 수가 없습니다. 그 속에 얼마나 값지고 귀한 것들이 있는지 글로는 표현할 수가 없습니다.

원수를 사랑하라 하셨습니다. 내 오른뺨을 때리는 자에게 왼뺨을 내어 주고 나를 박해하는 자를 위해 기도할 때, 내 가슴 안에 얼마나 뜨겁고 벅찬 그리스도의 사랑이 흘러나오는지 모릅니다. 내게 일어나는 증오와 분노를 죽이고 나를 내려놓으며 그분 말씀을 기억하며 순종할 때, 내 안에서 나오는 그 말도 안 되는 사랑에 내 가슴이 벅차고 뜨거워집니다.

주님께서 부어 주시는 선하고 아름다운 마음으로 인해 내 안에서 이루어지는 평안과 기쁨의 하늘나라가 얼마나 나를 만족시키고, 감사와 행복을 주는지 설명할 수 없습니다.

헐벗고 굶주린 자를 위해 나누어 주고, 돌보아 주라고 하셨습니다. 내 것을 포기하더라도 그들을 위해 가진 것을 내어주고 그들을 아껴주며 돌보아 줄 때, 그리하여 그들이 기뻐하며 행복해하는 모습을 볼 때, 내 안에서 일어나는 견딜 수 없는 뜨거움과 감동을 표현할 길이 없습니다.

그분의 선하신 마음을 따르려고 애쓰며 순종할 때, 내 안에 채워지는 그분의 아름다운 사랑이 나를 얼마나 행복하게 만들어 주는지 표현하지 못합니다.

여자를 보고 음욕을 품는 것만으로도 간음한 것이라고 말씀하셨습니다. 모든 순간에 그분의 말씀을 기억하고, 모든 유혹에 순간에 내 눈과 몸, 마음과 생각까지 그분 앞에 순결히 지킬 때, 내게 일어나는 그 순결한 사랑의 감동이 얼마나 아름다운지 알지 못합니다. 음욕으로 더럽혀지지 않은 순수함으로 주님의 영혼을 대할 수 있을 뿐만 아니라 진정 내게 허락된 단 하나의 존재를 사랑할 때, 그 사랑이 얼마나 더 뜨겁고 벅차며 아름다워지는지 표현할 수 없습니다.

아내들이여 자기 남편에게 복종하기를 주께 하듯 하라 이는 남편이 아내의 머리 됨
이 그리스도께서 교회의 머리 됨과 같음이니 그가 바로 몸의 구주시니라 그러므로
교회가 그리스도에게 하듯 아내들도 범사에 자기 남편에게 복종할지니라 남편들아
아내 사랑하기를 그리스도께서 교회를 사랑하시고 그 교회를 위하여 자신을 주심
같이 하라 이와 같이 남편들도 자기 아내 사랑하기를 자기 자신과 같이 할지니 자기
아내를 사랑하는 자는 자기를 사랑하는 것이라(엡 5:22-25, 28).

아내의 기쁨은 무엇입니까?
뜨겁고 뜨겁게 불타는 남편의 사랑이 아닙니까?
아내를 바라볼 때마다 남편의 얼굴은 사랑과 행복으로 어쩔 줄 모르고, 그녀가 너무 사랑스러워 견디지 못하며, 이 세상 어떤 것보다 이 세상의 그 무엇보다, 자기의 생명보다 더, 오직 그 아내만으로 행복하고, 만족하고, 사랑과 기쁨에 넘친다면 받아내기도 벅찬 그 사랑을 받는 아내는 세상에서 가장 행복한 자가 아닙니까?

남편의 기쁨은 무엇입니까?
지극히도, 지극히도, 사랑스러운 그 아내가 아닙니까?
세상 그 무엇보다 남편을 존중하고 지극히 섬기며 그에게 순종하는 아내, 남편의 사랑만으로 행복해하며 충분하다고 여기고 그 사랑만으로 세상 다른 무엇보다 필요 없다고 여기는 진실로 사랑스러운 귀하고 소중한 아내가 아니란 말입니까?

사랑하는 자들이여!
이 비밀이 무엇입니까?
하나님의 말씀에 온전히 순종하는 이 둘의 뜨거운 사랑의 비밀은 도대체 무엇입니까?

도대체 하나님께서는 이 둘의 사랑으로 무엇을 가르치려 하셨단 말입니까?

> 그러므로 사람이 부모를 떠나 그의 아내와 합하여 그 둘이 한 육체가 될지니 <u>이 비밀이 크도다 나는 그리스도와 교회에 대하여 말하노라</u> 그러나 너희도 각각 자기의 아내 사랑하기를 자신 같이 하고 아내도 자기 남편을 존경하라(엡 5:31-33).

사랑하는 자들이여!

신랑 되신 그리스도와 신부 된 우리의 관계를 모르시겠습니까?

그분의 신부 된 우리가 그분께 드려야 할 것이 무엇인지 깨닫지 못하시겠습니까?

우리가 오직 그분을 사랑하고, 그분의 선하심을 따르며, 그분께 순종할 때, 그분께서 우리를 보며 사랑스러워 견디지 못하심을 모르시겠습니까?

오른뺨을 맞은 그대가 그분을 위해 왼뺨을 돌려댈 때 그분께서 미어지는 가슴으로 그 아픔을 참아내시며, 터질듯한 가슴으로 당신을 사랑하시며, 하늘에서 만날 그날을 애절함으로 기다리시는 그 아픈 사랑을 모르시겠습니까?

> 너의 하나님 여호와가 너의 가운데에 계시니 그는 구원을 베푸실 전능자이시라 그가 너로 말미암아 기쁨을 이기지 못하시며 너를 잠잠히 사랑하시며 너로 말미암아 즐거이 부르며 기뻐하시리라 하리라(습 3:17).

정녕 하나님께 사랑받는 자가 되고 싶으십니까?

그분께서 보시고 정녕 기쁨을 이기지 못할 사랑스러운 신부가 되고 싶으십니까?

죽기까지 순종하십시오. 피 흘리기까지 죄와 싸우십시오. 신랑되신 분의 말씀을 거스르는 당신의 모든 정욕과 감정을 십자가에 못 박으십시오!

자기 자신의 본능보다, 감정보다, 욕구보다, 자신의 모든 생명보다 오직 주님의 말씀을 더 소중히 여기고 지키려 애쓰며 피 흘리는 자를 보실 때 그분께서 심장이 찢어지는 고통을 견디시며 우리를 사랑스럽게 보실 테니 말입니다.

'나의 작은 아이야, 죄로 태어난 연약한 너의 육신을 입고도 나를 위해 피 흘리는구나!

나를 향한 사랑으로 너의 모든 것을 죽이며 희생하는구나!

오, 나의 눈동자보다 귀한 나의 사랑이여!

조금만 기다려라. 내가 곧 갈 것이다. 너에게 썩지 않을 새 몸을 줄 것이고, 영원한 생명을 줄 것이며, 영원한 기쁨, 영원한 행복, 영원한 나라에서 끝없는 사랑과 환희 날들이 올 것이다.

오, 사랑스러운 나의 신부여!

조금만 기다리거라. 나를 향한 너의 사랑이 내 심장을 울리는구나!'

> 너희에게 인내가 필요함은 너희가 하나님의 뜻을 행한 후에 약속을 받기 위함이라 잠시 잠깐 후면 오실 이가 오시리니 지체하지 아니하시리라 (히 10:36-37).

신랑께서 그의 신부를 구원하실 때, 신부의 성적표 따위는 필요치 않을 것입니다. 하지만 신부의 사랑이 얼마나 진실한지 그분은 분명히 아실 것입니다. 그리고 신부의 사랑이 정녕 진실하고 순결한 것이라면 사랑스러워 견딜 수 없는 신부의 모든 부족함을 그리스도의 보혈로 덮으며 모든 것에 완벽하고 모든 것에 순결하며 모든 것에 거룩하다 여기실 것입니다.

사랑하는 이들이시여!

그분의 선하심을 믿어주시겠습니까?

순종 안에 창조주께서 주시는 참 기쁨이 있음을 믿어주시겠습니까?

그분께 순종하며 나아갈 때, 진정 이 땅에서부터 천국이 이뤄짐을 믿어보시겠습니까?

진정 선하고 선하신 하나님을 온전히 신뢰하기에, 온전히 충성하기에, 모든 것에 감사하는 자들의 행복한 삶을 어떤 언어로 전달 할 수 있겠습니까?

> 범사에 감사하라 이것이 그리스도 예수 안에서 너희를 향하신 하나님의 뜻이니라(살전 5:18).

길을 가다 넘어져 무릎에 피가 흘러도, 감사할 수 있음에 행복해하며 눈물을 흘리는 자들의 기쁨과 평안밖에 없는 삶을, 도대체 어떤 언어로 느끼게 할 수 있겠습니까?

내 주께서는 선하십니다. 제게 허락되는 모든 것이 저에게 선한 것입니다. 비록 그것이 내 마음이, 내 감정이, 내 육신이 바라는 것과 반대되는 것일지라도 그분께서 모든 것을 다 합하여 결국에 선한 것을 만드시리라는 온전한 신뢰는 제가 고문을 받다 죽어야 하는 상황에 처한다 해도 감사하게 만들 것입니다.

주님께서 우리에게 순종을 요구하신 목적은 다른 것이 아닙니다. 이 땅에서 고행길을 걷다가 천국에 와서 편히 쉬라는 마음이 아니십니다. 그 순종 안에 가장 선하고 아름다우며 진정으로 값진 주님의 기쁨과 행복이 있기에 그것을 너무 주시고 싶은 아버지의 마음으로 우리에게 순종을 요구하십니다.

인간이 채워도 채워도 채워지지 않는 갈증을 반복하는 것은 하나님께서 주신 선한 것을 악하게 사용하기 때문이고, 인간이 불평과 불만, 원망과 짜증, 미움과 외로움에 살게 되는 것은 하나님께서 주신 선한 말씀을 멸시하며 짓밟고 살기 때문입니다.

> 사람이 흑암과 사망의 그늘에 앉으며 곤고와 쇠사슬에 매임은 하나님의 말씀을 거역하며 지존자의 뜻을 멸시함이라(시 107:10-11).

하나님께서는 잠시 기뻤다가 금세 말라버리는 세상의 기쁨이 아닌, 영원히 마르지 않는 천국의 기쁨을 주시고픈 마음에 순종을 요구하십니다.

가장 선하고, 귀하며, 값지고, 아름다운 것들을 주고 싶은 아버지의 마음으로 인해 우리의 순종을 원하십니다.

사랑하는 자들이여!

그분께 순종하는 것이 우리 삶의 이유이고 목적입니다. 순결한 마음으로 신랑을 사랑하며 그의 선하신 말씀을 따르는 것이 신부의 삶의 이유이며 목적입니다.

세상 사람들의 인생의 목적은 그저 이 땅에서 잘 먹고 잘 사는 것뿐입니다. 입에 음식이나 잘 넣고 배나 가득히 채우며 생명이나 유지하는 것이 그들의 목적이지만, 그리스도인들의 존재 목적은 그들과 다릅니다.

음식으로 배나 채우며 생명을 유지하며 사는 게 우리의 목적이 아니라 나를 지으신 분의 존재를 깨닫고, 그분의 말씀으로 살아가는 법을 배우는 자들입니다.

사랑하는 자들이여!

기독교는 인간의 욕심을 채우는 종교가 아닙니다. 하나님을 알아가고 그리스도의 선하심을 배워가는 거룩한 사람들의 공동체입니다. 우리가 이 세상이라는 광야 생활을 하는 단 하나의 이유는 하나님을 배우기 위함입니다. 우리에게 주어지는 모든 환경과 상황은 주님의 말씀을 배우고 따르는 도구일 뿐입니다.

가족이건, 인간 관계건, 돈이건, 고난이건, 행복이건, 직장이건, 어렵고 곤란한 우리 삶의 모든 상황과 환경은 인간이 떡으로만 사는 것이 아니라 세상을 초월해 하나님의 말씀을 신뢰하는 법을 배우기 위한 것일 뿐입니다.

> 네 하나님 여호와께서 이 사십 년 동안에 네게 광야 길을 걷게 하신 것을 기억하라 이는 너를 낮추시며 너를 시험하사 네 마음이 어떠한지 그 명령을 지키는지 지키지 않는지 알려 하심이라 너를 낮추시며 너를 주리게 하시며 또 너도 알지 못하며 네 조상들도 알지 못하던 만나를 네게 먹이신 것은 사람이 떡으로만 사는 것이 아니요 여호와의 입에서 나오는 모든 말씀으로 사는 줄을 네가 알게 하려 하심이니라 (신 8:2-3).

하나님을 잊은 세대여!

하나님의 말씀을 멸시하면서도 깨닫지 못하는 세대여!

남자들은 음란에 미쳐 신이 났고, 여자들은 남자들의 머리 위에 올라서서 신이 났고, 자녀들은 부모를 무시하는 것이 일상이며, 사람들은 돈과 탐심에, 노는 것에 미쳐 살고, 비난과 미움이 취미이고, 원수 갚는 것이 특기이며, 하나님의 진노를 불러일으키면서도 깨닫지 못하는 세대여!

내가 불렀으나 너희가 듣기 싫어하였고 내가 손을 폈으나 돌아보는 자가 없었고 도리어 나의 모든 교훈을 멸시하며 나의 책망을 받지 아니하였은즉 너희가 재앙을 만날 때에 내가 웃을 것이며 너희에게 두려움이 임할 때에 내가 비웃으리라 너희의 두려움이 광풍 같이 임하겠고 너희의 재앙이 폭풍 같이 이르겠고 너희에게 근심과 슬픔이 임하리니 그 때에 너희가 나를 부르리라 그래도 내가 대답하지 아니하겠고 부지런히 나를 찾으리라 그래도 나를 만나지 못하리니 <u>대저 너희가 지식을 미워하며 여호와 경외하기를 즐거워하지 아니하며 나의 교훈을 받지 아니하고 나의 모든 책망을 업신여겼음이니라</u> 그러므로 자기 행위의 열매를 먹으며 자기 꾀에 배부르리라 어리석은 자의 퇴보는 자기를 죽이며 <u>미련한 자의 안일은 자기를 멸망시키려니와</u> 오직 내 말을 듣는 자는 평안히 살며 재앙의 두려움이 없이 안전하리라(잠 1:24-33).

헐벗은 자를 긍휼히 여기고, 내 몸 같이 아껴주라는 말씀은 들은 척도 않는 세대여!

다른 이를 용서하고 원수마저 사랑하라는 말씀은 개밥통에나 던져버리는 세대여!

하나님의 말씀은 똥통에나 처박아 넣고도 깨닫지 못하는 세대여!

그리스도의 보혈이 그대들에게 미칠 것이라 착각하지 마십시오. 그분의 보혈은 그분과 그분의 말씀을 귀하고 소중하게 여기는 자들의 죄를 씻어 줄 것입니다.

육신의 연약함으로 인해 그분이 보시기에는 부족함이 넘치는 삶일지 몰라도, 진실로 그분을 사랑하며 죽기까지 그분을 따르려는 진실한 사랑을 지닌 자들의 죄를 씻어주실 것입니다.

하나님을 아는 지식을 하찮게 여기고, 하나님 경외하기를 즐거워하지 아니하며, 하나님의 모든 교훈과 책망을 업신여긴 자들이여, 그대들이 갈 곳은 멸망의 지옥뿐입니다.

주여! 주여! 하는 자마다 천국에 들어가지 못할 것이라는 말씀을 무시하지 마십시오. 그 말씀은 그런 뜻이 아니라 말하며 속이는 자들을 따라 멸망으로 빠지지 마십시오. 하나님은 그분의 말씀을 소중히 여기는 자를 소중히 여기시고, 그분의 뜻을 무시한 자들에게는 돌이킬 수 없는 형벌을 내리실 것입니다.

진심으로 사랑하는 형제, 자매들이여!
제가 당신들에게 해 줄 수 있는 최고의 일은 예수님의 가르침과 사도들의 가르침을 되새기는 것 외에는 없습니다. 그대들이 보지 않고, 듣고도 멸시하는 예수님의 말씀, 사도들의 가르침, 하나님의 음성에 두려워 떠는 자들이 되라고 말하는 것 외에는 없습니다.

주께서 경건한 자는 시험에서 건지실 줄 아시고 불의한 자는 형벌 아래에 두어 심판 날까지 지키시며 특별히 육체를 따라 더러운 정욕 가운데서 행하며 주관하는 이를 멸시하는 자들에게는 형벌할 줄 아시느니라 이들은 당돌하고 자긍하며 떨지 않고 영광 있는 자들을 비방하거니와 … 불의의 값으로 불의를 당하며 낮에 즐기고 노는 것을 기쁘게 여기는 자들이니 점과 흠이라 너희와 함께 연회할 때에 그들의 속임수로 즐기고 놀며 음심이 가득한 눈을 가지고 범죄하기를 그치지 아니하고 굳세지 못한 영혼들을 유혹하며 탐욕에 연단된 마음을 가진 자들이니 저주의 자식이라 … 그들이 허탄한 자랑의 말을 토하며 그릇되게 행하는 사람들에게서 겨우 피한 자들을 음란으로써 육체의 정욕 중에서 유혹하는도다 그들에게 자유를 준다 하여도 자신들은 멸망의 종들이니 누구든지 진 자는 이긴 자의 종이 됨이라 <u>만일 그들이 우리 주 되신 구주 예수 그리스도를 앎으로 세상의 더러움을 피한 후에 다시 그 중에 얽매이고 지면 그 나중 형편이 처음보다 더 심하리니</u> (벧후 2:9-20).

이제 나는 주님의 이름으로 여러분에게 강하게 권고합니다. 믿지 않는 사람들처럼 생각하고 행동하지 마십시오. 그들은 깨닫지 못하고 듣기도 거부하니 결코 이런 것을 알 수 없습니다. 그들에게는 하나님의 생명이 없습니다. 그들은 부끄러워할 줄도 몰라서 악한 일을 일삼고 점점 더 방탕으로 빠져들고 있습니다.

그러나 여러분은 그리스도에 관해 그렇게 배우지 않았습니다. 나는 여러분이 진정 그분의 말씀을 들었고, 또 배웠으므로 진리되신 그분 안에 살고 있다고 확신합니다. 옛 모습을 벗어 버리십시오. 옛 사람은 한없는 욕망으로 점점 더 눈이 어두워져 점점 악하고 더러운 모습이 될 뿐입니다.

여러분은 마음을 새롭게 하라는 가르침을 들었습니다. 이제는 새 사람이 되어 하나님께서 사랑하시는 자답게 선하고 거룩하게 살아가십시오. 여러분은 하나님이 사랑하는 자녀입니다. 그러므로 하나님을 닮으려고 노력하십시오.

그리스도께서 우리를 사랑하신 것처럼 다른 사람을 사랑하며 사십시오. 그리스도께서는 우리를 위해 자신을 내어주시어 하나님 앞에 향기로운 희생제물이 되셨습니다.

성적인 죄를 짓지 않도록 조심하십시오. 어떤 종류의 악이나 탐욕도 틈타지 못하게 하십시오. 이런 것들은 하나님의 거룩한 백성에게 적합하지 않습니다. 더러운 말이나 저속한 농담을 입에 담지 말며, 늘 입에 감사가 넘치게 하십시오. 음란하고 더러우며 욕심에 가득 찬 자는 하나님 나라에 들어갈 수 없음을 알고 있을 것입니다. 이 모든 것에 관심을 두는 것은 하나님 이외의 거짓 우상을 섬기는 것과 같습니다.

이런 거짓된 말로 여러분을 꾀는 자들에게 속아 넘어가지 않도록 주의하십시오. 하나님께서는 불순종하는 자들에게 무서운 벌을 내리실 것입니다. 그러므로 이들과 어울리지 말기 바랍니다.

전에는 여러분도 어둠 가운데 있었으나, 이제는 주님 안에서 빛 가운데 살아갑니다. 그러므로 빛의 자녀답게 사십시오. 빛은 선하고 의로우며, 진실된 삶으로 인도합니다. 하나님을 기쁘시게 하는 일이 무엇일지 생각하십시오. 어둠에 속한 자들처럼 행동하지 않도록 주의하십시오. 그런 것은 아무 유익도 없습니다. 오직 선한 일을 하여 어둠 속에서 행하는 것이 잘못된 것임을 알리십시오. 그러므로 여러분은 자신의 생활을 늘 살피십시오. 어리석은 자처럼 살지 말고, 지혜롭게 행동하십시오.

때가 악하니 가능하면 선한 일을 할 수 있는 기회를 잘 붙드시기 바랍니다. 분별없이 어리석은 자가 되지 말고, 주님이 원하시는 것이 무엇인지 배우도록 노력하십시오. 술 취하지 마십시오. 여러분의 영적인 삶을 갉아먹을 것입니다. 성령으로 충만해지도록 힘쓰십시오(엡 4:17-24; 5:1-18, 쉬운성경).

사랑하는 자들이여!

이제 더할 것이 없습니다. 우리를 진심으로 사랑하고 걱정했던 모든 사도가 애타는 편지를 남겼고, 하나님께서 그것을 보존해 주셨습니다. 부디, 사도들의 가르침을 배우고 듣고 행하는 자가 되십시오. 하나님께서는 인간의 모든 생각, 잠시 잠깐, 순간의 몸짓 하나까지 보고 계시며, 그분께 순종하는 자들을 어여삐 보시며, 그들과 함께해 주실 것입니다.

> 너희는 내게 배우고 받고 듣고 본 바를 행하라 그리하면 평강의 하나님이 너희와 함께 계시리라(빌 4:9).

그분의 말씀은 다른 것이 아닙니다. 오직 사랑입니다. 그 사랑이라는 그분의 명령을 위해 굳은 각오와 결심이 필요할 것입니다. 다른 이를 사랑해 준다는 것은 그를 섬기는 것이고, 섬김에는 수고와 헌신이 따를 수밖에 없습니다.

당신이 진정 누군가를 사랑한다면, 사랑하는 이의 필요를 채워 주기 위해, 그의 마음을 기쁘게 하기 위해, 그의 미소와 행복한 얼굴을 보기 위해, 한 번 더 땀 흘리며 움직일 것이고 한 번 더 수고하며 헌신하게 될 것입니다.

본능적으로 편안함과 안락함을 사랑하는 인간들은 한 번이라도 덜 움직이고, 한 번이라도 덜 수고하기 위해 수많은 기술을 발전시키지만, 수고와 헌신을 각오하지 않는다면 그대에게 예수의 섬김은 나타날 수 없을 것이고, 사랑하라는 그리스도의 명령은 지켜지지 않을 것입니다.

> 저녁 잡수시던 자리에서 일어나 겉옷을 벗고 수건을 가져다가 허리에 두르시고 이에 대야에 물을 떠서 제자들의 발을 씻으시고 그 두르신 수건으로 닦기를 시작하여 … 그들의 발을 씻으신 후에 옷을 입으시고 다시 앉아 그들에게 이르시되 내가 너희에게 행한 것을 너희가 아느냐 너희가 나를 선생이라 또는 주라 하니 너희 말이 옳도다 내가 그러하다 내가 주와 또는 선생이 되어 너희 발을 씻었으니 너희도 서로 발을 씻어 주는 것이 옳으니라 내가 너희에게 행한 것 같이 너희도 행하게 하려 하여 본을 보였노라(요 13:12-15).

사랑하는 자들이여!

수고와 헌신으로 하나님의 말씀에 순종하십시오.

자녀들이여, 부모를 공경하고, 존중하며, 순종하십시오.

부모들이여, 자녀들을 괴롭게 하지 말고 하나님의 말씀으로 훈계하고 사랑으로 가르치십시오.

아내들이여, 남편에게 주께 하듯 섬기며 그에게 순종하십시오.

남편들이여, 아내를 연약한 그릇으로 귀히 여기고 목숨 다해 사랑하십시오.

사랑하는 자들이여!

술 취함과 방탕함, 음란함을 버리고 경건과 거룩, 순결함을 좇으십시오.

그분의 선한 마음, 순결함, 거룩함을 갈망하며 사랑을 행하십시오.

선으로 악을 갚고 원수를 사랑하며 어떤 것이든 감사하십시오.

탐심을 버리고, 있는 것에 감사하는 법을 배우며 작은 것에 기뻐하는 자가 되십시오.

굶주리고 헐벗은 자를 긍휼히 여기고 도와주며 소외되고 약한 자를 높여주십시오. 예수께서 낮아지심같이 우리 또한 낮아져 다른 이를 섬기고 희생하며, 그 모든 것에 그리스도의 사랑을 더하십시오.

> 그러므로 너희는 하나님의 택하신 거룩하고 사랑하신 자처럼 긍휼과 자비와 겸손과 온유와 오래 참음을 옷입고 누가 뉘게 혐의가 있거든 서로 용납하여 피차 용서하되 주께서 너희를 용서하신 것과 같이 너희도 그리하고 이 모든 것 위에 사랑을 더하라 이는 온전하게 매는 띠니라(골 3:12-14).

과거의 불순종을 돌이키고, 선하신 왕의 마음을 따르려는 자들이 되십시오. 당신의 회개가 진심이라는 것을, 진정 그분을 당신의 주인으로 삼았다는 진심을 선하신 그의 말씀에 순종함으로 증명하십시오. 한두 시간 잠깐의 기도 시간에 펑펑 울다가 되돌아서면 아무것도 변한 것 없는 순간적 감정의 거짓 고백을 멈추고 당신의 진심을 증명하십시오.

삶 가운데 하나님의 말씀을 기준 삼아 선과 정직을 따르고, 악과 거짓을 버리십시오. 오직 왕의 말씀에 굴복하여 순종하고, 진정 그의 통치 아래 살아가는 모습이 당신의 회개와 구원의 간절함이 진심이라는 걸 증명할 것이기 때문입니다.

기억하십시오. 우리는 언제나 그분 앞에 부족한 존재지만, 그분을 향한 우리의 중심이 거짓 없는 진실이라면, 그분께서 자비를 베풀어 주실 것입니다.

사랑하는 자들이여!

저는 지금 행위 구원을 말하는 것이 아닙니다. 순종은 예수를 주인으로 영접한 자들의 아주 기초적인 마음 자세이고, 그분의 자비를 구하는 자들의 간절한 발버둥일 뿐입니다. 왜냐하면, 그리스도를 사랑하게 되는 것조차, 그분의 자비가 아니면 불가능하기 때문입니다. 부디, 썩어 없어질 헛된 것이 아닌, 진짜 영생을 위해 인생을 거십시오. 그분을 향한 애타는 마음과 간절함을 당신의 삶 전체로 나타내십시오.

> 만일 내게로 돌아와 내 계명을 지켜 행하면 너희 쫓긴 자가 하늘 끝에 있을지라도 내가 거기서부터 그들을 모아 내 이름을 두려고 택한 곳에 돌아오게 하리라 하신 말씀을 이제 청하건대 기억하옵소서(느 1:9).

> 감사로 제사를 드리는 자가 나를 영화롭게 하나니 그 행위를 옳게 하는 자에게 내가 하나님의 구원을 보이리라(시 50:23).

> 너희는 씻으라. 스스로 정결하게 하여라. 내가 보는 앞에서 너희의 악한 행실을 버려라. 악한 일을 그치고, 옳은 일을 하는 것을 배워라. 정의를 찾아라. 억압받는 사람을 도와주어라. 고아의 송사를 변호하여 주고 과부의 송사를 변론하여 주어라. 주님께서 말씀하신다. "오너라! 우리가 서로 변론하자. 너희의 죄가 주홍빛과 같다 하여도 눈과 같이 희어질 것이며, 진홍빛과 같이 붉어도 양털과 같이 희어질 것이다"(사 1:16-18, 새번역).

> 너희는 여호와를 만날만한 때에 찾으라 가까이 계실 때에 그를 부르라 악인은 그 길을, 불의한 자는 그 생각을 버리고 여호와께로 돌아오라 그리하면 그가 긍휼히 여기

시리라 우리 하나님께로 나아오라 그가 널리 용서하시리라(사 55:6-7).

그들이 말하기를 "우리가 금식을 했는데도 주께서 보지 않으셨습니다. 우리가 스스로를 괴롭히며 기도하였는데도 주께서 알아 주지 않으셨습니다"라고 한다. 그러나 여호와께서 말씀하신다. "너희가 금식하는 날에 너희는 마음에 드는 일만 했고, 너희 일꾼들을 억눌렀다. 보아라, 금식하는 날에 다투고 싸우면서 못된 주먹이나 휘둘렀다. 그런 식으로 금식을 하면서 내가 너희 기도를 들어 줄 거라고 생각하지 마라. 그런 금식은 내가 바라는 금식이 아니다. 사람이 그런 식으로 스스로 자기 몸을 괴롭히는 것을 나는 좋아하지 않는다. 바람 앞의 풀잎처럼 머리를 숙이고 거친 베옷을 입으며, 재 위에 앉는다고 해서 내가 기뻐하는 것이 아니다. 그렇게 한다고 해서 내가 바라는 금식이 되겠느냐? 내가 바라는 금식은 너희가 부당하게 가두어 놓은 사람을 풀어 주고, 그들의 사슬을 끊어 주며, 억눌림 당하는 사람들을 풀어 주고, 그들이 하는 고된 일을 쉽게 해 주는 것이다. 너희 음식을 굶주린 사람에게 나누어 주고, 가난하고 집 없는 사람을 너희 집에 들이며, 헐벗은 사람을 보면 그에게 너희 옷을 주고, 기꺼이 너희 친척을 돕는 것이 내가 바라는 것이다." 그러면 너희 빛이 새벽 햇살처럼 빛날 것이며, 너희 상처가 쉽게 나을 것이다. 너를 의롭다 하시는 분이 네 앞에 가시며, 여호와의 영광이 뒤에서 너희를 지켜 주실 것이다. 그 때에 너희가 여호와를 부르면 여호와께서 대답하실 것이다. 너희가 부르짖으면 여호와께서 "내가 여기에 있다"고 말씀하실 것이다. <u>남을 고통스럽게 하지 말고, 남을 향해 거친 말과 손가락질을 하지 마라. 굶주린 사람에게 먹을 것을 주고, 고통 가운데 있는 사람을 도와 주어라. 그러면 너희 빛이 어둠 가운데서 빛나며, 대낮같이 밝을 것이다</u> (사 58:3-10, 쉬운 성경).

그러나 악인이 만일 그 행한 모든 죄에서 돌이켜 떠나 내 모든 율례를 지키고 법과 의를 행하면 정녕 살고 죽지 아니할 것이라(겔 18:21).

나 주 하나님의 말이다. 그러므로 이스라엘 족속아, 나는 너희 각 사람이 한 일에 따라서 너희를 심판하겠다. 너희는 회개하고, 너희의 모든 범죄에서 떠나 돌이켜라. 그렇게 하면, 죄가 장애물이 되어 너희를 넘어뜨리는 일이 없을 것이다. 너희는, 너희가 지은 죄를 모두 너희 자신에게서 떨쳐내 버리고, 마음과 영을 새롭게 하여라. 이스라엘 족속아, 너희가 왜 죽고자 하느냐?(겔 18:30-31, 새번역).

너 사람아, 네 민족의 자손 모두에게 전하여라. 의인이라고 해도 죄를 짓는 날에는 과거의 의가 그를 구원하지 못하고, 악인이라고 해도 자신의 죄악에서 떠나 돌이키는 날에는 과거의 악이 그를 넘어뜨리지 못한 다고 하여라. 그러므로 의인도 범죄하는 날에는 과거에 의로웠다는 것 때문에 살 수는 없다. 내가 의인에게 말하기를 '그는 반드시 살 것이다' 하였어도, 그가 자신의 의를 믿고 악한 일을 하면, 그가 행한 모든 의로운 행위를 내가 전혀 기억하지 않을 것이다. 그는 그가 범한 바로 그 죄 때문에 죽을 것이다. 그러나 내가 악인에게 말하기를 '너는 반드시 죽을 것이다' 하였어도, 그가 자기의 죄에서 떠나 돌이켜서, 법과 의를 행하여, 전당물을 돌려 주고, 탈취한 물건을 보상하여 주며, 생명으로 인도하는 규정들을 따라 살아, 악한 일을 하지 않으면, 그는 죽지 않고 반드시 살 것이다. 그가 저지른 모든 죄악을 내가 기억하지 않을 것이다. 그는 법과 의를 따라서 사는 사람이니, 반드시 살 것이다(겔 33:12-16, 새번역).

너희는 살려면 선을 구하고 악을 구하지 말지어다 만군의 하나님 여호와께서 너희의 말과 같이 너희와 함께 하시리라 너희는 악을 미워하고 선을 사랑하며 성문에서 정의를 세울지어다 만군의 하나님 여호와께서 혹시 요셉의 남은 자를 불쌍히 여기시리라(암 5:14-15).

악을 버리고 선을 행하며 화평을 찾아 따를찌어다 여호와의 눈은 의인을 향하시고 그 귀는 저희 부르짖음에 기울이시는도다(시 34:14-15).

회개에 알맞는 열매를 맺어라. 너희는 속으로 '아브라함은 우리의 조상이다' 하고 말하지 말아라. 내가 너희에게 말한다. 하나님께서는 이 돌들로도 아브라함의 자손을 만드실 수 있다. 도끼를 이미 나무 뿌리에 갖다 놓으셨다. 그러므로 좋은 열매를 맺지 않는 나무는 다 찍어서 불 속에 던지신다." 무리가 요한에게 물었다. "그러면 우리는 무엇을 해야 합니까?" 요한이 그들에게 대답하였다. "속옷을 두 벌 가진 사람은 없는 사람에게 나누어 주고, 먹을 것을 가진 사람도 그렇게 하여라." 세리들도 세례를 받으러 와서, 그에게 물었다. "선생님, 우리는 무엇을 해야 하겠습니까?" 요한은 그들에게 대답하였다. "너희에게 정해 준 것보다 더 받지 말아라." 또 군인들도 그에게 물었다. "그러면 우리들은 무엇을 해야 하겠습니까?" 요한이 그들에게 대답하였다. "아무에게도 협박하여 억지로 빼앗거나, 거짓 고소를 하여 빼앗거나, 속여서 빼앗지 말고, 너희의 봉급으로 만족하게 여겨라."(눅 3:8-14, 새번역).

그런즉 거짓을 버리고 각각 그 이웃과 더불어 참된 것을 말하라 이는 우리가 서로 지체가 됨이라 분을 내어도 죄를 짓지 말며 해가 지도록 분을 품지 말고 마귀에게 틈을 주지 말라 도둑질하는 자는 다시 도둑질하지 말고 돌이켜 가난한 자에게 구제할 수 있도록 자기 손으로 수고하여 선한 일을 하라 무릇 더러운 말은 너희 입 밖에도 내지 말고 오직 덕을 세우는 데 소용되는 대로 선한 말을 하여 듣는 자들에게 은혜를 끼치게 하라 하나님의 성령을 근심하게 하지 말라 그 안에서 너희가 구원의 날까지 인치심을 받았느니라 <u>너희는 모든 악독과 노함과 분냄과 떠드는 것과 비방하는 것을 모든 악의와 함께 버리고 서로 친절하게 하며 불쌍히 여기며 서로 용서하기를 하나님이 그리스도 안에서 너희를 용서하심과 같이 하라</u>(엡 4:25-32).

하나님을 알지 못하는 이방 사람과 같이, 색욕에 빠져서는 안됩니다. 또 이런 일에 탈선을 하거나 자기 교우를 해하거나 하지 말아야 합니다. 우리가 여러분에게 전에도 말하고 경고한 대로, 주님께서는 이런 모든 일을 징벌하시는 분이시기 때문입니다. <u>하나님께서 우리를 불러 주신 것은, 더러움에 빠져 살게 하시려는 것이 아니라,</u>

거룩함에 이르게 하시려는 것입니다. 그러므로 이 경고를 저버리는 사람은, 사람을 저버리는 것이 아니라, 여러분에게 성령을 주시는 하나님을 저버리는 것입니다(살전 4:5-8, 새번역).

그러므로 모든 더러운 것과 넘치는 악을 내버리고 너희 영혼을 능히 구원할 바 마음에 심어진 말씀을 온유함으로 받으라 너희는 말씀을 행하는 자가 되고 듣기만 하여 자신을 속이는 자가 되지 말라(약 1:21-22).

그러므로 여러분은 모든 악의와 모든 기만과 위선과 시기와 온갖 비방하는 말을 버리십시오. 갓난 아기들처럼 순수하고 신령한 젖을 그리워하십시오. 여러분은 그것을 먹고 자라서 구원에 이르러야 합니다. 사랑하는 여러분, 나는 나그네와 거류민 같은 여러분에게 권합니다. 영혼을 거슬러 싸우는 육체적 정욕을 멀리하십시오. 여러분은 이방 사람 가운데서 행실을 바르게 하십시오. 그렇게 해야 그들은 여러분더러 악을 행하는 자라고 욕하다가도, 여러분의 바른 행위를 보고 하나님께서 찾아오시는 날에 하나님께 영광을 돌릴 것입니다. 여러분은 자유인으로 사십시오. 그러나 그 자유를 악을 행하는 구실로 쓰지 말고, 하나님의 종으로 사십시오. 모든 사람을 존중하며, 믿음의 식구들을 사랑하며, 하나님을 두려워하며, 왕을 공경하십시오(벧전 2:1-17, 새번역).

마지막으로 말합니다. 여러분은 모두 한 마음을 품으며, 서로 동정하며, 서로 사랑하며, 자비로우며, 겸손하십시오. 악을 악으로 갚거나 모욕을 모욕으로 갚지 말고, 복을 빌어 주십시오. 여러분으로 하여금 복을 상속받게 하시려고, 하나님께서 여러분을 부르셨습니다. "생명을 사랑하고, 좋은 날을 보려고 하는 사람은 혀를 다스려 악한 말을 하지 못하게 하며, 입술을 닫아서 거짓말을 하지 못하게 하여라. 악에서 떠나, 선을 행하며, 평화를 추구하며, 그것을 좇아라. 주님의 눈은 의인들을 굽어보시고, 주님의 귀는 그들의 간구를 들으신다. 그러나 주님은 악을 행하는 자들에게서는 얼굴을 돌리신다(벧전 3:8-12, 새번역).

구원자의 말씀을 한낱 종이에 적힌 잉크 자국 정도로 여기는 자들이여!

그분께 자비를 얻게 하려는 선지자들의 호소가 너무 많아 차마 다 적을 수가 없습니다. 그분의 자비를 얻게 하려는 사도들의 호소가 너무 길어 차마 다 적을 수가 없습니다. 돌이키지 않는 우리를 향한 그분의 애타는 마음이 너무 많아 차마 다 기록할 수 없습니다.

사랑하는 자들이여!

부디, 선하신 분의 뜻을 따르며, 그분의 자비를 구하십시오. 그리고 절대 잊지 마십시오. 하나님께서는 선을 사랑하시는 만큼 악을 미워하십니다.

> 여호와를 경외하는 것은 악을 미워하는 것이라 나는 교만과 거만과 악한 행실과 패역한 입을 미워하느니라(잠 8:13).

> 악에서 떠나 선을 행하라 그리하면 영원히 살리니(시 37:27).

> 여호와를 사랑하는 너희여 악을 미워하라 그가 그의 성도의 영혼을 보전하사 악인의 손에서 건지시느니라(시 97:10).

> 사랑에는 거짓이 없나니 악을 미워하고 선에 속하라(롬 12:9).

> 악에서 떠나 선을 행하고 화평을 구하며 그것을 따르라(벧전 3:11).

> 사랑하는 자여 악한 것을 본받지 말고 선한 것을 본받으라 선을 행하는 자는 하나님께 속하고 악을 행하는 자는 하나님을 뵈옵지 못하였느니라(요삼 1:11).

사탄의 계략에 속지 마십시오. 그는 당신을 죄 가운데 머무르게 하려고 온갖 노력을 다할 것입니다. 말씀에 불순종하게 하고, 선이 아니라 악을 행하는 자가 되게 만들기 위해, 할 수 있는 모든 수단을 동원하여 당신을 미혹할 것입니다. 그래야만 그 죄가 당신과 하나님 사이를 갈라놓을 것이고, 거룩하신 하나님을 배우지 못할 것이기 때문입니다.

> 주님의 손이 짧아서 구원하지 못하시는 것도 아니고, 주님의 귀가 어두워서 듣지 못하시는 것도 아니다. 오직, 너희 죄악이 너희와 너희의 하나님 사이를 갈라놓았고, 너희의 죄 때문에 주님께서 너희에게서 얼굴을 돌리셔서, 너희의 말을 듣지 않으실 뿐이다(사 59:1-2, 새번역).

> 그러므로 사랑하는 자들아 너희가 이것을 바라보나니 주 앞에서 점도 없고 흠도 없이 평강 가운데서 나타나기를 힘쓰라 그러므로 사랑하는 자들아 너희가 이것을 미리 알았은즉 무법한 자들의 미혹에 이끌려 너희가 굳센 데서 떨어질까 삼가라(벧후 3:14, 17).

그러니 세상으로부터 구별되십시오!

당신의 눈과 귀, 생각과 마음, 모든 것을 하나님 앞에 거룩히 지키십시오. 세상의 문화와 사상, 오락거리, 대중매체, 각종 미디어의 내용은 지독히도 타락하여 하나님 앞에 더럽고, 역겹고, 가증하며, 추악할 뿐만 아니라, 그분의 존재를 격하하고, 모욕하기까지 하며, 보는 이로 하여금 하나님의 위엄과 거룩하심을 망각하게 만들고 있습니다. 거룩한 남은 자들이여, 부디 그분의 거룩함과 순결하심을 배우고 세상에서 구별되십시오.

나는 여호와 너희의 하나님이라 내가 거룩하니 너희도 몸을 구별하여 거룩하게 하고 땅에 기는 길짐승으로 말미암아 스스로 더럽히지 말라(레 11:44).

너희는 나에게 거룩할지어다 이는 나 여호와가 거룩하고 내가 또 너희를 나의 소유로 삼으려고 너희를 만민 중에서 구별하였음이니라(레 20:26).

내가 세상에 속하지 아니함 같이 그들도 세상에 속하지 아니하였사옵나이다 그들을 진리로 거룩하게 하옵소서 아버지의 말씀은 진리니이다 아버지께서 나를 세상에 보내신 것 같이 나도 그들을 세상에 보내었고 또 그들을 위하여 내가 나를 거룩하게 하오니 이는 그들도 진리로 거룩함을 얻게 하려 함이니이다(요 17:16-19).

기록되었으되 내가 거룩하니 너희도 거룩할지어다 하셨느니라(벧전 1:16).

죄를 버리고 악을 미워하며, 더럽고 부정한 것들에게서 멀어지십시오. 세상의 더러운 사상으로 범벅된 오락거리들로 육신의 정욕, 안목의 정욕을 채우지 마십시오. TV를 치우십시오. 컴퓨터를 치우십시오. 스마트폰을 치우십시오.

아름다운 육체를 눈으로 탐닉하고 즐거움과 정욕을 채우는 행위들이 결국 음란을 자극하고 당신을 발정난 개로 만드는 것밖에 안 된다는 걸 모르시겠습니까?

그들이 자신의 육체의 모양을 드러내며 자랑하고, 우리가 그들의 몸을 눈으로 즐기며 쾌락을 느끼는 행위들이 인간의 성적 욕구를 자극하고, 음란의 작은 씨앗을 뿌릴 뿐이라는 것을 모르시겠습니까?

그 모든 것이 결국 음행의 죄에 빠지게 만드는 사탄의 수단이라는 것을 모르시겠습니까?

> 그 때에 너희는 그 가운데서 행하여 이 세상 풍조를 따르고 공중의 권세 잡은 자를 따랐으니 곧 지금 불순종의 아들들 가운데서 역사하는 영이라(엡 2:2).

그리스도의 재림 전까지 공중의 권세를 부여받은 사탄은 세상의 풍조를 만들어갈 것입니다. 그 풍조는 모두 하나님의 거룩하심을 알지 못하게 만드는 것들 뿐입니다.

우리가 즐기는 미디어들이 하는 일이 무엇입니까?

그것들을 끼고 살며 즐기는 우리는, 무슨 사상과 가치관을 주입받습니까?

세상 문화가 하는 일은 하나님의 가치관을 거역하는 것뿐입니다. 돈을 많이 갖는 것, 비싼 물건을 많이 가지는 것을 행복이라 여기게 만들며 탐심을 부추기고, 내 누이요, 동생이요, 어머니처럼 여겨야 할 자들에게 음란을 품으라 부추기며, 육체의 쾌락과 간음을 사랑이란 이름으로 포장해 죄에 대한 감각을 무디게 하며, 예쁘고 잘생긴 것이 존귀한 것이라 여기게 하며 썩은 가치관을 심어 줍니다. 잘생기고 예쁜 이들은 왕처럼 대접받으며 존귀하다고 여김 받고, 외모가 부족한 자들은 광대처럼 재롱 피우며 스스로를 비하해 웃음을 주려 합니다.

어리석은 세대여!

주님께서 참으로 기뻐하시겠습니다. 아픈 자들에게 더한 아픔을 주고, 슬픈 자들에게 더한 슬픔을 주는 세대여, 헛된 것을 사랑하게 하고, 그것들을 우상되게 만드는 세대여, 주님께서는 사람을 외모로 보지 않으시고, 진짜 귀중한 것은 겉모습에 나타나지 않습니다.

주님을 대면하는 날, 세상이 귀하다 말하던 모든 것이 그분 앞에서 하찮은 것들로 전락할 것이고, 세상이 하찮게 여겼던 자들을 주님께서 귀히 여기실 것입니다.

세상의 기준으로 다른 이를 판단하고 대했던 자들에게 그에 합당한 형벌이 있을 것이고, 하나님의 기준으로 그분의 영혼을 소중히 여겨준 자들에게는 그에 합당한 칭찬이 있을 것입니다.

> 보라 내가 속히 오리니 내가 줄 상이 내게 있어 각 사람에게 그의 일한대로 갚아 주리라(계 22:12).

사탄이 지배하는 세상의 모든 드라마, 영화, 게임, 노래의 내용은 이 세상과 그 속에 있는 것들을 탐스럽게 보이게 만들며, 더욱 사랑하도록 부추기고 죄를 가르치고 전파하며, 하나님과 우리를 멀어지게 만드는 일을 할 뿐입니다.

이 땅을 더욱더 사랑하고, 더욱더 갈망하게 만드는 것이 그것들의 내용이며, 더 많이 가진 것이, 더 많이 누리는 것이, 나를 더욱 풍족하게 만드는 것이, 멋진 인생, 성공한 인생이라 가르치는 것이 그 내용입니다.

죄를 몰랐던 곳에 죄를 전파하고, 그 수단을 교육하는 것이 그것들의 일이고, 죄를 죄라 여기지 않게 세뇌하며, 화인 맞은 양심을 만드는 것이 그것들의 일입니다.

죄를 전파해 준 그들 덕분에 손만 잡고 자도 아이가 생기는 줄 알던 순수했던 아이들은 성관계를 넘어 성범죄를 저지를 악마의 자식들이 되었습니다. 잔인함을 모르던 이들이 잔인함을 배우고 그것을 주변에 실천하며 수많은 아이가 스스로 악마가 되기를 원하고 있습니다.

원수 마귀는 인류 역사 언제나 존재하며 일해왔고, 그 포악함과 잔인함, 음란함은 인류 역사 언제나 존재해 왔음을 압니다. 허나 지금처럼 온 세상이 이렇게 동일한 수준으로 죄악이 퍼지지는 않았습니다.

대중매체라는 유능한 죄의 전파자가 없을 당시, 악랄함과 음란함을 보지도 듣지도 못했던 자들이 존재했기에, 순수함과 순결함을 유지하며 선한 양심을 지켰던 시절이 분명히 존재했습니다. 지금은 온 세상이 죄악으로 가득 찼고, 그 끔찍한 음란과 잔인함을 재밌다며 즐깁니다.

배부르고 배에 기름이 가득 찬 지금 이 세대는, 눈으로 마음껏 죄를 즐기며, 너나 할 것 없이 음란하고 이기적이며 포악하고 잔인해져 갑니다. 죄를 보며 즐긴 만큼 죄에 대한 경계심이 얇아지고, 경계심이 얇아진 만큼 그 죄의 열매가 실제 삶에서 나타나게 됩니다.

죄를 보며 즐긴 만큼 선한 것에 대한 양심은 무뎌지고, 양심이 무뎌진 만큼 선과 악의 구분조차 모호해져 갑니다. 이제는 그리스도를 사랑한다고 하는 자들조차 악의 개념을 상실해 가는 시대가 되었습니다. 음란한 것이 음란한 줄 모르고 더러움을 느끼지 못하는 세상이 되어갑니다. 폭력적이고 잔인한 것이 끔찍한 것인 줄 모르는 세상이 되어가며, 우리 안에 지극히 거룩하신 성령의 역사가 사라진 세대가 되었습니다.

부디, 세상과 분리되어 구별되십시오. 거룩하신 그리스도의 신부들로 구별되십시오. 우리가 거룩을 향해 나아가지 않는다면 우리는 하나님을 보지 못할 것입니다.

> 모든 사람과 더불어 화평하게 지내고, 거룩하게 살기를 힘쓰십시오. 거룩해지지 않고서는, 아무도 주님을 뵙지 못할 것입니다(히 12:14, 새번역).

하나님의 고결한 속성을 모르게 만들고, 죄를 짓게 만들며, 그리스도를 향해야 할 사랑의 열정을 세상을 향하도록 하게 만드는 것이 지금 공중 권세 잡은 원수 마귀가 만들어 놓은 어둠의 세상 문화입니다.

사악한 마음이 내게서 떠날 것이니 악한 일을 내가 알지 아니하리로다(시 101:4).

너희가 선한 데 지혜롭고 악한 데 미련하기를 원하노라(롬 16:19).

형제들아 지혜에는 아이가 되지 말고 악에는 어린 아이가 되라 지혜에는 장성한 사람이 되라(고전 14:20).

음란하고 폭력적이며 잔혹하고 이기적인 모든 내용, 그리스도의 선하심과 순결하심에 반대되는 모든 내용, 거룩하다는 단어의 의미조차 알지 못하게 만드는 세상의 모든 더러운 것으로부터 당신의 눈을 지키십시오. 눈을 지키지 못하면 마음 또한 지킬 수 없습니다.

내 눈을 돌이켜 허탄한 것을 보지 말게 하시고 주의 길에서 나를 살아나게 하소서(시 119:37).

오직 공의롭게 행하는 자, 정직히 말하는 자, 토색한 재물을 가증히 여기는 자, 손을 흔들어 뇌물을 받지 아니하는 자, 귀를 막아 피 흘리려는 꾀를 듣지 아니하는 자, 눈을 감아 악을 보지 아니하는 자, 그는 높은 곳에 거하리니 견고한 바위가 그의 요새가 되며 그의 양식은 공급되고 그의 물은 끊어지지 아니하리라(사 33:15-16)

눈은 몸의 등불이니 그러므로 네 눈이 성하면 온 몸이 밝을 것이요 눈이 나쁘면 온 몸이 어두울 것이니 그러므로 네게 있는 빛이 어두우면 그 어둠이 얼마나 더하겠느냐(마 6:22-23).

불쌍한 자들이여!
불쌍한 세대여!

스크린과 미디어에 중독된 가엾은 세대여!

그대들은 세상이 주는 쾌락과 즐거움이라는 덫에 걸려 더러움을 깨닫지 못하겠지만, 설령 깨닫는다 한들 그 쾌락과 즐거움을 사랑하여 멈추길 원치 않겠지만, 만약, 죄의 더러움으로 범벅된 세상 문화에 대한 하나님의 슬픔을 알게 된다면 지금 이 세상 그 어느 곳에도 우리 눈과 귀를 둘 곳 없음을 알게 될 것입니다.

길거리 광고판 하나에도 사람들의 눈길을 끌기 위해 음란을 자극하는 이 땅에서, 진실한 그리스도의 신부들은 말씀 외에 그 눈을 지킬 곳이 없습니다.

그분의 거룩한 남은 자들은 오로지 그의 거룩한 말씀으로 더러운 세상으로부터 자신의 눈과 마음, 생각을 보호할 것이고, 주님의 뜻과 그분의 길을 분별할 것입니다.

> 악을 떠나는 것은 정직한 사람의 대로이니 자기의 길을 지키는 자는 자기의 영혼을 보전하느니라(잠 16:17).

예수 그리스도를 따르는 길에 고난은 피할 수 없는 숙명입니다. 그리고 죄와 타락, 음란과 방탕에 극에 달한 이 세대에게 거룩은 고통 그 자체일 것입니다.

거룩을 위해 죄가 주는 달콤함을 멈추는 것이 바로 극한의 고통이자 고난일 것입니다. 죄가 즐거움이고, 죄가 문화 자체이며, 심지어 죄를 인생의 목표로 여기며 사는 이 세대에게 예수님의 길은 좁고 협착한 정도가 아니라 바늘구멍같이 작게 느껴질 것입니다.

담배를 피우지 않는 사람이 담배 끊는 일은 너무나 쉽습니다. 술을 마셔 보지 않은 사람에게 술을 끊는 것은 너무나 가벼운 일입니다. 하지만 담배 맛을 아는 자에게 담배 끊는 것은 고통스러운 일이고, 술의 맛, 취기의 즐거움을 아는 사람이 술을 끊기란 너무나 힘겨운 일입니다. 죄 또한 마찬가지입니다. 차라리 죄를 맛보지 않는 자들의 세대가 복됩니다.

죄의 달콤함을 맛보지 않은 자들에게 죄 끊어내기는 그나마 수월하지만, 죄가 주는 쾌락에 빠져본 자들에게 죄 끊기란 고통과 고난일 수밖에 없습니다.

손만 잡고 자도 아이가 생기는 줄 알았던 순수했던 세대, 음란을 가까이 할 기회조차 얻기 어려웠던 시대, 정결과 순결이 너무나 당연한 상식일 뿐 아니라 그것을 지키지 않으며 도리어 지탄을 받던 세대에게 순결함과 깨끗함을 지키는 일은 그나마 수월한 일이지만, 지금같이 어릴 때부터 음란과 음행의 맛을 즐기고, 이 자체가 상식이고 당연한 문화이며, 그 쾌락을 목적으로 여기며 사는 이 세대에게 예수님의 말씀을 따른다는 것은 살을 찢는 듯한 인내와 고난이 필요할 것입니다.

화려한 변화가, 수많은 네온사인 사이, 음란과 유흥, 환락의 쾌락에 찌들어버린 세대에게 낮과 같이 단정히 행하고, 방탕과 술 취함, 음란과 호색을 멈추는 일은 그런 것을 누려보지 못했던 세대보다 훨씬 더 고통스러울 것입니다.

> 낮에와 같이 단정히 행하고 방탕하거나 술 취하지 말며 음란하거나 호색하지 말며 다투거나 시기하지 말고 오직 주 예수 그리스도로 옷 입고 정욕을 위하여 육신의 일을 도모하지 말라(롬 13:13-14).

애초에 악하고 더러운 육신의 소욕을 거슬러야 하는 이 길은 좁고 협착했지만, 타락이 극에 달한 이 세대에게 이 길은 좁고 협착한 정도가 아니라 바늘구멍 수준입니다.

예수를 믿는 모든 자에게 그리스도의 길, 십자가의 길, 고난의 길은 피할 수 없는 길이고, 죄의 쾌락과 달콤함에 찌든 이 세대의 고난은, 중독된 그 죄를 멈추고, 하나님의 거룩을 향해 걸어가는 것 그 자체일 것입니다.

기억하십시오. 죄로 더럽혀질수록 거룩하신 분의 마음에 닿을 수 없고, 그분의 성령님은 우리 안에서 역사하지 못하십니다. 세상의 온갖 더러운 죄로 인해 우리 안에 계시는 성령께서 근심하시고 소멸하십니다.

> 하나님의 성령을 근심하게 하지 말라 그 안에서 너희가 구원의 날까지 인치심을 받았느니라(엡 4:30).

> 성령을 소멸하지 말며(살전 5:19).

성령이 소멸하지 않을 것이라는 착각을 버리십시오. 성령님은 그분의 말씀을 소중히 여기는 자에게서는 영원히 떠나지 않으며 함께 계실 것이지만, 그분께 불순종하고 거역하면서도 죄책감조차 느끼지 않는 자들, 온갖 더러운 죄로 그분의 전을 더럽히면서도 무감각한 자들 안에는 머무실 수 없습니다.

> 나를 주 앞에서 쫓아내지 마시며 주의 성령을 내게서 거두지 마소서(시 51:11).

> 내가 이르노니 너희는 성령을 따라 행하라 그리하면 육체의 욕심을 이루지 아니하리라 육체의 소욕은 성령을 거스르고 성령은 육체를 거스르나니 이 둘이 서로 대적함으로 너희가 원하는 것을 하지 못하게 하려 함이니라(갈 5:16-17).

제발, 하나님의 말씀을 하찮은 글자 따위로 여기지 마십시오. 그리스도의 피의 은혜를 입은 자는 그분께서 핏값 주고 사신 바 되었고, 이제 당신의 몸은 하나님의 성령님께서 거하실 거룩한 성전입니다.

> 여러분은 하나님의 성전이며, 하나님의 성령이 여러분 안에 거하신다는 것을 알지 못합니까? 누구든지 하나님의 성전을 파괴하면, 하나님께서도 그 사람을 멸하실 것입니다. 하나님의 성전은 거룩합니다. 여러분은 하나님의 성전입니다(고전 3:16-17, 새번역).

> 너희 몸은 너희가 하나님께로부터 받은 바 너희 가운데 계신 성령의 전인 줄을 알지 못하느냐 너희는 너희 자신의 것이 아니라 값으로 산 것이 되었으니 그런즉 너희 몸으로 하나님께 영광을 돌리라(고전 6:19-20).

성령님을 구하십시오. 성령께서는 우리에게 그리스도의 마음을 보여 주십니다. 장담하건대 인간이 그분의 지극한 선한 마음을 보게 된다면 절대 이전과 같이 살 수 없습니다. 그분의 성령은 끊임없이 기도하고, 충성되이 순종하려는 자에게 한량없이 부어질 것입니다. 바로 그리스도께서 하셨던 대로 말입니다.

> 하나님이 보내신 이는 하나님의 말씀을 하나니 이는 하나님이 성령을 한량 없이 주심이니라(요 3:34).

> 나를 보내신 이가 나와 함께 하시도다 나는 항상 그가 기뻐하시는 일을 행하므로 나를 혼자 두지 아니하셨느니라(요 8:29).

> 우리는 이 일에 증인이요 하나님이 자기에게 순종하는 사람들에게 주신 성령도 그러하니라(행 5:32).

> 무엇이든지 구하는 바를 그에게서 받나니 이는 우리가 그의 계명을 지키고 그 앞에서 기뻐하시는 것을 행함이라(요일 3:22).

하나님께서 기뻐하실 일을 하시며 순종의 본을 보이신 분이 그리스도이시고, 우리는 그분의 발자취를 따라야 합니다. 그분께서 모든 본을 우리에게 보이사, 우리 또한 그분을 따를 수 있도록 하셨습니다.

> 이를 위하여 너희가 부르심을 받았으니 그리스도도 너희를 위하여 고난을 받으사 너희에게 본을 끼쳐 그 자취를 따라오게 하려 하셨느니라(벧전 2:21).

> 그가 아들이시면서도 받으신 고난으로 순종함을 배워서 온전하게 되셨은즉 자기에게 순종하는 모든 자에게 영원한 구원의 근원이 되시고(히 5:8-9).

순종으로 성령을 받고, 받은 성령으로 더욱 순종케 되는 선순환이 일어날 것입니다. 그 선순환으로 인해서, 순종하는 자는 더욱 순종하게 될 것이고, 불순종하는 자는 가지고 있던 선한 것마저 빼앗기게 될 것입니다.

> 가진 사람에게는 더 주어서 넘치게 하고, 갖지 못한 사람에게서는 있는 것마저 빼앗을 것이다(마 25:29, 새번역).

> 선한 사람은 마음에 쌓은 선에서 선을 내고 악한 자는 그 쌓은 악에서 악을 내나니 이는 마음에 가득한 것을 입으로 말함이니라(눅 6:45).

사랑하는 자들이여!
하나님께 순종하기 너무나 버겁습니까?

오랜 기간 죄에 길든 더러운 습관과 연약함으로, 그의 선하심과 순결함 따르기가 버겁습니까?

사랑하는 나의 형제여!

내 어찌 당신의 괴로움을 모르겠나이까?

정녕, 오랜 기간 극한의 더러움을, 세상 가장 즐거운 쾌락이라 여기며 살아오던 자가, 바로 저인데 말입니다.

나의 사랑하는 형제여!

어찌하여 그리스도께서 그 모든 고통을 당하시고 죽으셨겠습니까?

당신과 나 같은 연약하고 가엾은 죄인을 구하러 오신 것이 아니겠나이까?

진심으로 내 심장 같은 나의 사랑하는 자들이시여!

저는 진정 겸손한 자가 아닙니다. 겸손한 척 보이고 싶지 않습니다.

내 진실로 진실로, 그대들 모두보다 연약합니다. 그 누구보다 부족하고 그 누구보다 모자랐으며 그 누구보다 죄인 중에 괴수였습니다. 내 진정 세상 누구보다 가장 더러운 자였고, 지금도 그러하다는 고백이 단순한 겸손이 아닌 진실이었음이 마지막 날, 온 천하에 드러나게 될 것입니다.

그리고, 제가 받은 구원의 모든 영광은 티끌 하나 빠짐없이, 오직 나의 그리스도께서만 온전히 받으실 것입니다.

사랑하는 자들이여!

이 끔찍이도 더러운 자가 할 수 있었던 것이라고 단 하나뿐입니다. 매일 눈물로 침대를 적시는 것, 매일 유일한 구원자를 부르짖고 것, 이 지독히도 추악한 자가 할 수 있는 것이라곤 불쌍히 여겨달라 눈물로 그분을 부여잡는 것 말고는 없었습니다. 그리고 매일 울며 슬퍼하는 똥통에 빠져 허우적거리는 더러운 뱀 같은 저에게, 뱃속에 오물이 가득 차 괴로워하며 눈물 흘리는 뱀 한 마리 같은 저에게 그분께서 오셨습니다.

그분은 자진하여 나무에 오르셨고 나를 대신하여 나무에 달려 뱀이 되셨습니다. 저 대신 추악한 뱀이 되셨고 제가 받아야 할 하나님의 모든 진노를 대신 받으셨습니다. 그분의 뜨겁고도 뜨거운 보배로운 피로 저를 씻기시고 그분의 옷으로 저를 덮으셨습니다.

진심으로 내 눈동자 같은 자들이여, 피 흘리는 마음으로 전합니다.

부디, 부디 간절한 마음으로 그리스도를 부르짖고 그의 옷자락을 향해 손을 뻗으십시오.

피조물들이여!

두렵고 위대하며 거룩하신 분의 피조물들이여!

그분 앞에 인간 따위의 더러움을 깨닫지 못하며 교만에 빠진 피조물들이여!

지극히 광대하신 분 앞에, 교만이 어떤 것인지도 느끼지 못하는 피조물들이여!

부디 코를 바닥에 박고 납작 엎드리고, 거룩하신 이를 경외함으로 울부짖으십시오. 그렇게 울며 슬퍼하고 그분 앞에 지극히 낮은 자가 되었을 때 그분께서 당신을 높여 주실 것입니다.

> 슬퍼하며 애통하며 울지어다 너희 웃음을 애통으로, 너희 즐거움을 근심으로 바꿀지어다 주 앞에서 낮추라 그리하면 주께서 너희를 높이시리라 (약 4:8-10).

진심으로 사랑하는 자들이여!

간곡히 부탁드립니다. 부디, 그분의 존재를 구하고, 또 구하십시오. 우리가 죄에 무감각하고 죄로 인해 절망하지 못하는 것은 그리스도의 선하심을 보지 못하기 때문입니다. 죄를 증오하지 못하는 것은 그의 깊은 사랑과 순결함을 느껴보지 못하기 때문이나이다.

우리 따위에게 무슨 능력이 있어 우리 힘으로 죄를 떨쳐내겠습니까?
바늘로 허벅지라도 찔러대며 순간의 악함을 버린들 그것이 얼마나 가고, 그 삶이 얼마나 고역이겠습니까?
부디, 그리스도를 찾고 찾으며, 그분의 존재를 갈망하십시오. 오직 그분을 전심으로 사랑하는 자만이 죄와 싸울 힘을 얻습니다.

> 이는 주께서 심판하는 영과 소멸하는 영으로 시온의 딸들의 더러움을 씻기시며 예루살렘의 피를 그중에서 청결하게 하실 때가 됨이라(사 4:4).

주님의 성령이 빛이 죄인들 안에 비추지 않으면, 우리는 우리의 더러움을 깨달을 수 없고 죄에 대한 슬픔을 느낄 수 없습니다.
너무나도 선하신 분께서 우리가 품는 이기심과 미움만으로도 얼마나 슬퍼하시는지, 지극히도 순결하신 분께서 우리가 품는 더러운 마음만으로 얼마나 고통스러워 하시는지, 지극히도 선하신 분께서 서로를 사랑하고 소중히 여기는 마음을 얼마나 원하시는지, 지극히도 순결하신 분께서 다른 이를 귀하게 여기는 순결함을 얼마나 원하시는지를 잊지 마십시오.

> 곧 모든 불의, 추악, 탐욕, 악의가 가득한 자요 시기, 살인, 분쟁, 사기, 악독이 가득한 자요 수군수군하는 자요 비방하는 자요 하나님께서 미워하시는 자요 능욕하는 자요 교만한 자요 자랑하는 자요 악을 도모하는 자요 부모를 거역하는 자요 우매한 자요 배약하는 자요 무정한 자요 무자비한 자라 … 그러므로 남을 판단하는 사람아, 누구를 막론하고 네가 핑계하지 못할 것은 남을 판단하는 것으로 네가 너를 정죄함이니 판단하는 네가 같은 일을 행함이니라 이런 일을 행하는 자에게 하나님의 심판이 진리대로 되는 줄 우리가 아노라(롬 1:29-2:2).

오, 가엾은 나여!

오, 마음에 온갖 더러움밖에 없는 가엾은 나여!
뉴스에 나오는 살인자를 탓할 게 무엇인가?
세상이 비난하는 저 도적떼를 탓할 게 무엇인가?
내 마음은 하루에도 수십 번 증오의 살인을 저지르고, 하루에도 수십 번 심과 이기심 속에서 허덕이고 남의 잘못을 비방하고 수군수군거리고, 시기, 질투에 내 체면과 이익을 위해서 간사한 말들을 서슴지 않고, 음란하고 잘난체하며 교만하고 남이 부러워할 것들을 자랑질하며 불의와 추악과 악의의 교만으로 가득 찬 나여!

> 그들이 묻기를 마지 아니하는지라 이에 일어나 이르시되 너희 중에 죄 없는 자가 먼저 돌로 치라 하시고(요 8:7).

오, 가엾은 세대여!
오, 교만의 세대여!
오, 비난과 정죄에 빠진 세대여!
다른 이의 사소한 범법에도 칼날 같은 눈빛을 흘리고, 세상에 퍼지는 범죄자의 소식에 비난과 정죄, 저주를 서슴지 않는 세대여!
우리 안의 미움의 살인은 어찌하고, 우리 안의 음란의 간음은 어찌하고, 우리 안에 교만과 탐심, 비난과 비방, 이기심과 시기, 질투, 사랑 없음은 어찌하고 다른 이의 범죄를 보며 우리 자신은 떳떳하다고 여긴단 말인가!

오, 가엾은 세대여!
어찌하면 주 앞에 낮아지겠는가!
어찌하면 티끌 한 점 없이 선하신 이 앞에 우리의 죄인됨을 깨닫겠는가!

> 바리새인은 서서 따로 기도하여 이르되 하나님이여 나는 다른 사람들 곧 토색, 불의, 간음을 하는 자들과 같지 아니하고 이 세리와도 같지 아니함을 감사하나이다 … 세리는 멀리 서서 감히 눈을 들어 하늘을 쳐다보지도 못하고 다만 가슴을 치며 이르되 하나님이여 불쌍히 여기소서 나는 죄인이로소이다 하였느니라 내가 너희에게 이르노니 이에 저 바리새인이 아니고 이 사람이 의롭다 하심을 받고 그의 집으로 내려갔느니라 무릇 자기를 높이는 자는 낮아지고 자기를 낮추는 자는 높아지리라 하시니라 (눅 18:11-14).

오, 저주받은 자들이여!
스스로를 선하다, 점잖다, 겸손하다고 여기고, 자신은 세상의 악인들과 같지 않다며 스스로 으쓱해 하는 자들이여!
주변에 선행을 베풀며 그로 인한 칭찬을 즐기며, 좋은 평판을 자랑스러워하며, 그 평판으로 오는 이득을 만끽하고 다른 이의 존경어린 시선을 즐기며, 사람들이 자신을 우러러보게 하며 자기 자신을 우상 삼는 자들만큼 지존자 앞에 저주받은 이가 누구란 말인가?
죄 가운데 잉태되어 부패한 죄인으로 출생한 가련한 피조물 주제에, 오직 주님께서만 받아야 할 영광과 칭찬을 훔치고, 오직 그분만 받으셔야 할 존귀와 섬김을 도적질하면서도 스스로의 부패함을 깨닫지 못하는 자들이여!
우리 안의 끝없는 간사함을 모르고, 무한한 교활함을 느끼지 못하며, 감히 지존자 앞에 의로움을 내세우면서 자신을 깨닫지 못하는 자들이여!
그대가 병들어 있다는 사실을 모른다면, 어찌 의사가 그대를 치료한단 말인가!

> 예수께서 대답하여 이르시되 건강한 자에게는 의사가 쓸 데 없고 병든 자에게라야 쓸 데 있나니 내가 의인을 부르러 온 것이 아니요 죄인을 불러 회개시키러 왔

노라(눅 5:31-32).

오, 세상이여, 도대체 누가 이 엄청난 구원의 기쁨을 느낀단 말인가!
메시아가 오심에 기뻐 뛰며 눈물 흘릴 자가 누구란 말인가!
구원자가 오셨다는 소식에 기쁨의 감격이 너무나 거대하여 버티지 못할 자가 누구란 말인가!
오, 정녕 누가 하나님의 구원을 진정으로 감동하며 찬양하는 자 누구인가!
오, 정녕 누가 주체할 수 없는 눈물 속에서 그분의 구원에 감격할 자 누구인가!
오, 정녕 누가 자신의 유일한 생명조차도 미워질 정도로 우리 주 예수 그리스도를 사랑하게 되는 자 누구란 말인가!

> 미쁘다 모든 사람이 받을 만한 이 말이여 그리스도 예수께서 죄인을 구원하시려고 세상에 임하셨다 하였도다 죄인 중에 내가 괴수니라(딤전 1:15).

정녕 자신이 죄인 중에 괴수임을 깨달은 자가 아니란 말인가!
자기의 죄인됨을 깨닫고 영원한 고통의 형벌이 마땅함을 아는 자들이 아니란 말인가!
정녕 자신의 비참하고 비천한 처지를 깨달은 자가 진정으로 그분의 구원을 기뻐하며 찬양하지 않겠는가!

> 그들에게 이르시되 내가 진실로 너희에게 이르노니 세리들과 창녀들이 너희보다 먼저 하나님의 나라에 들어가리라(마 21:31).

하나님을 원망하는 자들이여!
악한 본성으로 태어난 것에 창조주를 원망하는 피조물들이여!

내가 행하지 않은 아담의 죄로 내 본성이 악하다며 억울함을 호소하는 자들이여!

그대가 억울할 것이 무엇입니까?

그대가 불평할 것이 무엇입니까?

그대가 행하지 않은 완전한 선행과 완전한 사랑으로 구원 받거늘, 그대 행하지 않은, 또 도저히 행할 수도 없는 오직 메시아의 온전한 희생과 순종, 그분의 완전함을 덧입어 죄 없다고 여김을 받거늘, 도대체 불평할 것이 무엇이란 말입니까?

> 그런즉 한 범죄로 많은 사람이 정죄에 이른 것 같이 한 의로운 행위로 말미암아 많은 사람이 의롭다 하심을 받아 생명에 이르렀느니라 한 사람이 순종하지 아니함으로 많은 사람이 죄인 된 것 같이 한 사람이 순종하심으로 많은 사람이 의인이 되리라(롬 5:18-19).

교만이 극에 달한 하찮은 피조물들이여!

아담의 죄는 내가 행한 것이 아니라며 억울해하는 자들이여!

그렇다면 예수께서 행하신 완전한 삶은 그대가 행한 것입니까?

그대가 행하지 않은 죄로 멸망 받는다 불평할 것이 무엇입니까?

그대가 행하지 않은 의로움으로 구원시켜 주시거늘, 정녕, 그대가 불평할 것이 무엇이란 말입니까?

> 그러면 이제 우리가 그의 피로 말미암아 의롭다 하심을 받았으니 더욱 그로 말미암아 진노하심에서 구원을 받을 것이니 곧 우리가 원수 되었을 때에 그의 아들의 죽으심으로 말미암아 하나님과 화목하게 되었은즉 화목하게 된 자로서는 더욱 그의 살아나심으로 말미암아 구원을 받을 것이니라(롬 5:9-10).

오, 자신이 피조물 따위임을 깨닫지 못하는 자들이여!

그분께서 이 땅에 독생자를 보내지 않으사 모든 인류를 지옥불에 넣으신다고 해도, 그분은 완전한 사랑이시고 완전한 공의시며 완전한 공평이십니다.

창조주 앞에 피조물의 위치를 깨닫지 못하는 자들이여!

오직 거룩하시며 광대하시며, 한 점의 티끌도 없이 완전무결하시며, 우주 그 무엇보다 영광되신 분을 권위를 깨닫지 못하는 자들이여!

우리는 냉정하게 버려져도 되는 하찮은 존재일 뿐입니다. 그분 앞에 인간 따위는 너무나 하찮아 통의 한 방울의 물 같은 존재, 아니, 그냥 없는 것과도 마찬가지인 하찮은 존재일 뿐입니다.

> 보라 그에게는 열방이 통의 한 방울 물과 같고 저울의 작은 티끌 같으며 섬들은 떠오르는 먼지 같으리니 그의 앞에는 모든 열방이 아무것도 아니라 그는 그들을 없는 것 같이, 빈 것 같이 여기시느니라(사 40:15, 17).

> 주께서 나의 날을 한 뼘 길이만큼 되게 하시매 나의 일생이 주 앞에는 없는 것 같사오니 사람은 그가 든든히 서 있는 때에도 진실로 모두가 허사뿐이니이다(시 39:5).

오, 교만한 피조물이여!

스스로의 위치를 깨닫지 못하는 자들이여!

지극히 존귀하시고, 지극히 지존하시며, 오직 홀로 높으신 분을 깨닫지 못하는 자들이여!

오, 정녕 지극히, 지극히 영광의 왕이시고, 지극히, 지극히 지존하신 전능의 왕을 깨닫지 못하는 피조물들이여!

모든 것을 초월하신 처음이자 마지막이요 모든 것의 시작과 끝되시며, 영원하신 지존자 앞에 인간 따위가 얼마나 처참한 존재인지 어찌하면 깨

달으시겠습니까?

> 그 때에 내가 말하되 화로다 나여 망하게 되었도다 나는 입술이 부정한 사람이요 나는 입술이 부정한 백성 중에 거주하면서 만군의 여호와이신 왕을 뵈었음이로다 하였더라(사 6:5).

> 그러므로 나만 홀로 있어서 이 큰 환상을 볼 때에 내 몸에 힘이 빠졌고 나의 아름다운 빛이 변하여 썩은 듯하였고 나의 힘이 다 없어졌으나 내가 그의 음성을 들었는데 그의 음성을 들을 때에 내가 얼굴을 땅에 대고 깊이 잠들었느니라 … 내가 곧 얼굴을 땅에 향하고 말문이 막혔더니 인자와 같은 이가 있어 내 입술을 만진지라 내가 곧 입을 열어 내 앞에 서 있는 자에게 말하여 이르되 내 주여 이 환상으로 말미암아 근심이 내게 더하므로 내가 힘이 없어졌나이다 내 몸에 힘이 없어졌고 호흡이 남지 아니하였사오니 내 주의 이 종이 어찌 능히 내 주와 더불어 말씀할 수 있으리이까 하니(단 10:7-17).

> 내가 볼 때에 그의 발 앞에 엎드러져 죽은 자 같이 되매 그가 오른손을 내게 얹고 이르시되 두려워하지 말라 나는 처음이요 마지막이니(계 1:17).

대 선지자 이사야도!
흠잡을 곳 하나 없이 정직한 삶을 살았던 다니엘도!
예수님의 어깨에 기대었던 사도 요한조차도!

영광의 주님 앞에서는 그저 숨조차 쉴 수 없는 썩은 시체보다 못한 존재임을 고백했습니다.

그분께서 우리에게 값없는 은혜를 베풀지 아니하셨다면, 그리스도의 보혈에 덮여 보호받지 못한다면 그분 앞에서 쉬는 한 조각의 숨조차도 가증하고 패역하다는 사실을 정녕 깨닫지 못하시겠습니까?

> 모든 사람이 죄를 범하였으매 하나님의 영광에 이르지 못하더니 그리스도 예수 안에 있는 속량으로 말미암아 하나님의 은혜로 값 없이 의롭다 하심을 얻은 자 되었느니라 (롬 3:23-24).

우리는 버려져도 하등 상관없는 반역의 피조물일 뿐이었지만, 그분께서는 우리를 버리지 않으셨습니다. 버리기는커녕, 그분 앞에 벌레만도 못한 우리를 위해 가장 아끼시는 귀한 독생자를 보내셨습니다.

그 이유가 무엇이겠습니까?
도대체 왜 지존자가 희생하십니까?
그토록 높으신 분께서 이토록 하찮은 존재를 위해 도대체 왜 목숨까지 버리신단 말입니까?

> 하나님이 우리를 사랑하시는 사랑을 우리가 알고 믿었노니 하나님은 사랑이시라 (요일 4:16).

오, 하나님이시여!
오, 나의 주님이시여!
내 주의 자비가 어찌 이리 크신지요!
내 주의 사랑이 어찌 이리도 무한하신지요!
도대체 이 사랑을 어떤 언어로 표현할 수 있겠나이까?
오, 내 주여! 도대체 이따위 피조물이 무엇이기에, 주님 앞에 없는 것과도 같은 이들이 무엇이기에, 주께서 이를 생각하시고, 주께서 이를 돌보시나이까?

주의 손가락으로 만드신 주의 하늘과 주께서 베풀어 두신 달과 별들을 내가 보오니 사람이 무엇이기에 주께서 그를 생각하시며 인자가 무엇이기에 주께서 그를 돌보시나이까(시 8:3-4).

오, 오직 선하시고, 지극히 거룩하시며, 홀로 지존하신 주님께서 내가 죄인되었을 때부터 나를 사랑하셨으니 내 도대체 무슨 말할 수 있을까요?
그 이해할 수 없는 사랑 앞에 감히 무슨 말을 내뱉을 수 있을까요?
값없는 그 놀라운 사랑, 그 은혜를 무슨 말로 표현할 수 있을까요?

우리가 아직 죄인 되었을 때에 그리스도께서 우리를 위하여 죽으심으로 하나님께서 우리에 대한 자기의 사랑을 확증하셨느니라(롬 5:8).

온 땅이여! 주를 찬양하라!
온 만물이여! 그의 영광을 높이라!
온 세상이여! 그를 두려워하고 그의 자비를 찬양하라!
교만한 피조물이여!
왕 앞에 고개를 숙여라!
위대하신 왕이시다!
지존하신 왕이시다!
무릎을 꿇고 고개를 땅바닥에 조아려라!

온 땅은 여호와를 두려워하며 세상의 모든 거민들은 그를 경외할지어다(시 33:8).

지존하신 여호와는 두려우시고 온 땅에 큰 왕이 되심이로다(시 47:2).

하나님은 온 땅의 왕이심이라 지혜의 시로 찬송할지어다(시 47:7).

온 땅이 주께 경배하고 주를 노래하며 주의 이름을 노래하리이다 할지어다 (셀라)(시 66:4).

그 영화로운 이름을 영원히 찬송할지어다 온 땅에 그의 영광이 충만할지어다 아멘 아멘(시 72:19).

새 노래로 여호와께 노래하라 온 땅이여 여호와께 노래할지어다 여호와께 노래하여 그의 이름을 송축하며 그의 구원을 날마다 전파할지어다(시 96:1-2).

아름답고 거룩한 것으로 여호와께 예배할지어다 온 땅이여 그 앞에서 떨지어다 (시 96:9).

모든 만물아!
모든 피조물아!
만왕의 왕을 찬양하라!
지극히 높으시고, 홀로 지존하신 이름을 두려워하고 그의 자비를 바라라!
사랑과 자비가 풍부하신 우리의 왕께서, 그분의 자비를 바라는 자들을 불쌍히 여기시리라!

주를 두려워하는 자는 어떤 사람인가. 주께서 그에게 택할 길을 가르쳐 주시리라(시 25:12, 14, 킹제임스).

진실로 그의 구원이 그를 두려워하는 자들에게 가깝도다. 영광이 우리 땅에 거할 것이라(시 85:9, 킹제임스).

오 주여, 주의 길을 내게 가르치소서. 내가 주의 진리 안에서 행하리니 내 마음을 모으사 주의 이름을 두려워하게 하소서 (시 86:11, 킹제임스).

아버지가 자식을 불쌍히 여김같이 주께서도 자기를 두려워하는 자들을 불쌍히 여기시나니, 이는 그가 우리의 체질을 아시며 우리가 진토임을 기억하심이라 (시 103:13-14, 킹제임스)

그가 자기를 두려워하는 자들의 소원을 이루실 것이요, 그가 또 그들의 부르짖음을 들으시고 그들을 구원하시리로다 (시 145:19).

주께서는 자기를 두려워하는 자들과 그의 자비를 바라는 자들에게서 기쁨을 취하시는도다 (시 147:11).

그는 육체에 계시는 날들 동안 자기를 사망에서 구원하실 수 있는 분께 심한 통곡과 눈물로 기도와 간구를 드렸고 하나님께서 그의 두려워하심으로 인하여 들으셨느니라 (히 5:7, 킹제임스).

하나님을 만만하게 보는 세대여!
하나님을 호구 취급해 버리는 세대여!
세상의 만만한 아버지쯤으로 여기며 망령됨을 깨닫지 못하는 자들이여!
그의 오래 참아주시는 자비를 죄의 도구로 이용하는 자들이여!
그분을 사람과 같이 생각한 자들이 어찌 마지막 재앙을 피할 수 있으리요!
지존자 앞에 겸손을 모르는 자들이 어찌 마지막 심판을 피할 수 있으리요!

> 네가 이 일을 행하여도 내가 잠잠하였더니 네가 나를 너와 같은 줄로 생각하였도다 그러나 내가 너를 책망하여 네 죄를 네 눈 앞에 낱낱이 드러내리라 하시는도다 하나님을 잊어버린 너희여 이제 이를 생각하라 그렇지 아니하면 내가 너희를 찢으리니 건질 자 없으리라 감사로 제사를 드리는 자가 나를 영화롭게 하나니 그의 행위를 옳게 하는 자에게 내가 하나님의 구원을 보이리라 (시 50:21-23).

오, 겁 없는 자들이여!
지극히 높으신 지존자 앞에 고개를 숙일 줄 모르는 자들이여!
자비하신 하나님은 우리의 외모도 아니요, 우리의 행위도 아니요, 우리의 그 어떤 것도 아닌, 오직 값없는 은혜로 우리를 용서하셨건만, 무한한 사랑으로 값없이 용서를 얻은 그대가 그분께서 증오하시는 악한 마음으로 살아간다면 그대에게 임할 재앙을 어찌 피할 수 있단 말입니까?

> 이에 주인이 그를 불러다가 말하되 악한 종아 네가 빌기에 내가 네 빚을 전부 탕감하여 주었거늘 내가 너를 불쌍히 여김과 같이 너도 네 동료를 불쌍히 여김이 마땅하지 아니하냐 하고 주인이 노하여 그 빚을 다 갚도록 그를 옥졸들에게 넘기니라 너희가 각각 <u>마음으로부터</u> 형제를 용서하지 아니하면 나의 하늘 아버지께서도 너희에게 이와 같이 하시리라 (마 18:32-35).

내 정녕 두려워하리라!
결단코 말씀의 약속을 지키시는 분을 두려워하리라!
내 정녕 기뻐하리라!
결단코 말씀의 약속을 지키시는 분이기에 기뻐하리라!
내 모든 이를 긍휼히 여기고, 모든 이를 불쌍히 여기며, 모든 이를 사랑으로 섬기리라!

그리하면 그분께서 결단코 나를 버리지 아니하시고, 불쌍히 여기시며, 용서를 베풀어 주시리!
내 주의 말씀을 위해 매일매일 불타오르리!
내 모든 생명을 불태우며 주의 말씀을 지키리!

긍휼히 여기는 자는 복이 있나니 그들이 긍휼히 여김을 받을 것임이요(마 5:7).

긍휼을 행하지 아니하는 자에게는 긍휼 없는 심판이 있으리라(약 2:13).

너희가 사람의 과실을 용서하면 너희 천부께서도 너희 과실을 용서하시려니와 너희가 사람의 과실을 용서하지 아니하면 너희 아버지께서도 너희 과실을 용서하지 아니하시리라(마 6:14-15).

지존하신 왕은 그분께 순종하는 자에게 사랑과 자비의 아버지가 되시지만, 불순종하는 자에게는 공의와 위엄으로 불타시는 두려운 심판관이 되시리라! 두려움으로 내 주를 섬기며, 떨림으로 즐거워하리라!

두려움으로 주를 섬기고 떨림으로 즐거워하라(시 2:11, 킹제임스).

그러므로 우리가 흔들리지 않는 나라를 받았은즉 은혜를 받자 이로 말미암아 경건함과 두려움으로 하나님을 기쁘시게 섬길지니 우리 하나님은 소멸하는 불이심이니라(히 12:28).

오, 내 주여! 내가 주 앞에 떨게 하소서!
내가 주를 두려워함이 나에게 기쁨이니!
주여! 부디 주를 향한 두려움을 내게서 거두지 마소서!

내가 주를 두려워함이 나의 행복이니!
주여! 부디 내가 주를 두려움으로 사랑하게 하소서!

> 오 주여, 주의 길을 내게 가르치소서. 내가 주의 진리 안에서 행하리니 내 마음을 모으사 주의 이름을 두려워하게 하소서(시 86:11).

> 너희는 주를 찬양하라. 주를 두려워하고 그의 계명들을 크게 기뻐하는 사람은 복이 있나니(시편 112:1, 킹제임스).

재앙을 초래하는 자가 누구인가!
멸망을 자조차 하는 자가 누구란 말인가!
우리를 지으신 높고 지존하신 이를 두려워하지 않는 자들이 아니란 말인가!

> 이는 그들이 지식을 싫어하며 주를 두려워하기를 원치 아니하였음이라(잠 1:29, 킹제임스).

오, 찬양하리라!
내 안에 주를 향한 두려움을 두신 이를 찬양하리라!
주를 향한 거룩한 두려움으로, 내 주 앞에 겸손히 행할 수 있으니 얼마나 기쁜지요.
주를 향한 사랑의 두려움으로, 내 주 앞에 조심히 행할 수 있으니 어찌 이리 행복한지요.
오, 주를 공경하는 마음이 내게 있음이 내게 어찌나 큰 즐거움인지요.
오, 나의 주여!
부디 이 아름다운 두려움을 내게서 거두지 마소서.

> 또 내가 그들에게 한마음과 한길을 주리니 그들이 그들과 그들을 따를 그들의 자손들의 복을 위하여 영원히 나를 두려워하리라. 내가 그들과 더불어 영원한 언약을 맺으리니 내가 그들로부터 돌아서지 아니하고, 그들에게 선을 행하리라. 그러나 내가 그들의 마음에 나의 두려워함을 두리니 그들이 내게서 떠나지 아니하리라(렘 32:40-41, 킹제임스).

순종하십시오!
피 흘리기까지 순종하고, 죽기까지 순종하십시오!
사랑하십시오!
피 흘리기까지 사랑하고, 죽기까지 사랑하십시오!
저기 헐벗은 자를 내 이웃으로 여기고, 정녕 그를 내 몸같이 여기며 사랑해보십시오!
그대에게 피해 끼치는 자를 사랑하고, 미워죽을 것 같은 자까지 사랑해보십시오!
원수를 사랑하기 위해 죽기까지 노력해 보란 말입니다!

순종하는 자들은 깨달을 것입니다.
순종하려 하면 할수록 더 깊이, 더 깊이 느끼게 될 것입니다. 우리 주 예수 그리스도께서 품으셨던 극한의 사랑, 자기의 유익을 바라는 마음은 티끌만큼도 없는 그 말도 안 되는 희생의 사랑, 이 땅에 존재할 수 없는 그 사랑의 극치를 느끼게 될 것이고 동시에 그대 안에 끝없는 증오와 이기심, 살인과 무자비를 경험하게 될 것입니다.
아무리 죽여도 끝없이 나오는, 내 안의 증오와 살인과 음란과 욕심과 교만과 시기와 질투와 비방 때문에 절망하게 될 것입니다. 죽기까지 그분의 사랑에 순종하려 노력하는 자는 결국 밑바닥이 보이지 않는 자신의 악함을 깨닫게 될 것이고, 진정 자기의 죄인됨을 깨달은 자들은 슬피 울며 구원자를 갈망할 것입니다. 오직 그분 이외에는 죄인의 살 길이 없음을 깨달을 것입니다.

본성 자체가 죄악 덩어리인 나의 죄인됨에 사무치며, 내 힘으로는 도저히 구원을 이룰 수 없음을, 구원자가, 메시아가 나를 구하지 않고는 도저히 구원 받을 수 없음을 그의 심장으로 깨닫게 될 것입니다.

> 작은 산들과 큰 산 위에서 떠드는 것은 참으로 헛된 일이라 이스라엘의 구원은 진실로 우리 하나님 여호와께 있나이다(렘 3:23).

> 구원은 여호와께 속하였나이다 하니라(욘 2:8-9).

존재 자체가 죄인인 자신을 깨달은 자들은 주님 앞에 낮아질 것이고, 그 애통함의 회개는 하나님의 위로를 경험하게 할 것입니다. 하나님의 위로를 경험하는 자, 그분의 성령을 경험하는 자, 그는 결단코 새로운 피조물로 재창조될 것입니다. 그에게 이전에는 없던 기적이 일어날 것입니다.

> 주 여호와께서 이같이 말씀하시기를 생기야 사방에서부터 와서 이 죽음을 당한 자에게 불어서 살아나게 하라 하셨다 하라 이에 내가 그 명령대로 대언하였더니 생기가 그들에게 들어가매 그들이 곧 살아나서 일어나 서는데 극히 큰 군대더라(겔 37:9-10).

> 주의 권능의 날에 주의 백성이 거룩한 옷을 입고 즐거이 헌신하니 새벽 이슬 같은 주의 청년들이 주께 나오는도다(시 110:3).

본능적으로 자기 존재를 위해 살 수밖에 없는 이기적인 자들에게, 정녕 내 생명보다 그리스도를 사랑하게 되는, 그분을 위한 고난과 희생을 기쁨으로 여기는 기이한 사랑 품은 자들로 다시 태어날 것입니다. 그리고 거듭

남의 기적은 오직 구원을 베푸실 전능자 한 분 이외에는 가능한 이가 없을 것입니다.

> 내가 또 내 영을 너희 속에 두어 너희가 살아나게 하고 내가 또 너희를 너희 고국 땅에 두리니 나 여호와가 이 일을 말하고 이룬 줄을 너희가 알리라 여호와의 말씀이니라(겔 37:14).

> 구원은 여호와께 있사오니 주의 복을 주의 백성에게 내리소서(시 3:8).

새로 태어난 자들은 변화됩니다. 이전이 사랑하던 것들이 미워지고 하찮게 여기던 것들에 소중해집니다. 교만을 사랑하여 떠받들어질 때 쾌감을 느끼던 자들이, 이제는 겸손을 사랑하여 섬김받을 때 부끄러워하고 섬겨줄 때 기뻐합니다. 마음껏 증오하던 자들이 자기 안에 증오를 보며 슬퍼하고, 마음껏 음란하던 자들이 자기 안에 음란을 보며 괴로워합니다.

그들은 죄에 대하여 죽고 의로 다시 태어났기 때문입니다. 선하신 아버지로부터 새롭게 다시 태어났기 때문입니다.

> 우리 주 예수 그리스도의 하나님 아버지께 찬양을 드립시다. 하나님께서는 그 크신 자비로 우리를 새로 태어나게 하셨습니다. 그리하여 그는, 죽은 사람들 가운데서 예수 그리스도가 부활하심으로 말미암아 우리로 하여금 산 소망을 갖게 해 주셨으며, 썩지 않고 더러워지지 않고 낡아 없어지지 않는 유산을 물려받게 하셨습니다. 이 유산은 여러분을 위하여 하늘에 간직되어 있습니다(벧전 1:3-4, 새번역).

선한 마음을 사랑하는 아버지를 닮아 선한 마음을 사랑하고 악한 마음을 미워합니다. 아직 연약하고 부족한 자녀들은 가끔 넘어지기도 합니다. 아니, 자주 실수하고, 자주 넘어집니다.

하지만, 그들은 다시 일어납니다. 일곱 번, 일흔 번, 아니 일천 번이라도 다시 일어섭니다. 의인은 넘어지지 않는 자들이 아니라, 넘어지지만 다시 일어나 회개하고 돌이키는 자들이기 때문입니다.

> 대저 의인은 일곱 번 넘어질지라도 다시 일어나려니와 악인은 재앙으로 말미암아 엎드러지느니라(잠 24:16).

> 그는 넘어지나 아주 엎드러지지 아니함은 여호와께서 그의 손으로 붙드심이로다(시 37:24).

그들은 그들이 완전해질 수 없다는 것을 알면서도, 완전함을 바라며 피 흘리기까지 죄와 싸웁니다. 그들은 그들이 너무나 부족하다는 것을 알면서도 자신의 구원을 확신합니다. 인간의 폐부를 감찰하시는 주님께서 자신의 중심, 자신의 회개가 진실하다는 것을 아실 것이고 진실로 회개하는 자를 용서하시며, 그리스도의 보혈로 완전하다고 여기심을 알기 때문입니다.

오, 그들의 눈물과 감격에 가득 찬 찬양을 하나님께서 얼마나 기쁘게 받으시겠습니까?

원수 마귀는 밤낮으로 우리를 참소하며, 우리의 연약함과 부패함, 죄를 따라 우리를 지옥에 보내야 마땅하다 호소하지만 하나님께서는 넘어지고 넘어지고 또 넘어지는 이 부패한 자들을 불쌍히 여기사, 그 독생자를 보내시고 오직 모든 것을 완전하게 이루신 우리 주 예수 그리스도의 완전하신 공로를 대신 받게 하셨습니다!

진실로 이 사실을 깨달은 자가 어찌 하나님의 구원을 등한히 여기며, 그분의 구원을 생명 다하여 찬양하지 않을 수 있단 말입니까?

> 내 영혼이 여호와를 즐거워함이여 그 구원을 기뻐하리로다(시 35:9).

> 날마다 우리 짐을 지시는 주 곧 우리의 구원이신 하나님을 찬송할찌로다(시 68:19).

> 내가 측량할 수 없는 주의 의와 구원을 내 입으로 종일 전하리이다(시 71:15).

어느 누가 스스로 죄 없다고 하겠습니까!
매일 매일 마음속에 악과 죄를 뿜어내는 존재들이, 매일 매일 미움과 시기와 질투와 욕심, 이기심을 쏟아내는 부패한 인간 중에서, 감히 누가 지극히 거룩하신 이 앞에서 죄 없다고 할 수 있단 말입니까!

> 만일 우리가 범죄하지 아니하였다 하면 하나님을 거짓말 하는 자로 만드는 것이니 또한 그의 말씀이 우리 속에 있지 아니하니라(요일 1:10).

하지만, 우리는 죄짓지 않습니다.
그것은 우리가 죄와 싸우기 때문입니다.
우리는 오늘도 내 기분을 상하게 하는 자들로 인해 내 속에 존재하는 미움의 감정을 느끼지만, 내 감정대로 내 증오의 마음을 내버려 두지 않습니다. 증오의 살인을 멈추고 돌이킵니다. 나를 구원하신 주께 내 부패함을 고백하고, 마음을 돌이켜 원수마저 사랑하려 노력합니다.

> 주의 얼굴을 내 죄에서 돌이키시고 내 모든 죄악을 지워 주소서 하나님이여 내 속에 정한 마음을 창조하시고 내 안에 정직한 영을 새롭게 하소서(시 51:9-10).

금전적 이익, 혹은 유익 앞에서 내 안에 존재하는 교활함과 간사함, 이기심의 존재를 느끼지만 내 감정대로, 내 탐심대로 행동하지 않습니다. 나를 위해 죽어주신 구원자를 따라 나를 부인하고 내 이웃을 내 몸처럼 사랑하려 노력합니다. 남에게 받고 싶은 대로 남에게 해 주라는 우리 주 예수 그리스도의 말씀을 기억합니다.

> 나를 주 앞에서 쫓아내지 마시며 주의 성령을 내게서 거두지 마소서 주의 구원의 즐거움을 내게 회복시켜 주시고 자원하는 심령을 주사 나를 붙드소서 그리하면 내가 범죄자에게 주의 도를 가르치리니 죄인들이 주께 돌아오리이다(시 51:9-13).

음란의 수단과 유혹들이 넘쳐나는 죄악의 세상 속에서, 내 안에 존재하는 더러운 것들이 시도 때도 나를 덮치려 하지만, 내 감정대로, 내 정욕대로 내 육체를 죄에 내어주지 않습니다. 왜냐하면, 우리는 그리스도를 따라 우리를 십자가에 못 박은 자들이기 때문입니다.

> 그리스도 예수의 사람들은 육체와 함께 그 정욕과 탐심을 십자가에 못 박았느니라(갈 5:24).

> 그러므로 너희는 죄가 너희 죽을 몸을 지배하지 못하게 하여 몸의 사욕에 순종하지 말고 또한 너희 지체를 불의의 무기로 죄에게 내주지 말고 오직 너희 자신을 죽은 자 가운데서 다시 살아난 자 같이 하나님께 드리며 너희 지체를 의의 무기로 하나님께 드리라(롬 6:12-13).

우리는 죄인입니다. 우리 마음에는 더러운 것들이 가득합니다.

> 내가 죄악 중에 출생하였음이여 모친이 죄 중에 나를 잉태하였나이다(시 51:5).

> 속에서 곧 사람의 마음에서 나오는 것은 악한 생각 곧 음란과 도적질과 살인과 간음과 탐욕과 악독과 속임과 음탕과 흘기는 눈과 훼방과 교만과 광패니 이 모든 악한 것이 다 속에서 나와서 사람을 더럽게 하느니라(막 7:21-23).

하지만, 우리는 죄짓지 않습니다. 우리는 죄 중에 잉태되어 죄로 태어난 자들이지만, 더 이상 죄짓지 않습니다. 우리 안에 하나님의 씨가 있고, 하나님으로부터 났기 때문입니다.

> 하나님께로서 난 자마다 죄를 짓지 아니하나니 이는 하나님의 씨가 그의 속에 거함이요 저도 범죄치 못하는 것은 하나님께로서 났음이라(요일 3:9).

오, 내 주의 보혈이여!
속에 추악한 죄밖에 없는 저를 거룩하신 지존자와 화평케 하셨으니, 어찌 영영토록 내 주를 찬양하지 않으리요!
오직 그분의 보혈 아래 이 죄인이 완전하다고 여김을 받고, 거룩하신 지존자의 아들이 되는 권세를 얻었으니 어찌 내 주를 영원토록 찬양하지 않으리요!

> 새 노래로 여호와께 찬송하라 대저 기이한 일을 행하사 그 오른손과 거룩한 팔로 자기를 위하여 구원을 베푸셨도다(시 98:1).

그 보혈의 은혜 아래 있는 자들은 결단코 죄 아래 머물 수 없습니다. 그들은 그분의 은혜에 감사하기에, 그분을 진정으로 사랑하기에, 그분께서 미워하는 죄를 미워하고 그분의 군사로 죄와 싸웁니다. 그리고 그 믿음의 선한 싸움은 그들을 세상에서 빛나게 합니다.

모두가 원수를 미워할 때 품어주는 그들은 세상에 빛을 비춥니다. 모두가 욕심내며 사는 세상에서 자기 것을 희생하며 세상에 그리스도의 빛을 비춥니다. 세상의 가치관을 거슬러 선하신 아버지, 겸손과 사랑의 주님을 닮아가는 그들의 빛은 감추려 해도 도저히 감추어지지 않습니다.

> 너희는 세상의 빛이라 산 위에 있는 동네가 숨겨지지 못할 것이요 사람이 등불을 켜서 말 아래에 두지 아니하고 등경 위에 두나니 이러므로 집 안 모든 사람에게 비치느니라(마 5:14-15).

세상은 그들의 선행과 겸손과 사랑의 빛을 보고 그들에게 칭찬을 쏟아내겠지만, 그들은 결단코 교만해지지 않습니다. 그들은 압니다. 자신들이 도저히 선할 수 없는 존재임을 압니다. 선하신 이는 오직 한 분이시고, 자신들은 그저 죄인임을 압니다. 그리고 세상에 선포할 것입니다.

저는 죄인입니다. 저는 악한 자입니다. 제 안에는 더러운 것들이 드글드글 거립니다. 하지만 내 주께서 선하십니다. 내 주인께서 너무나 선하십니다. 이 악한 종놈은 그저 선한 주인의 명령을 따랐을 뿐이니 저에게 칭찬을 보내지 마십시오. 내게 선한 명령을 주신 내 주께만 모든 영광이 돌려지길 원합니다. 이 악한 죄인은 귀한 목숨으로 이 괴수를 구원하신 내 주를 섬길 뿐입니다.

오, 주여! 이 죄인은 온전히 감추시고 오직 주님만 드러나게 하옵소서.

> 여호와여 영광을 우리에게 돌리지 마옵소서 우리에게 돌리지 마옵소서 오직 주는 인자하시고 진실하시므로 주의 이름에만 영광을 돌리소서(시 115:1).

> 이와 같이 너희도 명령 받은 것을 다 행한 후에 이르기를 우리는 무익한 종이라 우리가 하여야 할 일을 한 것뿐이라 할지니라(눅 17:10).

오, 정녕 믿음의 기초를 다시 쌓으십시오!
그분은 만유의 주님이십니다.
주인 되신 주님이시란 말입니다.
부디, 그분을 '주'님으로 영접하고 종인 그대의 본분을 다하십시오!
자비를 바라는 애절함으로 순종하십시오!
죄를 버리고 그분께서 명하신 선하신 길로 행하십시오!
그분께서 그대를 구원하실 것입니다.

> 내 이름으로 일컫는 내 백성이 그들의 악한 길에서 떠나 스스로 낮추고 기도하여 내 얼굴을 찾으면 내가 하늘에서 듣고 그들의 죄를 사하고 그들의 땅을 고칠지라(대하 7:14).

> 너희는 내 책망을 듣고 돌아서거라. 보아라, 내가 내 영을 너희에게 보여 주고, 내 말을 깨닫게 해 주겠다(잠 1:23, 새번역).

사랑하는 자들이여!
그리스도를 구하십시오. 오직 그분을 느끼고 싶다고 기도하십시오. 진실한 겸손함으로, 간절히 그분을 구하는 자들에게 은혜를 베푸실 것입니다.
모세의 기도 응답처럼 그분의 위엄과 존엄을 느끼게 해 주실 것이고, 동시에 그분의 끝없는 사랑을 느끼게 해 주실 것입니다. 그 사랑을 느껴본 자는, 그 또한 목숨보다 그분을 사랑하게 될 것이고, 지극히 선하신 이를 사랑하게 되는 동시에 그분을 거스르는 악을 미워하게 될 것입니다.
그분의 존재를 살결로 느끼게 됨으로 모든 악과 더러움을 미워하게 될 것입니다.
그분의 아름다움을 사랑함으로 선하고 순결한 마음을 향한 불타는 갈망을 갖게 될 것입니다.

그분의 아름다움을 느끼게 됨으로 과거 모든 욕망과 더러움을 증오하게 될 것입니다.

그분의 아름다운 마음을 느끼는 것만으로, 온유함을 사랑하게 될 것이고 겸손함을 사모하게 될 것입니다.

친절하고, 부드럽고, 진실하고, 따듯한 사랑의 마음을 원하게 될 것이고, 비방과 분냄과 시기와 질투와 증오와 교만과 음란과 거짓과 교활과 모든 악의, 곧 그분의 선하심을 대적하는 모든 것이 더럽다 느껴지며, 죄를 미워하게 될 충분하고도 남을 동기를 부여받게 될 것입니다.

부디, 부디. 기도하고, 기도하고 또, 기도하십시오. 그분을 느끼게 해달라 기도하고, 그 아름다움을 보게 해달라 기도하십시오.

오, 나의 사랑하는 자들이여!

제발, 그리스도를 갈망하십시오. 그분을 향한 뜨거운 사랑만이 우리 안의 죄들을 소멸시킬 것입니다.

> 그러므로 예수도 자기 피로써 백성을 거룩하게 하려고 성문 밖에서 고난을 받으셨느니라(히 13:12).

제가 아무리 그분의 말씀을 위해 싸우고 싸운들, 저는 죽는 날까지 역겨운 존재일 것입니다.

누군가 저의 순종을 보며, 저를 선한 사람이라 여길 수도 있습니다. 하지만 제가 아무리 피 흘리기까지 순종하며 선한 삶을 산들, 제 존재 가장 깊고 깊은 곳 저 자신도 인지하기 힘들 만큼 깊은 곳에는 뱀 같은 간사함과 교활함이 항상 꿈틀대고 저의 선한 마음 하나 하나마다 머리를 치켜들며 사람들에게 저를 자랑하고 저를 드러내고 싶은 간사함을 느낍니다.

저를 향한 칭찬을 기뻐하고 감히 그분의 영광을 도적질하려는 교활한 본성을 바라봅니다. 저는 지극히도 간교한 자이고 호시탐탐 나를 높일 기회를 노리고 있는 죄인일 뿐입니다. 죽는 날까지 제게 무슨 피 흘림이 있건, 저는 그분 앞에 패역한 자일 뿐이고, 제가 받은 구원의 모든 공로와 영광은 티끌 하나만큼의 예외도 없이, 오직, 오직, 오직 선하신 나의 그리스도께서만 온전히 받으실 것입니다.

심지어, 그분의 선하심을 닮고자 싸우고 싶다는 갈망조차도, 그분께서 부어 주셨을 뿐입니다. 그분께서 제 안에 선한 것들을 향한 갈망을 주시지 않았다면, 제 순종은 고통스럽고 고역스러우며 저의 매일은 저주 같은 나날이 될 뿐입니다. 그분의 사랑과 은혜는 제가 죽는 것을 사랑하게 하셨습니다. 그분께서 친히 제 목숨을 미워하게 만들어 주셨고, 그분의 말씀을 사랑하게 만들어 주셨습니다.

제가 순종을 사랑하게 된 것조차, 제가 그리스도를 사랑하게 된 것조차, 그분을 향해 나를 태우지 못해 안타까워하는 불같이 뜨거운 이 사랑조차, 정녕 모든 것의 모든 것이 온전히 그분의 은혜일 뿐입니다.

> 그러므로 우리가 몸 안에 머물러 있든지, 몸을 떠나서 있든지, 우리가 바라는 것은 주님을 기쁘게 해드리는 사람이 되는 것입니다(고후 5:9).

> 하나님은 여러분 안에서 활동하셔서, 여러분으로 하여금 하나님을 기쁘게 해 드릴 것을 염원하게 하시고 실천하게 하시는 분입니다(빌 2:13).

저는 구원을 확신합니다. 그것은 제 안에 선하고 아름다운 마음, 겸손과 사랑의 희생, 다른 이를 섬기고픈 그리스도의 갈망을 느끼기 때문입니다.

제 안에 불타는 이 갈망으로 인해 저는 선한 싸움을 할 것입니다. 죽는 날까지 수고하고 인내하며 그분의 말씀을 위해 싸울 것입니다.

사랑하는 자들이여, 현재 그분의 은혜를 얻고 구원 받은 자들일지라도, 약속의 땅 가나안에 들어간 자들일지라도, 이 땅의 삶을 살 동안 전투는 계속될 것입니다. 그분께서는, 우리가 거룩하신 분의 자녀이자 고결하신 분의 신부에 합당한 자들이 되도록, 훈련에 훈련을 거듭하실 것입니다.

> 당신들은, 사람이 자기 자녀를 훈련 시키듯이, 주 당신들의 하나님도 당신들을 훈련 시키신다는 것을 마음 속에 새겨 두십시오 (신 8:5, 새번역).

> 여호와께서 그 나라들을 그 땅에 남겨 두신 단 한 가지 이유는, 이스라엘 자손에게 가르침을 주기 위해서였습니다. 여호와께서는 전쟁을 해 본 경험이 없는 이스라엘 백성에게 싸우는 법을 가르치기를 원하셨습니다 (삿 3:2, 쉬운 성경).

인간들이여!
이 땅에 있는 모든 것은, 이미 세상 이전, 영원의 영역에 존재했던 것들이고, 그 예표일 뿐입니다.
이 땅에 있는 선하고 아름답고 고결한 모든 마음의 실체를 천국에서 다시 볼 것이고, 이 땅에 있는 잔인하고 잔혹하고 고통 중의 고통의 실체를 지옥에서 다시 보게 될 것입니다.
이 땅에서도 정직한 땀 흘림 끝에 합당한 보상이 있듯이, 천국에서도 마찬가지일 것입니다.
인내와 절제, 수고와 노력, 희생과 헌신 끝에 오는 값지고 값진 보답, 고된 훈련과 땀, 고통 없는 금메달은 존재하지 않을 것이고, 하나님께서 이 모든 원리를 만드심에 의미 없는 것은 없을 것입니다.
언젠가 이 땅의 기한이 끝나고, 모든 것이 밝히 드러날 때 확실히 알게 될 것입니다. 그리스도의 보혈로 덮힘 받는 존재들이, 하늘에서 얼마나 존귀하고 영광스러운 존재들로 인정 받는지 알게 될 때, 어째서 우리에게 그만한 수고와 인내가 필요했었는지 이해하게 될 것입니다.

예수께서 가라사대 너희 율법에 기록한바 내가 너희를 신이라 하였노라 하지 아니하였느냐 성경은 폐하지 못하나니 하나님의 말씀을 받은 사람들을 신이라 하셨거든(요 10:34-35).

그러므로 너희가 이제 여러가지 시험을 인하여 잠간 근심하게 되지 않을 수 없었으나 오히려 크게 기뻐하도다 너희 믿음의 시련이 불로 연단하여도 없어질 금보다 더 귀하여 예수 그리스도의 나타나실 때에 칭찬과 영광과 존귀를 얻게 하려 함이라니라(벧전 1:6-7).

이기는 자와 끝까지 내 일을 지키는 그에게 만국을 다스리는 권세를 주리니 그가 철장을 가지고 저희를 다스려 질그릇 깨뜨리는 것과 같이 하리라 나도 내 아버지께 받은 것이 그러하니라 내가 또 그에게 새벽 별을 주리라(계 2:26-28).

오, 진심으로 사랑하는 나의 형제자매들이여!
오, 진심으로 존경하는 그리스도의 아름다운 신부들이여!
이 땅에서 그리스도를 위한 수고와 인내, 고난을 견뎌내는 자들이여!
그리스도의 선하심과 희생을 보이기 위해 자신을 십자가에 못 박는 자들이여!
어두운 세상에 그리스도의 선하심을 비추기 위해 자기 욕심을 십자가에 못 박는 자들이여!
오직 그리스도를 위한 사랑과 희생을 위해 모든 인내와 수고를 견디는 자들이여!
세상을 등지고 세상과 간음치 않으며 그대의 순결을 지키는 아름다운 왕의 신부들이여!
오! 가슴 속에 품은 뜨거운 사랑으로 그대의 신랑을 기다리며 사는 내 주의 신부들이여!

너희의 믿음의 역사와 사랑의 수고와 우리 주 예수 그리스도에 대한 소망의 인내를 우리 하나님 아버지 앞에서 끊임없이 기억함이니 하나님의 사랑하심을 받은 형제들아 너희를 택하심을 아노라(살전 1:3-4).

너희에 대하여는 우리가 명한 것을 너희가 행하고 또 행할 줄을 우리가 주 안에서 확신하노니 주께서 너희 마음을 인도하여 하나님의 사랑과 그리스도의 인내에 들어가게 하시기를 원하노라(살후 3:4-5).

조금만 기다리십시오. 그대들을 위한 영원한 안식을 왕께서 준비하셨습니다. 우리 주께서 그대들의 인내와 수고를 모두 보시고 갚아주실 날이 곧 올 것입니다.

오, 그날이여!
오, 영광의 그날이여!
그리스도의 신부들에게 임할 영광의 그날이여!
오, 아름다운 혼인 잔칫날이여!

그날이 우리를 기다립니다. 부디 선을 행하되 낙심하지 마십시오. 때가 되면 수고의 열매를 거두는 영광이 날이 찾아올 것입니다.

우리가 선을 행하되 낙심하지 말지니 포기하지 아니하면 때가 이르매 거두리라(갈 6:9).

우리가 여기에는 영구한 도성이 없으므로 장차 올 것을 찾나니 오직 선을 행함과 서로 나누어 주기를 잊지 말라 하나님은 이같은 제사를 기뻐하시느니라(히 13:14, 16).

사랑하는 형제자매들이여!

두려워 마십시오. 주께서는 우리 모두의 연약함을 알고 계십니다. 자비하신 왕께서는 우리 육체의 체질을 아시며 불쌍히 여기십니다. 그분께서는 우리의 죄대로 우리를 처벌하지 아니하십니다.

우리가 피 흘리며 싸운다는 것이 넘어짐이 없음을 뜻하는 것이 아닙니다. 저는 넘어지고, 넘어지고, 넘어지고, 넘어지고, 또 넘어지고, 또 넘어졌습니다. 그때마다 괴로워하고 울부짖고 애통해하며 고통스러워했습니다. 하지만, 주님께서는 저에게 한없는 자비와 은혜를 내려 주셨습니다. 넘어지고, 넘어지고, 넘어져서 더 이상 회개할 자격조차 없는 저를 내 주께서는 끝도 없이 용서해 주셨습니다.

> 내가 이르기를 내 허물을 여호와께 자복하리라 하고 주께 내 죄를 아뢰고 내 죄악을 숨기지 아니하였더니 곧 주께서 내 죄악을 사하셨나이다(셀라)(시 32:5).

> 만일 우리가 우리 죄를 자백하면 그는 미쁘시고 의로우사 우리 죄를 사하시며 우리를 모든 불의에서 깨끗하게 하실 것이요(요일1:9).

눈물로 회개하고, 다시 돌이키고 돌이키며, 또다시 돌이켜 그분의 이름을 부르짖을 때, 일흔 번씩 일곱 번, 아니 일백 번, 일천 번이라도 돌아오기만을 바라셨습니다. 그 사랑과 용서는 다시금 내 안에 뜨거운 불씨를 타오르게 하며 저를 무장시켰습니다. 그분은 끝까지, 끝까지, 저를 견뎌주시고 인내하시며 사랑으로 양육하셨습니다.

제가 한 것이라곤 매일 울면서 슬퍼한 것밖에는 없고, 저의 힘이 된 것은 오로지 그분의 한없는 용서와 사랑뿐이었습니다.

감히, 저같은 사람이 감히 누굴 정죄하고, 가르치겠습니까?

그저 제가 받은 그 사랑의 거대함이 어떠한 것인지, 다른 이들이 느끼길 바랄 뿐입니다. 그분께선 저의 실수와 연약함을 책망하지 않으셨습니다. 그분께서 보신 것은 그저 저의 눈물뿐이었습니다.

사랑하는 자들이여!
저는 지독히도 죄인이었고, 죄인이며, 죄인일 것입니다.
모든 영광은 오직 나의 사랑하는 그리스도께서만 받으실 것입니다.
부디, 간절히, 간절히, 간구합니다. 오직, 그리스도만을 부르짖으십시오.
그분은 정녕 그 이름을 애절하게 바라는 죄인들을 구원하러 나타십니다.

부디 나의 사랑하는 분들이여!
나의 사랑하는 그리스도를 부르짖어 주십시오.

> 주를 찾는 자는 다 주 안에서 즐거워하고 기뻐하게 하시며 주의 구원을 사랑하는 자는 항상 말하기를 여호와는 위대하시다 하게 하소서(시 40:16).

거짓된 가르침에 세뇌당하며 살아가는 자들이여!
당신의 마음이 세상에서 가장 귀중한 것이라는 사탄의 속임수에 속지 마십시오. 하나님께서 당신의 소원을 들어주시기 위해 존재한다고 여기게 만드는 자들을 조심하십시오. 그분은 당신의 멋지고 풍족한 인생을 만들어 주시기 위해 존재하시는 분이 아닙니다. 그분은 당신의 뜻대로 사는 것을 도와주시는 분이 아니라, 당신이 그분의 선하고 거룩한 뜻대로 살게 만들어 주시는 분입니다.

> 그의 신기한 능력으로 생명과 경건에 속한 모든 것을 우리에게 주셨으니 이는 자기의 영광과 덕으로써 우리를 부르신 이를 앎으로 말미암음이라 이로써 그 보배

롭고 지극히 큰 약속을 우리에게 주사 이 약속으로 말미암아 너희가 정욕 때문에 세상에서 썩어질 것을 피하여 신성한 성품에 참여하는 자가 되게 하려 하셨느니라(벧후 1:3-4).

진심으로 성령을 원하십니까?
진심으로 다시 태어나길 원하십니까?
진정 성경의 믿을 수 없는 말씀들이 당신 삶에 이루어지고, 불가능할 것 같은 사도들의 고백이, 당신의 고백이 되길 원하십니까?
진정으로, 진정으로 이 땅에서의 삶을 너머 영원한 생명으로 들어가기를 소망하십니까?

사랑하는 자들이여!
신앙을 처음부터 다시 시작하십시오. 우리는 처음부터 잘못 배웠습니다. 회개부터 하십시오. 진짜 회개부터 하십시오. 그리스도의 말씀을 거역했던 삶의 모든 것에 대해 회개하고 삶을 돌이키십시오. 그리고 진짜로 그분을 영접하십시오. 진실로, 진실로 그분을 당신의 주인으로 받아들이십시오. 그분 말씀과 달랐던 모든 과거를 진실로 후회하고, 이제는 주인의 말씀대로 살겠다는 결심, 진짜 회개와 진짜 믿음을 고백하십시오.
지금 이 세대는 거의 전부라고 해도 될 정도의 엄청난 무리가 진리를 모르고 신앙 생활하고 있지만 기억하십시오. 기독교는 세상에서의 멋진 인생을 이뤄주는 우상 숭배 집단이 아닙니다.

진짜 기독교의 첫 고백은 이것입니다.
"주여! 제가 죄인이었나이다. 주님의 선하신 마음을 무시하며 살던 자였습니다. 부디, 저를 용서하여 주옵소서. 이제 제가 예수님을 나의 주인으로 영접하며, 오직 당신의 선하심을 따르겠습니다. 부디, 이 죄인을 용서하시고, 도와주소서. 부족하고, 연약하고, 부패한 자가 주님의 길을 갈 수 있도록, 저를 깨끗게 하소서."

온 마음을 다해, 온 생명을 다해, 정녕 진실한 마음으로 고백할 때, 주님께서 그를 용서하실 것이고 성령의 선물을 부어 주실 것입니다.

> 베드로가 이르되 너희가 회개하여 각각 예수 그리스도의 이름으로 세례를 받고 죄 사함을 받으라 그리하면 성령의 선물을 받으리니 (행 2:38).

사랑하는 자들이여!
진짜 신앙을 시작해야 하지 않겠습니까?
진짜 영생을 소망하는 자들이 되어야 하지 않겠습니까?
진실한 회개를 하고, 진실로 그분을 영접해야 하지 않겠습니까?
우리가 진실로 회개하고, 진실로 영접하면 그분의 성령이 임하지 않겠습니까?
성령의 능력이 우리 안에 임하게 된 것이, 참으로 기쁜 소식이 아니란 말입니까?

가짜 복음이 시대를 덮으며 모두를 죄 가운데서 죽어가게 만들고 있지만, 이 기쁜 소식은 살아계신 하나님의 능력입니다.
그리스도께서 승천하심으로 우리가 받게 된 그리스도의 영이, 우리와 함께하시기에, 우리는 그리스도를 따를 모든 능력을 받게 됩니다.
그리스도를 따르는 자라면 누구도 십자가 길을 피할 수 없고, 영생을 얻고자 하는 모든 자는, 이 길을 가야 한다는 것이 예수님의 가르침입니다. 하지만 우리는 벨릭스처럼 두려워할 필요가 없습니다. 왜냐하면, 우리에게는 하나님의 성령님이 계시기 때문입니다. 세상 사람이 볼 때 이 길은,

좁고, 불편해서 거부하고 싶은 길이겠지만, 그리스도 안에 있는 자들은 날마다 날마다 기쁨과 행복으로 이 길을 갑니다. 세상 어디서도 느낄 수 없는 평안과 만족을 느끼며 날마다 기쁨으로 그분과 동행합니다. 연약하고 부족한 우리가, 좁은 길을 걸으며 밤낮 기뻐하는 것은 주의 영이 함께하기 때문입니다.

> 소망이 우리를 부끄럽게 하지 아니함은 우리에게 주신 성령으로 말미암아 하나님의 사랑이 우리 마음에 부은 바 됨이니(롬 5:5).

> 그가 또한 우리에게 인치시고 보증으로 우리 마음에 성령을 주셨느니라(고후 1:22).

> 그의 영광의 풍성함을 따라 그의 성령으로 말미암아 너희 속사람을 능력으로 강건하게 하시오며(엡 3:16).

> 그의 계명을 지키는 자는 주 안에 거하고 주는 그의 안에 거하시나니 우리에게 주신 성령으로 말미암아 그가 우리 안에 거하시는 줄을 우리가 아느니라(요일 3:24).

성령께서 하시는 일이 무엇이겠습니까?
우리 안에서 도대체 무엇을 하시기에 인간이 변화되는 것입니까?
과거에 이 땅을 위해 살던 자들이, 도대체 무엇을 얻었기에 새 삶을 살아가게 되냔 말입니다.

> 소망의 하나님이 모든 기쁨과 평강을 믿음 안에서 너희에게 충만하게 하사 성령의 능력으로 소망이 넘치게 하시기를 원하노라(롬 15:13).

주를 향하여 이 소망을 가진 자마다 그의 깨끗하심과 같이 자기를 깨끗하게 하느니라 (요일 3:3).

이 소망은 도대체 무엇입니까?
무엇을 소망하기에 인간이 변화되는 것입니까?
당신은 진짜 그리스도인입니까?

가짜 그리스도인은 세상과 육신에 소망을 두고 살지만, 진짜 그리스도인들은, 보이지 않는 것에 소망을 두고 살아갑니다.

무슨 소망입니까?
이 땅에서의 멋지고 훌륭한 삶에 대한 소망입니까?
아니면, 영생에 대한 소망입니까?

그들이 기다리는 바 하나님께 향한 소망을 나도 가졌으니 곧 의인과 악인의 부활이 있으리라 함이니이다(행 24:15).

우리로 그의 은혜를 힘입어 의롭다 하심을 얻어 영생의 소망을 따라 상속자가 되게 하려 하심이라(딛 3:7).

네가 이 세대에서 부한 자들을 명하여 마음을 높이지 말고 정함이 없는 재물에 소망을 두지 말고 오직 우리에게 모든 것을 후히 주사 누리게 하시는 하나님께 두며 선을 행하고 선한 사업을 많이 하고 나누어 주기를 좋아하며 너그러운 자가 되게 하라(딤전 6:17-18).

그가 우리에게 약속하신 약속이 이것이니 곧 영원한 생명이니라(요일 2:25).

기억하십시오!

하나님을 향한 경외함과 두려움 없는 자, 그리고 영생을 소망하지 않는 자는 하나님께 순종하지 않을 것입니다. 과거의 불순종을 회개하지 않을 것이고, 자기를 부인하며 십자가 지는 길을 원하지 않을 것입니다. 그리고 반대로 지옥을 두려워하며 영생을 갈망하는 가난한 마음을 가진 자들은, 구원에 대한 소망으로 그분께 순종할 것입니다.

영생을 소망하는 자들이여!
천국을 쟁취하고 싶은 자들이여!
부디, 회개하고 복음을 믿으십시오!

그리스도를 믿는 믿음 안에 능력이 있습니다. 당신을 위해 십자가에 매달려 끔찍한 고통으로 죽으시고, 그 죽음에서 부활하신 나사렛 예수 그리스도께 모든 능력이 있습니다.

지금, 이 순간에도 실제로 살아계시며, 간절히 그를 찾는 자를 만나주시는 그분을 믿으십시오.

그 피의 능력이 당신의 죄를 씻고, 앞으로도 계속 정결하게 하시며, 구원의 길로 이끄신다는 것을 굳게 믿으십시오!

보혈이 당신을 깨끗하게 할 것이고, 죽은 행실에서 벗어나게 할 것입니다.

> 하물며 영원한 성령을 힘입어 자기 몸을 흠 없는 제물로 삼아 하나님께 바치신 그리스도의 피야말로, 더욱더 우리들의 양심을 깨끗하게 해서, 우리로 하여금 죽은 행실을 떠나서 살아 계신 하나님을 섬기게 하지 않겠습니까?(히 9:13-14, 새번역).

그분의 피에 능력 있음이 진리이고, 그 능력을 믿는 것이 믿음입니다. 그분의 능력이 우리를 구원의 길로 이끌어 주신다는 것이 기쁜 소식이고, 육신의 눈에 보이지 않는 말씀의 약속을 믿는 것이 진짜 믿음입니다.

예수 그리스도를 믿으십시오. 그분께서 마지막 날, 여러분이 흠잡을 데 없는 사람으로 설 수 있도록 끝까지 지켜 주실 것입니다.

> 우리 주 예수 [그리스도]께서 나타나실 날에 여러분이 흠잡을 데 없는 사람으로 설 수 있도록, 주님께서 여러분을 끝까지 튼튼히 세워주실 것입니다(고전 1:8, 새번역).

> 여러분을 넘어지지 않게 지켜 주시고, 여러분을 흠이 없는 사람으로 자기의 영광 앞에 기쁘게 나서게 하실 능력을 가지신 분, 곧 우리의 구주이시며 오직 한 분이신 하나님께 영광과 위엄과 주권과 권세가 우리 주 예수 그리스도로 말미암아 영원 전에와 이제와 영원까지 있기를 빕니다. 아멘(유 1:24-25, 새번역).

부디, 기도하십시오. 기도하지 않는 사람은 그분이 죽어있다고 여기는 것과 마찬가지이며, 그것은 그리스도의 부활을 믿지 않는다는 것과 마찬가지입니다. 당신을 지으신 이가, 당신을 자기의 목숨보다 사랑하신 이가 실제로 살아계십니다. 그분은 부활하셨고 지금도 살아계시며, 그를 간절히 찾는 자를 만나주십니다.

그분을 만나는 방법이 기도이고, 그분을 만나는 시간이 바로 기도입니다. 기도로써 그분을 찾고 구할 때, 하나님의 능력이 당신에게 임할 것이고, 그 능력으로 당신 안에 보이지 않는 변화가 시작될 것입니다. 죄를 사랑하던 마음이 사라지는 기적을 체험하게 될 것입니다. 그분을 위해 희생하고 헌신하고 싶은 열정을 품게 될 것입니다.

부디, 그리스도의 복음을 깨닫고 그 능력을 경험하기를, 죄로부터 해방되어 거룩함에 이르는 열매 맺기를, 그렇게 영원한 생명으로 들어가게 되기를 온 마음을 다해 기도하겠습니다.

> 그러나 이제는 너희가 죄로부터 해방되고 하나님께 종이 되어 거룩함에 이르는 열매를 맺었으니 그 마지막은 영생이라 (롬 6:22).

사랑하는 나의 형제여!
부디, 세상의 달콤한 거짓말에 속지 마십시오. 세상은 하나님이 사랑이시라 말합니다. 저 또한 그 사실을 알고 있습니다. 수많은 말씀이 그분의 사랑을 증거하고, 저 또한 성령님을 통해 그분의 사랑을 느끼며, 이 세상 어떤 언어로도 표현할 수 없는 사랑을 맛보았습니다.

하나님께서 당신을 향해 품으신 사랑이 그의 생명마저 아까워하지 않는 거대한 것임을 알지만, 저는 이 세대에 사랑을 전할 수 없습니다. 그저 '하나님께서 우리를 사랑하신다. 우리를 용서하신다'고 전할 수 없습니다. 타락한 이 세대는 광대하신 하나님의 사랑을 이용하기 때문입니다.

그분의 오래 참아주심과 자비를 불순종과 죄의 도구로 사용하고, 만물의 창조주요 모든 것의 주인이며 만왕의 왕이신 위대한 분을 사랑밖에 모르는 바보 같은 존재로 취급하기 때문입니다. 하나님을 경외하고 우러러보며 두려워하는 마음을 내버리기 때문입니다.

> 여호와께서 말씀하시되 너희가 나를 두려워 아니하느냐 내 앞에서 떨지 아니하겠느냐 (렘 5:22).

> 옳도다 저희는 믿지 아니하므로 꺾이우고 너는 믿으므로 섰느니라 높은 마음을 품지 말고 도리어 두려워하라 하나님이 원 가지들도 아끼지 아니하셨은즉 너도 아끼지 아니하시리라 그러므로 하나님의 인자와 엄위를 보라 넘어지는 자들에게는 엄위가 있으니 너희가 만일 하나님의 인자에 거하면 그 인자가 너희에게 있으리라 그렇지 않으면 너도 찍히는바 되리라(롬 11:20-22).

하나님도 사랑하고 세상도 사랑한다고 말하며, 한 발은 하나님께 한 발은 세상에 걸친 자들은, 자신들의 구원을 확신하며 희희낙락하겠지만 그들은 결국 하나님의 원수들일 뿐이고 하나님의 원수들이 가야 할 곳은 분명합니다.

착각하지 마십시오. 우리는 하나님을 알지 못합니다. 그분을 배우지 못했습니다. 하나님을 두려워할 줄 모르고 그분의 말씀을 무시하고 불순종에 불순종을 더해가며 죄를 죄라고 여기지도 않는 세상이 되어가지만, 똑똑히 들으십시오.

누구나 쉽고 간단하게 구원을 얻게 해 주는 가짜 복음의 하나님, 인내와 절제가 싫고 탐심과 쾌락을 사랑하는 자들의 가짜 하나님, 가짜들이 만든 만만하고 호구 같은 하나님은 끝까지 당신을 버리지 않을지 몰라도 성경에 기록된 여호와 하나님은 반드시 그분의 엄중한 말씀대로 각 사람을 심판하시며 순종치 않았던 자들을 영원한 불 심판으로 던지실 것입니다.

> 그러므로 너희 총명한 자들아 내 말을 들으라 하나님은 악을 행하지 아니하시며 전능자는 결코 불의를 행하지 아니하시고 사람의 행위를 따라 갚으사 각각 그의 행위대로 받게 하시나니 진실로 하나님은 악을 행하지 아니하시며 전능자는 공의를 굽히지 아니하시느니라(욥 34:10-12).

네가 말하기를 나는 그것을 알지 못하였노라 할지라도 마음을 저울질 하시는 이가 어찌 통찰하지 못하시겠으며 네 영혼을 지키시는 이가 어찌 알지 못하시겠느냐 그가 각 사람의 행위대로 보응하시리라(잠 24:12).

나 여호와는 심장을 살피며 폐부를 시험하고 각각 그의 행위와 그의 행실대로 보응하나니(렘 17:10).

이제 내가 속히 분을 네게 쏟고 내 진노를 네게 이루어서 네 행위대로 너를 심판하여 네 모든 가증한 일을 네게 보응하되 내가 너를 아껴 보지 아니하며 긍휼히 여기지도 아니하고 네 행위대로 너를 벌하여 너의 가증한 일이 너희 중에 나타나게 하리니 나 여호와가 치는 줄을 네가 알리라(겔 7:8-9).

인자가 아버지의 영광으로 그 천사들과 함께 오리니 그때에 각 사람의 행한대로 갚으리라(마 16:27).

하나님께서는 "각 사람에게 그가 한 대로 갚아 주실 것입니다." 참으면서 선한 일을 하여 영광과 존귀와 불멸의 것을 구하는 사람에게는 영원한 생명을 주시고, 이기심에 사로잡혀서 진리를 거스르고 불의를 따르는 사람에게는 진노와 분노를 쏟으실 것입니다(롬 2:6-8, 새번역).

또 내가 보니 죽은 자들이 큰 자나 작은 자나 그 보좌 앞에 서 있는데 책들이 펴 있고 또 다른 책이 펴졌으니 곧 생명책이라 죽은 자들이 자기 행위를 따라 책들에 기록된 대로 심판을 받으니 바다가 그 가운데에서 죽은 자들을 내주고 또 사망과 음부도 그 가운데에서 죽은 자들을 내주매 각 사람이 자기의 행위대로 심판을 받고 사망과 음부도 불못에 던져지니 이것은 둘째 사망 곧 불못이라 누구든지 생명책에 기록되지 못한 자는 불못에 던져지더라(계 20:12-15).

다른 이를 불쌍히 여기지 못하는 자는 긍휼 없는 심판을 받을 것이고, 다른 이를 사랑과 용서로 품어주지 못하는 자는 절대자의 용서를 받지 못할 것이며, 모든 것은 뿌린 대로 거두리라는 말씀 그대로 하나님의 심판을 받게 될 것입니다.

믿기만 하면 생명책에 기록되고, 한번 기록되면 절대 지워지지 않으리라 자만하지 마십시오. 주님이라는 호칭의 의미를 깨닫지 못하는 자, 주님의 종이 되기를 거부하는 자, 죄와 싸우려는 의지조차 없는 자, 주님의 종이 되기는커녕 죄의 종으로 살아가는 자, 패배자로 살아가는 자, 그리스도의 순결한 흰옷 입지 못한 자들의 이름은 생명책에서 지워지게 될 것입니다.

> 이기는 자는 이와 같이 흰 옷을 입을 것이요 내가 그 이름을 생명책에서 결코 지우지 아니하고 그 이름을 내 아버지 앞과 그의 천사들 앞에서 시인하리라(계 3:5).

> 불의를 행하는 자는 그대로 불의를 행하고 더러운 자는 그대로 더럽고 의로운 자는 그대로 의를 행하고 거룩한 자는 그대로 거룩하게 하라 보라 내가 속히 오리니 내가 줄 상이 내게 있어 각 사람에게 그가 행한 대로 갚아 주리라(계 22:11-12).

세상이 만들어 낸, 이름만 여호와라 붙여놓은 가짜 하나님은 어떤지 모르겠으나, 성경의 여호와 하나님께서는 당신의 생각만큼 만만한 분이 아니십니다. 세상은 하나님의 존재를 인간 중심으로 받아들이며 그의 존재를 격하하지만, 성경의 모든 말씀은 계속해서 하나님의 존엄하심을 높이고 있습니다.

온 우주의 주인이자 왕 중의 왕이요, 무소부재하시고 유일무이하시며, 지존무상하신 하나님은 당신이 쉽게 생각하는 세상의 아버지 같은 분이 아닙니다. 나의 아버지니까 내가 무슨 잘못을 한다 해도 결국에 나를 버리실 수 없고 무조건 나를 사랑할 수밖에 없는 호구 같은 존재의 아버지로 생각지 마십시오. 지금 내 옆에 만만한 친구쯤으로 여기면서 그분 앞에 패역한 태도를 보이지 마십시오.

그분의 맏아들이요 그분과 하나되신 이요, 영원부터 그와 함께 계셨던 독생자마저 그분을 경외하고 공경하였거늘, 어찌 한낱 티끌보다 못한 인간들 따위가 거룩하신 분 앞에 패역한 태도를 보이는 것입니까?

> 그는 육체로 계시는 날들 동안 자기를 사망에서 구원하실 수 있는 분께 심한 통곡과 눈물로 기도와 간구를 드렸고 하나님께서 그의 두려워하심을 인하여 들으였느니라(히 5:7, 킹제임스).

그분은 온 우주의 창조자시고, 주인이시자 만왕의 왕이고 존귀하며 거룩하신 분입니다. 그분의 존재에 비하면 인간 따위는 오물 속의 구더기만도 못한 존재입니다. 부디, 우리가 그분 앞에 지극히 겸손해야 하며 조심히 행해야 하는지 깨달으십시오.

> 너는 네 하나님 여호와의 이름을 망령되게 부르지 말라 여호와는 그의 이름을 망령되게 부르는 자를 죄 없다 하지 아니하리라(출 20:7).

그분의 그 존엄하신 이름을 망령되이 일컫지 마십시오. 모든 것 위에 군림하시는 모든 것의 주인이시며 거룩하시고 고귀하시며 고결하신 내 주 하나님의 이름을 망령되이 일컫지 마십시오. 내가 가진 모든 분노를 담아 강력히 경고합니다.

감히 내, 이 더러운 입에 담는 것조차도 부끄러워지는 그분의 거룩한 이름을, 당신 마음대로 지껄이지 마십시오!

그분을 아버지라 부를 수 있게 해 주심을 눈물 흘리며 감사하십시오!

우리처럼 천한 자들을 친구라, 자녀라 불러주시는 분께 감사와 경외로 영광을 올려드리십시오!

높음 중의 높음이요, 영원 중의 영원이며, 티끌 하나 섞이실 수 없는 오직 유일무이, 영원 지존하신 분을 존경하고 두려워하며 사랑하십시오!

진심으로 그분을 경외함으로 섬기고 그 두려움에 떨며 즐거워하십시오!

> 여호와를 경외함으로 섬기고 떨며 즐거워할지어다(시 2:11).

> 네 하나님 여호와의 명령을 지켜 그 도를 행하며 그를 경외할찌니라(신 8:6).

> 여호와를 경외하는 자 누구뇨 그 택할 길을 저에게 가르치시리로다(시 25:12).

> 여호와의 친밀함이 경외하는 자에게 있음이여 그 언약을 저희에게 보이시리로다(시 25:14).

> 온 땅은 여호와를 두려워하며 세계의 모든 거민은 그를 경외할찌어다(시 33:8).

> 너희 소자들아 와서 내게 들으라 내가 여호와를 경외함을 너에게 가르치리로다(시 34:11).

> 스스로 지혜롭게 여기지 말찌어다 여호와를 경외하며 악을 떠날찌어다(잠 3:7).

> 여호와를 경외하는 것이 지혜의 근본이요 거룩하신 자를 아는 것이 명철이니라(잠 9:10).

일의 결국을 다 들었으니 하나님을 경외하고 그 명령을 지킬찌어다 이것이 사람의 본분이니라(전 12:13).

네 악이 너를 징계하겠고 네 패역이 너를 책할 것이라 그런즉 네 하나님 여호와를 버림과 네 속에 나를 경외함이 없는 것이 악이요 고통인줄 알라 주 만군의 여호와의 말이니라(렘 2:19).

각 나라 중 하나님을 경외하며 의를 행하는 사람은 하나님이 받으시는줄 깨달았도다(행 10:35).

하나님을 경외하십시오!
공경하고 두려워하십시오!
진정 그분의 존재를 살갗으로만 스쳐도 인간 따위는 사색이 되어, 눈도 뜨지 못하고 입도 뻥긋하지 못한 채 땅바닥에 엎드려져 벌벌 떨기만 할 것입니다. 감히 어느 누구도 그분의 사랑을 거만하게 자랑치 못할 것이고, 그저 광대하고 거룩하신 분께서 나를 사랑해 주신다는 사실 자체만으로 감격하고 감사하여 눈물의 기도를 올려드릴 것입니다.

나의 사랑하는 자여!
부디 당신의 왕 앞에 낮아지십시오!
땅에 코를 처박고 엎드리십시오!
구원을 완성했다는 오만을 버리고, 죽도록 스스로를 낮추며 구원자의 자비를 부르짖으십시오!

여호와여 주는 겸손한 자의 소원을 들으셨사오니 그들의 마음을 준비하시며 귀를 기울여 들으시고(시 10:17).

여호와께서는 자기 백성을 기뻐하시며 겸손한 자를 구원으로 아름답게 하심이로다 (시 149:4).

사람들이 너를 낮추거든 너는 교만했노라고 말하라 하나님은 겸손한 자를 구원하시리라(욥 22:29).

진실로 그는 거만한 자를 비웃으시며 겸손한 자에게 은혜를 베푸시나니(잠 3:34).

젊은 자들아 이와 같이 장로들에게 순종하고 다 서로 겸손으로 허리를 동이라 하나님은 교만한 자를 대적하시되 겸손한 자들에게는 은혜를 주시느니라(벧전 5:5).

사랑하는 자들이여!

그대들에게 겁을 주고자 드리는 편지가 아닙니다. 하지만 하나님의 위대하심과 그의 높으심과 광대하심을 깨닫지 못한다면, 그 자비와 사랑, 그 은혜가 얼마나 엄청난 것인지 깨달을 수 없습니다.

그분의 거룩하심과 공의로우심, 지존하심과 준엄하심, 말로는 표현할 수 없는 그분의 거대함을 깨닫지 못한다면 그리스도의 죽음과 희생의 은혜가 얼마나 엄청난 것인지를 체감할 수가 없습니다.

오직 하나님의 자비, 그분의 은혜가 아니고서는 절대 구원을 얻을 수 없습니다. 그분의 역사하심이 일어나지 않는다면, 진짜 믿음, 진짜 사랑은 피어날 수 없고 죄로 죽어있던 자가 의에 살아있는 새사람으로 태어나는 기적은 일어나지 않습니다.

다시 말씀드리지만, 하나님을 사랑하게 되는 것조차도 하나님의 은혜가 아니면 불가능합니다.

부디, 하나님의 자비를 바라는 자들이 되어주십시오. 가난한 심령과 애통한 마음, 상한 심령을 품은 자들이 되어주십시오. 오직 그분을 사랑하는 것에 인생을 거는 자들이 되어주십시오. 오직 그분을 더욱더 사랑하지 못해 괴로워하는 자들이 되어주십시오. 오직 그분만을 죽기까지 사랑하지 못함에 절규하는 자들이 되어주십시오.

우리가 피 흘리는 마음으로 간절해야 할 것은 오직 단 하나뿐입니다. 우리가 죽기까지 필사적으로 부여잡고 매달려야 하는 것은 오직 그리스도의 옷자락뿐, 이 세상의 그 무엇도 아닙니다.

> 내가 이같이 우매 무지함으로 주 앞에 짐승이오나 내가 항상 주와 함께 하니 주께서 내 오른손을 붙드셨나이다 주의 교훈으로 나를 인도하시고 후에는 영광으로 나를 영접하시리니 하늘에서는 주 외에 누가 내게 있으리요 땅에서는 주 밖에 내가 사모할 이 없나이다(시 73:22-25).

> 내 안에 거하라 나도 너희 안에 거하리라 가지가 포도나무에 붙어 있지 아니하면 스스로 열매를 맺을 수 없음 같이 너희도 내 안에 있지 아니하면 그러하리라 나는 포도나무요 너희는 가지라 그가 내 안에, 내가 그 안에 거하면 사람이 열매를 많이 맺나니 나를 떠나서는 너희가 아무 것도 할 수 없음이라(요 15:4-5).

정녕, 모르시겠습니까?
가난한 심령과 애통한 마음이 복이라는 것을 모르시겠습니까?
천국을 향한 끊임없는 굶주림을 느낄 수 있음이 진짜 영생의 복이라는 걸 모르시겠습니까?
그런 마음이 없다는 것 자체가 이미 저주임을 모르시겠습니까? 정녕, 죽음의 한 가운데 있음을 깨닫지 못하시겠습니까?

진심으로 주님의 선하신 길에 순종하겠다 결심한 자들만이, 하나님의 법을 향하려는 속사람을 느끼는 동시에 죄로 향하려는 육신의 법을 느끼며 애통할 것입니다. 하나님의 선하심과 의로우심을 따르지 못해 슬퍼하는 자들, 진정 의에 주리고 애통해하며 그리스도를 향한 가난한 심령을 가진 자들, 그런 자들만이 매일매일 눈물의 회개를 할 것이고 그분의 자비와 보혈을 입을 것입니다.

> 대답하여 이르시되 너희는 이 갈릴리 사람들이 이같이 해 받으므로 다른 모든 갈릴리 사람보다 죄가 더 있는 줄 아느냐 너희에게 이르노니 아니라 너희도 만일 회개하지 아니하면 다 이와 같이 망하리라 또 실로암에서 망대가 무너져 치어 죽은 열여덟 사람이 예루살렘에 거한 다른 모든 사람보다 죄가 더 있는 줄 아느냐 너희에게 이르노니 아니라 너희도 만일 회개하지 아니하면 다 이와 같이 망하리라(눅 13:2-5).

우리가 구원 받은 것은 행위의 온전함이 아니라, 회개의 진실함으로 인한 것입니다. 우리가 매일 회개하는 자들로 변화되었다는 것이, 날마다 죄에 슬퍼하고 우는 자들이 되었다는 것이, 진정 그분의 구원을 얻은 증거이고 그 애통함 가운데 있는 자들에게 진짜 구원의 기쁨이 무엇인지 알게 해 주실 것입니다.

그리스도의 사랑이 정녕 얼마나 위대한 것인지 몸으로 느끼게 해 주실 것이고, 인간의 몸으로 견뎌낼 수 없는 그분의 엄청난 사랑은 우리를 죽기까지 사랑하는 자들로 변화시키며 두려움의 복종이 아닌, 자원하는 기쁨의 순종을 만들어 낼 것입니다. 좁은 길을 견딜 수 없는 기쁨으로 거닐게 되는 그의 참 신부로 만들어 줄 것입니다.

> 사랑 안에 두려움이 없고 온전한 사랑이 두려움을 내쫓나니 두려움에는 형벌이 있음이라 두려워하는 자는 사랑 안에서 온전히 이루지 못하였느니라 우리가 사랑함은 그가 먼저 우리를 사랑하셨음이라(요일 4:18-19).

온 우주의 지존자, 모든 만물의 절대자, 처음과 나중이요 시작과 끝이신 유일하신 초월자. 모든 공간에 존재하시고 모든 공간에 유일하시며 지극히 높으사 모든 것 위에 우뚝 솟으신 분. 감히 그분을 향한 두려움을 느껴본 적도 없이 사랑으로 두려움을 내쫓았다 하지 마십시오. 두려움이 먼저입니다. 그 두려움으로 떨며 자비를 구한 자가 그의 사무치는 사랑에 무너지게 될 것입니다. 그 사랑은 형벌에 대한 우리의 두려움을 물리쳐내고 피조물에 베푼 사랑과 희생, 그분의 구원이 얼마나 어마어마한 것인지 감격하게 만들며 오직 구원을 찬양하고 또 찬양하며 그분의 영광을 송축하게 할 것입니다. 부디 기억하십시오. 신앙의 시작은 지존자에 대한 거룩한 두려움. 곧, 경외함입니다.

> 주를 두려워하는 것이 지식의 시작이거늘, 어리석은 자들은 지혜와 훈계를 멸시하느니라 (잠 1:7, 킹제임스).

부디, 깨달으십시오. 이 세대의 복음이 얼마나 절망 가운데 빠져 있는지, 얼마나 많은 이가 죽음 가운데 있는 자신의 위치를 알지 못하는지, 깨달아야 합니다. 하나님을 믿는다고 말하는 자들, 그리스도를 믿는다고 고백하는 자들 가운데 죄에 대해 슬퍼하는 자만이 하나님의 구원을 입을 것이고, 그들 가운데 죄에 대해 슬퍼하지 못하는 자들은 하나님의 심판을 받을 것입니다.

> 주님께서 그에게 말씀하셨다. "너는 저 성읍 가운데로 곧 예루살렘으로 두루 돌아다니면서, 그 안에서 일어나는 모든 역겨운 일 때문에 슬퍼하고 신음하는 사람들의 이마에 표를 그려 놓아라." 또 그는, 내가 듣는 앞에서, 다른 사람들에게 말씀하셨다. "너희는 저 사람의 뒤를 따라 성읍 가운데로 돌아다니면서 사람들을 쳐서 죽여라. 불쌍히 여기지도 말고, 가엾게 여기지도 말아라. 노인과 젊은이와 처녀와 어린 아이

와 부녀들을 다 죽여 없애라. 그러나 이마에 표가 있는 사람에게는 손을 대지 말아라. 너희는 이제 내 성소에서부터 시작하여라." 그러자 그들은 성전 앞에 서 있던 장로들부터 죽이기 시작하였다(겔 9:4-6, 새번역).

가엾은 자들이여!
홍해를 건너자마자 금송아지를 만드는 백성들이여!
하나님을 믿자마자 자기를 위하여 우상을 만들고, 그것을 하나님이라 부르는 자들이여!
부디, 하나님께서 구약을 의미 없이 남기신 것이 아님을 깨달으십시오!

무엇이든지 전에 기록한 것은, 우리에게 교훈을 주려고 한 것이며, 성경이 주는 인내와 위로로써, 우리로 하여금 소망을 가지게 하려고 한 것입니다(롬 15:4, 새번역).

여호와께서 모세에게 이르시되 너는 내려가라 네가 애굽 땅에서 인도하여 낸 네 백성이 부패하였도다 그들이 내가 그들에게 명한 길을 속히 떠나 자기를 위하여 송아지를 부어 만들고 그것을 숭배하며 그것에게 희생을 드리며 말하기를 이스라엘아 이는 너희를 애굽 땅에서 인도하여 낸 너희 신이라 하였도다 여호와께서 또 모세에게 이르시되 내가 이 백성을 보니 목이 곧은 백성이로다(출 32:7-9).

그들에게 일어난 이런 일은 본보기가 되고 또한 말세를 만난 우리를 깨우치기 위하여 기록되었느니라(고전 10:11).

세상을 원하고 더 많은 욕망을 추구하는 자들이여!
두 마음 품은 자들이여, 죄에 대한 감각조차 없는 자들이여, 언제까지 즐거움과 쾌락에 취해 맹인으로 살 것입니까?
언제까지 다가오는 죽음을 깨닫지 못한 채 기뻐 뛰놀 것입니까?

웃고 떠들며, 기뻐할 때가 아님을 모르시겠습니까?

신랑만을 사랑하기 위해 날마다 날마다, 우리의 모든 간절함을 다해야 함을 모르시겠습니까?

괴로워하고 괴로워하며, 울고 울며, 마음을 찢고 찢으며, 통한의 부르짖음으로 그리스도를 붙잡아야 할 때임을 모르시겠습니까?

> 지존무상하며 영원히 거하며 거룩하다 이름하는 자가 이같이 말씀하시되 내가 높고 거룩한 곳에 거하며 또한 통회하고 마음이 겸손한 자와 함께 거하나니 이는 겸손한 자의 영을 소성케 하며 통회하는 자의 마음을 소성케 하려 함이라(사 57:15).

> 무릇 마음이 가난하고 심령에 통회하며 내 말을 듣고 떠는 자 그 사람은 내가 돌보려니와(사 66:2).

> 여호와의 말씀에 너희는 이제라도 금식하고 울며 애통하고 마음을 다하여 내게로 돌아오라 하셨나니 너희는 옷을 찢지 말고 마음을 찢고 너희 하나님 여호와께로 돌아올지어다 그는 은혜로우시며 자비로우시며 노하기를 더디하시며 인애가 크시사 뜻을 돌이켜 재앙을 내리지 아니하시나니(욜 2:12-13).

> 하나님을 가까이하라 그리하면 너희를 가까이하시리라 죄인들아 손을 깨끗이 하라 두 마음을 품은 자들아 마음을 성결하게 하라 슬퍼하며 애통하며 울지어다 너희 웃음을 애통으로, 너희 즐거움을 근심으로 바꿀지어다 주 앞에서 낮추라 그리하면 주께서 너희를 높이시리라(약 4:8-10).

> 여호와는 마음이 상한자에게 가까이 하시고 중심에 통회하는 자를 구원하시는도다(시 34:18).

> 눈물을 흘리며 씨를 뿌리는 자는 기쁨으로 거두리로다 울며 씨를 뿌리러 나가는 자는 반드시 기쁨으로 그 곡식 단을 가지고 돌아오리로다(시 126:5-6).

그리스도인에 대해서 다시 정의해 드리겠습니다.

예수를 따르는 그리스도인이라는 것은, 보이는 세상 너머를 바라보며 사는 자들입니다. 영생과 부활의 새 몸, 내 생명보다 사랑하는 신랑과의 만남을 기다리는 자들입니다. 사랑하는 이를 애절히 그리워하며, 이 땅에서 그분의 선하신 말씀을 지켜내는 자들입니다.

증오, 이기심, 시기, 질투, 음란, 탐심, 악한 마음과 생각, 난폭한 행동과 더러운 쾌락, 사탄의 형상을 부수기 위해 피 흘리기까지 싸우는 자들이고, 그 전투에 생명을 바친 자들이며, 승리를 위해 죽기까지 그리스도를 부르짖는 자들입니다.

그리스도의 순결함과 하나님의 거룩을 위해 피 흘리기까지 죄와 싸우는 자들이고, 헐벗은 자를 긍휼히 여기고 내 몸같이 돌보기 위해 탐심과 싸우는 자들이며, 악을 선으로 갚고, 원수를 사랑하기 위해 자기를 십자가에 못 박는 자들이고, 낮은 자가 되어 다른 이를 섬기기 위해 자기를 부인하는 자들입니다.

부모를 공경하는 것에 인생을 바친 자들이고, 자녀를 사랑하는 것에 생명을 건 자들이며, 아내를 사랑하는 일에 목숨 건 자들이고, 남편을 섬기는 일에 온 생애를 쏟는 자들이며, 거짓말과 불의를 버리고 정직함과 공의를 위해 자신의 모든 것을 바친 자들이며, 그렇게 선하시고 거룩하신 왕의 말씀을 따르기 위해 자기 삶의 모든 충성을 바친 자들입니다.

오직 그리스도의 선하심을 닮기 위해 그분의 능력을 부르짖는 자들이고, 오직 그리스도의 말씀을 따르기 위해 그분의 성령을 간구하는 자들이며, 오직 그리스도가 그 주인되어 선하신 성령을 따라 살아가는 자들입니다. 오직 그리스도의 위로로 세상 따위 필요치 않다고 여기며 행복해하는 자들이고, 오직 그리스도의 사랑으로 벅차하여 모든 것을 인내하며, 좁은 길을 사랑하는 자들입니다.

감추어진 보화를 발견하고 그것에 인생을 바친 자들이고, 오직 천국을 소망하기에 모든 것을 인내로 견디는 자들입니다. 하루하루 살아가는 이유 자체가 바뀐 자들이고, 삶의 목적 자체가 변화된 자들입니다.

만약 당신이 세상에서 잘 먹고 잘사는 축복을 위해 교회에 나갈 생각이라면, 산속 절에 가 108배를 하는 것이 더 빠를 것입니다. 더 풍족하고, 더 멋지고, 더 즐겁고, 더 성공한 인생을 위해 기도할 것이라면, 늦은 밤, 달님 앞에 물 떠 놓고 두 손 모아 비는 것이 빠를 것입니다. 당신의 정성을 갸륵히 여겨 사탄이 당신을 도와줄지 모르기 때문입니다.

> 육신의 생각은 하나님과 원수가 되나니 이는 하나님의 법에 굴복하지 아니할 뿐 아니라 할 수도 없음이라 육신에 있는 자들은 하나님을 기쁘시게 할 수 없느니라 만일 너희 속에 하나님의 영이 거하시면 너희가 육신에 있지 아니하고 영에 있나니 누구든지 그리스도의 영이 없으면 그리스도의 사람이 아니라(롬 8:7-9).

> 너희는 유혹의 욕심을 따라 썩어져 가는 구습을 따르는 옛사람을 벗어 버리고 오직 너희의 심령이 새롭게 되어 하나님을 따라 의와 진리의 거룩함으로 지으심을 받은 새 사람을 입으라(엡 4:22-24).

> 우리가 세상에 아무 것도 가지고 온 것이 없으매 또한 아무 것도 가지고 가지 못하리니 우리가 먹을 것과 입을 것이 있은즉 족한 줄로 알 것이니라 부하려 하는 자들은 시험과 올무와 여러 가지 어리석고 해로운 욕심에 떨어지나니 곧 사람으로 파멸과 멸망에 빠지게 하는 것이라(딤전 6:7-9).

사랑하는 자들이여!
하나님께서 우리에게 주고자 하시는 것이 무엇입니까?
우리가 뜨겁게 소망하며 살아야 할 것은 무엇입니까?

제발, 세상에 속지 마십시오. 그리스도인의 목적은 이 땅에서의 풍족한 삶이 아닙니다. 우리는 삶의 모든 열정과 소망을 보이지 않는 것을 향해 불태우는 자들입니다. 영원한 생명, 무한한 기쁨과 행복, 천국, 우리의 본향, 사랑하는 신랑과의 만남을 위해 사는 사람들입니다.

그것에 비하면 세상의 부귀영화는 배설물일 뿐이고, 세상이 주는 모든 것은 그분을 더욱 사랑하고, 그분을 더욱 드러내는 것에 사용될 뿐입니다.

하나님께서 보존해 주신 성경의 말씀으로 경고합니다. 만약 그리스도가 당신 인생의 전부가 아님에도 불구하고 평안하고 풍족하며 잘 살고 있다면, 그것은 하나님의 복이 아닐 것입니다. 세상 사람은 이 땅에서 잘 먹고 잘 사는 것을 복으로 여기지만, 그리스도의 사람들에게 그것은 복도 아니며 은혜도 아닙니다.

천국을 얻는 자가 누구인지, 위로를 받는 자가 누구인지, 기업을 받을 자가 누구인지, 하나님을 보는 자가 누구인지, 하나님의 아들이라 일컬음 받는 자가 누구인지 보십시오. 주님께서 말씀하신 복을 받지 못한다면, 천국을 얻을 것이라는 꿈도 꾸지 마십시오!

> 심령이 가난한 자는 복이 있나니 천국이 저희 것임이요 애통하는 자는 복이 있나니 저희가 위로를 받을 것임이요 온유한 자는 복이 있나니 저희가 땅을 기업으로 받을 것임이요 의에 주리고 목마른 자는 복이 있나니 저희가 배부를 것임이요 긍휼히 여기는 자는 복이 있나니 저희가 긍휼히 여김을 받을 것임이요 마음이 청결한 자는 복이 있나니 저희가 하나님을 볼 것임이요 화평케 하는 자는 복이 있나니 저희가 하나님의 아들이라 일컬음을 받을 것임이요(마 5:3-9).

진실로 다시 만날 그분을 소망하며 사는 자들에게, 부유한지 가난한지는 중요하지 않습니다. 그들은 이미 부자가 되고 싶은 마음도 없을 뿐 아니라, 넉넉해도 감사하고, 가난해도 감사하며, 그저 주님께서 허락하신 모든 것에 감사할 뿐입니다. 그 사람에게 주어지는 것이 무엇이든 간에, 주님의 뜻을 위해 살아갈 뿐입니다.

만약 지금 당신이 잘 먹고 잘 살며 평안 가운데 있다면, 조심하십시오. 하나님께서 허락하시는 가장 끔찍한 처분 중 하나는, 우리가 원하는 탐심과 쾌락을 그대로 허락해 주시는 것이니 말입니다.

> 광야에서 욕심을 크게 내며 사막에서 하나님을 시험하였도다 그러므로 여호와께서는 그들이 요구한 것을 그들에게 주셨을지라도 그들의 영혼은 쇠약하게 하셨도다 (시 106:14-15).

그렇게 평생 잘 먹고 잘살다가, 그리스도를 따른다는 개념도 모른 채 생을 마감한다면, 당신 또한 사탄이 가야 할 곳에 함께 가야 할 것입니다.

하지만, 만약 당신이 사생아가 아니고 버려진 자식이 아니라면, 진정 하나님의 택하시고 예정하신 자녀라면, 분명히 그 인생에 개입하시고 가르치시며 권고하실 것이고, 그래도 듣지 않는다면 징계하시고 아프게 하시며 무릎 꿇게 하실 것입니다.

그것이 자녀를 살리시려는 아버지의 아픈 마음이고 그 징계를 통해 가난한 마음을 품게 만드는 것, 애타게 그분을 찾고 찾게 만드는 것, 그렇게 그분을 만나 진리를 깨닫고 그의 거룩하심에 참여하도록 만드는 것, 주의 말씀을 지키게 만드시는 것이 사랑하는 그 자녀를 살리는 길이기 때문입니다.

> 고난 당하기 전에는 내가 그릇 행하였더니 이제는 주의 말씀을 지키나이다(시 119:67).

> 주께서 그 사랑하시는 자를 징계하시고 그의 받으시는 아들마다 채찍질하심이니라 하였으니 너희가 참음은 징계를 받기 위함이라 하나님이 아들과 같이 너희를 대우하시나니 어찌 아비가 징계하지 않는 아들이 있으리요 징계는 다 받는 것이거늘 너희에게 없으면 사생자요 참 아들이 아니니라 또 우리 육체의 아버지가 우리를 징계하여도 공경하였거든 하물며 모든 영의 아버지께 더욱 복종하여 살려 하지 않겠느냐 저희는 잠시 자기의 뜻대로 우리를 징계하였거니와 <u>오직 하나님은 우리의 유익을 위하여 그의 거룩하심에 참예케 하시느니라</u>(히 12:6-10).

하나님의 징계를 가볍게 생각하지 마십시오. 당신이 스스로 마음을 찢지 않는다면 하나님께서 당신의 마음을 찢으실 것이고, 그 고통은 당신이 상상하는 그 이상이 될 것입니다. 그리고 기억하십시오. 당신의 그 아픔을 당신보다 더 아파하시지만, 그것이 사랑하는 자녀를 살리려는 아버지의 피 흘리는 마음입니다.

저는 지금 당신이 무슨 문제로 곤란을 겪고 어떤 문제를 고민하는지 알지 못합니다. 하지만 그것이 무엇이든, 그것은 진짜 문제가 아닙니다.

인간의 유일하고 가장 중대한 문제는 바로 하나님을 아느냐 모르느냐, 그것뿐입니다. 창조주로부터 만들어진 피조물의 유일한 문제는 자기를 지으신 분을 깨닫느냐, 그렇지 못하느냐 뿐입니다.

만약 예정하신 사람이라면, 하나님께서 당신에게 고난을 허락하실 것이고, 그 고난 중에 진심으로 구원자를 부르짖게 만드실 것입니다. 진정 고통 가운데 있는 자들만이 전심으로 하나님을 찾을 것이고, 그렇게 가난하고 겸손한 심령으로 찾는 자들만이 진짜 진리를 만나게 될 것이며, 진짜 그리스도를 만난 자들은, 영생을 위한 삶을 살 것이기 때문입니다.

> 사람이 흑암과 사망의 그늘에 앉으며 곤고와 쇠사슬에 매임은 하나님의 말씀을 거역하며 지존자의 뜻을 멸시함이라 그러므로 그가 고통을 주어 그들의 마음을 겸손하게 하셨으니 그들이 엎드러져도 돕는 자가 없었도다 이에 그들이 그 환난 중에 여호와께 부르짖으매 그들의 고통에서 구원하시되 흑암과 사망의 그늘에서 인도하여 내시고 그들의 얽어 맨 줄을 끊으셨도다 여호와의 인자하심과 인생에게 행하신 기적으로 말미암아 그를 찬송할지로다(시 107:10-15).

우리가 이 땅에서 하나님의 나라를 누리지 못하는 것은 진리를 알지 못하고 거짓에 속아 헛된 것들에 매여있기 때문입니다. 지금 당신이 어떤 문제를 갖고 있건, 그것이 영생에 관한 것이 아니라면 모두 헛된 것에 대한 목마름이고 그 고통에서 해방을 얻는 답은 오직 하나님께 있습니다.

모든 것으로부터 자유함을 얻는 것은 진리를 아는 것뿐입니다.

하나님의 말씀을 비현실적이라 생각하지 마십시오. 당신이 세상에 속아 현실과 비현실을 구분하지 못하고 있을 뿐입니다.

> 바리새인들이 하나님의 나라가 어느 때에 임하나이까 묻거늘 예수께서 대답하여 이르시되 하나님의 나라는 볼 수 있게 임하는 것이 아니요 또 여기 있다 저기 있다고도 못하리니 하나님의 나라는 너희 안에 있느니라(눅 17:20-21).

> 진리를 알지니 진리가 너희를 자유롭게 하리라(요 8:32).

인간의 모든 문제는, 하나님의 크고 첫째 되는 계명에 순종하지 않으므로 발생합니다. 하나님만을 온전히 사랑하지 못함으로 인해 마음에 다른 우상을 두게 되고, 하나님 아닌 다른 우상을 사랑함으로 인해 주님의 평안을 느끼지 못합니다. 인간은 자기 마음에 둔 우상으로 인해 고통과 스트레스를 받으며 고난을 겪습니다. 자기가 우상으로 둔 것이 뜻대로 되지 않을 때 괴로워하고 근심하며 요동치게 됩니다. 평안함 안에 거하지 못하는 것은, 진리를 모르고 속고 있기 때문입니다.

그 우상이 아내든 남편이든, 자녀든 부모든, 사업이든 건강이든, 가족관계든 인간관계든, 결혼이든 직장 문제든 어떤 것도 진짜 문제가 아닙니다. 우리의 모든 문제는 영생을 알지 못하는 것, 하나님을 온전히 사랑하지 못하는 것이며, 모든 마음의 고통은 여기서 비롯되기 때문입니다.

> 하나님의 뜻대로 하는 근심은 후회할 것이 없는 구원에 이르게 하는 회개를 이루는 것이요 세상 근심은 사망을 이루는 것이니라(고후 7:10).

세상의 근심은 필요 없는 것일 뿐 아니라, 사망에 이르게 할 뿐입니다. 오직 그분만을 사랑하는 자만이 진리가 무엇이며 진짜가 무엇인지 알게 됨으로 헛된 것들에 마음 뺏기지 않습니다. 썩어 없어질 것들에서 자유함을 얻게 되며 진정한 평안을 얻게 됩니다.

세상 사람들은 저를 이상하게 여길지 모릅니다. 하지만 저는 말하지 않을 수 없습니다. 저는 그분을 만나고 알아버렸습니다. 인간에게 중요한 것은 하나님의 구원을 얻는 것뿐이고 그분을 만나지 못하고 영생을 얻지 못할 바에는 차라리 태어나지 않는 것이 나을 것입니다.

> 그의 아들에게 입맞추라 그렇지 아니하면 진노하심으로 너희가 길에서 망하리니 그의 진노가 급하심이라 여호와께 피하는 모든 사람은 다 복이 있도다(시 2:12).

만일 누구든지 주를 사랑하지 아니하면 저주를 받을지어다 우리 주여 오시옵소서(고전16:22).

그리스도를 만난 자, 인생에 정녕 중요한 것이 무엇인지 깨달은 자들은 세상의 어떤 상황에도 오직 그리스도가 생각의 중심이 되어 헛된 감정으로부터 자유함을 얻게 될 것입니다. 진짜가 무엇이고 진리가, 진실이 무엇인지 알게 되면, 본질이 아닌 것들로부터 자유함을 얻을 수밖에 없습니다.

전도자가 이르되 헛되고 헛되며 헛되고 헛되니 모든 것이 헛되도다 해 아래에서 수고하는 모든 수고가 사람에게 무엇이 유익한가 한 세대는 가고 한 세대는 오되 땅은 영원히 있도다(전 1:2-4).

호세아는 평생 바람을 피운 아내를 인간적 감정으로 미워하거나 원망하지 않았습니다. 하나님의 마음으로, 영혼에 대해 안타까움으로 받아들였기에 인간적 감정의 고통에서 벗어나 그녀를 대할 수 있었습니다. 오로지 하나님의 마음으로 근심하였기에 끊임없이 용서할 수 있었고 창녀된 아내를 다시 사며 끝까지 사랑으로 그녀를 돌이키려 노력했습니다.

무언가 엄청나고 광대한 것, 세상 모든 것을 초월한 무언가를 느껴버린 사람에게 이 세상의 다른 모든 것은 사소하고 하찮아질 뿐입니다. 그의 마음은 사소한 것에 자유로웠고, 구원이라는 광대하고 어마어마한 절대자의 계획에 사로잡혔습니다. 간음하는 아내에 대한 배신감과 원망이라는 인간적 고통은 그에 비하면 사소한 것이었고, 그의 관심사는 자기의 상처가 아니라, 하나님을 떠난 영혼의 돌이킴이었습니다.

사랑하는 자들이여!

진정 그리스도의 마음에 닿은 자는 상처를 품고 있을 수가 없습니다. 원수마저 사랑하고 자신을 핍박하는 자들을 위해 기도하라는 말씀에 생명을 걸고 사는 자들, 이미 자신을 모욕하는 자들을 향해 분노가 아닌 긍휼을 품게 되는 진짜 그리스도의 신부들은, 자신이 받은 상처보다, 구원 받지 못하는 영혼에 대한 그리스도의 슬픔이 클 뿐입니다.

네 원수가 주리거든 먹이고 목마르거든 마시게 하라 그리함으로 네가 숯불을 그 머리에 쌓아 놓으리라 악에게 지지 말고 선으로 악을 이기라(롬 12:17, 20, 21).

세상으로부터 오는 근심은 사망을 이룰 뿐이고 그 고통에는 답이 없습니다. 그리스도의 뜨겁고도 뜨거운 피의 사랑을 느낀 자에게 다른 것들은 사소해집니다. 우주보다 광대하고 애절하고도 애틋한 사랑을 느낀 자는 오직 그분만 전부가 될 것입니다.

나에게 상처 주는 자로 인해 괴롭지 않습니다. 나를 아프게 하는 자로 인해 슬프지 않습니다. 내가 괴롭고 슬픈 이유는 내 원수를 사랑하지 못할 때뿐입니다. 나를 핍박하는 자를 위해 기도해 주는 자가 되지 못할 때뿐입니다. 사랑하는 내 주의 말씀이 내게 이루어지지 않는 것 말고는 저를 아프게 하는 것은 없습니다. 자기 자신을 사랑하는 사람은 자기를 괴롭히는 자에게 복수하기를 기도하겠지만, 자기 자신보다 그리스도를 사랑하는 사람들은 상대방을 사랑하게 해달라 기도할 것입니다.

다른 그 무엇도 중요하지 않습니다. 주께서 나로 인해 마음 아프시지 않는 것 외에 그 어떤 것도 중요하지 않습니다. 진실로 그리스도를 사랑하는 자들만이 다른 이의 티가 아닌 자기 눈의 들보를 볼 것이고, 진실로 그리스도를 사랑하는 자들만이 다른 이의 잘못을 정죄하지 않을 것이며, 긍휼히 여기는 사랑으로 돌이키려 할 것입니다.

사랑하는 자들이여!

우리의 문제는 세상의 어떤 것이 아닙니다. 내가 하나님을 온전히 사랑하지 못하는 것, 혹은 내가 걱정하는 이가 하나님을 온전히 사랑하지 못하는 것. 오직 이것만이 인간 생의 유일한 문제이고, 그리스도만이 유일한 해결책입니다. 부디, 눈을 뜨십시오. 세상의 헛된 것들을 향한 근심은 사망을 가져올 뿐입니다.

> 평안을 너희에게 끼치노니 곧 나의 평안을 너희에게 주노라 내가 너희에게 주는 것은 세상이 주는 것과 같지 아니하니라 너희는 마음에 근심하지도 말고 두려워하지도 말라 (요 14:27).

예수님의 가르침을 믿으십시오. 저 말씀은 그저 듣기 좋은 미사여구가 아닙니다. 사실입니다. 진실입니다. 현실입니다. 실제입니다.

진정으로 하나님을 만나고 온전히 그분을 사랑하게 되면, 지금 당신이 겪고 있는 모든 문제로부터 자유함을 얻게 될 것입니다. 세상이 줄 수 없는 평안을 누리게 될 것입니다.

> 영생은 곧 유일하신 참 하나님과 그가 보내신 자 예수 그리스도를 아는 것이니이다 (요 17:3).

가엾은 자여!

지금 당신이 감사할 수 없는 고난 가운데 있다고 말할 것입니까?

예수를 사랑한다는 이유만으로 몸이 결박 당해 움직일 수도 없고, 온몸에 구멍이 나며, 살갗이 벗겨지고, 불로 지짐을 당하며 죽어간 자들마저 하나님께 감사의 제사를 드리고, 영광을 올리며 죽어갔습니다.

수많은 하나님의 사람이 자신의 환경과 상관없이, 구원자의 존재만으로 감사를 드리며 하나님을 경외했지만, 패역한 자들은 감사할 줄 모르는 망령됨으로 멸망 당했습니다.

> 그들 가운데 어떤 사람들이 원망하다가 멸망시키는 자에게 멸망하였나니 너희는 그들과 같이 원망하지 말라(고전 10:10).

> 이 사람들은 원망하는 자며 불만을 토하는 자며 그 정욕대로 행하는 자라 그 입으로 자랑하는 말을 하며 이익을 위하여 아첨하느니라(유 1:16).

우리가 정녕 그리스도를 모르고, 무엇이 진짜이고, 무엇이 영원이며, 무엇을 위해 살아야 하는지 자체를 모르기에 주어진 상황에 감사할 수 없다고 말하며 불평 불만을 쏟고 있을 뿐입니다.

세상의 썩어 없어질 것들을 사랑하고, 헛된 것들에 대한 욕심으로 가늑차 있기에, 시험도 고난도 아닌 것 따위로 시험받는다는 소리나 내뱉으며 감사치 못하는 것입니다.

> 사람이 시험을 받을 때에 내가 하나님께 시험을 받는다 하지 말지니 하나님은 악에게 시험을 받지도 아니하시고 친히 아무도 시험하지 아니하시느니라 오직 각 사람이 시험을 받는 것은 자기 욕심에 끌려 미혹됨이니 욕심이 잉태한즉 죄를 낳고 죄가 장성한즉 사망을 낳느니라(약 1:13-15).

세상을 사랑하는 마음에 사로잡힌 자들이 세상 것들로 시험받을 뿐, 진정 그리스도를 온전히 신뢰하는 자들은 범사에 감사로 살아갑니다.

돈에 대한 욕심을 버리지 못한 자는 돈을 잃을 때 시험받는다고 여기겠지만, 그것은 그의 욕심이 그를 시험할 뿐이지, 하나님께서 시험하신 것이 아닙니다.

　진실한 주의 신부는 전 재산을 잃어도 감사하고, 죽을 병에 걸려도 감사할 것입니다. 그들은 자기 뜻대로 되는 것을 원치 아니하고, 오직 주님의 뜻대로 되길 원하며, 설령 그것이 인간의 눈으로 볼 때 저주로 보이는 것일지라도, 오직 하나님의 선하심을 온전히, 온전히, 온전히 신뢰하기에, 믿고 따를 뿐입니다.

> 하나님께서 행하시는 모든 것은 영원히 있을 것이라 그 위에 더 할 수도 없고 그것에서 덜 할 수도 없나니 하나님이 이같이 행하심은 사람들이 그의 앞에서 경외하게 하려 하심인 줄을 내가 알았도다(전 3:14).

> 너는 하나님 앞에서 함부로 입을 열지 말며 급한 마음으로 말을 내지 말라 하나님은 하늘에 계시고 너는 땅에 있음이니라 그런즉 마땅히 말을 적게 할 것이라 (전 5:2).

> 형통한 날에는 기뻐하고 곤고한 날에는 되돌아 보아라 이 두 가지를 하나님이 병행하게 하사 사람이 그의 장래 일을 능히 헤아려 알지 못하게 하셨느니라(전 7:14).

> 사람이 여러 해를 살면 항상 즐거워할지로다 그러나 캄캄한 날들이 많으리니 그 날들을 생각할지로다 다가올 일은 다 헛되도다(전 11:8).

> 이는 내 생각이 너희의 생각과 다르며 내 길은 너희의 길과 다름이니라 여호와의 말씀이니라 이는 하늘이 땅보다 높음 같이 내 길은 너희의 길보다 높으며 내 생각은 너희의 생각보다 높음이니라(사 55:8-9).

　그들은 자신이 이해할 수 없는 것을 이해하려 억지 쓰지 않을 것이고, 모든 것을 아버지의 뜻대로 되기를 바라며, 모든 것에 감사할 것입니다.

> 하나님이 모든 것을 지으시되 때를 따라 아름답게 하셨고 또 사람에게 영원을 사모하는 마음을 주셨느니라 그러나 하나님의 하시는 일의 시종을 사람으로 측량할 수 없게 하셨도다(전 3:11).

> 바람의 길이 어떠함과 아이 밴 자의 태에서 뼈가 어떻게 자라는 것을 네가 알지 못함 같이 만사를 성취하시는 하나님의 일을 네가 알지 못하느니라(전 11:5).

자녀가 원한다고, 초콜릿만 주는 아버지는 결국 자녀를 죽게 할 것입니다. 그것은 사랑이 아닙니다. 내가 원하는 것만 받길 바라는 욕심은 사탄의 사랑입니다.

단호하고, 과격하게 경고합니다. 죽기까지 감사하고, 피 흘리기까지 감사하십시오. 하나님께서는 우리가 원하시는 것을 주시는 분이 아니라, 필요한 것을 주시는 분이십니다. 그것이 정녕 당신이 저주로 여기는 것이라 할지라도 말입니다.

내 모든 것을 알지도 못할뿐더러, 알 필요 없는 것을 알려 하지도 않을 것입니다. 하지만 한 가지 확실하게 아는 것은, 내 주께서는 선하시다는 것입니다. 그분께선 제게 일어난 모든 것을 선하게 만드실 것을 알기에, 제게 닥친 모든 일은 선합니다. 내 주께서 나를 사랑하심을 확실히 알기에, 내게 주어진 모든 것은 감사할 것뿐입니다.

사랑할 만한 자를 사랑하는 것은 칭찬할 것이 없고, 감사할 만한 상황에 감사하는 것은 유익한 것이 없습니다.

악한 마음이 존재하는 이 세상의 참 그리스도인은 늑대 소굴에 보내진 양과 같습니다. 고난과 핍박, 삶의 어려움이 올 것이고, 감사하지 못할 만한 온갖 환경이 올 것입니다.

불평과 불만이 생길만한 상황이 오지 않는다면, 범사에 감사하라는 말씀을 배울 수 없고, 내게 해를 끼치는 사람이 나타나지 않는다면, 원수를 사랑하라는 말씀을 배우지 못할 것이며, 경제적인 염려와 시험을 만나지 않는다면, 무엇을 먹을까 마실까 염려하지 말라는 말씀, 그 나라와 의를 구할 때 우리의 모든 것을 더하신다는 말씀의 의미를 배우지 못할 것입니다.

> 내 형제들아 너희가 여러 가지 시험을 당하거든 온전히 기쁘게 여기라 이는 너희 믿음의 시련이 인내를 만들어 내는 줄 너희가 앎이라 인내를 온전히 이루라 이는 너희로 온전하고 구비하여 조금도 부족함이 없게 하려 함이라(약 1:2-4).

> 사랑하는 자들아 너희를 연단하려고 오는 불 시험을 이상한 일 당하는 것 같이 이상히 여기지 말고 오히려 너희가 그리스도의 고난에 참여하는 것으로 즐거워하라 이는 그의 영광을 나타내실 때에 너희로 즐거워하고 기뻐하게 하려 함이라(벧전 4:12-13).

다시 한번 말씀드립니다. 주님께서 허락하신 모든 것에 감사합니다. 그분께서 우리의 마음을 살펴보십니다.

> 네 하나님 여호와께서 이 사십 년 동안에 네게 광야 길을 걷게 하신 것을 기억하라 이는 너를 낮추시며 너를 시험하사 네 마음이 어떠한지 그 명령을 지키는지 지키지 않는지 알려 하심이라 너를 낮추시며 너를 주리게 하시며 또 너도 알지 못하며 네 조상들도 알지 못하던 만나를 네게 먹이신 것은 사람이 떡으로만 사는 것이 아니요 여호와의 입에서 나오는 모든 말씀으로 사는 줄을 네가 알게 하려 하심이니라(신 8:2-3).

> 남겨 두신 이 이방 민족들로 이스라엘을 시험하사 여호와께서 모세를 통하여 그들의 조상들에게 이르신 명령들을 순종하는지 알고자 하셨더라(삿 3:4).

우리에게 주어진 모든 것에 감사할 때, 그분이 허락하시는 모든 것이 선하다는 온전한 신뢰를 가질 때, 그분께서 모든 것에 합력하여 진정한 선을 이루어주실 것입니다.

선을 이루신다는 약속을 당신 소원이 이뤄지는 것으로 착각하지 마십시오. 하나님의 선은 오직, 우리가 그리스도의 선하신 모습을 닮아가는 것뿐이고, 그렇게 그분의 순결한 신부가 되어 영원한 생명인 천국을 얻게 하는 것뿐입니다.

> 감사로 제사를 드리는 자가 나를 영화롭게 하나니 그의 행위를 옳게 하는 자에게 내가 하나님의 구원을 보이리라(시 50:23).

> 우리가 알거니와 하나님을 사랑하는 자 곧 그의 뜻대로 부르심을 입은 자들에게는 모든 것이 합력하여 선을 이루느니라 하나님이 미리 아신 자들을 또한 그 아들의 형상을 본받게 하기 위하여 미리 정하셨으니 이는 그로 많은 형제 중에서 맏아들이 되게 하려 하심이니라(롬 8:28-29).

제발, 진리로 깨어나십시오.
하나님께서 하시는 일은, 단순히 죄인을 구원하시는 것이 아닙니다. 그 죄인이 성령으로 변화를 받아 새사람으로 변화되며, 거룩함에 이르는 열매를 맺게 된다는 것이 하나님의 계획입니다.
점차 장성하고, 나날이 그리스도를 닮아가며, 하나님의 거룩한 형상을 회복하시는 것이 그분의 일이라고 성경은 말씀합니다.

사랑하는 자들이여!

제발 생각해보십시오. 그리스도를 닮아가는 자들의 삶에서, 선한 빛이 감춰질 수 있으리라 생각하십니까. 예수님을 닮아가며, 다른 이를 불쌍히 여기고, 내 것을 베풀어주며, 자기에게 해를 가하는 자마저 감싸주고 사랑하려는 자가 될 때, 그 빛이 세상을 비추지 않을 수 있다고 생각하십니까?

> 너희는 세상의 빛이라 산위에 있는 동네가 숨기우지 못할 것이요 사람이 등불을 켜서 말 아래 두지 아니하고 등경 위에 두나니 이러므로 집안 모든 사람에게 비취느니라 이같이 너희 빛을 사람 앞에 비취게 하여 저희로 너희 착한 행실을 보고 하늘에 계신 너희 아버지께 영광을 돌리게 하라 (마 5:14-16).

사랑하는 자여!

그런 사람은 이 세상에 존재할 수 없다고 여깁니까?

가엾은 세대여!

진짜 믿음의 증인들을 보지 못한 세대여!

진실한 그리스도인을 볼 수 없는 것은 이 시대가 참된 믿음을 볼 수 없는 시대가 되었기 때문입니다. 구원자를 갈망할 필요 없는 부자들의 세상이 되어 맹인이 맹인을 이끌고 있기 때문입니다.

진심으로 사랑하는 자들이여!

참된 그리스도의 신부들은 세상과 다른 삶을 살았고, 그들로 인해 세상 가운데 빛이 비췄던 역사가 있음을 알아주십시오.

그들의 선하고 아름다운 빛으로 인해, 이스라엘에 살던 한 남자의 죽음이 전 세계를 아우르는 거대한 종교의 기반이 되었음을 깨달아주십시오.

그리고 부디, 하나님의 말씀을 경히 여기지 말아주십시오. 우리는 평안하지 않습니다. 안전하지 않습니다. 그분의 말씀을 가볍게 흘려듣고, 무시한 대가는 너무나도 가혹할 것임을 잊어서는 안 됩니다.

> 너희는 세상의 소금이니 소금이 만일 그 맛을 잃으면 무엇으로 짜게 하리요 후에는 아무 쓸 데 없어 다만 밖에 버려져 사람에게 밟힐 뿐이니라(마 5:13)

> 소금이 좋은 것이나 소금도 만일 그 맛을 잃으면 무엇으로 짜게 하리요 땅에도, 거름에도 쓸 데 없어 내버리느니라 들을 귀가 있는 자는 들을지어다 하시니라(눅 14:34-35)

제3부
†
권고와 격려

사랑하는 자들이여!

내 진정 지극히 작고도 작고, 지극히 모자라고도 모자란 사람입니다.

누군가에게 하나님을 가르친다는 것 자체만으로 부끄러워 얼굴을 들 수 없습니다.

그런데도 이렇게 부끄러운 편지를 전하는 것은, 제 안에 계신 분께서 제 마음에 견딜 수 없는 불을 넣어 주셨기 때문입니다. 당신을 향해 내 목숨 따위 아깝지 않은 애절함을 갖게 하셨고 하나님의 말씀을 전하지 않고는 버틸 수 없는 타오름을 넣어 주셨기 때문입니다.

당신을 진심으로 사랑하기에 달콤한 말만 전할 수 없습니다.

위로와 사랑에만 푹 빠져 하나님을 거역하면서도 깨닫지 못하는 이 세대에 날카로운 권면과 위험에 대한 경고를 전해야 합니다.

어떻게든 하나님께서 부르신 자들을 거룩하신 분의 나라와 영광에 합당하게 행동하는 자들로 만들어야 하기 때문입니다.

> 너희도 아는 바와 같이 우리가 너희 각 사람에게 아버지가 자기 자녀에게 하듯 권면하고 위로하고 경계하노니 이는 너희를 부르사 자기 나라와 영광에 이르게 하시는 하나님께 합당히 행하게 하려 함이라(살전 2:11-12).

이제 눈을 뜨십시오. 성경을 통해 진리를 직시하고, 거짓 복음을 버리십시오. 지푸라기같이 헛된 세상 것들에서 눈을 돌이키고, 영원한 세상을 바라십시오. 당신이 진정으로 소망해야 할 것들은 이 땅이 아니라 저 하늘 높은 곳에 있습니다.

그리스도를 사랑함으로 그분께서 품으신 선한 사랑을 품기를 열망하십시오. 그분의 사랑의 눈빛을 당신의 눈에 담고, 그 사랑이 당신의 삶에 나타나게 하십시오. 그리스도께서 우리를 위해 희생하셨듯 당신도 다른 이를 위해 희생하고, 그리스도께서 우리를 위해 낮아지셨듯 당신도 다른 이를 섬겨주십시오.

그분의 이름을 위해 손해 보고 수고하는 것을 억울해하지 마십시오. 그분의 이름을 위해 고난 받고 비난 받기를 두려워 마십시오.

깨어나십시오. 우리의 진정한 상급은 이 땅에 없습니다. 그분의 이름 때문에 드린 수고와 헌신, 고난의 대가가 영원한 왕국의 상급으로 당신을 기다리고 있습니다.

> 그러므로 여러분이 그리스도와 함께 살려 주심을 받았으면, 위에 있는 것들을 추구하십시오. 거기에는, 그리스도께서 하나님의 오른쪽에 앉아 계십니다. 여러분은 땅에 있는 것들을 생각하지 말고, 위에 있는 것들을 생각하십시오. 여러분은 이미 죽었고, 여러분의 생명은 그리스도와 함께 하나님 안에 감추어져 있습니다. 여러분의 생명이신 그리스도께서 나타나실 때에, 여러분도 그분과 함께 영광에 싸여 나타날 것입니다. 그러므로 땅에 속한 지체의 일들, 곧 음행과 더러움과 정욕과 악한 욕망과 탐욕을 죽이십시오. 탐욕은 우상 숭배입니다. 이런 것들 때문에, [순종하지 않는 자들에게] 하나님의 진노가 내립니다. 여러분도 전에 그런 것에 빠져서 살 때에는, 그렇게 행동하였습니다. 그러나 이제 여러분은 그 모든 것, 곧 분노와 격분과 악의와 훼방과 여러분의 입에서 나오는 부끄러운 말을 버리십시오. 서로 거짓말을 하지 마십시오. 여러분은 옛 사람을 그 행실과 함께 벗어버리고, 새 사람을 입

으십시오. 이 새 사람은 자기를 창조하신 분의 형상을 따라 끊임없이 새로워져서, 참 지식에 이르게 됩니다. 거기에는 그리스인과 유대인도, 할례 받은 자와 할례받지 않은 자도, 야만인도 스구디아인도, 종도 자유인도 없습니다. 오직 그리스도만이 모든 것이며, 모든 것 안에 계십니다. 그러므로 여러분은 하나님의 택하심을 입은 사랑 받는 거룩한 사람답게, 동정심과 친절함과 겸손함과 온유함과 오래 참음을 옷 입듯이 입으십시오. 누가 누구에게 불평할 일이 있더라도, 서로 용납하여 주고, 서로 용서하여 주십시오. 주님께서 여러분을 용서하신 것과 같이, 여러분도 서로 용서하십시오. 이 모든 것 위에 사랑을 더하십시오. 사랑은 완전하게 묶는 띠입니다. 그리스도의 평화가 여러분의 마음을 지배하게 하십시오. 이 평화를 누리도록 여러분은 부르심을 받아 한 몸이 되었습니다. 또 여러분은 감사하는 사람이 되십시오. 그리스도의 말씀이 여러분 가운데 풍성히 살아 있게 하십시오. 온갖 지혜로 서로 가르치고 권고하십시오. 감사한 마음으로 시와 찬미와 신령한 노래로 여러분의 하나님께 마음을 다하여 찬양하십시오. 그리고 말이든 행동이든 무엇을 하든지, 모든 것을 주 예수의 이름으로 하고, 그분에게서 힘을 얻어서, 하나님 아버지께 감사를 드리십시오(골 3:1-17, 새번역).

이제 정말 잠에서 깨어나야 할 때입니다. 세상은 죄악으로 가득 찰 뿐 아니라 그것을 죄악이라고 여기지도 않습니다. 심어지 악을 선이라 여기고, 연합, 사랑, 화합이라는 이름으로 죄까지 사랑하라 말합니다.

이제 정말 그리스도의 날이 머지않았습니다. 과거 그리스도를 알지 못하던 때 육신의 일과 더러운 것들을 벗고, 선하신 주 예수 그리스도로 옷 입으십시오. 그분의 뜻을 따르는 자들이 되어, 거룩하고 순결한 그리스도의 신부답게 살아가십시오. 나의 진심을 담은 고백을 바울의 편지로 대신 전합니다.

여러분은 지금이 어느 때 인지 압니다. 잠에서 깨어나야 할 때가 벌써 되었습니다. 지금은 우리의 구원이 우리가 처음 믿을 때보다 더 가까워졌습니다. 밤이 깊고, 낮이 가까이 왔습니다. 그러므로 우리는 어둠의 행실을 벗어버리고, 빛의 갑옷을 입읍시다. 낮에 행동하듯이, 단정하게 행합시다. 호사한 연회와 술취함, 음행과 방탕, 싸움과 시기에 빠지지 맙시다. 주 예수 그리스도로 옷을 입으십시오. 정욕을 채우려고 육신의 일을 꾀하지 마십시오(롬 13:11-14, 새번역).

부디 조심하십시오. 세상은 당신의 죄를 위로하고, 평안함을 주며, 구원자를 향한 갈망을 없앨 것입니다.

"네가 연약하냐. 나도 연약하다. 우리 모두 연약하다. 우리 모두 죄인이다. 그래도 괜찮다. 죄는 어쩔 수 없다. 그래서 그분이 십자가에 죽으셨다."

광명의 천사로 위장하여 거짓 위로를 전하고, 듣는 이를 지옥을 끌고 가는 거짓 선생들이여, 하나님의 말씀을 근거로 불같이 경고합니다!

당신들의 죄가 다른 이의 죄보다 크고, 그 형벌은 훨씬 더 고통스러울 것입니다(눅 20:47; 약 3:1).

그들의 거짓 위로 대신 하나님의 경고를 전하겠습니다.

죄를 떠나라!(딤후 2:19)
악을 미워하라!(롬 12:9)
악을 알지도 말아라!(시 101:4)
악에게 틈조차 주지 말아라!(엡 4:27)
악은 모든 모양이라도 버려라!(살전 5:22)

성도들을 죄 가운데 거하게 하는 거짓 선지자들의 위로 대신, 요한의 서신을 당신께 전합니다.

죄를 짓는 사람마다 불법을 행하는 사람입니다. 죄는 곧 불법입니다. 여러분이 아는 대로, 그리스도께서는 죄를 없애려고 나타나셨습니다. 그리스도는 죄가 없는 분이십니다. 그러므로 그리스도 안에 머물러 있는 사람마다 죄를 짓지 않습니다. 죄를 짓는 사람마다 그를 보지도 못한 사람이고, 알지도 못한 사람입니다. 자녀 된 이 여러분, 아무에게도 미혹을 당하지 마십시오. 의를 행하는 사람은 하나님이 의로우신 것과 같이 의롭습니다. 죄를 짓는 사람은 악마에게 속해 있습니다. 악마는 처음부터 죄를 짓는 자이기 때문입니다. 하나님의 아들이 나타나신 목적은 악마의 일을 멸하시려는 것입니다. 하나님에게서 난 사람은 누구나 죄를 짓지 않습니다. 하나님의 씨가 그 사람 속에 있기 때문입니다. 그는 죄를 지을 수 없습니다. 그가 하나님에게서 났기 때문입니다. 하나님의 자녀와 악마의 자녀가 여기에서 환히 드러납니다. 곧 의를 행하지 않는 사람과 자기 형제자매를 사랑하지 않는 사람은 누구나 하나님에게서 난 사람이 아닙니다(요일 3:4-10, 새번역).

사랑하는 나의 형제들이여!
하나님의 군사들이여, 믿음의 선한 싸움을 하십시오!
영생을 차지하십시오!
악을 미워하고 선한 것을 굳게 잡으십시오!
그리스도께서 그분의 삶으로 가르치셨던 사랑과 희생, 선한 마음을 따르십시오!
그분을 닮게 해달라 죽기까지 기도하며 울부짖으십시오!

진심으로, 진심으로 하나님의 은혜가 여러분과 함께 있기를 간절히 기도합니다.

하나님의 사람이여! 그대는 이 악한 것들을 피하십시오. 의와 경건과 믿음과 사랑과 인내와 온유를 좇으십시오. 믿음의 선한 싸움을 싸우십시오. 영생을 얻으십시오. 하나님께서는 영생을 얻게 하시려고 그대를 부르셨고, 또 그대는 많은 증인들 앞에서 훌륭하게 신앙을 고백했습니다. 그대는 우리 주 예수 그리스도께서 나타나실 때까지 그 계명을 지켜서, 흠도 없고, 책망받을 것도 없는 사람이 되십시오. 정한 때가 오면, 하나님께서 주님의 나타나심을 보여 주실 것입니다. 하나님은 찬양 받으실 분이시오, 오직 한 분이신 통치자이시오, 만왕의 왕이시오, 만주의 주이십니다. 그대는 이 세상의 부자들에게 명령하여, 교만해지지도 말고, 덧없는 재물에 소망을 두지도 말고, 오직 우리에게 모든 것을 풍성히 주셔서 즐기게 하시는 하나님께 소망을 두라고 하십시오. 또 선을 행하고, 좋은 일을 많이 하고, 아낌없이 베풀고, 즐겨 나누어주라고 하십시오. 그렇게 하여, 앞날을 위하여 든든한 기초를 스스로 쌓아서, 참된 생명을 얻으라고 하십시오. 디모데여, 그대에게 맡긴 것을 잘 지키시오. 속된 잡담을 피하고, 거짓 지식의 반대 이론을 물리치십시오. 이 반대 이론을 내세우다가 믿음을 잃은 사람도 더러 있습니다. 은혜가 여러분과 함께 있기를 바랍니다(딤전 6:11-21, 새번역).

하나님의 사람들이여!

악에게 지지 말고 선으로 악을 이기십시오. 하나님의 사람들이여, 하나님의 사람답게 살아가십시오. 당신의 선한 행실과 아름다운 마음으로 하나님께서 영광을 받으시도록 하십시오. 애타는 마음으로 바울의 편지를 전합니다.

사랑에는 거짓이 없어야 합니다. 악한 것을 미워하고, 선한 것을 굳게 잡으십시오. 형제의 사랑으로 서로 다정하게 대하며, 존경하기를 서로 먼저 하십시오. 열심을 내어서 부지런히 일하며, 성령으로 뜨거워진 마음을 가지고 주님을 섬기십시오. 소망을 품고 즐거워하며, 환난을 당할 때에 참으며, 기도를 꾸준히 하십시오. 성도들이 쓸 것을 공급하고, 손님 대접하기를 힘쓰십시오. 여러분을 박해하는 사람들을 축복하십시오. 축복을 하고, 저주를 하지 마십시오. 기뻐하는 사람들과 함께 기뻐하고, 우는 사람들과 함께 우십시오. 서로 한 마음이 되고, 교만한 마음을 품지 말고, 비천한 사람들과 함께 사귀고, 스스로 지혜가 있는 체하지 마십시오. 아무에게도 악을 악으로 갚지 말고, 모든 사람이 선하다고 생각하는 일을 하려고 애쓰십시오. 여러분 쪽에서 할 수 있는 대로 모든 사람과 더불어 화평하게 지내십시오. 사랑하는 여러분, 여러분은 스스로 원수를 갚지 말고, 그 일은 하나님의 진노하심에 맡기십시오. 성경에도 기록하기를 "원수 갚는 것은 내가 할 일이니, 내가 갚겠다'고 주님께서 말씀하신다" 하였습니다. "네 원수가 주리거든 먹을 것을 주고, 그가 목말라 하거든 마실 것을 주어라. 그렇게 하는 것은, 네가 그의 머리 위에다가 숯불을 쌓는 셈이 될 것이다" 하였습니다. 악에게 지지 말고, 선으로 악을 이기십시오(롬 12:9-21, 새번역).

그분을 믿으십시오. 그분께서 그 자녀를, 부르심에 합당한 사람이 되게 해 주실 것입니다. 그분의 능력으로 당신에게 모든 선한 뜻과 행위를 완성해 주시도록, 저를 비롯한 많은 사람들이 당신을 위해 기도할 것입니다.

그러므로 우리가 언제나 여러분을 위하여 기도합니다. 그것은 우리 하나님께서 여러분을 그의 부르심에 합당한 사람이 되게 해 주시며 또 그의 능력으로 모든 선한 뜻과 믿음의 행위를 완성해 주시기를 비는 것입니다. 이렇게 해서 우리 하나님과 주 예수 그리스도의 은혜로 우리 주 예수의 이름이 여러분에게서 영광을 받고, 여러분도 그리스도 안에서 영광을 받게 하려는 것입니다(살후 1:11-12, 새번역).

여러분의 사명은 다른 것이 아닙니다. 세상의 빛과 소금이 되어 그분께서 영광 받도록 하십시오. 목숨 다해 사랑함으로, 선하신 분의 마음에 순종하고, 그분의 자녀답게 사십시오.

당신의 마음, 생각, 말, 행동과 삶 전체로 예수 그리스도의 선하심을 증거하고, 그리스도의 살아계심을 나타내십시오. 그가 살아계심을 세상에 알리십시오. 그들이 그 기이한 빛을 보고 그리스도께로 나아올 것입니다. 그것이 당신의 사명입니다.

그러나 여러분은 택하심을 받은 족속이요, 왕과 같은 제사장들이요, 거룩한 민족이요, 하나님의 소유가 된 백성입니다. 그래서 여러분을 어둠에서 불러내어 자기의 놀라운 빛 가운데로 인도하신 분의 업적을, 여러분이 선포하는 것입니다. 여러분이 전에는 하나님의 백성이 아니었으나, 지금은 하나님의 백성이요, 전에는 자비를 입지 못한 사람이었으나, 지금은 자비를 입은 사람입니다. 사랑하는 여러분, 나는 나그네와 거류민 같은 여러분에게 권합니다. 영혼을 거슬러 싸우는 육체적 정욕을 멀리하십시오. 여러분은 이방 사람 가운데서 행실을 바르게 하십시오. 그렇게 해야 그들은 여러분더러 악을 행하는 자라고 욕하다가도, 여러분의 바른 행위를 보고 하나님께서 찾아오시는 날에 하나님께 영광을 돌릴 것입니다. 여러분은 인간이 세운 모든 제도에 주님을 위하여 복종하십시오. 주권자인 왕에게나, 총독들에게나, 그렇게 하십시오. 총독들은 악을 행하는 사람에게 벌을 주고 선을 행하는 사람에게 상을 주게 하려고 왕이 보낸 이들입니다. 선을 행함으로 어리석은 자들의 무지한 입을 막는 것이 하나님의 뜻입니다. 여러분은 자유인으로 사십시오. 그러나 그 자유를 악을 행하는 구실로 쓰지 말고, 하나님의 종으로 사십시오. 모든 사람을 존중하며, 믿음의 식구들을 사랑하며, 하나님을 두려워하며, 왕을 공경하십시오. 하인으로 있는 여러분, 극히 두려운 마음으로 주인에게 복종하십시오. 선량하고 너그러운 주인에게만 아니라, 까다로운 주인에게도 그리하십시오. 억울하게 고난을 당하더라도 하나님을 생각하면서 괴로움을 참으면, 그것은 아름다운 일입니다. 죄를 짓고 매를 맞으면서 참으면, 그것이 무슨 자랑이 되겠습니까? 그러나 선을 행하다가 고난을 당하면서 참으면, 그것은 하나님께서 보시기에 아름다운 일입니다. 바로 이것을 위하여 여러분은 부르심을 받았습니다. 그리스도께서는 여러분을 위하여 고난을 당하심으로써 여러분이 자기의 발자취를 따르게 하시려고 여러분에게 본을 남겨 놓으셨습니다. 그는 죄를 지으신 일이 없고 그의 입에서는 아무런 거짓도 찾아볼 수 없었습니다. 그는 모욕을 당하셨으나 모욕으로 갚지 않으시고, 고난을 당하셨으나 위협하지 않으시고, 정의롭게 심판하시는 이에게 다 맡기셨습니다. 그는 우리 죄를 자기의 몸에 몸소 지시고서, 나무에 달리셨습니다. 그것은, 우리가 죄에는 죽고 의에는 살게 하시려는 것이었습니다. 그가 매를 맞아 상함으로 여러분이 나음을 얻었습니다. 전에는 여러분은 길 잃은 양과 같았으나, 이제는 여러분의 영혼의 목자이며 감독이신 그에게로 돌아왔습니다(벧전 2:9-25, 새번역).

빛의 자녀들이여!
세상의 빛이 되십시오!
전에 우리는 어둠의 자식들이었으나, 이제는 아닙니다. 그리스도께서 우리의 빛이 되셨습니다. 시대가 악합니다. 세월을 아끼고, 부디, 주님의 뜻을 깨달으십시오.

여러분이 전에는 어둠이었으나, 지금은 주님 안에서 빛입니다. 빛의 자녀답게 사십시오. 빛의 열매는 모든 선과 의와 진실에 있습니다. 주님께서 기뻐하시는 일이 무엇인지를 분별하십시오. 여러분은 열매 없는 어둠의 일에 끼여들지 말고, 오히려 그것을 폭로하십시오. 그들이 몰래 하는 일들은 말하기조차 부끄러운 것들입니다. 빛이 폭로하면 모든 것이 드러나게 됩니다. 드러나는 것은 다 빛입니다. 그러므로, "잠자는 사람아, 일어나라. 죽은 사람 가운데서 일어서라. 그리스도께서 너를 환히 비추어 주실 것이다" 하는 말씀이 있습니다. 그러므로 여러분은 어떻게 살아가야 할지를 살피십시오. 지혜롭지 못한 사람처럼 살지 말고, 지혜로운 사람답게 살아야 합니다. 세월을 아끼십시오. 때가 악합니다. 그러므로 어리석은 자가 되지 말고, 주님의 뜻이 무엇인지를 깨달으십시오. 술에 취하지 마십시오. 거기에는 방탕이 따릅니다. 성령의 충만함을 받으십시오. 시와 찬미와 신령한 노래로 서로 화답하며, 여러분의 가슴으로 주님께 노래하며, 찬송하십시오. 모든 일에 언제나 우리 주 예수 그리스도의 이름으로 하나님 아버지께 감사를 드리십시오(엡 5:8-20, 새번역).

하나님의 군사로 부름 받은 자들이여!

우리의 싸움은 혈과 육의 싸움이 아닙니다. 이 세상의 어둠의 세력과 악한 영들과의 싸움입니다.

그리스도를 진실한 사랑하는 자들만이, 하나님의 원수 마귀를 대적하는 그의 군사가 될 것입니다. 뱀과 전갈을 짓밟으며 죄를 이기는 군사들이 될 것입니다.

그러므로 하나님 안에서 굳게 서십시오!
전투를 각오하고 갑옷을 착용하십시오!
이미 승리하신 그리스도께서 우리와 함께하십니다!

> 끝으로 말합니다. 여러분은 주님 안에서 그분의 힘찬 능력으로 굳세게 되십시오. 악마의 간계에 맞설 수 있도록, 하나님이 주시는 온몸을 덮는 갑옷을 입으십시오. 우리의 싸움은 인간을 적대자로 상대하는 것이 아니라, 통치자들과 권세자들과 이 어두운 세계의 지배자들과 하늘에 있는 악한 영들을 상대로 하는 것입니다. 그러므로 하나님이 주시는 무기로 완전히 무장하십시오. 그래야만 여러분이 악한 날에 이 적대자들을 대항할 수 있으며 모든 일을 끝낸 뒤에 설 수 있을 것입니다. 그러므로 여러분은 진리의 허리띠로 허리를 동이고 정의의 가슴막이로 가슴을 가리고 버티어 서십시오. 발에는 평화의 복음을 전할 차비를 하십시오. 이 모든 것에 더하여 믿음의 방패를 손에 드십시오. 그것으로써 여러분은 악한 자가 쏘는 모든 불화살을 막아 꺼버릴 수 있을 것입니다. 그리고 구원의 투구를 받고 성령의 검 곧 하나님의 말씀을 받으십시오. 온갖 기도와 간구로 언제나 성령 안에서 기도하십시오. 이것을 위하여 늘 깨어서 끝까지 참으면서 모든 성도를 위하여 간구하십시오(엡 6:10-18, 새번역)

말씀과 진리로 무장하여 경계 태세를 늦추지 마십시오!
근신하고 깨어서 기도의 인내와 사랑의 수고로 당신의 전투 태세를 흩트리지 마십시오. 우리의 대적 원수 마귀가 우는 사자처럼 삼킬 자를 노리고 있기 때문입니다.

> 근신하라 깨어라 너희 대적 마귀가 우는 사자 같이 두루 다니며 삼킬 자를 찾나니(벧전 5:8)

세상은 진리의 사랑(살후 2:10)이 아닌 거짓된 사랑으로 죄를 포장합니다. 사탄은 인간적으로 볼 때 선하고 아름다워 보이는 가짜 사랑으로 죄를 포장하여, 창조자께서 정하신 선과 악의 기준을 바꾸려고 하고 있습니다.

이제는 남자와 여자 간의 성적 타락을 넘어서 남자와 남자, 여자와 여자 사이의 더러운 정욕과 쾌락을 사랑이라는 이름으로 포장하여 선하다 말하고 있습니다.

하나님보다 인간을 중요하게 여기고, 하나님 말씀의 권위보다 인권을 높이려는 자들은 그것을 죄라고 말하는 절대자의 말씀조차 부정하며 하나님은 사랑이시니 괜찮다는 마귀 같은 소리를 하고 있습니다. 인간 따위가 교만으로 하나님보다 높아져서 창조주의 말씀을 무시하고, 감히 피조물 따위가 만물의 근원 되신 분의 말씀을 자기들 뜻대로 고쳐 쓰며, 그분께서 죄라 정하신 것을 죄가 아니라 도전하고 있습니다.

부디, 깨어나십시오. 하나님의 말씀을 보십시오!

그분을 공부하십시오! 그분의 아름다운 속성과 마음을, 성경의 말씀을 통해 배우십시오!

왕의 말씀에 순종함으로 그의 선하심, 순결하심, 거룩하심을 느끼고 배우십시오!

오직 선하신 분의 뜻에 따를 때, 감히 형언할 수 없는 아름다운 사랑과 행복이 있음을, 죄의 더러운 쾌락보다 훨씬 더 순결하고 고결한 기쁨과 만족이 있다는 것을, 거룩하신 분의 말씀에 순종함으로 직접 느끼게 될 것입니다!

사탄은 거짓 사랑으로 진리의 사랑을 핍박합니다. 하나님과 다른 종교의 거짓 신들과의 역겨운 혼합을 상호 존중, 사랑, 평화, 연합, 화합, 관용, 포용이라는 광명의 천사로 위장합니다. 사랑이라는 가면을 쓴 채, 오직 거룩하신 분의 지존하심을 '독선이다, 사랑이 없다' 말하며 모든 신을 인정하라 요구합니다.

다시 한번 말씀드립니다. 예수님께서는 평화가 아닌 검을 주러 오셨습니다. 진리는 어둠의 세상과 전쟁을 치러야 할 것이고, 수많은 미혹들이 우리를 노릴 것입니다.

> 너는 스스로 삼가 네가 들어가는 땅의 주민과 언약을 세우지 말라 그것이 너희에게 올무가 될까 하노라 너희는 도리어 그들의 제단들을 헐고 그들의 주상을 깨뜨리고 그들의 아세라 상을 찍을지어다(출 34:12-13).

더럽고 역겹습니다!
하나님은 지존하시고 그 외 모든 것은 더러운 귀신일 뿐입니다. 예수 그리스도 이외에 우리에게 다른 이름을 주신 적이 없기에(행 4:12), 만일 그리스도 이외에 다른 이름으로도 구원이 가능하다 말하는 것은, 그리스도의 십자가 희생을 개죽음으로 만드는 것이나 마찬가지입니다.

싸우십시오!
원수 마귀를 대적하십시오!
내가 가진 것을 원한다면 내 목숨까지 내어줄 것입니다!
하지만 내 주의 진리를 대적한다면, 그리스도의 영혼들을 빼앗으려 한다면, 내 목숨 걸고 싸울 것입니다!

하나님의 말씀으로 선과 악을 구별하고, 오직 진리인 말씀에서 벗어나는 것이라면, 그 겉모양이 아무리 아름답다 하더라도, 그것을 무찌르십시오.

속지 마십시오, 하나님을 믿는다고 말하는 모든 사람이 참으로 하나님을 믿는 것이 아닙니다. 입으로는 하나님을 믿는다 고백하면서도, 오직 진리이신 그분의 말씀을 따르지 않는다면, 그 사람은 성경의 여호와 하나님이 아닌, 세상과 자신이 만들어 낸, 이름만 하나님이라고 붙인 다른 신을 믿고 있는 것입니다. 하나님을 믿는 자들은 오직 그분의 말씀이 진리이며, 세상의 그 어떤 사상과도 타협하지 않습니다.

눈을 뜨십시오!
말씀으로 무장하십시오!
그분께서 주신 말씀의 검으로, 악을 물리치고, 선을 사랑하며, 죄에서 돌이키게 하는 진리의 사랑을 품으십시오!
죄악을 미워하되, 죄인을 긍휼히 여기고, 양날이 선 말씀으로, 죄인의 살을 베고, 뼈가 아프도록 그들의 죄를 지적하고 책망하십시오!(레 19:17; 전 12:11; 엡 5:11; 갈 6:1)

그들이 상한 심령을 갖게 하여 회개하게 하십시오. 사랑을 담아 죄를 멈추라 맹렬히 소리치고, 뒤돌아서는 그들을 위해 눈물로 기도하십시오. 그것이 죄를 미워하고, 영혼을 사랑하신 그리스도의 사랑입니다.

> 또 어떤 부류의 사람들에 대해서는 그들을 불에서 끌어내어 구원해 주십시오. 또 어떤 부류의 사람들에 대해서는 그들을 두려운 마음으로 동정하되, 그 살에 닿아서 더럽혀진 속옷까지도 미워하십시오(유 1:23, 새번역).

이제, 예수 그리스도를 사랑하는 자들에게, 그분께 순종하며 그 선하신 길을 가려 노력하는 진실한 자들에게, 인애하고 자비하신 하나님의 위로와 용기의 말씀을 전하고 싶습니다.

너무 걱정하지 마십시오. 주님은, 완벽한 자를 찾지 않으십니다.

일곱이나 넘어질 수 있으나, 끝까지 그 길을 포기하지 않고 일어나는 자를 원하십니다.

만약, 당신의 중심이 모든 것을 아시는 주님 앞에 진실하다면, 그분을 향한 사랑과 충성이 간사함 없는 진심을 가지고 있다면, 설사 육신의 연약함으로 인해 넘어질지라도, 당신을 안아주실 것입니다. 그분께서 우리의 연약함을 동정하시고, 위로하시며 우리를 위해 변호해 주실 것입니다.

> 그러나 우리에게는 하늘에 올라가신 위대한 대제사장이신 하나님의 아들 예수가 계십니다. 그러므로 우리의 신앙 고백을 굳게 지킵시다. 우리의 대제사장은 우리의 연약함을 동정하지 못하시는 분이 아닙니다. 그는 모든 점에서 우리와 마찬가지로 시험을 받으셨지만, 죄는 없으십니다. 그러므로 우리는 담대하게 은혜의 보좌로 나아갑시다. 그리하여 우리가 자비를 받고 은혜를 입어서, 제때에 주시는 도움을 받도록 합시다(히 4:14-16, 새번역).

> 나의 자녀 여러분, 내가 여러분에게 이렇게 쓰는 것은, 여러분으로 하여금 죄를 짓지 않도록 하려는 것입니다. 누가 죄를 짓더라도, 아버지 앞에서 변호해 주시는 분이 우리에게 계시는데, 곧 의로우신 예수 그리스도이십니다(요일 2:1, 새번역).

그분께서 미리 알고 택하신 자녀는, 날마다 그리스도를 닮아갈 것입니다. 그분께서 친히 그 길을 가게 하실 것이고, 그의 형상을 회복하실 것입니다. 육신의 연약함으로 인한 넘어진다 해도, 진실한 충성으로 끝까지 일어나 그 길을 포기하지 않는다면, 주께서 의롭다 여겨주시며 친히 안아주실 것입니다. 그러므로 누구도 그를 정죄하지 못할 것입니다.

> 하나님께서는 미리 아신 사람들을 택하셔서, 자기 아들의 형상과 같은 모습이 되도록 미리 정하셨으니, 이것은 그 아들이 많은 형제 가운데서 맏아들이 되게 하시려는 것입니다. 그리하여 하나님께서는 이미 정하신 사람들을 부르시고, 또한 부르신 사람들을 의롭게 하시고, 의롭게 하신 사람들을 또한 영화롭게 하셨습니다. … 하나님께서 택하신 사람들을, 누가 감히 고발하겠습니까? 의롭다 하시는 분이 하나님이신데, 누가 감히 그들을 정죄하겠습니까? 그리스도 예수는 죽으셨지만 오히려 살아나셔서 하나님의 오른쪽에 계시며, 우리를 위하여 대신 간구하여 주십니다 (롬 8:29-34, 새번역).

사탄이 두려워하는 것은, 한 영혼이 진실로 그리스도를 사랑하게 되는 것입니다. 사탄은 어떻게든 그것을 막으려 노력합니다.

진정으로 생명을 다해 그리스도를 사랑하는 그의 신부들은 목숨을 다해 순종할 것이고, 설령 연약함으로 인한 실수와 넘어짐이 있더라도, 아무도 그를 정죄치 못할 것이기 때문입니다. 그를 의롭다 하신 분이 하나님이시기에, 감히 사탄이 그 사람을 고발할 수 없기 때문입니다. 우주의 그 어떤 것도, 우리를 향한 그분의 진실한 사랑을 끊을 수 없을 것이기 때문입니다.

> 내가 확신하노니 사망이나 생명이나 천사들이나 권세자들이나 현재 일이나 장래 일이나 능력이나 높음이나 깊음이나 다른 어떤 피조물이라도 우리를 우리 주 그리스도 예수 안에 있는 하나님의 사랑에서 끊을 수 없으리라(롬 8:38-39).

하나님을 향해 진실되게 충성하는 자들, 그리스도를 향한 사랑에 생명을 건 사람들, 마음에 간사함 없이 목숨을 다해 주님을 따르겠다는 각오와 사랑을 품은 자들만이 아직 벗지 못한 육신의 연약함을 변호 받을 것이며 의롭다 인정하심을 받을 것입니다. 그들은 일곱 번을 일흔 번이라도 용서해주시는 주님의 무한한 용서와 사랑에 눈물을 흘리며 영광의 찬양을 소리 높여 외칠 것입니다.

> 허물의 사함을 받고 자신의 죄가 가려진 자는 복이 있도다 마음에 간사함이 없고 여호와께 정죄를 당하지 아니하는 자는 복이 있도다 내가 입을 열지 아니할 때에 종일 신음하므로 내 뼈가 쇠하였도다 주의 손이 주야로 나를 누르시오니 내 진액이 빠져서 여름 가뭄에 마름 같이 되었나이다 내가 이르기를 내 허물을 여호와께 자복하리라 하고 주께 내 죄를 아뢰고 내 죄악을 숨기지 아니하였더니 곧 주께서 내 죄악을 사하셨나이다 이로 말미암아 모든 경건한 자는 주를 만날 기회를 얻어서 주께 기도할지라 진실로 홍수가 범람할지라도 그에게 미치지 못하리이다 주는 나의 은신처이오니 환난에서 나를 보호하시고 구원의 노래로 나를 두르시리이다 내가 네 갈 길을 가르쳐 보이고 너를 주목하여 훈계하리로다 너희는 무지한 말이나 노새 같이 되지 말지어다 그것들은 재갈과 굴레로 단속하지 아니하면 너희에게 가까이 가지 아니하리로다 악인에게는 많은 슬픔이 있으나 여호와를 신뢰하는 자에게는 인자하심이 두르리로다 너희 의인들아 여호와를 기뻐하며 즐거워할지어다 마음이 정직한 너희들아 다 즐거이 외칠지어다 (시 32:1-11).

부디 하나님의 크고 첫째 되는 계명을 기억하십시오. 이 계명에 순종하는 외에 다른 길이 없습니다. 당신을 죄에서 떠나게 하는 방법은 이것뿐입니다. 부디, 하나님을 사랑하게 해달라 울부짖으십시오. 그분을 사랑하게 되는 것조차도 그분의 은혜임을 고백하며 간절히 기도하십시오.

> 서기관 중 한 사람이 그들이 변론하는 것을 듣고 예수께서 잘 대답하신 줄을 알고 나아와 묻되 모든 계명 중에 첫째가 무엇이니이까 예수께서 대답하시되 첫째는 이

> 것이니 이스라엘아 들으라 주 곧 우리 하나님은 유일한 주시라 네 마음을 다하고 목숨을 다하고 뜻을 다하고 힘을 다하여 주 너의 하나님을 사랑하라(막 12:28-30).

우상 숭배는 어떤 특별한 것이 아닙니다.

온 마음을 다해 하나님만을 사랑하지 못하는 것이 우리의 우상 숭배입니다. 영원한 것에 소망을 품지 못하는 자는 땅의 것에 열정을 품을 것이고, 땅의 것들을 향한 그의 탐심은 그리스도의 선하신 희생과 사랑을 품지 못하게 할 것입니다. 그리스도의 순결함보다 자기의 쾌락을 더 사랑하는 자들은 주께서 주신 선한 것을 더럽고 악하게 사용하며 죄의 쾌락으로 정욕을 채울 것입니다.

> 그러므로 땅에 있는 지체를 죽이라 곧 음란과 부정과 사욕과 악한 정욕과 탐심이니 탐심은 우상 숭배니라(골 3:5)

> 너희도 정녕 이것을 알거니와 음행하는 자나 더러운 자나 탐하는 자 곧 우상 숭배자는 다 그리스도와 하나님의 나라에서 기업을 얻지 못하리니(엡 5:5)

부디, 우리를 사랑하시는 아버지의 마음을 깨달으십시오.

하나님께서 우리에게 온 마음을 다한 사랑을 요구하신 것은 사랑하는 그 자녀를 위한 요구입니다. 사랑하는 자녀에게 가짜가 아닌 진짜의 것, 사라질 것이 아닌 영원한 것, 헛된 것이 아닌 귀하고 귀한 것을 주고 싶으시기에 온 마음을 다해 하나님을 사랑하길 원하십니다.

진심으로 그분을 사랑하지 못하면 세상의 것들에 마음을 뺏길 수밖에 없고, 그 헛된 것들에 빠져 산다면 그 탐심과 정욕은 죄를 낳을 수밖에 없으며, 결국 그 삯은 사망일 뿐입니다.

진짜를 깨닫지 못하고 가짜를 갈망하며 살아간다면, 그 갈증은 아무리 채워도 채워지지 않을 것이고 끊임없는 갈증을 느끼며 살게 될 것입니다. 재물을 채워도 채워도 또다시 또 채워야 하고, 쾌락은 채워도 채워도 그 순간뿐, 다시금 일어나는 목마름에 더한 쾌락을 원하게 될 뿐입니다. 그렇게 한평생 헛된 것을 좇으며 이 땅에서 천국을 누리지 못한다면, 죽어서도 천국에 들어가지 못할 것입니다.

아직 생명 다해 사랑하지 못하는 자들이여!
그리스도의 피 흐르는 아픔과 사랑을 느껴보지 못한 자들이여!
우리 스스로가 우상 숭배자라는 사실을 깨닫지 못하면, 회개하지 못할 것입니다.
부디, 슬퍼하고 마음을 찢으며 회개하십시오.
우리의 눈이 가리워 있었음을 자백하고 하나님 앞에 진실한 회개를 하십시오. 그분의 자비를 바라며 기도하고, 하나님의 말씀 하나 하나에 순종하십시오.
우리가 진정 경외하는 마음으로 그분을 갈망하지 않는다면 그를 만나지 못할 것이고, 그분을 만나지 못한다면 그 사랑을 느껴보지 못할 것이며, 그 사랑을 느껴보지 못한다면 우리 또한 그분을 사랑하지 못할 것입니다. 진정 장담컨대, 그분의 존재와 그 사랑을 스치기만 하여도 인간의 존재가 붕괴되며, 자기 목숨까지 미워할 정도로 그리스도를 사랑하게 될 것입니다.

부디, 영원을 소망하며 그분을 찾고 구하십시오.
이 세대가 멸망하는 이유는 그리스도를 갈망하는 열정을 잃어버렸기 때문입니다. 오직, 당신을 위해 태어나시고, 당신을 위해 죽으시며, 당신만을 삶의 전부로 여기셨던 우리 주 예수 그리스도를 갈망하고 찾으십시오.

그분이 당신을 만나주실 것입니다.

진실로 사랑하는 나의 형제들이여!
이제 정말 우리의 아버지, 구원자, 참 신랑만을 사랑하고 그분이 원하시는 삶을 살아가십시오!
죄를 미워하고 선을 사랑하는 그분의 자녀답게 살아 가십시오!

우리의 죄는 살인, 강도, 도둑질, 간음 같은 것이 아닙니다. 성령님께서 거하시는 거룩한 성전인 우리 몸에, 거룩하신 하나님의 형상으로 지어진 우리 몸에, 그리스도의 선하신 형상을 닮아야 할 우리 몸에, 사탄의 형상을 나타내는 것이 우리의 죄입니다.

완전히 선하시고 사랑이시며 순결하신 우리 안에 그리스도께서는, 증오와 분노로 누군가를 미워하는 마음조차도 너무나 괴로워하십니다. 음란한 눈과 마음으로 역겹고 더러운 생각을 품는 것만으로도 심히 고통스러워하십니다. 이기심과 탐심으로 헐벗은 자들을 모른 체하는 것만으로도 슬퍼하며 낙심하십니다.

그리스도의 선하신 마음을 짓밟고, 그분의 형상을, 그 마음을 닮지 못하고 열매 맺지 못하며, 거룩하신 분의 백성답지 못하고, 선하신 분의 자녀답지 못하고, 순결하신 분의 신부답지 못한 채, 악한 마음으로 사탄의 형상으로 살아가는 것 자체가 우리의 죄악입니다.
그리스도의 마음, 그분께서 그의 목숨값을 지급하시면서까지 가르치셨던 그 '사랑'을 깨닫지 못하고, 내 곁에 있는 가족과 형제를, 지금 눈 앞에 헐벗은 작은 자를, 지금 내 앞에 원수마저 사랑하라 하신 말씀에 순종하지 않는 것이 우리의 죄입니다.

이러므로 하나님의 자녀들과 마귀의 자녀들이 드러나나니 무릇 의를 행하지 아니하는 자나 또는 그 형제를 사랑하지 아니하는 자는 하나님께 속하지 아니하니라 우리는 서로 사랑할지니 이는 너희가 처음부터 들은 소식이라 형제들아 세상이 너희를 미워하여도 이상히 여기지 말라 우리는 형제를 사랑함으로 사망에서 옮겨 생명으로 들어간 줄 알거니와 사랑하지 아니하는 자는 사망에 머물러 있느니라 그 형제를 미워하는 자마다 살인하는 자니 살인하는 자마다 영생이 그 속에 거하지 아니하는 것을 너희가 아는 바라 그가 우리를 위하여 목숨을 버리셨으니 우리가 이로써 사랑을 알고 우리도 형제들을 위하여 목숨을 버리는 것이 마땅하니라(요일 3:10-16)

가슴에 새기십시오!
우리의 가장 큰 죄악은! 하나님을 경외하지 않는 것입니다!
우리의 모습이 하나님의 말씀과 다름을 보고도 애통해하지 않고 지존자의 말씀을 하찮게 여기며 두렵고 떨림으로 받아들이지 않는 오만함, 스스로 안전하다 여기면서 하나님의 말씀보다 높은 곳에 앉아 있는 것, 전능자의 말씀을 그저 한 귀로 듣고 한 귀로 흘려 넘긴 패역함, 그분의 경고를 무시하며 두려워하지 않는 것이 죄입니다.

하나님의 말씀을!
성경의 그 모든 말씀을!
두려움 없이 하찮게 여긴 것이 그분 앞에 교만하고 오만방자한 우리의 죄악입니다.
사랑하라 가르치신 그리스도의 말씀을 개만도 못하게 여기며 살아온 우리의 모든 과거가 그리스도의 고결하고 숭고한 피의 희생을 더럽히는 가증한 죄악입니다!

하나님은 거룩한 자의 회중에서 심히 엄위하시오며 둘러 있는 모든 자 위에 더욱 두려워할 자시니이다(시 89:7).

내 육체가 주를 두려워함으로 떨며 내가 또 주의 판단을 두려워하나이다(시 119:120).

말씀을 멸시하는 자는 패망을 이루고 계명을 두려워하는 자는 상을 얻느니라(잠 13:13).

그런즉 사랑하는 자들아 이 약속을 가진 우리가 하나님을 두려워하는 가운데서 거룩함을 온전히 이루어 육과 영의 온갖 더러운 것에서 자신을 깨끗케 하자(고후 7:1).

그러므로 우리는 두려워할지니 그의 안식에 들어갈 약속이 남아 있을지라도 너희 중에 혹 미치지 못할 자가 있을까 함이라(히 4:1).

주여 누가 주의 이름을 두려워하지 아니하며 영화롭게 하지 아니하오리이까 오직 주만 거룩하시니이다 주의 의로우신 일이 나타났으매 만국이 와서 주께 경배하리이다 하더라(계 15:4)

세상은 다원화 시대가 되었습니다. 세상 사람들은 태어나자마자 다원화 사상에 세뇌 당하며, 그리스도를 따르는 것의 본질을 망각하게 되었습니다. 과학이 발전하고, 사회 구조가 복잡해지며, 수많은 분야의 직업, 절차, 문화, 교육 등이 생겨나고, 수많은 가치가 생겨나며, 우리의 삶 또한 분주해졌습니다. 그리스도를 사랑한다는 사람들마저, 자신의 꿈과 계획을 이루며 사는 것이 당연하다 여겨지는 시대가 되었습니다.

하지만, 정신 차리십시오. 그리스도는 삶의 첫 번째, 두 번째 따위가 아닙니다. 그분은 우리의 전부, 우리의 생명 자체이십니다. 당신이 무슨 일을 하건, 당신이 하는 모든 일, 한 번의 호흡까지도, 오직 그분을 사랑하기 위한 것, 그분의 말씀을 따르기 위한 것입니다.

> 우리 중에 누구든지 자기를 위하여 사는 자가 없고 자기를 위하여 죽는 자도 없도다 우리가 살아도 주를 위하여 살고 죽어도 주를 위하여 죽나니 그러므로 사나 죽으나 우리가 주의 것이로라(롬 14:7-8).

> 그런즉 너희가 먹든지 마시든지 무엇을 하든지 다 하나님의 영광을 위하여 하라(고전 10:31).

> 그러나 무엇이든지 내게 유익하던 것을 내가 그리스도를 위하여 다 해로 여길뿐더러 또한 모든 것을 해로 여김은 내 주 그리스도 예수를 아는 지식이 가장 고상함을 인함이라 내가 그를 위하여 모든 것을 잃어버리고 배설물로 여김은 그리스도를 얻고 그 안에서 발견되려 함이니 내가 가진 의는 율법에서 난 것이 아니요 오직 그리스도를 믿음으로 말미암은 것이니 곧 믿음으로 하나님께로서 난 의라(빌 3:7-9).

> 그 후로는 다시 사람의 정욕을 좇지 않고 오직 하나님의 뜻을 좇아 육체의 남은 때를 살게 하려 함이라(벧전 4:2).

말씀 안에서 세상을 바라보십시오. 이미 당신의 가치관은 세상의 다원화 정책에 물들어 그리스도를 사랑한다 고백한 후에도, 세상 안의 다른 가치를 추구하며 사는 것을 당연하다고 여기겠지만, 성경을 보십시오.

예수님의 경고를 보십시오. 그분께서는 잔인하리만치 그분에 대한 사랑에 타협이 없으십니다. 세상은 타협한 신앙, 적당한 신앙, 미지근한 모습으로도 구원 받았다 여기며, 자기 인생이나 잘되길 바라는 마음으로 살아가지만, 예수님께서는 그리고 성경의 모든 말씀은 단 한 번도 그런 가짜 사랑에 타협하지 않으십니다.

타협 없는 사랑만이 진정 감추어진 보화를 본 자들의 당연한 반응이고, 그들은 자신들이 본 보화에 눈이 멀어, 세상의 다른 모든 것을 하찮게 여기며 오직 그리스도를 따르기 위해 인생을 걸 것입니다.

깨어나십시오. 그리스도인에게는 오직 그리스도만이 전부입니다. 그리스도인의 삶의 이유는 오직 그리스도뿐입니다. 그것 이외에는 다른 어떤 것도 가치 없고 필요 없는 것들일 뿐입니다.

세상의 거짓 가르침에 속지 마십시오. 그리스도를 사랑한다 고백하는 모두가, 그분의 신부가 아닙니다. 간사함 없는 순결한 그리스도의 신부는 세상에 속하지 않을 것입니다.

세상 사람들은 이 땅에서의 삶과 성공을 목표로 살아가겠지만, 그리스도인의 관심사는 오직 그리스도의 마음이고, 그들의 목표는 하늘의 본향입니다. 그들은 그분의 아름다운 마음을 사랑하며 언제 어디서나 그의 선하신 가르침에 순종할 것입니다. 항상 선을 행하려 노력하고, 누구에게나 친절하며, 온유하고 절제하며, 순결하고 거룩하여 그리스도의 빛을 세상에 나타낼 것입니다.

그리고 세상은 이런 신앙을 반기지 않을 것입니다. 죄를 사랑하고, 거룩을 요구하는 하나님의 말씀을 거부할 것이고, 극단적인 신앙이라며 조롱하고 핍박할 것입니다. 음란을 버리기 싫고, 분노를 절제하기 싫고, 탐심을 내려놓기 싫어하는 사람들은 자신을 순결하게 지키고 인내하며 절제하라는 말씀을 불편해할 것이고, 율법주의, 행위주의, 금욕주의, 완전주의라며 비난하고 미워할 것입니다.

> 내가 아버지의 말씀을 그들에게 주었사오매 세상이 그들을 미워하였사오니 이는 내가 세상에 속하지 아니함 같이 그들도 세상에 속하지 아니함으로 인함이니이다(요 17:14).

그들이 완성한 구원의 확신을 흔들고 안전을 위협하는 경고를 싫어할 것이고, 죄에서 떠나라는 날카로운 말씀을 꺼리고 불편해할 것입니다. 그들이 만든 사랑의 하나님은 절대 자신들을 버리지 않으실 것이라며 도리어 우리를 핍박할 것입니다.

> 사람들이 너희를 출교할 뿐 아니라 때가 이르면 무릇 너희를 죽이는 자가 생각하기를 이것이 하나님을 섬기는 일이라 하리라 그들이 이런 일을 할 것은 아버지와 나를 알지 못함이라(요 16:2-3).

악한 사람들, 세상을 사랑하고, 세상 속에 있고 싶어 하는 자들은, 죄인들을 편하게 살게끔 해주는 신앙을 기뻐하며 반길 것입니다. 그러므로 세상이 당신을 반겨줄 때 이상히 여기십시오. 세상이 당신을 미워할 때 기뻐하십시오. 그제야 당신이 세상에 속한 자가 아니라 그리스도께 속해 있다는 사실이 확증되는 것입니다.

> 모든 사람이 너희를 좋게 말할 때에, 너희는 화가 있다. 그들의 조상들이 거짓 예언자들에게 이와 같이 행하였다(눅 6:26, 새번역).

똑똑히 기억하십시오. 진리를 미워하는 세상은 하나님을 믿지 않는 자들뿐만이 아닙니다. 예수를 못 박은 자들이 누구인지 보십시오. 여호와 하나님을 유일신으로 섬기며 그를 향해 기도와 금식을 하던 자들이었습니다. 스스로가 하나님을 예배한다 여기고 자신들의 구원을 확신하던 자들이었습니다. 그들이 하나님의 선한 마음으로 살아가지 못하는 자신들의 모습을 지적받고 회개에 합당한 열매를 맺으라고 책망받자, 그를 미워하고 십자가에 못 박았습니다.

하나님을 사랑한다 말하지만 세상의 것들도 사랑하며 탐심을 포기하기 싫은 자들이, 세상을 사랑치 말라는 하나님의 말씀을 거부할 것입니다. 가진 것에 만족하지 못하고 더 많이 갖길 원하며, 손에 쥔 것을 내주기 아까워하는 자들이, 헐벗은 이를 불쌍히 여기지 못하고 그를 위해 희생하지 못할 것이며 탐심이 우상 숭배라는 말씀에 귀를 닫을 것입니다.

방탕과 음란을 즐기고 싶고, 탐욕과 분노를 절제하기 싫고, 그리스도를 위한 인내와 절제, 희생과 헌신, 순종과 충성을 불편해하는 자들이 자기를 부인하고 십자가를 지라는 말씀을 율법주의, 행위주의라고 핍박하며 자신들의 모습을 정당화할 것입니다.

육신의 정욕과 죄의 쾌락을 사랑하는 자들은 죄에서 돌이키라는 말씀을 핍박할 것이고, 거룩하신 분의 말씀대로 살려는 순결한 그의 신부들은 극렬신자, 광신도, 예수쟁이라 불리며 조롱받을 것입니다.

> 그들이 선견자들에게 이르기를 선견하지 말라 선지자들에게 이르기를 우리에게 바른 것을 보이지 말라 우리에게 부드러운 말을 하라 거짓된 것을 보이라 너희는 바른 길을 버리며 첩경에서 돌이키라 이스라엘의 거룩하신 이를 우리 앞에서 떠나시게 하라 하는도다(사 30:10-11).

> 무릇 그리스도 예수 안에서 경건하게 살고자 하는 자는 핍박을 받으리라(딤후 3:12).

스스로 구원을 얻었다 확신하며 평안하게 사는 자들이 그들의 안전을 위협하는 하나님의 경고를 싫어할 것이고, 우리를 이단이라 핍박할 것입니다. 질투하시고 분노하시며 심판하시는 하나님을 전하면, 그들이 만든 사랑의 하나님과 다르다며 우리에게 사랑 없다 비난할 것입니다.

> 네 하나님 여호와는 소멸하는 불이시요 질투하시는 하나님이시니라(신 4:24).

> 그가 이 저주의 말들을 들을 때에 그가 자신의 마음속에 스스로를 축복하여 말하기를 "내가 비록 내 마음의 상상대로 행하여 죄악을 물같이 마실지라도 내게 평안이 있으리라" 할까 함이라. 주께서는 그런 자를 아껴 두지 아니하실 것이요, 주의 진노와 그분의 질투가 그 사람에 대하여 연기처럼 올라가 이 책에 기록된 모든 저주가 그에게 내릴 것이며 또 주께서는 그의 이름을 하늘 아래로부터 지워 버리시리라(신 29:19-20, 킹제임스).

> 여호와는 질투하시며 보복하시는 하나님이시니라 여호와는 보복하시며 진노하시되 자기를 거스르는 자에게 여호와는 보복하시며 자기를 대적하는 자에게 진노를 품으시며(나 1:2).

> 너희는 하나님이 우리 속에 거하게 하신 성령이 시기하기까지 사모한다 하신 말씀을 헛된 줄로 생각하느냐 (약 4:5).

기억하십시오. 진리를 외치는 자, 선한 것을 외치는 자는 언제나 소수였고, 그들은 핍박을 받았습니다. 선한 마음을 따르기 싫어하는 자들은 언제나 다수였으며 소수를 핍박했습니다. 이것이 이스라엘의 역사이고 성경 전체의 역사이며 지금 이 시대의 모습입니다.

하나님께서는 성경을 통해 진리를 전한 자들이 세상으로부터 핍박받았음을 보여 주시고, 진리를 핍박하는 이들이 믿지 않는 자들뿐 아니라, 입으로는 '주여, 주여' 하면서도, 그분의 뜻에 순종하지 않는 자들인 것을 알려주십니다. 그러니 마음을 굳게 먹고 각오하십시오. 당신은 전투를 치러야 할 것입니다.

> 내가 온 것은 사람이 그 아버지와, 딸이 어머니와, 며느리가 시어머니와 불화하게 하려 함이니 사람의 원수가 자기 집안 식구리라 (마 10:34-36).

진리는 거짓 복음과 타협하지 않을 것이고, 진리를 지킴으로 세상과 타협하지 않는 우리까지도 핍박을 각오해야 할 것입니다. 그러나 그것을 기대하십시오!

예수님께서 이미 알려주신 바이고, 그것이 우리의 상급이자 기쁨이 될 것입니다.

> 의를 위하여 핍박을 받은 자는 복이 있나니 천국이 저희 것임이라 나를 인하여 너희를 욕하고 핍박하고 거짓으로 너희를 거스려 모든 악한 말을 할 때에는 너희에게 복이 있나니 기뻐하고 즐거워하라 하늘에서 너희의 상이 큼이라 너희 전에 있던 선지자들을 이같이 핍박하였느니라 (마 5:10-12).

이제 세상에 나가 진리를 전하십시오!
죄를 멈추라 소리치고 핍박을 받으십시오!
세상의 미움을 받으십시오!
하늘의 상급을 차지하십시오!
더럽고 음란한 눈을 뽑아버리고, 그리스도의 순결함을 배우라 선포하십시오!
증오로 불타는 마음을 제거하고, 원수까지 사랑하는 마음을 배우라 전하십시오!
재물을 향한 끝없는 탐심과 우상을 버리고, 오직 그리스도를 구하라 외치십시오!

세상과 육체의 정욕이라는 우상 숭배를 멈추고, 예수 그리스도의 신부가 되라 말하십시오!

탐심과 쾌락을 채워주는 우상 숭배를 버리고, 그리스도의 순결한 길을 좇으라 전하십시오!

좋은 집, 좋은 차에 눈이 멀어 '내 것만, 내 것만' 하는 탐심과 이기심을 버리고, 이웃을 사랑하라 말하십시오!

헐벗은 자를 긍휼히 여기라 전하십시오!

사랑과 희생을 배우라 말하십시오! 거룩함을 입으라 하십시오!

그리스도의 마음을 닮으라 소리치십시오!

바로 이것이 피조물을 향하신 창조주의 뜻이며, 그 뜻을 거역한 자들이 버림받을 것이라 외치십시오!

그분께 불순종하는 자들을 심판하실 것이라고 전하십시오!

하나님께서는 거짓된 자들을 버릴 줄 아시는 분이라는 것을 전하십시오!

양과 염소를 가르시고, 염소를 영원한 형벌에 보내는 분이시라 전하십시오!

악하고 게으른 종을 바깥 어두운 곳에 내치는 분이라 소리치십시오!

좋은 열매를 맺지 못하는 나무를 찍어 불에 던지는 분이라 외치십시오!

그분은 인간처럼 생각하는 망령됨을 버리고, 온 마음을 다해 여호와를 경외하라 선포하십시오!

> 네가 이 일을 행하여도 내가 잠잠하였더니 네가 나를 너와 같은 줄로 생각하였도다 그러나 내가 너를 책망하여 네 죄를 네 눈 앞에 낱낱이 드러내리라 하시는도다 하나님을 잊어버린 너희여 이제 이를 생각하라 그렇지 아니하면 내가 너희를 찢으리니 건질 자 없으리라(시 50:21-22).

사랑하는 나의 형제여!

죄를 버리기가 힘겨우십니까?

탐심을 버리기 버거우십니까?

우상을 떠나기가 불가능하다 느껴지십니까?

다시 한번 부탁드립니다. 부디, 기도해주십시오.

제발, 기도하고 성령님을 구하십시오. 성령님은 하나님의 깊은 것을 알게 해주시며, 그리스도의 사랑을 느끼게 해주십니다.

성령님을 통해 그 사랑을 경험할 때 기쁨으로 주님을 따를 수 있습니다.

제발, 기도하십시오. 오직 구원자를 갈망하십시오. 오직 그분에게만 당신을 자유하게 할 능력이 있습니다.

당신 안에 계신 성령님, 당신 안에 계신 그리스도께서 얼마나 우리를 사랑하시는지 … 얼마나 순결하시고, 긍휼하시며 그 마음이 얼마나 선하고 아름다우신지 …

오, 진실로, 진실로, 사랑하는 나의 형제들이여!

기도 안에서 진정 사랑하는 분의 달콤하고 부드러운 살결을 느낄 수 있음을, 그 은밀한 곳에 내 모든 존재를 녹아내리게 하는 아름답고도 황홀한 그의 감촉이 느껴짐을, 어찌 인간의 언어로 전달할 수 있을까요?

부디, 오직 그리스도를 느끼게 해달라 기도하십시오. 오직 그분을 깊이 느끼고, 맛본 자들만이, 그분께서 주시는 마르지 않는 기쁨으로 좁은 길을 걸어갈 것입니다.

진정 한 번 태어난 인간이 성령을 통해 다시 태어나게 되는 기적이 진실로 그분을 찾고 그분의 길을 따르며 그를 갈망하고 기도하는 자들에게 일어날 것입니다.

몇 번을 반복해도, 모자랍니다. 왕께 순종하며 깨어 기도하십시오.

부디, 진실로 진실로 온 마음을 다해 살아계신 하나님께로 나아가십시오. 모세가 그러했듯이, 그분을 만나러 높고, 높은 산을 오르십시오. 손과 무릎이 까지고, 온몸이 상처투성이가 되어도 그 산을 오르십시오. 간사함이 없는 순결한 마음으로 오직 그분의 존재만을 갈망하고 타들어 가는 마음으로 구원자 만나기를 바라며 무릎 꿇으십시오.

> 하나님이여 주는 나의 하나님이시라 내가 간절히 주를 찾되 물이 없어 마르고 황폐한 땅에서 내 영혼이 주를 갈망하며 내 육체가 주를 앙모하나이다(시 63:1).

> 하나님이여 사슴이 시냇물을 찾기에 갈급함 같이 내 영혼이 주를 찾기에 갈급하니이다 내 영혼이 하나님 곧 살아 계시는 하나님을 갈망하나니 내가 어느 때에 나아가서 하나님의 얼굴을 뵈올까(시 42:1-2).

그분을 만나러 가는 길이 쉽지 않을 수 있습니다. 당신이 생각했던 것보다 훨씬 더 높고 험한 산일 수 있습니다. 당신이 생각했던 것보다 훨씬 더 많은 인내와 수고, 정성과 간절함이 필요할 수 있습니다. 하지만 그 길을 가야 합니다. 진실하고 간절한 마음으로 그분을 찾고 부르짖어야 합니다. 전심으로, 온 마음으로 그분께 나아가십시오. 그분께서 당신의 진심을 보실 때 그의 약속을 지키실 것입니다.

> 여호와의 증거를 지키고 전심으로 여호와를 구하는 자가 복이 있도다(시 119:2).

> 내가 전심으로 주의 은혜를 구하였사오니 주의 말씀대로 나를 긍휼히 여기소서 (시 119:58).

하나님의 계획이 무엇이고, 우리의 목적이 무엇인지 기억하십시오. 그리스도인이라는 것은 그리스도를 닮은 자들이고, 그것은 사랑하는 자들이라는 뜻입니다. 하나님께서 우리를 부르심은 그리스도의 형상을 닮게 하시기 위함이고, 그리스도는 사랑이십니다. 그분께서 자기 목숨보다 우리를 사랑하셨듯, 우리 또한 다른 이를 진심으로 사랑하는 자로 만드시는 것이 그분의 계획입니다.

어느새 이 시대는 서로 사랑하라는 주님의 절대명령을 지극히 하찮게 여기는 세대가 되었지만, 분명히 기억하십시오. 사랑을 품지 못하는 자, 그리스도의 선한 열매를 맺지 못하는 자, 아버지께서 가차 없이 찍어 불에 던져질 것입니다.

> 이미 도끼가 나무 뿌리에 놓였으니 좋은 열매 맺지 아니하는 나무마다 찍어 불에 던지우리라 (마 3:10).

> 좋은 나무가 나쁜 열매를 맺을 수 없고 못된 나무가 아름다운 열매를 맺을 수 없느니라 아름다운 열매를 맺지 아니하는 나무마다 찍혀 불에 던지우느니라 (마 7:18-19).

기억하십시오. 주님의 말씀 그대로, 자기의 모든 것, 심지어 생명까지 포기할 각오가 없다면, 그리스도를 따를 수 없을 것입니다. 예수님을 따르는 것에 생명을 걸지 않는 자, 원수를 사랑하지 못할 것이고, 오른뺨을 맞고 왼뺨을 내어주지 않을 것입니다. 예수님 말씀을 따르는 것에 인생은 걸지 않는 자, 돈과 탐심을 포기하지 못할 것이고, 절대로 내 이웃을 내 몸과 같이 사랑할 수 없을 것입니다.

부자들이여!

천국에 가고 싶다면 가난한 자가 되십시오!

영원한 생명을 향한 뜨거운 갈망 없는 자, 지존자께서 베푸시는 구원을 향한 가난한 심령이 없는 자, 정녕 자신이 가진 모든 것을 포기하더라도 영생을 차지하겠다는 각오가 없는 자, 영생을 향한 여정, 그리스도의 길을 따르는 여정을 원하지 않을 것입니다.

진실한 사랑을 위해 생명을 건 각오와 죽기까지 피 흘리는 싸움이 있어야 할 것입니다. 사랑을 전하기 위해 증오와 이기심, 시기와 질투를 못 박아야 할 것이고, 사랑을 베풀기 위해 탐심과 재물을 사랑하는 마음을 부인해야 할 것이며, 사랑을 품기 위해 음란과 더러운 쾌락의 유혹을 죽이고, 또 죽여야 할 것입니다. 세상이나 세상에 있는 것들을 사랑하는 마음 안에 하나님의 사랑이 있을 수 없고, 돈을 사랑함과 더러운 쾌락을 즐기고픈 마음에 그리스도의 순결한 사랑이 있을 수 없습니다.

사랑하기 위해 주님의 계명을 지켜야 할 것이고, 사랑함으로 인해 주님의 모든 계명이 완성될 것입니다. 그리스도를 닮기 위해 울며불며 그분의 능력을 부르짖어야 할 것이고, 죽기까지 그분께 붙어 있는 가지만이, 성령의 사랑의 열매를 맺게 될 것입니다.

> 그러므로 내가 너희에게 이르노니 하나님의 나라를 너희는 빼앗기고 그 나라의 열매 맺는 백성이 받으리라(마 21:43).

사랑하는 자들이여!
두려워하지 마십시오. 당신이 품으려 노력해도 품지 못했던 그 사랑을, 성령께서 느끼게 해 주실 것입니다. 기억하십시오. 기도가 없는 노력과 행위는 자기 수련일 뿐입니다. 인간의 가장 큰 특권이고, 선물이자, 강력한 무기는 바로 기도입니다. 기도를 통해 그리스도의 영을 느끼고, 살아계신 분의 아름다움을 맛보십시오.

 그분의 영이 전해주신 사랑은, 우리 존재를 무너뜨리며, 그분을 더욱 사랑하게 만들 것입니다. 그분을 사랑하는 마음은 순종의 원동력이 될 것이고, 우리를 인내와 절제, 헌신과 고난을 사랑하는 자들로 만들어 낼 것입니다. 이것이 기적임을 기억하십시오. 이것이 구원자의 기적임을 잊지 마십시오. 기도를 통해 그분의 이름을 부르짖는 자들만이, 기적의 감동을 느끼게 될 것입니다.

> 여호와여 주의 이름을 아는 자는 주를 의지하오리니 이는 주를 찾는 자들을 버리지 아니하심이니이다(시 9:10).

> 젊은 사자는 궁핍하여 주릴찌라도 여호와를 찾는 자는 모든 좋은 것에 부족함이 없으리로다(시 34:10).

> 우리의 도움은 천지를 지으신 여호와의 이름에 있도다(시 124:8).

> 악인은 공의를 깨닫지 못하나 여호와를 찾는 자는 모든 것을 깨닫느니라(잠 28:5).

 다른 아무런 방법이 없습니다.
 죽기까지 생명을 다해 그분을 사랑하는 것 말고는 방법이 없습니다.
 내 삶이 변화되고 그분을 닮아가게 되는 길은 내 주를 온 마음으로 사랑하는 것 외에는 방법이 없습니다.
 나의 죄를 미워하고 내 삶이 그분이 기뻐하시는 모습으로 변화되는 것은, 내 주를 목숨을 다해 사랑하는 것 말고는 방법이 없습니다.
 내가 주의 계명을 사랑하고 그것을 지키기 위해 피 흘리기까지 싸우게 되는 것은 내 주를 온 뜻을 다해 사랑하는 것 말고는 다른 방법이 없습니다.

내게서 그리스도의 희생의 사랑이 나오는 것, 내 이웃을 진정 내 몸과 같이 사랑하는 것은 내 주를 온 힘을 다해 사랑하는 것 말고는 다른 길이 없습니다.

아버지의 뜻을 마음에 품고, 그분의 선하신 사랑을 드러내길 바라게 되는 것은, 내 주를 전심으로 사랑하는 것 말고는 방법이 없습니다.

내 삶의 모습에서 그리스도의 빛이 드러나며 아름다운 열매를 맺는 것은 내 주를 생명을 다하여 사랑하는 것 외에는 다른 방법이 없습니다.

내 주를 위해 내 생명조차 아깝지 않게 여겨지는 것은, 그를 위한 수고와 희생을 기뻐하며 기꺼이 견디고 인내하게 되는 것은, 내 주를 이 세상, 이 우주의 그 어떤 것보다 나의 모든 것을 다해 사랑하는 것 말고는 방법이 없습니다.

진정으로 온 마음을 다해 주님을 사랑하는 자들은 변화될 것입니다. 아들이 아버지를 닮듯, 오직 선하신 한 분, 하늘 아버지의 선함을 닮아가게 될 것입니다. 그분을 사랑하는 자는 그의 계명을 지킬 것이고, 그분의 말씀에 순종하는 것이 그들의 최고의 기쁨일 것입니다. 그들에게 그 인내와 절제는 고행의 길이 아닙니다.

그들에게는 내 사랑하는 그리스도의 사랑, 희생, 겸손이 자신의 삶에 나오는 것만이 인생의 그 어떤 것보다 소중한 가치이고, 그분의 선함을 닮아가는 것이 그들 삶의 최고의 환희이고 기쁨이며 행복일 것입니다.

진정으로 이런 기적 같은 삶을 살기를 갈망하십니까?

세상 사람들이 보기에 좁은 길을, 기쁨과 환희로 걸어가는 사람, 삶의 모든 순간에 그리스도를 가슴에 품고 그리워하는 사람, 이 땅이 아니라 보이지 않는 영원한 나라를 기다리며 살게 되는 것은 오직 내 주 그리스도를 나의 모든 생명보다 사랑하는 것 말고는 다른 방법이 없습니다.

부디, 구원을 베푸시는 유일한 절대자를 두렵고 떨리는 마음으로 경외하며 부르짖으십시오. 본능적으로 자기 자신을 사랑할 수밖에 없고, 자신을 위해 살아갈 수밖에 없는 인간에게 구원자께서 베푸시는 자비가 임하지 않고는 인간 스스로의 힘과 능력으로는, 그리스도를 사랑하는 것조차도 불가능할 것입니다.

사랑하는 자들이여!
패역한 이 세대는 절대자의 구원을 싸구려로 만들고, 순종이 없는 삶 가운데도 구원이 임한다며 스스로를 위로하지만 기억하십시오. 우리의 행위가 우리의 구원을 증명하는 것이 아니라 우리의 행위 없음이 내 안에 그리스도가 없다는 것을 증명하게 될 것입니다.

매일매일 기도하고 기도하고, 또 기도하십시오!
오직 내 주 예수 그리스도를 생명 다해 사랑하게 해달라 매일매일 끊임없이 기도하십시오!
오직 구주 예수 그리스도만을 모든 생명을 다하여 사랑하길 기도하십시오!

간절히 기도하며 그분을 찾을 때 그분께서 인도하십니다. 우리가 부르짖어야 할 것은 다른 그 무엇이 아닙니다. 그분을 향한 불타는 사랑의 열정을 갖지 못함에 눈물로 회개해야 합니다. 오직 그분을 위해 살고 그분을 위해 죽고 싶다는 터질듯한 마음이 없는 것을 회개해야 합니다. 오직 내 주를 목숨 다해 사랑하라는 하나님의 첫째 계명에 순종하지 못함에 슬퍼해야 합니다.
우리가 노력해야 할 것은 다른 그 무엇이 아닙니다.

오직 내 주를 더 사랑하기만을 원하십시오!
부디, 기도하십시오!
내 주를 사랑하고, 사랑하고, 사랑하여도 모자라다 여기십시오!
죽는 순간까지를 그를 매일매일 더 사랑하기를 눈물로 간절히 구하십시오!

그 안에서 말씀의 모든 것이 우리에게 이루어질 것입니다. 그 애통함과 절규, 그 슬퍼하고 가난한 심령을 주께서 경히 여기지 않으실 것입니다. 결국 그리스도께서 친히 말씀해 주신 그분의 복을 얻는 자들만이, 천국을 얻고 위로받게 될 것입니다. 이것 이외에 다른 방법이 없습니다. 그분 앞에 무릎을 꿇으십시오. 그분께서는 당신이 생명을 담은 진심으로 찾아오기를 기다리고 계십니다.

> 나를 사랑하는 자들이 나의 사랑을 입으며 나를 <u>간절히 찾는 자</u>가 나를 만날 것이니라(잠 8:17).

> 너희가 <u>온 마음으로</u> 나를 구하면 나를 찾을 것이요 나를 만나리라(렘 29:13).

그리스도를 위해 산다는 것이 무엇인지 오해하지 마십시오!
예배 참석을 잘하라는 것이 아닙니다. 헌금을 많이 드리라는 것이 아닙니다. 전도를 열심히 하라는 것이 아닙니다. 교회 일에 봉사와 헌신을 쏟으라는 것이 아닙니다. 귀신을 쫓으라는 것이 아니고, 병든 자를 고치라는 것이 아니고, 예언을 하라는 것이 아니고, 기적의 권능을 행하라는 것이 아닙니다. 그저 낮은 자가 되어, 지금 앞에 있는 다른 이를 섬기고 아껴 주며 사랑하라는 말입니다.

지금 당장 모든 사람에게 성직자가 되라는 것이 아니라, 지금 당장 모든 재산을 팔아 가난한 자들에게 주라는 것이 아니라, 그저, 그분의 작은 말씀 하나 하나를 소중히 여기며 살아가는 것이, 바로 그분을 위해 살아가는 삶입니다.

당신 곁에 있는 가족부터 사랑하십시오!

당신의 가장 가까운 가족에게조차 사랑을 보이지 못하면서, 그들에게는 온갖 짜증과 불평, 불만, 폭언을 쏟으며 사탄의 형상을 보이면서, 밖에 사람들에게 온유하고 친절하다면 그것은 가식일 뿐입니다. 당신에게 가장 가깝고 소중한 그들을 아껴주고, 귀히 여기며, 섬기십시오!

> 누구든지 자기 친족 특히 자기 가족을 돌아보지 아니하면 믿음을 배반한 자요 불신자보다 더 악한 자니라(딤전 5:8).

사랑하는 형제자매들이여!

같은 말을 반복하는 것이 나에게 번거로운 일이 아닙니다. 아내는 남편을 주께 하듯 섬기고, 남편은 아내만을 목숨 다해 사랑하며, 자녀들은 부모를 공경하고 존중하며 순종하십시오!

그분께 순종할 때, 이 땅에서부터 이루어지는 진짜 천국의 삶을 맛보게 될 것이고, 당신의 기도 또한 막히지 않을 것입니다.

> 남편 된 자들아 이와 같이 지식을 따라 너희 아내와 동거하고 저는 더 연약한 그릇이요 또 생명의 은혜를 유업으로 함께 받을 자로 알아 귀히 여기라 이는 너희 기도가 막히지 아니하게 하려 함이라(벧전 3:7).

> 이런 것이 너희에게 있어 흡족한즉 너희로 우리 주 예수 그리스도를 알기에 게으르지 않고 열매 없는 자가 되지 않게 하려니와 이런 것이 없는 자는 소경이라 원시치

못하고 그의 옛 죄를 깨끗케 하심을 잊었느니라 그러므로 형제들아 더욱 힘써 너희 부르심과 택하심을 굳게 하라 너희가 이것을 행한즉 언제든지 실족지 아니하리라 이같이 하면 우리 주 곧 구주 예수 그리스도의 영원한 나라에 들어감을 넉넉히 너희에게 주시리라 (벧후 1:8-11).

기도는 인간의 욕심을 채우고 소원을 성취하는 수단이 아닙니다. 기도는 구원자께 자신을 제물로 올려드리는 수단이고, 그분의 자비를 바라는 간절함이며, 그런 자들에게 주시는 사랑의 은혜를 만끽하는 신랑과 신부의 신혼방입니다.

순종은 인간의 행위와 노력으로 구원의 공로를 쌓겠다는 교만이 아닙니다. 순종은 구원자를 향한 갈망이 간절함을 드러내는 수단이고, 그저 그분께 자비를 얻고 싶은 자들의 발버둥일 뿐입니다.

> 여호와여 내가 전심으로 부르짖었사오니 내게 응답하소서 내가 주의 율례를 지키리이다 (시 119:145).

> 너희도 길이 참고 마음을 굳건하게 하라 주의 강림이 가까우니라 형제들아 서로 원망하지 말라 그리하여야 심판을 면하리라 보라 심판주가 문 밖에 서 계시니라 형제들아 주의 이름으로 말한 선지자들을 고난과 오래 참음의 본으로 삼으라 보라 인내하는 자를 우리가 복되다 하나니 너희가 욥의 인내를 들었고 주께서 주신 결말을 보았거니와 주는 가장 자비하시고 긍휼히 여기시는 이시니라 (약 5:8-11).

사랑하는 자들이여!

온 우주, 아니 우주 전체마저 티끌만큼 여겨질 만큼, 경계와 끝을 알 수 없는 모든 공간과 존재를 만들고 주관하시는 유일한 신이 계십니다. 크고 높고 두렵고 지존하신 그 신은 공의와 정직, 선한 마음과 사랑을 원하시는 분이고, 존재하는 모든 곳과 모든 것의 선과 악을 심판하십니다.

> 하나님은 모든 행위와 모든 은밀한 일을 선악간에 심판하시리라(전 12:14).

> 이는 우리가 다 반드시 그리스도의 심판대 앞에 드러나 각각 선악간에 그 몸으로 행한 것을 따라 받으려 함이라(고후 5:10).

그분께서 선한 것에 상을 주고 악한 것에 벌을 주시는 것은 얼핏 듣기에는 좋아 보이지만, 오늘 지금, 이 순간에도 속에서 악한 것을 쏟아내는 존재들에게는 저주 같은 이야기입니다. 지금 이 순간에도, 누군가를 향한 미움과 시기, 질투, 거짓, 음란을 멈추지 못하고, 무절제와 방탕, 욕심과 이기심, 양보 없고 희생 없고 사랑 없는 존재에게는 저주입니다.

다시 말해, 하나님께서 완벽하게 선하시고, 완벽하게 공의로우시다는 것은 모래 한 톨만큼의 미움이라도 품는 자에게는 저주라는 것이고, 다시 말해, 하나님의 완전하심은 인간에게 절대적인 저주라는 것입니다.

오직 지존하신 주님께서 모든 피조물의 행위대로 심판하시고 벌하시면 그만입니다. 하지만 존재 자체가 사랑이고 자비이며 노하기를 더디 하시는 그 신은 피조물들에게 살길을 열어주십니다.

> 여호와께서 그의 앞으로 지나시며 반포하시되 여호와로라 여호와로라 자비롭고 은혜롭고 노하기를 더디하고 인자와 진실이 많은 하나님이로라 인자를 천대까지 베풀며 악과 과실과 죄를 용서하나 형벌 받을 자는 결단코 면죄하지 않고 아비의 악을 자여손 삼 사대까지 보응하리라 모세가 급히 땅에 엎드리어 경배하며 가로되 주여 내가 주께 은총을 입었거든 원컨대 주는 우리 중에서 행하옵소서 이는 목이 곧은 백성이니이다 우리의 악과 죄를 사하시고 우리로 주의 기업을 삼으소서(출 34:5-9).

존재 자체가 완벽한 공의이신 동시에 한없는 자비와 사랑이신 신께서 베푸신 우리의 살 길은, 그분 자신의 낮아짐, 그분의 피 흘리심, 그분 자신의 희생이었습니다.

그분께서, 그가 만드신, 그분에게 비한다면 벌레와 티끌만도 못한 존재를 위해 자기 자신을 버리기까지 하여 우리를 살리려 하셨습니다.

죄인됨을 깨닫지 못하는 인간들이여!

기억하십시오!

예수 그리스도께서 흘리신 피의 희생을 믿지 않고 의지하지 않는 자는, 결단코 형벌을 피할 수 없을 것입니다. 예수 그리스도만이 유일한 길이고 진리이며 생명이십니다.

똑똑히 기억하십시오!

인간 영혼이 영원한 고통의 지옥을 피할 수 있는 유일한 길은, 그리스도의 보혈뿐입니다. 그리고 그 보혈의 은혜는 진실로 그분을 주인으로 영접하고, 진실로 회개하는 자에게 입혀질 것입니다.

피 흘리기까지 죄와 싸우고, 넘어지는 때마다 눈물로 회개하며, 다시 일어나고, 다시 일어나며, 선하신 이의 뜻을 향한 간절함과 진심을 드러낸 자들에게 입혀질 것입니다.

어리석은 자들이여!

'그분이 날 위해 죽으셨으니 난 무엇을 해도 괜찮아'와 같은 고백은, 악한 인간이 봐도 간사하고 교활하며 야비할 뿐입니다.

가엾은 자들이여!

인간 자신조차 감지할 수 없는 깊고 깊은 무의식의 영역, 한 인간의 가장 깊고 깊은 중심을 감찰하시는 분 앞에 패역한 마음을 품지 마십시오!

그분께서 알곡과 쭉정이를 가르시어, 진실한 자는 구원하시고 간사한 자는 벌하실 것입니다.

> 나는 은혜 줄 자에게 은혜를 주고 긍휼히 여길 자에게 긍휼을 베푸느니라(출 33:19).

피조물이여!
부디 모든 성경 말씀이 증거하는 신이 어떤 존재인지 깨달으십시오!
지극히 높으신 이께서 우리를 위해 무슨 일을 당하셨는지 깨달으십시오!

창조주의 얼굴에 침이 뱉어졌습니다. 온 우주의 주인께서 발가벗겨짐을 당하시고, 그가 직접 만드신 그 피조물의 조롱거리가 되셨습니다.

만왕의 왕이요, 온 우주의 왕의 머리에 가시 면류관이 씌워지고, 그의 온 얼굴이 피로 물들었습니다. 만물의 근원이신 분의 온몸이 채찍으로 찢겨나가고, 온몸이 피범벅이 되어 그의 형체조차 알아볼 수가 없습니다.

모든 것 위에 높으신 지존하신 분의 몸이 십자가에 매달리셨습니다. 창조주의 양 손에 구멍이 나고, 발가벗겨진 채 십자가에 걸리셨습니다. 생명보다 사랑하는 아버지의 모든 진노를 받으셔야 했고, 우리 대신 죽으셔야 했습니다.

존재하는 모든 것들의 주인이자 지존자께서, 우리를 위해, 그 모든 수치를 참아주시고, 그 모든 고통을 견디어 주셨습니다. 모든 것의 왕이신 그분이 우리를 위해, 그의 모든 생명을 바쳤나이다.

당신은 무엇을 하고 있습니까?
도대체 무엇을 위해 살고 있습니까?
죽기까지 당신을 사랑한 지존하신 분의 피가 보이지 않습니까?
고통과 죽음도 불사할 정도로 당신을 사랑한 이의 마음이 보이지 않으십니까?

당신은 그리스도를 모릅니다. 아직 아무것도 모릅니다. 복음은 머리로 알고 마음으로 믿는 단순한 일이 아닙니다. 그리스도는 삶에 곁들이는 어떤 무엇이 아니란 말입니다. 그리스도는 우리 삶 그 자체이고, 우리 삶의 전부이며, 모든 것 되시는 분입니다.

> 너는 기도할 때에 네 골방에 들어가 문을 닫고 은밀한 중에 계신 네 아버지께 기도하라 은밀한 중에 보시는 네 아버지께서 갚으시리라(마 6:6).

세상 가치관으로 타락한 교회에 가느니 차라리 골방으로 들어가십시오. 하나님과 일대일로 마주 앉아 그분의 마음을, 그분의 성령을 통해 배우십시오. 성경으로 하나님을 배우고, 기도로 그분의 마음을 느끼며, 그분을 배우고 느끼는 것에 인생 전부를 거십시오.

하루에 1장 혹은 3장 많으면 5장의 성경을 마지못해 읽는 세상 기준의 종교적 의무감이 아니라, 물질의 축복을 바라는 간사한 마음이 아니라, 진심으로 그분을 경외하고 오직 그분 알기를 갈망하는 간절함으로 성경을 보십시오.

구걸하는 거지에게 인심 쓰듯, 당신 원대로 다 쓰고 남은 시간 거지에게 던져주듯 성경을 보지 말고, 당신의 목숨을 걸고 성경을 보십시오. 당신의 전 생애를 걸고, 성경을 보고 기도하며 그분을 찾으십시오.

> 보혜사 곧 아버지께서 내 이름으로 보내실 성령 그가 너희에게 모든 것을 가르치고 내가 너희에게 말한 모든 것을 생각나게 하리라(요 14:26).

> 너희는 주께 받은 바 기름 부음이 너희 안에 거하나니 아무도 너희를 가르칠 필요가 없고 오직 그의 기름 부음이 모든 것을 너희에게 가르치며 또 참되고 거짓이 없으니 너희를 가르치신 그대로 주 안에 거하라(요일 2:27).

당신이 이 편지를 옳게 여기실지 아닐지 저는 알지 못합니다. 허나, 만약 이 비천한 자의 편지가 하나님으로부터 비롯된 것이 맞다 여겨진다면, 저를 따라 하십시오.

제가 주님을 만난 이후, 그분께서는 제가 세상 교회에 나가는 것에 막으시고, 세상 가치관을 가진 자들과 교제하는 것을 막으셨습니다. 이 땅의 것들의 초점을 맞추고 있는 교회와 모임, 그분의 말씀에 생명을 걸지 않는 자들의 교제에서 빼내시고, 저의 집, 골방 안에 저를 가두시어 말씀과 기도, 성령으로 저를 가르치셨습니다.

진정 그분의 성령께서 아버지의 깊은 것을 제 심장으로 느끼게 해 주셨고, 그분의 마음을, 그분의 심장을 제 가슴에 넣어 주시며, 그분의 살아계심을 나타내주셨습니다.

하나님을 믿고 신뢰하십시오. 그분은 진실로 살아계시고, 진실로 그를 찾고 갈망하는 자녀를 부족함 없이 양육하시며, 그분의 이름을 위하여 그 자녀를 그의 길로 인도하십니다.

> 여호와는 나의 목자시니 내게 부족함이 없으리로다 그가 나를 푸른 풀밭에 누이시며 쉴 만한 물 가로 인도하시는도다 내 영혼을 소생시키시고 자기 이름을 위하여 의의 길로 인도하시는도다(시 23:1-3).

오해하지 말아주십시오!

모이기를 폐하려는 의도가 아닙니다. 오히려 진짜 그리스도인들이 모이기를 바라는 간절한 마음일 뿐입니다. 그렇기에 각 사람, 한 명 한 명이 직접 그리스도의 사랑을 느끼길 간절히 바라고, 그 어떤 인간의 개입도 없이 그저 당신의 영혼이 직접, 사랑이 가득한 그리스도의 성령을 만나길 원할 뿐입니다.

그분의 마음과 당신의 마음이 겹쳐지고, 그분의 마음, 그분의 영과 당신의 영이 맞닿을 때, 그대가 새로운 피조물로 다시 태어날 것이기 때문입니다.

> 서로 돌아보아 사랑과 선행을 격려하며 모이기를 폐하는 어떤 사람들의 습관과 같이 하지 말고 오직 권하여 그 날이 가까움을 볼수록 더욱 그리하자(히 10:24-25).

진실한 그분의 신부들이 함께 모여 그분의 사랑을 나누길 원합니다. 부족한 자도 있을 것이고, 모자란 자도 있을 것이며, 연약한 자도 있을 것입니다. 하지만 괜찮습니다.

우리 모두 부족하고 모자란 사람들이지만, 그러면 어떻습니까?
그렇기에 우리는 매일 눈물로 회개하며 더욱더 그분의 임재를 갈망하지 않겠습니까?
더 간절히 그분의 능력이 우리에게 임하길 기도하지 않겠습니까?
날마다 서로를 사랑하고, 실수에 용서를 구하며, 그 용서를 사랑으로 품어주며, 그렇게 더욱더, 더욱더 우리 모두 예수님을 닮아가지 않겠습니까?
그분의 선하심을 사랑하고 닮아가며 그분을 향한 길을 함께 가지 않겠습니까?

아직 미숙하여 자신을 부끄러워하는 자들의 모임은 괜찮지만 부끄러움을 모르는 자들이 모이는 것은 원하지 않습니다.
죄를 죄로 여기지 않는 자들이 함께 모인다면 주님께서 그것을 기뻐하시겠습니까?
그들은 서로 미워하고 비방하며 욕심내고 이기적이며 음란하면서도 당당할 것이고, 예수 그리스도를 주여! 주여! 부르면서도 주인으로 섬기지 않을 것입니다. 회개의 애통함을 모를 것이고 자기의 육신의 소원을 향한 기도와 애통함만 넘칠 것입니다.

> 사람이 귀를 돌려 율법을 듣지 아니하면 그의 기도도 가증하니라(잠 28:9).

세상 모든 교회의 목사가 진리의 길이 아닙니다. 거대한 교회, 유명한 목회자의 설교가 진리가 아닙니다.

성경이 당신에게 안전하다고 이야기해 주지 않으면, 안전하다 여기지 마십시오. 성경이 당신을 위로해 주지 않는다면, 그 어떤 위로도 거절하십시오. 성경이 당신에게 경고하고 있다면 두려움으로 경고를 받아들이십시오. 이 세상의 거짓 진리들로부터 당신을 보호하고 하나님의 말씀인 성경으로 들어가십시오. 다른 이를 비판하고 판단하라는 것이 아닙니다. 그대의 영혼을 위해 옳고 그름을 분별하라는 것입니다.

믿지 않는 자들이야 판단해서 무엇하겠습니까?
어차피 그들은 그리스도를 모르고, 죄를 죄로 느끼지도 불쌍한 자들일 뿐이지 않습니까?
하지만, 교회를 분별하지 않는다면 어떻게 되겠습니까?
그분의 이름을 부르는 자들이 멸망 당하는 것을 보고만 있어야 하겠습니까?

> 밖에 있는 사람들을 판단하는 것이야 내게 무슨 상관이 있으리요마는 교회 안에 있는 사람들이야 너희가 판단하지 아니하랴 밖에 있는 사람들은 하나님이 심판하시려니와 이 악한 사람은 너희 중에서 내쫓으라(고전 5:12-13).

교회여! 그대들의 본분을 잊지 마십시오!

그대들은 그리스도를 사랑하고 그분을 섬기는 자들입니다. 그분의 선하신 명령을 따르고 그 사랑의 발자취를 따르는 자입니다. 부족한 자, 연약한 자, 모자란 자, 애통해하는 모든 죄인은 환영하지만, 악을 악으로 여기지 않는 자는 내쫓으십시오. 적은 누룩이 온 덩어리에 퍼질 것입니다.

> 네 형제가 죄를 범하거든 가서 너와 그 사람과만 상대하여 권고하라 만일 들으면 네가 네 형제를 얻은 것이요 만일 듣지 않거든 한두 사람을 데리고 가서 두세 증인의 입으로 말마다 확증하게 하라 만일 그들의 말도 듣지 않거든 교회에 말하고 교회의 말도 듣지 않거든 이방인과 세리와 같이 여기라(마 18:15-17).

> 너희가 자랑하는 것이 옳지 아니하도다 적은 누룩이 온 덩어리에 퍼지는 것을 알지 못하느냐 너희는 누룩 없는 자인데 새 덩어리가 되기 위하여 묵은 누룩을 내버리라 우리의 유월절 양 곧 그리스도께서 희생되셨느니라(고전 5:6-7).

다른 그 어떤 것도 필요 없습니다. 부디, 부디 그리스도를 구하십시오. 그분은 당신을 변화시키실 것입니다. 당신을 거듭나게 하실 것입니다. 당신을 가르치실 것입니다. 당신을 인도하실 것입니다. 그분의 사랑과 피는, 그럴 수 있는 충분한 능력이 있습니다.

복음은 마음의 감정이나 이성의 생각 따위가 아닙니다. 복음은, 단순히 생각으로 믿어버리는 결심 따위가 아닙니다. 그리스도를 사랑하며 살아간다는 것은 단순한 신앙 생활, 교회 생활 따위가 아니라, 하나님의 구원 기적입니다. 타락한 인간을 새롭게 태어나게 하는 하나님의 기적입니다.

거룩하신 하나님의 형상으로 지음을 받았으나 죄로 인해 그분의 형상을 잃어버리고, 사단의 형상을 드러내며 살던 자들이, 다시금 거룩하신 그분의 형상을 회복하게 되는 하나님의 능력입니다. 죄 속에서 살고 죄를 사랑하며 죄를 즐기던 인간이, 죄를 미워하고, 하나님의 선을 사랑하는 자들로 변화되는 기적입니다.

나를 위해 살고 나를 위해 살 수밖에 없던 인간이, 이제는 나를 부인하고 나보다 주님을 더 사랑하는 자가 되며 진정으로 그분을 주인 삼고 살게 되는 기적입니다. 이 땅에서 처음 한 번 태어난 후 그분을 만남으로 다시금 새로 태어나게 되는 재창조의 역사입니다.

> 니고데모가 이르되 사람이 늙으면 어떻게 날 수 있사옵나이까 두 번째 모태에 들어갔다가 날 수 있사옵나이까 예수께서 대답하시되 진실로 진실로 네게 이르노니 사람이 물과 성령으로 나지 아니하면 하나님의 나라에 들어갈 수 없느니라(요 3:4-8).

진심으로 사랑하는 나의 형제자매들이여!

우리가 무엇을 기도해야 하겠습니까?

진정 내 마음에 하나님의 능력으로 인한 변화가 일어나길 기도해야 하지 않겠습니까?

진정 내 마음에 하나님의 성령으로 인한 새로운 탄생을 기도해야 하지 않겠습니까?

그 무엇보다 나 자신을 사랑할 수밖에 없고, 너무나 당연하게도 이 세상에 있는 것들을 사랑할 수밖에 없는 가엾은 우리에게 진짜 기적이 필요하다는 것을 모르시겠습니까?

나의 인생과 세상의 부귀 영화, 평안, 안락, 향락, 쾌락을 추구하며 살 수밖에 없는 인간에게, 내 생명을 미워할 정도로 그분을 사랑하게 되는 진짜 기적을 간절히 소망해야 하지 않겠습니까?

그 기적이 정녕 그분께서 품으셨던 사랑, 그분의 목숨보다 우리를 사랑하셨던 그 고결하고도 숭고한 사랑을 느낄 때 우리 안에 피어날 수 있음을, 오직 그분의 성령을 통해 그 사랑을 느낄 수 있고 그분의 성령을 통해 우리가 다시 태어나게 됨을 믿어주시겠습니까?

소망이 우리를 부끄럽게 하지 아니함은 우리에게 주신 성령으로 말미암아 하나님의 사랑이 우리 마음에 부은 바 됨이니(롬 5:5).

오직 하나님이 성령으로 이것을 우리에게 보이셨으니 성령은 모든 것 곧 하나님의 깊은 것까지도 통달하시느니라(고전 2:10).

우리가 사랑함은 그가 먼저 우리를 사랑하셨음이라(요일 4:19).

마지막으로 두꺼운 성경을 요약하는 것으로 글을 맺겠습니다. 하나님은 선하신 분이고, 선을 사랑하시며 악을 미워하십니다.

"아브라함아, 너의 자녀로 나의 민족을 만들 것이다. 이스라엘아, 너희는 들어라. 너희는 나의 택한 백성이다. 나와 언약을 맺자. 나의 선한 마음을 따르는 거룩한 백성이 되어라. 너희가 나에게 순종함으로 나의 선함을 온 천하에 들어내는 제사장 국가가 될 것이다."

"이스라엘아, 어찌하여 선을 택하지 않고, 악을 택하느냐. 너희가 어찌하여 죽고자 하느냐. 어찌하여 불순종의 자녀가 되느냐. 제발, 돌이키라, 제발 돌이키라, 선한 것을 택하라. 선한 마음을 구하라. 나의 말에 순종하여 선하고 거룩한 백성이 되어라."

"이스라엘아, 너희가 끝까지 나의 말에 불순종하는구나!
너희가 끝까지 나의 마음을 이해하지 못하구나!
나는 너희로 인해 분노했고 너희를 진멸할 것이다. 하지만 완전히 멸하지는 않을 것이다. 내가 너희와 맺었던 과거의 언약을 폐하고 새 언약을 주리라. 이 언약은 과거에 맺었던 언약과 다를 것이다. 옛 언약은 나의 계명을 모세의 돌판에 기록하였으나, 이 새 언약은 나의 계명을 너희의 마음에 기록하고, 너희 안에 나를 두려워하는 마음을 두어 절대로 나를 떠나지 못하게 하며 과거 불순종 백성의 길을 가지 않게 할 것이다."

"이 새 언약을 위해 나는 내 가장 아끼는 나의 독생자를 너희에게 줄 것이고, 그 독생자는 자기를 온전히 버림으로 너희에게 나의 영, 곧 성령을 내려 줄 것이다. 나의 성령은 너희 안에 들어가, 나를 가르칠 것이다. 그 성령으로 인해, 너희는 나의 선한 마음과 사랑의 마음을 배울 것이고, 나의 마음을 따르는 거룩한 백성이 될 것이다. 나의 성령이 나의 계명을 너희 마음판에 새기고, 나를 두려워하게 할 것이며, 너희 안에 나를 따르고자 하는 사랑과 소망을 두고 행할 것이다. 이제 더 이상 너희는 과거의 불순종의 자녀가 되지 않을 것이다."

"나의 기뻐하는 백성들이여! 들어라. 너희의 중심을 보니 즐겁구나, 너희의 사랑이 너무나 아름답구나. 너희의 충성이 나의 가슴을 울리는구나. 두려워 마라. 너희가 연약하고 넘어지나, 내가 너희를 용서하리라. 내가 너희를 구원하리라. 나의 독생자의 피로 말미암아 너희를 깨끗하게 하리라.
　나의 충성되고 사랑스러운 신부들아! 두려워 마라. 지금은 원수가 이 세상을 장악하였으나, 기다리라. 내가 다시 가서 그를 완전히 멸할 것이라. 내가 이미 그를 이기었고, 내 안에 있는 너희 또한 이기었느니라. 이제 더는 육체를 좇아 죄의 종이 되지 아니할 것이고, 성령을 좇아 거룩함에 이르는 나의 순결한 신부들이 되리라."

"염소들아, 들어라. 쭉정이들아, 들어라. 거짓된 백성들아, 들어라. 너희는 아직도 나의 마음을 모르는구나. 너희는 아직도 헛되이 나를 경배하는구나. 너희가 입으로는 나를 고백하여도 과거 불순종의 죄악을 버리지 않는구나. 나를 향한 너희의 사랑 고백이 거짓되구나. 세상과 간음한 채로 나에게 더러운 사랑을 고백하는구나."

"두 마음을 품은 자들아, 들어라. 내 귀하고 귀한 독생자의 피가 너희를 깨끗케 할 것이라 기대하지 마라. 너희는 나의 선함이 어떤 것인지조차도 모르며, 너를 나를 이용하려 할 뿐이구나. 너희는 애초에 나의 마음과 뜻을 따르려는 각오조차 없던 자들이구나!"

"내 아끼는 자의 피는 진실로 충성된 자들의 죄를 사할 것이다. 너희의 눈과 귀는 가려질 것이고, 깨닫지 못할 것이다. 이는 애초에, 너희가 나를 귀하게 여기지 않았음이라. 애초에 나의 귀한 독생자를 귀하게 여기지 않았음이라. 내가 이 땅에 보낸 말씀을 귀하게 여기지 않으며 경외함으로 받아 들지 않았음이라."

"나의 사랑스런 신부들아!
기다리라. 너희의 전투로 인한 피가 나에게 닿고 있다. 너희의 진실된 사랑과 충성, 피 흘림이 나를 울리고 있구나. 이제 시간이 다 되었다. 기다리라. 내가 곧 갈 것이다. 내가 너희를 만나러 갈 것이다. 나의 사랑스러운 신부들아, 기다리라. 내가 갈 것이다. 오! 비둘기 같은 나의 신부들이 나를 애타게 기다리고 있구나!"

이 장엄한 신화나 전설 같은 내용이, 우리 인류의 실제이고 현실입니다. 부디, 하나님의 말씀 성경 전체가 전달하려는 것을 깨달으십시오. 성경 전체는 거룩하신 분의 신부라 불리기 합당한 자들을 만드시는 과정입니다.

> 내가 그들에게 한 마음을 주고 그 속에 새 영을 주며 그 몸에서 돌 같은 마음을 제거하고 살처럼 부드러운 마음을 주어 내 율례를 따르며 내 규례를 지켜 행하게 하리니 그들은 내 백성이 되고 나는 그들의 하나님이 되리라 그러나 미운 것과 가증

한 것을 마음으로 따르는 자는 내가 그 행위대로 그 머리에 갚으리라 나 주 여호와
의 말이니라(겔 11:19-21).

구약은 인류 역사의 주인공이신 그리스도께서 임하시기 전, 인간의 힘
으로 불가능하다는 것을 깨닫게 하는 것이고, 신약은 인간 스스로는 불가
능했던 것을 오직 그리스도를 말미암아 가능하게 되었음을 깨닫게 하시기
위함입니다.

내 안에 거하라 나도 너희 안에 거하리라 가지가 포도나무에 붙어 있지 아니하면 스
스로 열매를 맺을 수 없음 같이 너희도 내 안에 있지 아니하면 그러하리라 나는 포
도나무요 너희는 가지라 그가 내 안에, 내가 그 안에 거하면 사람이 열매를 많이 맺
나니 나를 떠나서는 너희가 아무 것도 할 수 없음이라 사람이 내 안에 거하지 아니
하면 가지처럼 밖에 버려져 마르나니 사람들이 그것을 모아다가 불에 던져 사르느
니라(요 15:4-6).

모든 성경은 하나님의 감동으로 된 것으로 교훈과 책망과 바르게 함과 의로 교육하
기에 유익하니 이는 하나님의 사람으로 온전하게 하며 모든 선한 일을 행할 능력을
갖추게 하려 함이라(딤후 3:16-17).

저는 모태신앙이고 평생 하나님을 사랑한다 고백하며 살았습니다. 하지
만 제 삶은 제 고백과는 전혀 다른 모습이었고, 그분의 말씀과 계명, 가르
침 따위는 제 마음에 없었으며, 오직 저를 위해서 살았습니다. 극악무도한
죄 가운데 거하면서도, 그것이 죄였는지조차 몰랐고, 그러면서도 예수를
주라고 시인했으니 구원 받았다고 여기며 살았습니다.

그러던 중 인생의 큰 고난 중에, 그분께서 저를 만나주시는 기적의 은혜를 입었습니다. 간절히 그분을 찾고 헤매던 어느 날, 그분께서 그의 영을 제게 부어 주셨습니다. 그제서야 저는, 제가 아무것도 알지 못했다는 것을 알게 되었습니다. 그분의 영은 제 안에 부어져 저를 완전히 무너지게 만들었습니다. 왜냐하면, 그 영은 그분께서 나를 얼마나 사랑하셨는지 알게 해 주셨기 때문입니다.

저는 견딜 수가 없었습니다. 그 사랑은 도저히 인간이 버텨낼 수 있는 사랑이 아니었습니다. 저는 감히 고개도 들지 못한 채 바닥에 쓰러져 눈물과 콧물을 쏟아내며 통곡했습니다. 얼마나 긴 시간을 쓰러져 울었는지 모릅니다.

저는 아무것도 모르고 살았습니다. 저는 진짜 죄인이 어떤 존재인지도 모른 채 스스로를 죄인이라 고백했고, 감히 그분의 사랑을 안다고 착각하고 살았습니다. 저는 한 번도 그분을 사랑한 적이 없었으면서도 그분을 사랑한다고 여겼고, 그분의 사랑을 느껴본 적도 없이 그분께서 나를 사랑하신다고 자랑하였습니다.

그리고 처음으로 그분의 사랑이 어떤 것인지 알게 되었고, 이제 저는 감히 아무것도 자랑할 수 없게 되었습니다. 그분의 마음과 감정을 느낀 후 제 인생은 송두리째 변해 버렸습니다. 음란과 쾌락, 방탕을 인생의 전부로 여기며 살던 인생에서, 하나님의 말씀과 그분의 선하심을 사모하고 갈망하게 되는 기적이 일어났습니다. 그분의 선하심을 느끼면 느낄수록 그 선하심을 갈망하게 되었습니다. 하나님께서 지금 저의 고백을 듣고 계십니다.

진실로 진실로, 선을 향한 갈망과 의에 관한 주림이 제 안에 일어났고, 그분께서 원하셨던 사랑과 선을 향한 불타는 소망이 일어났습니다. 그리스도의 선하심을 느낄수록 죄와 악에 대한 적대감이 커졌습니다.

지극히 선하고 순결하신 그리스도 앞에 무엇이 죄이고 악이겠습니까?

우리의 증오심, 폭언, 폭력, 욕심, 이기심, 음란, 방탕. 그리스도의 성품과 반대되는 모든 것이 그분 앞에 악이 아니겠습니까?

그분께서 이 땅에 오심이 죄와 악을 멸하시기 위함이 아니겠습니까?

그분을 사랑할수록 그분 보시기에 악하고 더러운 것들을 제 삶에서 제거하게 되었고, 그분의 말씀과 기도로 제 삶을 채우며, 그의 선하심을 닮아가길 원하게 되었습니다. 저의 순종함 속에서 점점 더 그리스도를 보게 해 주셨고, 더욱 사랑하게 해 주셨습니다. 그분을 따르려 하면 할수록 그분께서 저에게 은혜를 부어 주셨고, 더욱더 그분의 사랑을 느끼게 해 주셨습니다. 그리고 그 사랑을 느껴버린 저는, 고백할 수밖에 없습니다.

이제 저는 그분을 위해 살고, 그분을 위해 죽을 것입니다. 그분이 저를 위해 사셨습니다. 저를 위해 사시고, 저를 위해 죽으셨습니다. 저를 위해 모든 좋은 것을 버리시고, 가장 잔인하고 끔찍한 고통을 견디어 주셨습니다. 나를 위해, 당신을 위해, 그분께서 그분의 영광과 좋은 것들을 헌신짝처럼 버리고, 모든 것을 주셨습니다. 이제는 제가 그분을 위해 살 것이고, 그분을 위해 죽을 것입니다. 내 모든 것을 버리고, 그분에게 내 전부를 드릴 것입니다.

이천 년 전 이스라엘 나사렛에서 태어난 예수 그리스도는 지금도 살아계십니다. 그분은 지금도 살아계시며 전심으로 그를 찾는 자를 만나주십니다. 내 모든 인생을 걸고 당신께 확언합니다.

내가 그분을 들었고, 보았고, 사랑하게 되었습니다. 내가 그분의 사랑을 알았기에, 이제는 내가 그를 사랑할 것이고, 그가 나를 위해 죽었기에, 이제 저는 그분을 위해 죽을 것입니다. 그분이 나를 사랑하셨습니다. 그리고 그가 지금 나보다 당신을 더 기다리고 계십니다.

그가 나를 위해 죽어 주셨듯이, 나도 그를 위해 죽을 것이고, 나보다 귀한 당신을 위해, 내 목숨을 버릴 것입니다. 이 미천한 목숨을 버림으로 단 하나의 영혼이라도 그분을 만날 수만 있다면, 백 번, 천 번, 만 번이고 이 목숨을 당신께 드릴 것입니다.

진실로 진실로 내 심장보다 소중한 나의 형제자매들이여, 진정 마지막으로 간절히 부탁드립니다. 주 예수 그리스도를 믿으십시오. 그분을 믿는 믿음이 우리를 구원할 것입니다. 그리고 우리가 믿어야 하는 것이 무엇인지 절대로 잊지 마십시오. 우리는 예수께서 우리의 주인되심을 믿는 것입니다. 주님께서 진심으로 그분의 종이 되기를 자처하고, 그의 말씀에 순종하며 살아가는 자들을, 결단코 버리지 않으시며 구원하신다는 것을 믿는 것입니다.

넘어짐이 있을 것입니다. 그러나 절망할 필요 없습니다. 우리에겐 주님의 약속이 있습니다. 진실로 회개하고 돌이키는 자들을 언제든 용서하시리라는 피 흐르는 사랑의 약속이 있습니다. 진실로 회개하여 일어나고, 다시 일어나고, 다시 일어나십시오. 그분은 약속을 지키십니다.

많이 이루려 할 필요 없습니다. 그저 오늘 하루입니다. 그저 오늘 하루, 사랑하고 용서하라는 그분의 말씀을 기억하십시오. 그분의 말씀을 생명보다 소중히 여기며 사는 오늘 하루면 충분합니다. 그렇게 오늘 하루 그분을 따르며 살아가려는 자들에게, 자비의 왕께서 놀라운 기적의 역사를 베푸심을 결단코 의심치 않을 것입니다.

두려움으로 시작된 우리의 순종은, 그분의 사랑으로 온전한 기쁨과 행복으로 변화될 것이고, 모든 두려움을 내쫓으며 신랑과 신부의 진실한 사랑의 교제로 이끄실 것입니다. 그저 오늘 하루만 그리스도의 말씀을 진실로 사랑하고, 소중히 여기며 살아간다면, 그대가 내일 어느 한순간 죽는다고 하더라도 눈을 떴을 때, 그리스도께서 따스한 눈빛으로 그대를 영접해 주시며, 그의 보좌 옆에 앉혀 주실 것입니다.

저는 연소하고, 이 글을 읽을 모든 자 중에 가장 부족하며 연약한 죄인입니다. 당신께 이런 글을 전하는 것만으로도 민망하고 부끄럽기 그지없는 자입니다. 다만, 내 주를 내 생명보다 사랑하기에 그분의 슬픔이 나의 슬픔이 되었습니다.

이 더럽고, 추악하고, 역겨운 벌레만도 못한 나같은 사람을 위해 죽어주신 그분의 사랑을 생각하면, 내 목숨까지 미워질 정도로 그분을 향해 타오르기에, 그분의 이름을 위해 이 목숨을 바치지 못하는 것이 저의 애통함이기에, 그분의 이름을 위해 뜨겁게 타오르는 불길 속에 내 몸을 던지지 못함이 저의 비통함이기에, 세상이 잊어버린 하나님의 말씀을 다시 기억하도록 외칠 뿐입니다.

부디, 이 글을 읽는 누군가가 우리의 죄를 깨닫고, 돌이키며 상한 심령과 눈물로 회개하기를, 오직 그리스도의 존재만을 구하기를 진심으로 진심으로 진심으로 기도합니다.

> 자기 생명을 사랑하는 자는 잃어버릴 것이요 이 세상에서 자기 생명을 미워하는 자는 영생하도록 보존하리라(요 12:25).

부디, 마지막 날 우리 모두 하늘의 영원한 집에서 기쁨으로 만나길 간절히 간절히 소망하고, 당신께 하나님의 자비가 있기를 간절히 간절히 기도하며, 나의 온 마음을 다해 이 글을 당신께 전합니다.

진심으로 사랑합니다.